21世纪高等院校公共管理系列教材

省级重点建设教材

U0648753

社会福利与社会救助

（第三版）

赵映诚　王春霞　杨平 ▶ 主编

SOCIAL WELFARE AND SOCIAL ASSISTANCE

东北财经大学出版社
Dongbei University of Finance & Economics Press

·大连·

图书在版编目（CIP）数据

社会福利与社会救助/赵映诚，王春霞，杨平主编．—3版．—大连：东北财经大学出版社，2019.9（2021.6重印）

（21世纪高等院校公共管理系列教材）

ISBN 978-7-5654-3636-9

Ⅰ.社…　Ⅱ.①赵…②王…③杨…　Ⅲ.①社会福利-高等学校-教材②社会救济-高等学校-教材　Ⅳ.C913.7

中国版本图书馆CIP数据核字（2019）第162752号

东北财经大学出版社出版

（大连市黑石礁尖山街217号　邮政编码　116025）

网　　址：http://www.dufep.cn

读者信箱：dufep@dufe.edu.cn

大连雪莲彩印有限公司印刷　　　东北财经大学出版社发行

幅面尺寸：185mm×260mm　字数：398千字　印张：17　插页：1

2019年9月第3版　　　　　　　2021年6月第6次印刷

责任编辑：田玉海　　　　　　　责任校对：夏　久

封面设计：姜　宇　　　　　　　版式设计：钟福建

定价：39.00元

教学支持　售后服务　　联系电话：（0411）84710309

版权所有　侵权必究　　举报电话：（0411）84710523

如有印装质量问题，请联系营销部：（0411）84710711

第三版前言

当拙著第三版即将付梓之际，作者正于湖北仙桃进行社会调查，并请仙桃干河观音寺设立的"菩提救助诊所"为我艾灸、扎针，治疗腰痛之顽疾，各方面获益甚多。

现代社会，政府是社会之代表，提供社会福利与社会救助是政府的责任，享受社会福利与社会救助是公民的权利。如果政府不作为，仅靠民间之济贫，那只能是临时之补救措施。由此，我们亦可以深刻领悟习近平总书记领导扶贫攻坚决战之深远意义！

社会福利与社会救助又是一种天伦原则，其思想在中国源远流长。《尚书·洪范》之"飨用五福"，既是国家治理之法，更是社会君民之伦理准则。"经济"一词，即源于经邦济世，共同渡过河去。《礼记·礼运篇》："大道之行也，天下为公，选贤与能，讲信修睦。故人不独亲其亲，不独子其子，使老有所终，壮有所用，幼有所长，鳏寡孤独废疾者皆有所养。""济世渡人""大慈大悲"均为大智大德者天伦之所为。

中国传统社会是伦理型宗法社会，因此宗族群体救助也成为一种主要形式。战国时期，就有分散在各个家族中的族田、祭田、贡田等，用以解决本族内成员的公共事务开支与救助困难者。唐代以后，宗族慈善得到很大发展，如义庄、义田、义塾等。进入现代社会，随着生产关系的变化，人们主要的社会关系是以社会分工为基础的工作关系，因此工作群体、社会群体对弱者的救助就成为必然的形式，从而践行着新的伦理原则。例如，个人所处的学校、企事业单位、社区的帮扶、救助等。这些不仅仅是简单的权利与义务对等的伦理原则，还蕴含着天伦原则。

2016年3月16日，《中华人民共和国慈善法》通过，这标志着我国的慈善和社会救助事业迈出了新的步伐，有了强有力的法律保障。

在拙著第三版的修订工作中，田玉海副编审做出了艰苦的努力，观音寺主持本超法师为笔者所做之社会调查和身体诊疗提供了良好的条件，在此一并表示衷心的感谢！

赵映诚
2019年夏于仙桃干河观音寺

第一版前言

　　社会福利体现了一个社会文明的程度，社会救助体现了一个社会的责任；同时，社会福利与社会救助也是一种社会伦理原则。记得从小父母就教育我们"不独享其享"，吃东西的时候不能旁若无人，一定要礼让和分给别人一些。那时并不真正理解为什么要这样做，及至上学后学到孔夫子的话"不独亲其亲，不独子其子""大道之行也"才明白一些，但还是不能彻底领悟。后来慢慢认识到这是一种"天伦"原则，是一种自然而然的社会规则，即社会伦理，于是常教育自己的学生做人首先要从学会吃东西开始。正如古希腊著名思想家柏拉图在《理想国》一书中所说："我们的立法不是为了城邦任何一个阶级的特殊幸福，而是为了谋求全国的整体幸福。它运用说服或强制使全体公民彼此协调和谐，使他们把各自能向集体提供的利益让大家分享。"

　　本书主要结合当前社会实际，讲述社会福利与社会救助的基本理论、我国社会福利与社会救助的基本政策与状况，适合高等院校社会学专业、社会工作专业、社会保障专业用做必修课教材和公共管理类专业用做选修课教材。与同类教材相比，本书力求有所创新，增加了比较新的内容，诸如城市住房救助、法律援助、慈善公益事业等。

　　本书在体例结构上力求简洁明了，以适应教学需要。本书由赵映诚教授和王春霞博士担任主编，各章撰写分工为：赵映诚负责第2章；王春霞负责第1、3、10、11、13、14、15章；韩宗生负责第4、5、6、7章；刘惠新负责第8、9、12章。全书由赵映诚负责拟定大纲和总纂定稿。

　　本书作为浙江省重点建设教材，得到了省教育厅和浙江财经学院的资助，同时得到了沈玉平院长、韩灵莉院长的支持和帮助，在此一并表示衷心的感谢。

赵映诚

2010年4月

目　录

第 1 章

社会福利概述

学习指南

【学习目标】通过本章的学习，主要掌握以下要点：

1.社会福利的含义。

2.现代社会福利制度的分类。

3.社会福利社会化。

【关键概念】社会福利；帕累托最优；帕累托改进；剩余型社会福利；制度型社会福利；福利国家；福利多元化；《社会救助暂行办法》；社会福利社会化

第 1 章关键概念

引导案例

《关于建立健全基本公共服务标准体系的指导意见》

2018年7月6日，中共中央总书记、国家主席、中央军委主席习近平主持召开中央全面深化改革委员会第三次会议，审议通过了《关于建立健全基本公共服务标准体系的指导意见》。2018年12月，中共中央办公厅、国务院办公厅印发了意见，并发出通知，要求各地区各部门结合实际认真贯彻落实。

指导意见指出，建立健全基本公共服务标准体系，明确中央与地方提供基本公共服务的质量水平和支出责任，以标准化促进基本公共服务均等化、普惠化、便捷化，是新时代提高保障和改善民生水平、推进国家治理体系和治理能力现代化的必然要求，对于不断满足人民日益增长的美好生活需要、不断促进社会公平正义、不断增进全体人民在共建共享发展中的获得感，具有重要意义。

指导意见强调，要建立健全基本公共服务标准体系，规范中央与地方支出责任分担方式，推进城乡区域基本公共服务制度统一，促进各地区各部门基本公共服务质量水平有效衔接，以标准化手段优化资源配置、规范服务流程、提升服务质量、明确权责关系、创新治理方式，确保基本公共服务覆盖全民、兜住底线、均等享有，使人民获得感、幸福感、安全感更加充实、更有保障、更可持续。力争到2025年，基本公共服务标准化理念融入政府治理，标准化手段得到普及应用，系统完善、层次分明、衔接配套、科学适用的基本公共服务标准体系全面建立；到2035年，基本公共服务均等化基本实现，现代化水平不断提升。

指导意见提出了4个方面的重点任务：一是完善各级各类基本公共服务标准，构建涵盖国家、行业、地方和基层服务机构4个层面的基本公共服务标准体系。二是明确国家基本公共服务质量要求，提出幼有所育、学有所教、劳有所得、病有所医、老有所养、住有所居、弱有所扶以及优军服务保障、文体服务保障等9个方面的具体保障范围和质量要求。三是合理划分基本公共服务支出责任，明确政府在基本公共服务中的兜底职能，明确中央与地方支出责任划分，制定中央与地方共同财政事权基本公共服务保障国家基础标准。四是创新基本公共服务标准实施机制，要求促进标准信息公开共享，开展标准实施监测预警，推动标准水平动态有序调整，加强实施结果反馈利用，推进政府购买公共服务，鼓励开展创新试点示范。

指导意见从加强统筹协调、落实相关保障、强化责任担当3个方面提出了具体措施，并明确了重点任务的分工方案，以保障基本公共服务标准体系建设工作有效落实。

资料来源　张锴. 中共中央办公厅、国务院办公厅印发《关于建立健全基本公共服务标准体系的指导意见》[EB/OL]. [2018-12-12]. http://www.cpad.gov.cn/art/2018/12/12/art_1461_91985.html.

【案例思考】

1.国家为什么发布这个文件？健全基本公共服务标准体系的意义是什么？

2.对于城乡普通大众来说，需要什么样的公共服务？

§1.1 社会福利的内涵

1.1.1 社会福利的含义

社会福利是社会保障的重要组成部分之一，它可以帮助社会成员在特定环境下消除自身的失调现象，使其在物质生活上得到一定的保障。社会福利有广义和狭义两种理解。

广义的社会福利是指由国家制定的旨在改善和提高全体成员的物质生活和精神生活的各种政策和保障制度，或者说是由政府和社会举办与出资、旨在改善人民物质和文化生活的一切措施，包括政府举办的文化、教育、医疗卫生、城市住房事业和各种服务业以及各项福利性财政补贴。

狭义的社会福利专指由国家与社会向一部分需要特殊照顾的社会成员提供物质帮助或服务的制度。或者说，狭义的社会福利是由国家与社会出资或给予税收优惠等形式而专门针对社会弱势群体所提供的货币津贴、实物供给和社会服务以及各种福利设施等，以提高他们的生活水平和自立能力，如老年人福利、残疾人福利、儿童福利等。

广义的社会福利外延大于社会保障的概念，或者说是社会保障的同义词。欧美国家一般从广义上理解社会福利，即相当于我们常说的社会保障。狭义的社会福利外延小于社会保障的概念，它作为社会保障体系的一个子系统与社会保险、社会救助、社会优抚相并列，共同构成社会保障的四项内容。社会福利作为社会保障的从属概念，虽然在我国已得到学术界、官方及公众的普遍认同，但我国的社会福利大体介于广义和狭义之间的中间层次，即既有对弱势群体的服务与保障，又有为全民提供的普遍福利设施和资金保障。具体来说，我国的社会福利既包括由国家和社会举办的以全体社会成员为对象的公益性事业，如教育、科学、文化、体育、卫生、环境保护等事业，也包括由国家和社会举办的以某一特定群体为对象的专门性福利事业，如为残疾人开办的各种福利企业、为无依无靠的老年人开办的养老院、为孤儿开办的儿童福利院等，此外，还包括国家对社会成员发放的各种福利性补贴。

1.1.2 社会福利的特点

作为整个社会保障体系的一个子系统，社会福利与社会救助、社会保险相比，具有如下特点：

第一，政府主导，社会参与。国家（有关职能部门）和社会（从事社会福利事业的社会力量）是社会福利的责任主体，国家颁布相关法律对各项福利事业进行规范，通过有关职能部门对社会福利事业进行监督与管理。社会福利是政府主导的一项社会性的公益事业，它不仅需要立法规范和政策引导，而且需要公共财政支撑并由政府承担监督管理责任。而社会救助是政府直接承担全部责任的，社会保险主要由单位与劳动者个人分担责任。因此，只有社会福利由政府主导，但又必须有民间或社会的力量参与，从而实现其社会化，即社会福利真正变成全社会的共同事业而不单纯是政府的事业，形成政府、企业、社区、团体、私人和家庭并举的多元格局，并建立起政府、企业与民间慈善机构等主体共同分担社会福利责任的机制。社会福利项目的资金来源包括各级政府的财政预算拨款，各个组织单位的专项基金，社会团体的资助与捐款，以及福利服务的收费等。根据资金来源的不同，它可以分为官办福利事业、民办福利事业、单位办福利事业，以及官助民办福利事业等。

第二，保障对象的全民性。社会福利在性质上表现为全民的普遍性福利，覆盖范围不像社会保险仅限于劳动者，也不像社会救助只限于特殊的弱势社会群体，而是全社会成员。它因此被称为"按人头"付费的社会保障制度。社会福利是为全体社会成员提供的，其保障对象具有全民性和无选择性。凡是符合社会福利享受条件的人，不分性别、年龄、职业、信仰等，都可以享受社会福利的保障待遇，享受对象无须预先缴纳费用和履行义务。社会福利的项目广泛，包括全社会成员享受的公共福利事业，如教育、科学、文化、体育、卫生、环境保护设施和福利服务；特殊人群享受的福利事业，如为孤寡老人、孤儿、残疾人开办的福利院、教养院、疗养院等；局部性的、选择性的福利措施，即专为一定地区、一定范围社会成员提供的福利待遇，如寒冷地区的冬季取暖津贴、公共住房的房租补贴等，这些项目或者是免费的，或者是减费优惠的。社会福利项目的多样化使之成为全民共享的社会保障制度安排。

第三，提供服务的福利性。与其他社会服务相比，社会福利的本质主要体现在其福利性上。这使社会福利既属于第三产业范畴，又不同于一般的第三产业。它是难以完全采用市场调节的社会公共领域，政府的保护与政策扶持往往是其生存、发展的必要条件。

第四，保障目标的高层次性。社会福利的根本目的是改善和提高社会成员的生活质量，即社会成员的基本生活除因社会保险和社会救助制度而得到国家和社会的保障以外，国家通过社会福利还使社会成员的生活状况得到进一步的改善，并使其生活质量得到提高。社会救助是对全体社会成员最低生活水平的保障，社会保险是对劳动者及其家属基本生活水平的保障，而社会福利除了保障服务对象一定的生活水平之外，还着力于提高服务对象的生活质量。所以，社会福利是较高层次的保障制度，是评价一个国家或地区文明状况的重要指标。

第五，社会福利的公平性。社会救助的对象越穷困就可申请越多的救助，社会保险则对履行义务越多的对象给予越多的回报，而社会福利与每个人的经济地位、职业背景等无太多联系，也不与其贡献挂钩，都遵循相同的待遇标准。社会福利作为一种国民收入再分配的方式，通过为全体社会成员或部分社会群体提供福利设施和服务，使其共同分享社会发展的成果，满足社会成员的需要。所以，社会福利有较明显的机会均等的特征，社会福利的社会化程度越高，这种公平性表现得就越充分。社会福利在"人人有份"的原则下，更多地体现为追求社会公平的目的。

第六，社会福利的服务性。与其他社会保障制度相比，社会福利更强调以服务来满足社会成员的保障需求的目标。社会福利提供的主要是福利服务与福利设施，如学校、福利工厂、福利院、社区服务机构等，这是国家与社会实施相关社会福利政策的基本途径。社会福利更重视提供服务和设施，这就弥补了单纯提供资金保障的其他社会保障形式的不足，从而能更好地满足人们对基本生活需求的期望。

第七，福利标准的不确定性。社会福利的项目、范围和水平取决于各个国家的经济文化发展水平和受益者的需求程度。经济发达国家社会福利的内容和水平相对较多、较高，经济不发达国家则相对较少、较低。在一个国家的不同发展阶段和不同时期，社会福利的内容和水平也有所不同，总的趋势是随着社会经济发展水平的提高而不断改善和提高。

1.1.3　现代社会福利制度的分类

社会福利的内容比较庞杂，按照不同的标准可以将其分为不同的种类：

1.按社会福利的对象分类

按社会福利的保障对象或享受对象分，可以将社会福利分为未成年人福利、老年人福利、残疾人福利、劳动者福利等。

2.按社会福利的项目或内容分类

按社会福利的项目或内容分，可以将社会福利分为教育福利、住房福利、卫生福利、生活福利、各种社会津贴等。

3.按社会福利的给付方式分类

按社会福利的给付方式分，可以将社会福利分为货币形式的福利、实物形式的福利、服务形式的福利、实施形式的福利、带薪假期形式的福利等。

4.按社会福利实现的层次分类

按社会福利实现的层次或提供的途径分，可以将社会福利分为社会津贴（社会补贴）、职业福利、社区性福利和社会福利设施等。

1.1.4　社会福利的目标与原则

1.社会福利的目标

社会福利的目标源于社会福利的社会政策性。社会福利的目的是提高人们的生活水平和生活质量。它是在国家财力允许的范围内，在既定的生活水平的基础上，尽力提高服务对象的生活质量。社会福利不仅要保障人们的基本生活水平，更重要的是不断满足人们日益增长的物质生活和精神生活需要，提高人们的生活质量。社会福利是一个动态的发展过程，随着经济的发展，在福利服务方面，逐渐涉及医疗照顾、交通出行、人居环境等提高人们生活质量的内容。

2.社会福利的原则

在社会福利的具体实施过程中，需要遵循的原则有：

（1）符合社会主义经济制度和生产目的的基本要求，尽可能地为劳动者提供更好的社会福利。我国社会主义建设的目的就是满足人民群众日益增长的美好生活需要，体现社会主义的优越本质。社会福利的目的是在保证公民一定生活水平的前提下，提高公民的生活质量和生活水平。因此，随着经济的发展，社会福利的提供要尽可能地与我国社会主义生产的目的保持一致。

（2）符合社会主义初级阶段的基本国情，量力而行。国家、社会和集体向公民提供的福利水平取决于我国经济发展的状况。社会福利支出过多，超出政府的承受能力，就可能导致财政赤字，不利于经济的长远发展；社会福利支出过少，对社会成员的实际保障能力就会降低，也不利于社会的发展和稳定。因此，国家、社会和集体要根据我国实际的经济发展状况来决定向公民提供的社会福利待遇。

（3）贯彻公平、平等、效率的原则。社会福利作为收入再分配的方式，其目的主要是追求公平与平等，但过分公平又会牺牲效率，助长社会成员的"懒汉"思想及对国家的过分依赖。所以，国家、社会和集体应正确处理社会福利所带来的公平和效率问题。

（4）处理好社会福利与社会保障其他形式的关系。社会福利和社会保障的其他形式都属于国民收入的再分配方式，它们之间具有此消彼长的关系。正确处理它们之间的关系，有利于形成消费和储蓄的合理比例，有利于协调处理各类保障对象的关系，促进经济的协调发展。

（5）贯彻社会福利社会化的原则。社会福利实现社会化有利于减轻企业负担，拓宽福利资金来源；有利于实现服务对象的专业化和服务对象的公众化，实现全民福利。我国的社会福利社会化进程一直坚持以居家养老为基础，以社区为依托，以社会福利机构为补充的发展方向，积极探索国家倡导资助、社会各方面力量兴办社会福利事业的社会化实现形式，逐步形成了多方参与兴办、运行机制完善、政策法规配套、管理规范、服务优良的社会福利服务体系，促进了社会福利事业的健康、适度、有序发展。

1.1.5 社会福利的标准

社会福利的标准难以确定，一般没有法定的统一标准。社会福利以提高全体社会成员的生活质量和生活水平为目标，提高人们的生活水平，这本身就是一个抽象的不确定的概念，在技术上很难将其标准确定下来。在理论上，福利经济学家一般把社会福利政策是否具有帕累托改进作为评判这项政策优劣的标准。帕累托是意大利的经济学家，他提出的帕累托最优和帕累托改进已成为福利经济学的核心概念之一。

帕累托最优是指一个社会的资源配置达到这样一种状态：生产资源的任何重新配置都不可能再使得某一个人的处境变好时，却不会导致任何其他人的处境变坏，或者说已经没有一个人或一个集体的福利可以在不减少其他人或集体福利的条件下进一步增加的情况。

在上述状态下，一个社会的资源配置达到最高效率，由此所获得的国民收入会使社会福利达到最大值，所以帕累托最优又称为帕累托效率，也称为帕累托标准。一般用它来判断一个社会的资源是否已经达到最优状态，社会福利是否已经达到最大化。帕累托最优的概念建立在两个前提之上：一是社会的生产技术和消费者偏好既定，前者是针对生产者提出的，后者是针对消费者提出的；二是社会的收入分配状况既定。可见，在一定时期内，在生产者的生产技术和消费者的消费偏好既定的前提下，改进社会的收入分配状况同样会改进一个国家或社会的资源配置，加大社会福利。

根据帕累托最优，以下两种调整资源的方式可以增加社会福利：一是使每个社会成员的境况变好，如加大公共产品的投入、增加医疗设备的投入等；二是在没有使任何一个社会成员的境况变坏的前提下使至少一个社会成员的境况变好，如向富人征税，对穷人进行转移支付等。

所谓"帕累托改进"，就是一项政策能够至少有利于一个社会成员，而不会对任何其他社会成员造成损害。帕累托最优就是上述一切帕累托改进的机会都用尽了，再要对任何一个社会成员有所改善，不得不损害别的社会成员，达到这样的状态就是帕累托最优。在经济政策中为了改善某些社会成员的利益而损害另外一些社会成员，这就不是帕累托改进。最好我们能够找到一些政策，对一部分人有益，同时不损害任何人。这就是帕累托改进。我国在经济改革中就大量地应用了帕累托改进的理论，使改革能够比较顺利地推进，因为谁也没有受损，改革的阻力就比较小。

只要发生上面两种情况，资源配置的调整就可以增加社会福利，与之相应的福利措施就可以实施。

§1.2 社会福利制度的发展

1.2.1　西方社会福利制度的发展

按照时间顺序，世界社会福利制度的发展大致经历了以下几个阶段：

1."剩余型社会福利"阶段

剩余型社会福利是指国家在社会福利方面扮演有限的角色，政府除了在社会救助和基本的社会服务方面承担主要责任外，在其他社会服务和福利领域基本上依靠市场、非政府组织和个人。

剩余型社会福利首先在英国建立，其标志是1601年英国女王伊丽莎白一世颁布的旧《济贫法》和1834年颁布的新《济贫法》。其时，中世纪的欧洲受到饥荒、战争、农作物歉收和黑死病等社会负面因素的影响，很多人流离失所，孤儿寡妇、伤残老弱、精神病患者剧增，需要帮助的人越来越多，传统的教会和私人救助的方法已无能为力和难以应对，为了解决社会问题，英国政府首次以国家行政命令、社会福利政策的形式开展社会救助活动。

《济贫法》是西方社会福利制度的发端，其遵循的基本原则就是，让那些没有工作能力的人，如孤儿、无人赡养的老人和身体有残疾的人，得到救济或赡养；给那些有劳动能力的人一份工作，让他们能够以此谋生。它的基本特点是政府角色有限，主要是开展慈善、济贫，保障贫困成员的最低生活水平。

虽然这种救助的主要目的中社会控制多于改善穷人的生活状况，且提供的援助极为有限以及受惠者还将以付出个人的尊严和自主作代价，但无论如何，《济贫法》开创了用国家立法推动济贫事业的先例，奠定了英国社会福利制度的基础，并为其他国家所效仿。

2."制度型社会福利"阶段

制度型福利是把社会福利看成社会必须具备的一项重要的职责和功能，政府应该扮演积极的角色，并通过制度化的行为使社会成员得到更为全面的保障和社会服务。制度型福利把社会福利的对象从特殊的弱势群体（如穷人、病人、残疾人等）扩展到了社会中的所有公民，从"被保护者"或"非正常人"扩展到了所有"普通人"问题和一系列的社会问题，如工人的劳动条件恶劣、工伤事故和职业病激增，因事故、疾病等原因丧失劳动能力的人越来越多，且无法得到生活保证，加之马克思主义思想的影响，工人罢工运动风起云涌。为了应对这种局面，缓解当时严重的阶级冲突，当时的德国首相俾斯麦采取了"胡萝卜加大棒"的政策。一方面镇压社会民主党的革命运动，另一方面则由国家出面，连续颁布了三个社会保险法案，通过立法，实施一些社会福利，以保护劳动者。

这三个社会保险法案是：1883年颁布的《工人医疗保险法》，规定对工人实行强制性医疗保险；1884年颁布的《工伤事故保险法》，规定对工作中发生事故的人和死难者家属给予抚恤金；1889年颁布的《伤残和养老保险法》，对伤残者给予伤残救济金，对70岁以上的老年人给予养老金。

德国社会保险制度的确立，为其他国家起到了示范作用，一批国家开始进行社会保障以及社会服务立法，从此，社会福利开始制度化、立法化。

3."福利国家"阶段

福利国家思想首先出现在德国,而后流传到英语国家。正式使用"福利国家"一词首见于英国坎特伯雷大主教威廉·邓普的《公民与教徒》一书。他提出应该用"福利国家"来代替纳粹德国式的战争国家。福利国家可以说是一种工业国家的国家形态,其意是国家拥有各种社会福利。"福利国家"的特征是社会福利项目全、范围广、标准高。

受20世纪30年代以后的凯恩斯主义经济学的影响,英国在第二次世界大战后期采取了一系列关于改进社会保障及社会福利体制的行动,其中最重要的就是由贝弗里奇委员会1942年11月提出的《关于社会保险和相关服务》的报告,即《贝弗里奇报告》,又称《贝弗里奇计划》。贝弗里奇把当时英国存在的财政匮乏、疾病、无知、贫穷和怠惰称之"五害",他向英国政府提出了建立福利国家的方案,主张实行失业、残疾、养老、生育、死亡、寡妇等七个项目的社会保险和社会福利政策,以缓和社会矛盾。从1944年到1948年,英国政府以《贝弗里奇报告》为蓝本,通过制定一系列社会立法,包括1944年的《就业政策白皮书》和《教育法案》,1945年的《家庭津贴法案》,1946年的《国民保险法案》、《国民健康服务法案》,1948年的《国民救助法案》《城乡规划法案》和《儿童法案》等,初步建成了"福利国家"的基本体制。1948年,英国第一个宣布自己为"福利国家"。当时的首相艾得礼宣称:"1945年以来制定的法案,铲除了贫困的真正根源,在我们历史上提供了一种最低生活标准,没有一个人会在这种标准之下生活。"

英国福利国家社会保障制度的实施,影响到了整个欧洲。瑞典、芬兰、挪威、法国、意大利等国也纷纷效仿英国,致力于建设福利国家。继英国之后,西欧和北欧的许多国家从20世纪40年代后期起也纷纷按英国模式实施社会福利政策,建设自己的"福利国家"。美国在20世纪60年代肯尼迪总统和约翰逊总统时期也大力推动社会福利的发展,建立了美国式的福利国家模式。

4."福利多元化"阶段

福利多元化亦称混合福利经济,主张福利产品应来自国家、家庭、商业部门和志愿机构,来源越多越好,而且,应通过走市场化路线来推进社会福利的发展。

从福利国家诞生到20世纪70年代中期,西方的社会政策体系总的趋势是不断扩大福利范围和提高福利水平。但是,普遍性社会福利制度的过度发展,使得在20世纪70年代世界经济发生滞胀时,福利国家普遍出现了财政危机,无所不包的社会福利制度开始暴露出其内在的弊端:①政府所办福利的服务质量欠佳,效率低;②国民形成了一定的依赖心理;③削弱了家庭和社区的责任;④人口老龄化和失业人数激增,政府负担过重;⑤公营部门规模太大,浪费了社会资源,降低了竞争力。影响最大的是经济方面的冲击。在这种情况下,各个党派都不得不重新审视"福利国家"的社会政策体制。尽管各党派在社会政策的基本理念上仍持各自的立场,但大家都意识到应该对原有的社会政策体制进行改革,以适应新的经济形势。于是,以英美国家为代表,纷纷进行福利制度改革,形成福利多元化趋势。

英国的改革与发展道路最具有典型意义。撒切尔夫人的保守党政府按照新自由主义的社会福利理论,采取了一系列改革措施:①以失业为政策工具,放弃充分就业的原则,同时抑制公共支出,强调个人责任和反对依赖国家。②改革社会保障体系,在程序上改变计算基础,在结构上引入税收措施,鼓励私人保险,用收入支持取代补充保险,用家庭信贷取代家庭收入支持，用社会基金取代酌情支付等。③引入人头税代替地方税；允许私人机构管理地方公共住房；强化父母对子女教育应承担的责任，并将地方教育当局的学校转化为直接由中央政府资助的学校。经过社会福利制度改革，逐渐开创了一个新的、更加强调个人责任和反对依赖国家的社会政策思路。20世纪80年代后期，英国政府还建议在国民健康服务计划中引入一个内部市场或准市场。政府不再向医院提供全额经费，并且不再直接管理医院的内部事务，而是成为医疗服务的购买者，医院之间将为了获得更多的经费而展开竞争。

除英国外，其他一些发达国家也在不同程度上进行了类似的改革。当前发达国家社会福利政策的主流是强调兼顾社会公平和经济效率；强调国家干预与企业、社会和个人责任相结合；强调社会政策与经济发展相协调和相互促进；强调社会政策运行中引入市场机制而提高其运行效率。

1.2.2 我国社会福利制度的发展

社会福利是随着经济和社会的发展而发展的，中华人民共和国成立以后，很长一段时间社会福利事业的主管部门主要是民政部门，社会福利的范围比较狭窄。改革开放以后，社会福利事业开始从单一的、封闭的、由国家包办的体制向国家、集体、个人一起举办的体制转变，逐渐形成了多渠道、多层次、多种形式的社会福利事业。其发展主要经历了以下四个阶段：

1.初步形成时期（中华人民共和国成立初期）

我国的社会福利制度建立于20世纪50年代初期，该时期的社会福利事业主要是政府和社会为特定的社会福利对象提供满足他们基本生活需求的供养性社会福利项目，即它的实施范围主要是孤寡老人、孤儿等特殊人群。民政部门开始成为社会福利事业的行政管理部门，这种管理体制一直延续到现在。

该时期社会福利事业的主要内容就是对1949年以前遗留下来的社会福利设施进行改造，使它们成为官办的社会福利事业。这样，1949年以前的官办、民办和教会办的社会福利事业完全演变成新中国的官办社会福利事业。保障对象主要是无依无靠的城镇孤寡老人、孤儿或弃婴、残疾人等。民政部门通过设立福利机构为这些孤老残幼人员提供保障。福利机构分为社会福利事业机构和社会福利企业两类。社会福利事业机构包括各种收养性的福利院如儿童福利院、养老院、残疾人疗养院以及精神病院等；社会福利企业主要是通过为残疾人提供就业机会，解决残疾人的生活保障问题。民政部主管的这些福利只覆盖了城镇极少数特殊人群（占总人口的比例不到1%）。

同时，这个时期我国开始建立职工社会福利制度。1950年6月，《中华人民共和国工会法》颁布，该法明确规定，工会具有提高职工物质生活和改善精神文化生活质量的责任。1951年2月，政务院发布《中华人民共和国劳动保险条例》，我国开始建立职工福利补贴制度，如职工探亲补贴和职工冬季取暖补贴等。1953年，劳动部公布的《中华人民共和国劳动保险条例实施细则修正草案》对企业职工的生活困难补贴、探亲补贴、取暖补贴等作了详细规定，还规定企业应设立食堂、托儿所等，所需费用由企业行政或资方负责。职工社会福利制度的建立意味着我国社会福利制度的实施范围扩大了，已经扩展到单位职工，同时工会成为实施和管理职工社会福利制度的机构。

2.逐步完善时期（1957—1966）

1957年，国务院颁布了《关于职工生活方面若干问题的指示》，明确规定了职工的上下班、住房等问题，而且该文件还明确指出了职工社会福利基金来源的几种渠道：第一，国家拨付给各单位的基本建设投资中与职工社会福利相关的非生产性投资；第二，建立职工社会福利基金提取制度；第三，按职工工资总额的2%提取的工会经费中的1%可以作为职工教育经费等；第四，职工福利费可以在单位行政管理费中支出；第五，文化设施收入可以用于职工福利开支。

该时期，我国逐步完善了单位职工社会福利制度，使得我国的社会福利事业具有两个基本组成部分，即民政社会福利和单位社会福利。同时，我国大力发展民政社会福利，不断完善老人社会福利、残疾人社会福利和妇女儿童社会福利制度。

3.调整时期（1966—1978）

这一时期，我国对社会福利事业进行了较大规模的调整。随着内务部的撤销，许多社会福利事业单位被强行合并和撤销。同时，这一时期，民政社会福利事业发展停滞不前，甚至有所倒退。这主要是因为受到了"极左"思想的影响，举办和管理社会福利事业的各级民政部门受到了很大程度的破坏。

同时，单位职工的社会福利也受到了很大影响。由于各单位的生产发展处于停顿，因此，职工社会福利基金来源无法得到充分保证，职工的住房社会福利、各种补贴不能完全落实，各种娱乐文体活动等也无法开展下去。

4.改革时期（1978—今）

1978年，不仅是中国发展进程中特别重要的一年，而且是包括社会福利制度在内的中国社会保障制度变迁较为重要的一年。1978年，五届人大决定重新设置民政部，结束了全国社会救济、社会福利、优质优抚安置事务无主管部门的局面。1978年，新颁布的《中华人民共和国宪法》（以下简称《宪法》）明确规定："扩大集体福利，以保证公民享受这种权利。"同年，中共中央发布通知，要求企业中要有一位副厂长抓生活，积极办好食堂、托儿所等社会集体福利事业，组织好业余文娱体育活动。70年代末期，国家修改和增设了取暖补贴、职工上下班交通费补贴、职工探亲假等职工福利补贴，并相应提高了职工福利补助费的起点标准，增加了福利基金的来源。1982年12月，在修订颁布的《宪法》中，第四十三条规定了"国家发展劳动者休息和休养的设施，规定职工的工作时间和休假制度"；第四十六条规定了公民受教育的权利；第四十九条规定了加强对老人、妇女和儿童的保护。

20世纪80年代初，民政部门提出了国家力量和社会力量相结合，采用多种形式举办社会福利事业的新思路。社会福利事业向国家、集体、个人一起举办的体制转变。

该时期对职工福利进行改革的主要方向就是职工福利的社会化。所谓职工福利的社会化，就是把许多原有单位承担的职工福利转由社会或者政府来承担。

我国的社区服务也产生于这一时期，通过政府倡导和扶持，运用社区资源，向社区全体居民提供福利性服务和商业化服务。

1.2.3 我国社会福利制度的改革

1.我国社会福利的特征

我国自20世纪50年代开始建立的社会福利制度，是以城镇职工福利为核心的一套相互分割、封闭运行的福利制度，是政府出资为那些生活困难的老人、孤儿和残疾人等特殊困难群体提供生活保障而建立起来的一项制度，包括企事业单位提供的职工集体福利、民政部门主管的特殊福利和街道、社区居委会举办的社区社会福利。经过几十年的发展，我国由民政社会福利、职工社会福利和公共社会福利构成的传统社会福利制度，已经建立了一个比较完整的体系。它具有以下两个基本特征：

（1）二元性。职工社会福利的实施对象是城镇单位职工，公共社会福利的实施对象主要是城镇居民。而农村居民较少享受到社会福利，他们能够享受的主要是民政社会福利，而且福利待遇低下。

造成这种社会福利二元性的主要原因有以下四个：第一，由于我国实行严格的户籍制度，与整个社会经济二元化相匹配的是城乡二元化的社会福利制度。第二，由于我国的整体社会经济发展水平不高，国家没有实力为农村居民建立比较完善的社会福利制度，社会福利资金来源主要是财政支出。第三，我国农村社会经济发展水平远低于城镇，首先解决的是农村居民的温饱问题，在解决他们的基本生存问题之前，很难通过社会福利制度的完善来提高他们的生活质量，这也是由社会福利制度的保障水平所决定的。第四，长期以来，我国把社会福利政策实施的重点放在城镇，比较忽视农村居民的社会福利制度建设，现在有所改善，但农村总体社会福利水平仍然低于城镇。

（2）福利与就业、保险的三位一体性。这个特征主要表现在单位职工的社会福利上。享受职工社会福利待遇的一个前提条件就是在某一个单位已经就业的，而没有工作单位的城镇居民无法享受职工社会福利，而且单位职工只有在享受职工社会福利的基础上，才能够参加社会保险。因此，在计划经济时代，我国的职工社会福利与社会保险和就业是高度结合的，形成了三位一体的局面。

一般来说，单位职工福利不属于社会福利的范畴，这在国外是一种普遍现象。虽然许多国家的单位都为职工提供了各种各样的福利，但这都属于单位行为，没有政府色彩，因而职工福利就不属于社会福利。但我国的情况不同，在计划经济时代，我国的单位职工福利带有强烈的政府色彩，政府通过制定各种政策和措施来规定职工福利的实施，而且政府也出资帮助单位提供职工福利。虽然我国的职工福利表面上看起来是单位行为，由单位举办和实施，但实质上是一种政府行为，单位在代替政府行使这方面的责任。因此，计划经济时期的单位职工福利可以被认定为一种社会福利。

2.我国传统社会福利制度的弊端

改革开放以后，随着社会主义市场经济体制的建立和完善，传统的社会福利制度暴露出越来越多的弊端，已经不适应社会经济形势的发展，甚至在一定程度上阻碍了经济改革。其具体表现在以下几个方面：

第一，我国的福利制度不仅在城乡之间存在不公平，而且在城镇居民内部和单位职工之间也存在着不公平。我国社会福利的主体可以说是职工福利，无工作单位的居民被排除在职工福利的实施范围之外，这样就使单位职工与其他城镇居民之间在享受社会福利待遇上存在着巨大差异，而且由于各个单位之间经济实力上的差异以及单位领导重视程度的不同，各单位之间无论在福利项目数量上还是在质量上都存在着较大的差距。

第二，我国的职工福利是由单位承担的，是"企业办社会"，因此单位背着沉重的包袱，严重影响了自身的发展。

第三，我国传统社会福利的资金来源渠道比较单一，造成社会福利资金不足，导致社会福利供需矛盾加剧。

3.我国社会福利制度的改革

学者窦玉沛研究指出，我国社会福利事业改革的指导思想是：福利事业要从国家当前的国情国力出发，按照有利生产、保障生活的原则，有步骤地改善和发展；国家不应把社会福利事业全部包揽下来，而要坚持国家、集体、个人多渠道、多层次举办社会福利事业的原则，大力推进福利事业的社会化；在新形势下，社会福利事业要逐步由救济型转向福利型。

（1）推进社会福利制度由补缺型向适度普惠型转变。与世界上一些发达国家的普惠型社会福利不同，长期以来，中国的社会福利主要是通过举办社会福利机构，为"无劳动能力、无法定抚养人、无生活来源"的老年人、残疾人和未成年人等"三无"对象提供基本的生活保障和服务保障，是一种补缺型的社会福利。20世纪80年代以后，随着我国经济体制改革的深入，民政部在1986年制定的针对民政福利事业的1986—1990年五年规划中，明确提出了社会福利事业改革发展的纲要，包括变单一的国家负担为国家、集体、个人三方共同负担，由"救济型"福利事业转变为"福利型"福利事业。1997年4月，民政部与国家计委联合发布《民政事业发展"九五"计划和2010年远景目标纲要》，进一步明确了福利社会化的改革目标与政策取向。通过采取投资主体多元化、服务对象公众化、服务方式多样化、服务队伍专业化和志愿者相结合等措施，积极推动社会福利事业由补缺型向适度普惠型转变。

目前，我国的社会福利事业逐步由封闭型向开放型转变，在保障"三无"人员基本生活的基础上，确立了面向全社会老年人、残疾人、孤儿提供福利服务的目标，拓展了社会福利的保障范围。截至2017年底，全国注册登记的提供住宿的各类社会服务机构有3.2万个，各类社区服务机构和设施全国共有40.7万个，在保障社会特殊群体的基本生活权益、维护社会公平正义、促进社会和谐等方面发挥了重要作用。我国的社会福利事业已初步形成了以国家、集体兴办的社会福利机构为骨干，以社会力量兴办的社会福利机构为新的增长点，以社区福利服务为依托，以居家供养为基础的社会福利服务体系。

（2）坚持家庭、社区和福利机构相结合，健全社会福利服务体系，强化家庭的基础地位。坚持家庭在社会福利服务体系中的基础地位，符合我国的国情。我国老年人、残疾人、孤儿基数大，特别是我国已进入老龄化社会，具有老年人口增速快、高龄化趋势明显以及未富先老等特征，通过单纯建立福利机构解决供养问题不现实，必须发挥家庭的重要作用。我国有家庭养老、助残、扶孤的传统，因此要强化家庭在社会福利服务体系中的基础地位，尤其要大力推行以居家养老为重点的福利服务社会化。

在强调以家庭为基础的同时，我们必须看到，随着家庭小型化和家庭照料功能的减弱，强化家庭基础地位必须充分发挥社区的依托作用，为家庭提供有效的支持。截至2017年底，全国共有各类养老服务机构和设施15.5万个，基本涵盖了住养、入户服务、紧急援助、日间照料、保健康复、文体娱乐等多种服务功能，为发挥社区在福利服务中的依托作用奠定了基础。同时，民政部还积极推进残疾人社区福利服务和社区照顾，发动各级社区服务中心（站）为残疾人提供生活服务，开展残疾人的社区康复、特殊教育及文化体育等活动；创造条件在孤儿较多的社区建立相应的保障机制，在社区青少年活动场所、社区医疗等方面，为孤残儿童提供优惠和便利，促进社区融合。

福利机构在养老、助残、救孤方面是不可或缺的，发挥着重要的补充作用。在建立社会福利体系的过程中，受身心状况的制约，高龄老人、生活不能自理的老人、残疾人需要机构供养。由于我国家庭小型化，一些健康老人、独居老人、空巢家庭中的老人、残疾人更有照料的需求；孤儿、弃婴不可能完全被收养和家庭寄养，需要福利机构供养教育。因此，必须大力加强社会福利机构的建设。

（3）坚持政府主导，是发展社会福利事业的保证。推动社会福利事业的发展，是各级政府应尽的职责。随着中国经济社会的发展，特别是落实科学发展观、构建和谐社会和加强政府公共服务的职能，政府的责任非但不能减轻，而且应当进一步强化，资金投入和政策扶持力度应当随着国力的增强不断加大。这是衡量政府是否履行职责、社会是否文明进步的重要尺度。坚持政府主导，充分行使政府在制定政策、出台规划、资金投入等方面的职责，是推动社会福利事业健康、顺利发展的基础，也是充分发动社会力量参与社会福利服务体系建设的前提和保证。

一是应加大对社会力量兴办社会福利服务机构的扶持、优惠政策的制定和实施力度，尤其是加大与相关部门、相关单位的协作，争取全面落实国务院办公厅转发的《关于加快实现社会福利社会化的意见》和民政部《关于支持社会力量兴办社会福利机构的意见》，在规划、建设、税费减免、用地、用水、用电等方面予以优惠，鼓励和支持社会力量兴办社会福利机构。

二是要加大财政投入的力度。随着政府职能的转变，特别是公共财政体制框架的逐步建立，政府对社会福利的投入必将逐步得到加强。社会福利包括生活保障和服务保障两个组成部分。对于"三无"老人、残疾人和未成年人，政府必须按照不低于当地平均生活水平的标准给予生活保障，同时要切实保障对社会福利机构设立、社区养老设施兴办和居家养老的投入，并采取民办公助、购买服务等方式支持、鼓励社会力量参与。

三是要加大对社会参与社会福利服务的指导和规范力度，尤其是要规范各类养老福利机构；努力创造公平竞争的环境，尤其是预防侵害服务对象权益现象的发生，维护广大老年人、残疾人和孤儿的合法权益，促进政府主导和社会参与的良性互动。

（4）大力动员社会资源，推进社会福利社会化。建立中国特色的社会福利服务制度，离开政府的主导不行，完全由政府包揽也不现实。实践证明，调动社会力量参与，推进社会福利服务社会化是发展中国社会福利事业的必由之路。大力动员社会资源办福利，有利于缓解政府财力不足同全社会日益增长的福利服务巨大需求之间的突出矛盾。

其一，推动福利事业和慈善事业的良性互动。老年人、残疾人、孤儿等社会福利服务对象历来是慈善事业帮助的主要对象，最容易聚集社会慈善资源。社会福利事业的发展需要大力弘扬全社会的慈善意识，为包括慈善资金在内的社会力量参与社会福利事业营造良好的舆论氛围和投资环境。同时，社会福利事业也是慈善事业发挥作用的重要载体之一，社会力量参与社会福利事业既是慈善事业的有效实现形式，又可以充分体现慈善事业由政府倡导、社会参与、民间组织运作的特点。

其二，继续加大福利彩票的发行力度。中国福利彩票从发行之日起，就高举"扶老、助残、救孤、济困"的旗帜。2017年全国福利彩票总销量连续第4年跨越2 000亿元大关，达到2 169.77亿元，为社会福利事业的发展提供了有力支撑。实践证明，发行福利彩票是动员社会资源和力量、促进社会福利事业和社会公益事业发展的有效形式。

（5）坚持法制化、标准化、专业化相结合，提升中国社会福利事业的发展水平。社会福利事业法制建设的目标是建立一个目标明确、体系完整、覆盖面广的法律法规体系。目前，中国已经形成了一个以宪法为依据，由老年人权益保障法、残疾人保障法、未成年人保护法、收养法、残疾人就业条例等多部相关法律以及法规组成的保护老年人、残疾人、孤儿、弃婴等特殊困难群体合法权益的制度体系。此外，国家正着手制定"养老机构管理条例"等行政法规，以更好地保障老年人、孤儿、弃婴和残疾人的权益。

标准化管理是现代化社会福利服务和管理的必要条件，是实现社会福利事业规范化管理的基础。民政部已于2001年发布了《老年人社会福利机构基本规范》《儿童社会福利机构基本规范》《残疾人社会福利机构基本规范》。2014年2月21日，国务院令第649号公布《社会救助暂行办法》。该办法包括最低生活保障、特困人员供养、受灾人员救助、医疗救助、教育救助、住房救助、就业救助、临时救助、社会力量参与、监督管理、法律责任等方面的内容，第一次以法规方式规范了社会救助体系，确立了托底线、救急难、可持续的基本方针，完善和健全了最低生活保障、特困人员供养救助标准的制定和调整机制及社会救助经办管理体制，建立起比较完善的监督管理体系，消除社会救助的"碎片化"问题。此外，民政部还将进一步研究制定针对老年人、残疾人、孤残儿童福利的服务质量、服务资质、服务设施、服务信息、服务安全卫生、服务环境监测、消费权益保护等方面的具体规范，进一步建立和完善社会福利领域的标准体系。

建设一支高素质、专业化的服务队伍，是提升福利服务水平，为老年人、残疾人、孤儿提供优质服务的重要条件。我国已建立了养老护理员的职业资格制度，并将积极争取尽快在全国建立起儿童养育员职业资格制度，使服务队伍的专业化水平得到切实提高。民政部与人事部也已出台文件，在中国建立社会工作者制度，通过培养、使用、评价、激励等措施，建立结构合理、素质优良的社会工作人才队伍；同时，大力倡导志愿者服务，加强志愿者服务队伍建设，使志愿者服务制度化、规范化。

§1.3 社会福利社会化

1.3.1 社会福利社会化的含义与原因

1.社会福利社会化的含义

社会福利社会化是20世纪80年代我国社会福利制度改革所确立的政策取向，经过30多年的努力，在充分满足社会需求的同时，在社会福利制度构建、社会福利思想和福利观构建方面也取得了重大成就。

所谓社会福利社会化，是指在政府的倡导、组织、支持和必要的资助下，动员社会力量建设社会福利设施，开展社会福利服务，满足社会对福利服务的需求。

社会福利社会化的内涵可以概括为以下几方面：第一，政府精简人员，下放职能，将一些能够由社会承担或者本来就应该由社会承担的职能交给社会机构去办，从而集中精力做好行政管理工作。第二，政府改变直接生产服务的做法，扩大下属福利机构的经营自主权，使其成为真正的社会机构。第三，供给主体多元化，允许并鼓励民办福利机构的发展，扩大福利服务的总供给量，多层次地满足人们的需求。第四，随着企业的兴衰，取消部分集体办的福利机构，将服务对象从集体内部转向整个社会。第五，改变过去政府单独承担全部福利服务成本的状况，开发民间资源，拓宽资金渠道。

2.社会福利社会化的原因

（1）社会福利供需关系发生变化，要求社会福利社会化。中华人民共和国成立之初，在各大中城市，由于战争和自然灾害的影响，街巷中满是灾民、难民和失业人员，无依无靠的孤老残幼也比比皆是。在这种"弱者"在社会成员中占相当大比重的背景下，"补救型"社会福利思想自然而然地成为主流意识。20世纪50年代中期，在计划经济体制下，中国绝大部分人口被网罗到城市劳动保险和农村集体福利这两张安全网中，露在网外面的或者挂在网边缘上的人只是极少数，根据当时的理解，只有他们才是需要"社会"给予帮助的，于是中国的社会福利就被分成了"职业福利"和"社会福利"两大块。再加上中华人民共和国成立之初的成功经验，致使社会福利的发展再次被局限在"补救型"框框内，形成了以"三无（无依无靠、无劳动能力、无生活来源）对象"和伤残军人为主的社会福利事业单位。这种状况一直延续到20世纪80年代中期。

改革开放后，随着经济体制改革和社会转型的深化，民政部门主管的社会福利事业处于进退维谷的尴尬困境。一方面，"三无对象"锐减；另一方面，要求自费收养的对象越来越多。首先，从人口结构的角度看，我国人口老龄化趋势日益明显，使社会养老需求急剧膨胀；其次，随着人们收入水平的提高，消费需求尤其是服务需求明显增长；同时，残疾人、孤儿的养护、康复条件也亟待改善。但是，我国社会福利事业长期由国家和集体包办，存在着资金不足、福利机构少、服务水平低等问题，难以满足人们日益增长的需要。

为了适应社会发展的需要，摆脱福利事业的困境，1983年的第八次民政工作会议前后，民政部开始探索对中国社会福利事业的改革，提出国家和社会力量相结合，采取多种形式兴办社会福利事业的新思路。这便是中国社会福利社会化的发端。1984年，民政部在福建漳州举办的工作会议上，明确提出了"社会福利社会办"的指导思想，强调一是要促使社会福利从单一的、封闭的国家式包办体制，转变为国家、集体、个人一起办的体制；二是要面向社会，多渠道、多层次、多种形式地发展社会福利事业。1990年，在北京召开的"中国内地与香港社会福利发展第一次研讨会"上，民政部提出了社会福利社会化的核心内容，即服务对象的社会化、资金来源的社会化、管理的社会化、服务设施的社会化、服务队伍的社会化。社会福利社会化改革方案至此基本确定。

（2）社会主义市场经济体制的建立，要求社会福利社会化。计划经济体制下形成的"单位"，是一个具有中国特色的社会组织，是高度集中的政治、经济和社会管理体制的产物。其主要特征有：一是多功能，即具有政治、经济和社会三位一体的功能，它不仅是就业场所和生产场所，而且还具有社会保障和其他相应的功能。二是以垂直管理为主，各个单位只对自己的直属部门和上级部门负责，形成了一个个相对封闭和独立的社会共同体，把一个本应有机联系的社会分割成为无数孤立的、互相不能联系的个体，缺乏整合。随着社会主义市场经济体制的逐步建立，特别是企业的深化改革，社会保障制度的逐步建立，单位办社会、企业办福利正逐步改变，单位人开始向社会人转变。在这一背景下，国家开始注重发挥社会力量的作用，使他们承担起一部分原来由单位承担的社会服务的功能。这样，才能更好地实现社会整合、社会控制和社会服务的职能。

（3）政府行政管理体制和事业单位的改革，要求社会福利社会化。在计划经济体制下，社会权力高度集中在政府手中，形成了高度集中、职能广泛、功能万能的政府机构。另一方面，政府包办的福利机构即我国的社会福利事业单位体制僵化、规则繁冗、效率低下、平均分配、缺乏活力。其结果是严重制约了社会福利事业的发展，不能适应人们对社会福利事业发展的需求。

现代公共行政管理理论认为，政府的公共行政职能应该定位在掌舵而非划桨上面，政府存在的作用在于制定法律法规和方针政策来规范市场而非亲自参与；在社会管理方式上，由直接、微观管理转变为间接、宏观管理，把相应的工作职能交给社会力量承担，以适应新的社会需要。政府必须转变职能，实行政企分开、政事分开。具体到社会福利事业改革，就是要打破垄断，改变政府过多包办、包管和包揽一切的旧体制，实现社会福利社会办。这不仅是公共行政改革的发展方向，而且体现了政府职能转变的成果。

（4）社会福利的本质特征，要求社会福利社会化。社会福利事业具有鲜明的社会性，属于社会工作的范畴。社会工作的一个重要特点是，它的主体包括政府和社会力量两大组成部分，政府主要是组织领导，社会力量主要承担实施的功能。从国外社会工作的发展历程来看，它最先起源于中世纪的贫民救济和慈善事业。现代类型的社会工作则是随着工业革命的推进、社会福利和社会服务的发展而诞生的，社会力量在其中一直发挥着重要作用。在计划经济体制下，我国的社会福利工作完全由政府包办，这是对社会福利事业特征的片面认识，具有局限性。在市场经济条件下，社会福利事业社会化能充分发挥社会力量的作用，实际上是尊重了社会福利事业的发展规律。

总之，社会福利社会化是在建立社会主义市场经济体制、推进行政管理体制和事业单位改革的新形势下，社会福利事业改革和发展的必然选择，是社会福利事业的一个重大的、全方位的变革。

1.3.2 社会福利财力资源的供给

社会福利财力是社会福利制度的物质基础，一个国家的社会福利总是需要通过一定的途径和方式筹集资金来实现的。随着改革的深入，社会福利的财力资源供给体系已形成以国家干预的再分配为主，伴以慈善再分配的社会福利资金筹集方式。

1.财政转移支付

社会福利制度是一项重要的社会公共政策。国家通过将一部分人的资源转移给弱势群体，来改善他们的生存状况，即所谓的财政转移支付。从目前来看，通过财政转移支付施行社会福利，实现国家对社会福利的投入是世界上很多国家的普遍做法。国家通过转移支付对社会福利进行财力支持的主要形式有两种：一是显性财政转移支付，即通过税收等形式筹集资金，然后向社会福利部门拨款，用于支付受益人的福利；二是隐性财政转移支付，即进行税收优惠，让社会弱势群体从中受益。

（1）显性财政转移支付。反映社会福利支出水平最有效的指标是它占国内生产总值

（GDP）的比重。它反映了国家将创造财富的多大份额用于社会福利，也反映了社会福利发展的水平，同时反映着一个国家或地区的"福利度"。在这一意义上，我国社会福利的支出是较少的。2017年，全国教育支出30 259亿元，占当年GDP的3.63%（2017年GDP为82.71万亿元）；全国社会保障和就业支出24 812亿元，占当年GDP的3%；医疗卫生与计划生育支出14 600亿元，占当年GDP的1.76%。

还有一个指标是人均社会福利支出，它可以反映国家为人们提供社会福利的水平，也大致反映了国民实际享受社会福利的程度。2017年，中国人口数为13.90亿，按照全国教育、社保、医疗支出合计数69 671亿元计算，人均社会福利支出为5 012元。

从上述的相对分析可以看出，我国财政在社会福利方面的支出力度是很小的。近几年，随着社会经济的发展，社会福利费用有所增加，但总体水平仍然很低。这有两个主要原因：一是经济方面的原因。国外经验表明，社会福利事业的发展水平直接受经济发展水平的影响和制约，一个国家和地区的经济发展水平越高，社会福利事业支出占国内生产总值的比重就越高，这几乎已经成为世界各国发展和现代化的普遍规律。二是制度方面的原因。社会福利支出占GDP的比重说明了政府对社会福利公共产品供给的取向，在我国的社会保障体系中，往往强调社会保险提供的各项待遇，忽视了福利服务的作用。

（2）隐性财政转移支付。国家对社会福利的投入除了上述财政资金直接投入的方式外，还包括隐性转移支付的办法，其中最典型的是对社会福利机关、机构给予的税收优惠政策。

我国有大量的福利企业，与其他企业一样从事经营活动，在这一意义上其应当承担税收责任。但福利企业同时又承担了安排残疾人就业的责任，这是政府所追求的福利目标之一。为此，政府采取了隐性转移支付的办法，给福利企业以税收优惠，使其缴税额低于其他企业，用税收优惠相应减少的支出来弥补安排残疾职工就业的成本。这些政策的实施对于促进残疾人就业、维护其合法权益和推动地方经济的发展发挥了积极作用。据统计，目前全国约有8 600万残疾人，社会福利企业30 000多家，这些企业所享受到的税收优惠每年约为300亿元。

国家财政对社会福利事业的隐性投入不仅限于福利企业，还扩大到其他一些福利服务机构。其中最重要的是2000年财政部和国家税务总局联合发文，对福利性、非营利性老年服务机构做出税收优惠规定。根据规定，从2000年10月1日起，政府部门和企事业单位、社会团体以及个人等社会力量投资兴办的专门为老年人提供生活照料、文化、护理、健身等多方面服务的老年社会福利院、敬老院（养老院）、老年服务中心、老年公寓（含老年护理院、康复中心和托老所）等福利性、非营利性的老年服务机构，暂免征收所得税。老年服务机构自用房产、土地、车船的房产税、城镇土地使用税、车船税也暂免征收。

对于社区服务，国家也给予一定的税收优惠，规定对育婴托儿、医疗保健、婚姻介绍、殡葬服务等项目的收入免征增值税；所得税按国家统一的减免税规定执行；对于敬（养）老院、盲人按摩院、盲聋学校、弱智儿童学校、伤残儿童寄托所、残疾人职业技术培训中心、残疾人活动中心、康复中心、残疾人用品供应站、民政部门管理的具有社会福利性质的老年人活动中心和老年公寓等，其固定资产投资方向调节税，也有一定减免。这些税收政策起到了降低社区服务成本的作用，使服务对象从中得益。

2.慈善资金

作为政府实施的社会福利制度的重要补充，民间资金对福利事业支持的主要形式是慈善，即人们基于自愿原则而向弱势群体提供的帮助，特别是资金方面的帮助。

慈善资金的主要来源是国内外企事业单位、团体、个人的捐款；慈善机构的其他合法收入；慈善机构资金的增值部分等。

慈善资金的募集应坚持自愿捐赠的原则，也可以开展义卖、义演及各种形式的专项慈善募捐活动，弘扬"善举济世"的传统美德。资金的使用应主要以"安老、扶孤、帮残、助学、济困、救灾"为主，也可按照捐赠者的意愿，定向实施救助项目和用于其他社会慈善事业和社会福利事业。

1.3.3　社会福利社会化的实践

实践中，要从"盘活存量"和"激活增量"两个方面努力：对于过去由政府经办的社会福利机构，要积极推进改制改组，逐步实现"政企剥离""政事剥离"，使直接提供公共产品和服务的机构成为独立的法人或实体，按照政府的方针政策规制独立地去安排自己的服务活动；对于新开办的福利机构和设施，则要以社会力量兴办为主，用政策扶持、资源配置等办法调动社会多方面力量投入到社会福利事业的发展中来，形成多种经济成分并存和多种服务形式融合的生动局面。

1.社会福利体制的建立

现代行政管理理论认为，当今社会公共服务领域存在着企业、第三部门和政府三方面力量，在市场经济条件下，它们都要遵循市场经济规律进行重新改组、重新建构。这个过程是一个不断运动变化的动态过程。这种改组和重建的基本精神是用市场的原则来取代官僚制原则，将企业管理的方式运用于政府的公共行政管理。这实际上是为公共服务领域的操作明确地提出了一个选择程序，即能够由市场运作、企业经办的公共产品和服务先要交由市场和企业去承担，市场和企业不愿承担或承担不了的再选择由第三部门去承担，最后剩下的只有市场和企业以及第三部门都承担不了或不愿承担的，政府才应该兜底承担起来。这一原则要求政府必须随时根据经济和社会发展状况做出动态反应，在公共服务领域里建立起政府的及时退出机制。如果有一些过去或现在没人愿意承担经办的事情政府办了，随着经济和社会的发展，现在或将来有可能变得企业或第三部门愿意承办了，那么政府就应及时调整职能，从直接提供产品或服务的角色中退出来，让位给企业或第三部门，专心进行政策规制方面的管理。由此相互弥补和配合，形成完整的社会福利服务网络，相互监督和促进，会推动社会福利事业的快速发展。

根据目前我国市场经济的发展状况，可以说一般情况下，政府在老年人服务、精神文明服务以及社区照顾、家庭护理、家政服务等类项目上很容易及时退出，通过发挥市场或第三部门的作用基本上能够将其支撑和发展起来。但也必须看到，由于各地经济、政治发展不平衡，这种政府及时退出机制的执行和多种社会力量的积极参与必然会呈现出较大的不平衡，因此必须坚持实事求是、因地制宜、因时制宜的原则才行。政府退出既不能在某类项目上搞一刀切，也不能在某些地区搞一刀切；既不能在该退出的项目上和该退出的时候留恋某些利益而盘桓不退，成为福利事业发展的障碍，也不能在不该退出的项目和不该退出的时候卸包袱强行退出，导致福利服务出现空白。

建立公共服务领域的政府及时退出机制，将会刺激和吸引多种社会力量来参与兴办和经管多种形式的福利服务，真正开辟并拓宽投资主体多元化、服务模式多样化的渠道。

2.政府经办的福利机构实行企业管理

按照市场经济发展要求，依循新公共管理理论，由政府直接承担提供公共产品或服务的项目和内容，必须改变过去"吃大锅饭、端铁饭碗"，不计投入产出、不管盈亏、不搞经济核算的官营做法，在公共行政内部引入并实行企业管理。针对社会福利事业目前的发展状况，政府职能转变后和政府及时退出机制实行后，真正留给政府直接经办并提供服务的福利机构也就是少量的为孤残儿童服务的福利机构和主要为"三无对象""五保户"提供养护服务的示范型窗口式福利机构。

在政府直接经办的福利机构中实行企业管理，要注意把治本和治标两方面改革结合起来。从根本上讲，应逐步改变政府对公办福利机构的资金拨付方式，将原来的分块计算（机构运行的行政费用、服务对象的基本生活费用、机构内服务人员的工资、福利费用等几块）、财政包干拨付改为按照成本核算方式单独计算，核算出为每个服务对象提供供养及其他服务的成本价，然后再根据服务机构供养或服务的对象人数核定财政拨款数额。这样就可以把公办福利机构推向市场，使它们感受到竞争和服务的压力，服务得好，就能有更多的对象接受其提供的服务，那么这些机构就可以靠服务收入来维持自己机构的正常运营和服务人员正常的工资福利开支，甚至扩大再生产。服务得不好，服务对象就会不再接受这些机构提供的服务，其就会入不敷出，难以为继。从机构内部管理运营的角度来说，实行企业管理就是要千方百计开源节流，增收节支，通过压缩不必要的开支、降低服务成本等办法减少费用投入，通过改善服务增加产出，这样就可以在保证社会效益的同时获得良好的经济效益。

为改进和加强公办福利机构内部的经营管理，我国近年来紧紧围绕这个目标，一直致力于推行福利机构内部的"三项制度"改革，即管理体制、用人用工制度和分配制度的改革，从体制上积极探索政府办福利机构公有制的多种实现形式。许多地方大胆进行了承包制、租赁经营、委托代管以及将职能拆解，层层下放给较低层次的行政组织，或是管办分离、实行"执行局化"，把宏观的公共行政管理与中、微观的操作层面从职能确定、机构设置上划分开等。公办福利机构用人用工制度的改革则主要是针对过去的"铁饭碗""铁交椅"进行的，借鉴企业改革用工制度的经验，在严格、科学地做好定岗定员工作的基础上，大胆进行行政长官负责制、管理人员聘任制、服务人员劳动合同制、全员岗位责任制等方面的改革，打破身份、地位、等级的界限，普遍推行民主选举、竞争上岗，做到能上能下、能官能民、能进能出，由此使全体人员增强内在向上的动力和感受到外在竞争的压力，激发其做好工作、搞好服务的积极性。在分配制度改革上，打破"大锅饭"的平均主义分配方式，推行岗位责任工资、绩效工资等按劳分配制度，把员工的工资、奖金及切身利益同工作实绩、劳动贡献紧密挂钩，达到奖勤罚懒、激励先进、惩戒后进的目的。"三项制度"改革推动公办福利机构朝着运行机制市场化的方向大大迈进一步，为进一步改制、改组的根本性改革奠定了坚实的基础。

3.充分发挥政府的主导作用

推进社会福利社会化，离不开政府的规划、引导、资助和先进示范。目前，我国的群众性社会服务团体发展还不充分，要真正承担起政府职能转变和管办分离后应该由第三部门承担的服务任务，可能还有很长一段路要走。尽快适应市场经济发展和公共行政改革的要求，加快第三部门的发展，是推进社会福利社会化过程中一个迫切的任务。

第一，根据经济和社会统筹发展的要求，制定社会福利发展的宏观规划和设施建设标准，将社会福利院、社区服务中心、老年人活动中心、卫生保健站等纳入城乡发展的总体规划和居民区改造设计以及建设方案之中。

第二，要制定相应的法规和政策，加强宏观管理。政府职能应定位在"掌舵"而不是"划桨"上，即政府的主要任务是拟定社会福利事业的发展规划、制定和调整政策、参与筹措并分配资源以及协调、评估、监督和管理社会福利各种主体。另外，我国民政部门还应尽快制定和完善社会福利机构设置规划、不同层次福利机构建设标准和服务标准等法规，对福利机构的性质、宗旨、权利、职业资格、管理体制、服务标准等做出明确规定，以保证民办福利机构和服务对象双方的合法权益。

第三，加大资金投入和政策扶持力度。兴办社会福利机构利润率低，资金投入和回收时间长，这种情况往往影响社会力量参与福利事业的积极性，会使许多投资者望而却步。社会福利事业具有福利性和公益性的特点，各级政府应从财政预算中拿出一定比例的经常性资金支持其发展。同时，国家和各级政府应出台优惠政策，如税收、土地、城建、金融、水电管理和交通等部门对兴办社会福利事业的单位、个人给予相应的优惠，创造良好的政策环境，这样就会吸引更多的投资者，促进社会福利事业的发展。

具体来说，各级政府及有关部门对社会力量投资创办的以老年人、残疾人、精神病人、孤儿和弃婴为主要服务对象的社会福利事业单位，应给予各种政策上的扶持和优惠。这包括将建设福利单位纳入国民经济和社会发展计划，从资金上给予支持；将建设福利单位纳入城市公共设施统一规划，对符合城市规划的新办社会福利机构项目，计划部门优先审批；国土资源管理部门优先安排建设用地；财政部门减免城市基础设施配套费；教育部门免收教育地方附加费。对于社会福利机构内设的医疗机构，符合定点医疗机构条件的，医疗保险经办部门在确定定点医疗机构时予以优先考虑。儿童福利机构救治孤儿和弃婴的医疗费用，可由各级民政部门在预算中申请专项经费补助。政府一定要改变公共服务的管理方式，努力做好服务市场的规制工作，可运用公开招标等方式选择福利服务的直接承担者和经办者，再根据政府应该承担的经济责任给承办服务的社会团体和中介组织配置相应的资源，并对具体实施服务的全过程实行严格的检查监督，发现问题，及时纠正，以保证对社会弱势群体提供的基本生活保障和福利服务落到实处。

同时，国家要制定相关的扶持政策，允许和支持社会力量以各种形式参与现有社会福利设施的改造或扩建。

4.服务队伍的专业化

所谓服务队伍的专业化，是指从事社会福利管理和服务的人员要具备必要的社会工作专业知识，掌握社会工作特色的工作方法和手段，针对居民不同的需求进行不同的社会服务。作为一门专业化较强的职业，在西方国家及我国香港地区，社会工作在社会福利领域具有职业垄断地位，涉及老年人工作、问题青少年工作、残疾人工作、医疗康复工作、学校工作和失业人群工作等众多领域，甚至介入司法系统，如香港某些监狱中职业社会工作者就占30%。

我国绝大多数社会服务机构或中介组织虽已初步具备了社会工作机构的雏形，但在职业化和专业化的道路上，还存在着较大的差距。例如，我国许多地方的社会福利院、社区福利中心、老人服务中心以及其他一系列服务机构，就其目标任务、组织架构等方面的情况来说，无疑是从事社会工作任务的机构。然而，就这些机构运作的基本方式来看，大多数并不是科学的、职业化和专业化的社会工作方法，而只是一些经验性的做法或政府机构行为的延伸。就各类服务中心的价值目标来看，绝大多数的定位类似于企业，注重功利性的盈利目的，而非公益性的社会服务。此外，在中国虽然有数百万的"社会福利"人员，但是却没有社会工作者自身的位置。福利人员仍然将干部作为他们的主要身份。总的看来，这些干部缺乏相关的专业化训练，在这些福利人员中形成社会工作者的共同身份仍需要一段时间。

随着经济、政治体制改革和社会福利社会化的兴起，对社会福利服务队伍的专业化素质要求逐步提高。为了适应这种要求，20世纪80年代中期以来，在各级政府的领导和推动下，经过不懈努力，我国专业社会工作队伍建设得到了加强。一方面，学术界不断引进国际社会工作的理论与方法，建立了社会工作专业教育体系，培养了专业的社会工作管理者和服务者；另一方面，加强了我国实际社会工作者队伍建设，通过对一线社会工作者的培训，尤其是对敬老院、儿童福利院、精神病院等专业福利机构主管的专业培训，来发挥他们在专业化服务方面的示范和辐射作用。

本章小结

社会福利的含义有广义和狭义两种理解。我国的社会福利概念大体介于广义和狭义之间。社会福利的目的是尽力提高人们的生活水平和生活质量。它是一个动态的发展过程。理论上一般把社会福利政策是否具有帕累托改进作为评判其优劣的标准。世界社会福利的发展大致经历了四个阶段："剩余型社会福利"阶段、"制度型社会福利"阶段、"福利国家"阶段和"福利多元化"阶段。

中华人民共和国成立后，我国的社会福利制度逐步建立和完善，它具有两个基本特征：二元性和单位福利性。随着经济的发展，这种传统社会福利制度暴露出越来越多的弊端。随着改革的深入，我国民政部门提出了社会福利社会化的思路，即国家力量和社会力量相结合，采用多种形式举办社会福利事业，使社会福利事业从单一的、封闭的、由国家包办的体制转变为国家、集体、个人一起举办的体制。同时，要坚持法制化、标准化、专业化相结合，提升我国社会福利事业发展水平。

综合训练

1.1　单项选择题

1.广义社会福利的同义语是（　　）。

A.社会保障　　　　B.社会保险　　　　C.社会救济

2.社会福利的发展过程是（　　）。

A.动态的　　　　B.静态的　　　　C.循序渐进的

3.剩余型社会福利建立的时间是（　　　）。

A.1501年　　　　　　　B.1601年　　　　　　　C.1703年

4.第一个宣布自己为福利国家的是（　　　）。

A.美国　　　　　　　　B.英国　　　　　　　　C.法国

5.我国社区服务最早产生于（　　　）。

A.20世纪60年代　　　　　　　　　　　B.20世纪80年代

C.20世纪90年代

1.2　多项选择题

1.社会福利的目的有（　　　）。

A.满足人民群众的物质、文化需要　　　B.追求公平与平等

C.更好地提供社会福利　　　　　　　　D.社会福利最大化

2.在社会福利的具体运行过程中，需要遵循的原则有（　　　）。

A.量力而行　　　　　　　　　　　B.社会福利社会化

C.收入均等化　　　　　　　　　　D.公平、平等、效率

3.我国社会福利的特征包括（　　　）。

A.一元性　　　　　B.二元性　　　　C.三位一体性　　　　D.四方合作性

4.帕累托最优的两种状况是（　　　）。

A.每个社会成员的境况变好

B.没有使任何一个社会成员的境况变坏

C.没有一个社会成员的境况变坏下至少一个社会成员的境况变好

D.没有使任何一个社会成员的境况变好

5.社会福利社会化的原因有（　　　）。

A.社会福利供需关系发生变化

B.市场经济体制的建立

C.行政管理体制和事业单位的改革

D.社会福利的本质要求

1.3　复习思考题

1.简述社会福利的含义。

2.简述西方社会福利制度的发展。

3.简述社会福利的目标和原则。

4.试述我国社会福利社会化的原因和实践。

第 2 章

社会福利的理论基础

学习指南

【学习目标】通过本章的学习，主要掌握以下要点：

1.社会福利与政府的责任。

2.社会福利与民主。

3.社会福利与功利主义的原则。

4.福利经济学理论。

5.福利国家与后福利国家论。

【关键概念】政府责任；功利主义；福利经济学；费边社会主义；《贝弗里奇报告》；"后福利国家"论；新自由主义

第 2 章关键概念

引导案例

切实发挥社会救助在脱贫攻坚中的兜底保障作用

2018年，民政社会救助工作战线深入学习贯彻习近平新时代中国特色社会主义思想和党的十九大及十九届一中、二中、三中全会精神，认真落实党中央、国务院各项决策部署，扎实践行"民政为民、民政爱民"工作理念，不断完善政策、健全机制、规范管理，提高基层经办服务能力，切实发挥社会救助在脱贫攻坚中的兜底保障作用，社会救助兜底保障工作取得积极进展，有效保障了困难群众基本生活。

1.社会救助在脱贫攻坚中的兜底保障作用进一步发挥

2018年，民政部先后印发《关于推进深度贫困地区民政领域脱贫攻坚工作的意见》和《贯彻落实〈中共中央、国务院关于打赢脱贫攻坚战三年行动的指导意见〉行动方案》等文件，指导各地落实民政领域脱贫攻坚任务分工，强化责任落实。同时，联合国务院扶贫办、财政部制定《关于在脱贫攻坚三年行动中切实做好社会救助兜底保障工作的实施意见》，组织召开全国民政系统打赢脱贫攻坚战三年行动电视电话会议，对各地工作开展做出安排部署。为推动工作落实，民政部通过组织培训班、召开社会救助兜底保障座谈会等方式，解读政策，督促脱贫攻坚任务重的省份制定配套政策措施。

2.城乡低保兜底保障不断强化

指导各地进一步完善农村低保制度，健全低保对象认定方法，将未脱贫的建档立卡重度残疾人、重病患者等完全丧失劳动能力和部分丧失劳动能力且无法依靠产业就业帮扶的贫困人口纳入低保，核算收入时允许扣减重病、重残等家庭刚性支出，实行救助渐退等。动态监测各地农村低保标准调整情况，确保以县为单位的农村低保标准始终达到或超过国家扶贫标准。截至2018年9月底，全国城乡低保标准同比分别增长7.6%和12.9%，圆满完成《政府工作报告》确定的工作任务。截至2018年9月底，全国共有城乡低保对象4 619.9万人，其中，城市低保对象1 068.8万人，农村低保对象3 551.1万人。全国城市低保平均标准达到每人每月575元，农村低保标准达到每人每年4 754元，1—9月全国累计支出低保资金约1 172.5亿元。

3.特困人员救助供养制度健全完善

民政部会同发展改革委、国务院扶贫办等部门印发《深度贫困地区特困人员供养服务设施（敬老院）建设改造行动计划》，明确深度贫困地区供养服务设施建设改造的总体要求、工作目标、重点任务和资金安排，细化了中央预算内投资对深度贫困地区的"重点支持"措施。指导和督促各地进一步规范特困人员认定，科学制定救助供养标准，加强农村特困人员供养服务机构建设管理服务，落实分散供养特困人员照料服务，确保实现"应救尽救、应养尽养"。截至2018年9月底，全国共有特困人员483.2万人，累计支出特困人员救助供养资金237.5亿元。

4.临时救助工作进一步加强和改进

民政部会同财政部出台《关于进一步加强和改进临时救助工作的意见》，指导各地细化明确临时救助对象的范围和类别，简化优化审核审批程序，合理制定救助标准，拓展完善救助方式，进一步发挥临时救助制度效能，切实解决城乡群众遭遇的突发性、紧迫性、临时性基本生活困难。2018年1—9月，全国共实施临时救助565.8万人次，累计支出救助资金60.5亿元，平均救助水平每人次1 069.4元。

5.农村低保专项治理深入开展

为深入贯彻落实党的十九大精神、十九届中央纪委二次全会精神和习近平总书记关于打赢脱贫攻坚战以及开展扶贫领域腐败和作风问题专项治理的系列重要讲话和批示精神，民政部党组、中央纪委国家监委驻民政部纪检监察组决定从2018年到2020年利用3年时间，在全国开展农村低保腐败和作风问题专项治理活动，集中治理"人情保""关系保""错保""漏保"，坚决查处农村低保工作中的腐败和作风问题。2018年4月，民政部印发《全国农村低保专项治理方案》，召开全国电视电话会议进行动员部署。建立分省专项治理工作台账，指导地方细化阶段性工作目标和工作任务，确保责任落实。建立工作进展定期报告和典型案例定期通报制度，开设《民政信息参考》农村低保专项治理专刊，加强各地信息通报和经验交流，组织开展赴河北、黑龙江、江苏、山东、四川等省的实地调研督查，指导地方落实整改，以民政部党组和驻部纪检监察组名义两次公开通报违法违纪典型案例。

2019年，社会救助司将以习近平新时代中国特色社会主义思想为指引，深入贯彻党的十九大精神，坚决落实中央打赢脱贫攻坚战三年行动指导意见，切实履行兜底保障职责，扎实做好民政领域脱贫攻坚各项工作。指导各地抓紧出台配套政策措施，全面落实《关于在脱贫攻坚三年行动中切实做好社会救助兜底保障工作的实施意见》，保障好完全丧失劳动能力和部分丧失劳动能力且无法依靠产业就业帮扶脱贫的未脱贫建档立卡贫困人口的基本生活。全面落实特困人员救助供养制度，强化对特困人员的兜底保障。加强分散供养特困人员照料服务工作，指导有条件的地方逐步将救助服务拓展到低保、低收入家庭中的老年人、残疾人，使更多困难群众在得到物质帮助的同时，能够得到相应的社会救助服务。全面落实"分级审批""先行救助"等政策规定，稳步提高临时救助水平，充分发挥临时救助制度效能。强化临时救助在脱贫攻坚中的兜底作用，及时将符合条件的返贫人口纳入救助范围。继续推动农村低保专项治理活动向纵深开展，切实完善政策措施，加强规范管理，畅通投诉举报渠道，充分发挥社会监督作用，确保农村低保在阳光下运行。

资料来源 民政部社会救助司. 切实发挥社会救助在脱贫攻坚中的兜底保障作用［N］. 中国社会报，2019-01-03.

【案例思考】

1.简述脱贫攻坚的背景。

2.社会救助在当前的脱贫工作中有什么样的作用？

社会福利理论是关于为什么要增进社会福利和如何增进社会福利的基本思想，从经济学和社会学的角度来看，它涉及政府与市场的作用及关系、公平与效率等诸多问题。现代社会福利是工业化、社会化大生产的产物，社会福利的实施与政府的行为紧密地联系在一起，是现代社会经济制度一个必不可少的重要组成部分。

§2.1 社会福利与政府责任

"福利"，是有关人们幸福和利益的概念。"社会福利"是国家与政府为社会成员的幸福与利益所做出的努力。那么国家与政府为什么要增进社会福利呢？这是社会福利与人的发展、与社会的发展的逻辑思考。

2.1.1 社会福利与政府责任

人们为什么需要社会福利？一个社会为什么要建立社会福利制度？这源于人的需要和社会的需要。需要是人的生存、幸福所必需的物质、心理、经济、文化以及社会等各方面的要求。需要的存在，决定了满足需要是个体、群体以及社会的必然追求和为之努力的工作。人们通过"社会契约"建立国家、建立政府，其目的就是要不断地增进人们的社会福利，社会福利是最好的社会政策选择。

我国古代典籍《尚书·洪范》中，记载有箕子向周武王推荐治国的九种大法，其中第九种大法就是"凭五福鼓励臣民，凭六极警戒臣民"。所谓"五福"，就是长寿、富贵、康宁、好德、善终，它反映了先人们的幸福观念。《礼记·礼运》中的社会福利思想应该是我国最早有关社会福利意识的完整表述："大道之行也，天下为公，选贤与能，讲信修睦。故人不独亲其亲，不独子其子，使老有所终，壮有所用，幼有所长，鳏寡孤独废疾者皆有所养，男有分，女有归。货恶其弃于地也，不必藏于己；力恶其不出于身也，不必为己。是故谋闭而不兴，盗窃乱贼而不作，故外户而不闭，是谓大同。"

西方社会福利思想历史悠久，古希腊时期的著名思想家柏拉图就十分强调社会幸福，他在其名著《理想国》中指出："我们的立法不是为了城邦任何一个阶级的特殊幸福，而是为了谋求全国的整体幸福。"亚里士多德在其《政治学》一书中亦指出，优良的政体"必须是能使人人（无论其为专事沉思或重于实践的人）尽其所能而得以过着幸福生活的政治组织"。

现代社会福利思想源于西方，萌发于15、16世纪的社会经济变革。在社会经济变革中，社会福利的基本目的是关注人的正常生活和社会的和谐发展。文艺复兴和启蒙运动的思想变革又使西方社会福利思想得以逐渐形成，同时强调国家、政府对社会福利的责任。洛克认为，在国家出现之前，人类生活处于自然状态，这种自然状态存在一些缺陷，为克服这些缺陷，确保人们的各种安全，人们开始订立社会契约，将自己的一部分权利让渡出来，这就是政府和社会本身的起源。因此，国家的目的应该是保护人们的各种权利并为全体社会成员谋取社会福利。

空想社会主义社会福利思想是近代西方社会福利思想的早期流派，其代表人物是英国的莫尔（1478—1535），他在剖析和批判英国社会现实的同时提出了未来美好社会的各种理想状态。他认为未来的理想社会应该是国家使人类社会福利得以充分发展和进步的社会。莫尔指出：在乌托邦社会中，家庭福利是社会福利的重要组成部分，老人能得到良好的赡养和照顾，儿童福利受到社会的普遍重视。在乌托邦社会中，人们都把身体健康看作最大的快乐，因此医疗卫生的社会福利受到特别重视。意大利空想社会主义的代表康帕内拉（1568—1639）在其《太阳城》一书中，更是设计了一个充满阳光、自然和谐的理想社会。在这样的社会，"你就不能想象出一个更幸福的和对人民更宽大的国家"。法国空想社会主义的代表人物马布利（1709—1785）主张建立一个人人平等的社会，并认为平等是自然界赋予人类的基本权利，既然平等是自然界赋予的权利，社会和政府行为就不能有悖于这种权利，应该采取有效措施维护公民的平等权利。他指出，每一个公民都有权要求并用一切可能与合理的办法建立最能使社会幸福的政府，而建立政府的目的就在于保护人们的生命、自由、财产和使其安居乐业，特别是通过立法途径保护公民平等与幸福的权利。欧文（1771—1858）更是主张为保证人们的社会福利，要建立一种理性的社会制度，而理性的社会制度需要一个理性的政府，理性的政府应该一心谋求它所管理的居民的幸福。

马克思和恩格斯十分关注工人阶级的社会福利，其毕生为之奋斗的事业是使无产阶级获得政治解放，同时也包括使无产阶级获得经济解放和社会福利改善。马克思社会福利思想的核心内容集中体现在1875年的《哥达纲领批判》中，他明确提出了未来社会必须建立社会保障和社会福利基金，为社会弱势群体提供基本生活保障，并为社会全体成员提供公共福利的观点。恩格斯在1847年10月所写的《共产主义原理》中提出了许多与社会福利相关的重要主张，如工人阶级就业、儿童关怀、住房与公共卫生等许多方面。他同时进一步指出：废除私有制的目的，就是促进工人阶级共同福利的发展，建立真正的为全社会所有的福利。

社会福利与政府责任的理论还涉及新自由主义和许多著名思想家，如英国新自由主义的代表人物霍布豪斯（1864—1929）在社会福利问题上就主张国家干预与国家责任理念。霍布豪斯认为，要解决英国社会经济制度的缺陷，既要依靠个人的责任，也要依靠国家和社会的责任。他指出："个人和社会之间有一种相互责任。如果社会仅仅让个人在市场上通过竞争与讨价还价，竭尽全力地去挣到微薄的工资，社会是不算尽到了责任的。"他认为，国家可以从两个方面履行责任：一是提供获得生产资料的机会；二是保证个人在共同的财富中享有一份。在与社会福利相关的几乎所有的方面，霍布豪斯都提出了自己的主张。例如，在儿童福利方面，他十分强调国家在儿童保护方面的作用。他认为应该关心儿童的肉体、精神和道德，办法是不仅让父母负起一定的责任，同时应拟定一项有关教育和卫生的公共福利制度。他说："我坚决主张国家是'最高父母'这一总体概念既真正是社会主义的，也真正是自由主义的，它是儿童权利的基础，是保护儿童免遭父母忽视的基础，是儿童作为未来的公民将会要求机会均等权利的基础，是他受训练以便成年后在社会中履行职责的基础。"

2.1.2 社会福利与民主政治

美国著名学者科恩将社会福利看作民主的基本条件。科恩在《论民主》一书中指出：健全的民主要求健全的公民，社会成员如长期营养不良或经常生病，既有广度又有深度地参与公共事务是难以做到的。如果群众中大多无衣无食，或者疾病缠身，指望这样的群众实行真正的民主，那是幼稚的。使公民体力情况恶化并迫使他们主要或完全关心自己或家庭生存问题的经济条件，是不可能产生有生气的民主的。民主所要求的最低标准是无法确切指明的，但基本要求是确定的：民主要求公民享有合理水平的经济福利。

科恩同时认为，经济福利是一项总是较好或较差地予以满足的条件，这种相对性来自两种不同的标准：第一，以个人情况为标准，按各个公民的观点来看，经济福利的条件可能较充分地或较不充分地得到满足。第二，以社会情况为标准，把较充分或较不充分满足这一条件的公民看作一个单位，整体上达到所要求标准的比例可能大不相同。如果社会中一部分人贫困化，民主还是可行的，即使是不完美的；如果这部分人增加，那么这个社会中的民主是不大可能成功的。如果只有少数人享受繁荣而广大群众处于屈辱和贫困之中，民主是不可能实现的。贫困对民主的不同方面有不同的影响：物质上的不满可能使更多的人参加投票（如果准许他们这样做），从而提高了广度，但深度则仍将受损。受无保障的驱策不惜任何代价来改善自己情况的人，不太可能具有深度民主所要求的时间与耐心。严重贫困的群众，根本无法获知参加公共事务的足够信息来对公共事务进行有效的讨论，或进行有效率的组织，并接触他们的代表。一般来说，极端贫困使参与者愚昧无知，即使是广泛的参与，也不过是表面文章，民主必然失败。只有丰衣足食的人才有时间和精力去做一个热心公益的公民。

科恩还引用他的好朋友凯内斯·博尔丁在《经济政策的原则》（1958年出版）一书中所写的一节诗，指出社会成员如不享有最低限度水平的物质福利，任何社会都不能指望长久维持自治。这是因为，民主既然是一种要求参与的制度，主要依靠的是公民在公共事务中起积极作用的能力，而这种能力在很大程度上是体现在体力方面的，因此，贫穷的国家负担不起公正与自由的民主，许许多多的好处只有富国才能实现。

2.1.3　社会福利与功利主义原则

边沁（1748—1832）的功利主义原则是福利经济学的哲学基础。边沁认为，人生的目的都是使自己获得最大幸福，增加幸福总量。幸福总量可以计算，伦理就是对幸福总量的计算。边沁还认为，趋利避害的伦理原则是所有人的功利原则，"最大多数人的最大幸福"是功利主义的最高目标。

边沁认为，启蒙思想家提出的自然法学说和社会契约学说虽然曾经产生过十分重要的影响和作用，但自然法和社会契约并不是人类让渡权利以组织社会和政府的原因，人类这样做的最终原因就是功利。他说："这种原则为我们提供了我们需要的理由，只有这个原则，不用依赖任何更高的理由。这个原则本身就是解决任何实践问题的唯一和完全充分的理由。"边沁认为，主宰整个人类社会的是痛苦和快乐。他说："大自然把人置于两个最高主宰——痛苦和快乐——的统治之下。只有它们才指明我们应当做什么，以及决定我们将要做什么。一方面是正确和错误的标准，另一方面是因果链条，都被紧紧缚在它们的宝座上。我们所做、所说和所想的一切都受它们的支配。"他还指出，人类的行为一般都具有趋向性和背离性，人们总是趋向一个共同的目标，而这个共同的目标就是幸福。任何行动中导向幸福的趋向我们都称为功利，而其中背离的倾向则称为祸害，这种趋利避害的功利倾向是所有人行动的原则，即功利主义原则。

那么什么是幸福？按照边沁的说法：快乐和痛苦，自己了解得最清楚，幸福也是如此，每个人在原则上是他自身幸福的最好判断者。同时，追求一己的最大幸福，是具有理性的一切人的目的。在人类社会生活中，自利的选择占着支配地位。人们一切行为的准则都取决于是增进幸福或减少幸福的倾向。不仅私人行为受这一原理支配，政府也要据此行事。按照边沁的看法，社会是由个人构成的团体，其中每个人都可以被看作组成社会的一分子。社会全体的幸福是组成社会的个人的幸福的总和。社会的幸福是以最大多数人的最大幸福来衡量的。如果增加社会的利益即最大多数人的最大幸福的倾向比减少的倾向大，这就符合功利主义原则。

边沁把功利主义原则广泛应用于经济学、政治学之中，衡量各种法律、各种经济制度和经济政策恰当与否，都以功利主义原则作为标准。他指出，为了更好地协调个人利益和社会利益的关系，国家、政府尤其是法律是必不可少的，是实现幸福的重要保证。但是，国家、政府和法律所施加的干预必须尽可能限制在最低限度，不能妨碍个人最大限度地追求自己的幸福与快乐。据此，边沁对当时大部分由政府颁布实施的社会立法表示反对。例如，他对强调个人责任与义务的新制度表示支持，而对工厂法表示反对，认为这些社会立法尽管是趋向社会幸福，但它们牺牲或者限制了个人行动的自由，因而妨碍了个人最大限度地追求自己幸福的自由。边沁的功利主义社会思想进一步"清洗了当时残存的各种旧的社会价值观念，直接将追求幸福与民众福利作为指导人们各种行为的目标"。

边沁的功利主义思想影响了许多英国及欧洲大陆的经济学家。约翰·斯图亚特·穆勒（1806—1873）从小受到边沁功利主义的熏陶，始终坚信"幸福"是人类一切行为的规则和标准，并且是人生的目的。但在他生活的年代，阶级矛盾比边沁时代尖锐了，他同情无产阶级的悲惨境遇，因而对功利主义作了新的解释，认为人生的目的应脱离出图谋一己幸福的范围，而去关心他人的幸福和人类状况的改善，也就是从"自利"转变为"自己牺牲"。他晚年写的《功利主义》（1861）认为，人类有为别人的福利而牺牲自己的最大福利的能力，如果是不能增加幸福总量或没有增加幸福总量的倾向的牺牲，不过是白费。他强调功利主义在行为上的标准的幸福，并非行为者一己的幸福，而是与此有关系的一切人的幸福。当你待人就像你期待他人待你一样和爱你的邻人就像爱你自己一样时，那么，功利主义的道德观就达到理想和完美的地步了。19世纪70年代，西方经济学中出现的边际效用学派仍以边沁功利主义为其理论的出发点。英国边际效用学派代表杰文斯认为，经济学的目的是以最小痛苦的代价来购买快乐，而使幸福增至最高，并对快乐和痛苦进行计算，因而把经济学叫做"快乐与痛苦的微积分学"。

在资本主义进入帝国主义阶段后，功利主义在西方经济学中仍然有重要影响。由英国著名经济学家庇古奠定基础的福利经济学，就认为一个人的福利是他所感到的满足的总和，社会福利则是所有人的福利的总和，每个人总是力图使自己的满足成为最大。在功利主义的基础上，帕累托最优状态概念和马歇尔的消费者剩余概念成为福利经济学的重要分析工具。帕累托最优状态是指这样一种状态：任何改变都不可能使任何一个人的境况变得更好而不使别人的境况变坏。按照这一理念，一项改变如果使每个人的福利都增进了，或者使一些人的福利增进而其他人的福利不减少，这种改变就有利；如果使每个人的福利都减少了，或者一些人福利增加而另一些人的福利减少，这种改变就不利。马歇尔从消费者剩余概念推导出政策结论：政府对收益递减的商品征税，得到的税额将大于失去的消费者剩余，用其中部分税额补贴收益递增的商品，得到的消费者剩余将大于所支付的补贴。马歇尔的消费者剩余概念和政策结论对福利经济学也起到了重要作用。

§2.2 增进社会福利的几种理论

2.2.1 福利经济学理论

福利经济学是西方经济学家从福利观点或最大化原则出发，对经济体系的运行予以社会评价的经济学分支学科。福利经济学研究的主要内容有：社会经济运行的目标，或称检验社会经济行为好坏的标准；实现社会经济运行目标所需的生产、交换、分配的一般最适度的条件及其政策建议等。

1.新历史学派社会福利观

最早倡导福利经济的是19世纪70年代统治德国经济学界的新历史学派，其主要的代表人物有古斯塔夫·冯·施穆勒（1838—1917）、阿道夫·瓦格纳等。他们认为，国家是集体经济的最高形式，是公务机关。在进步的文明社会中，国家的公共职能应不断扩大和增加，凡是个人努力所达不到或不能顺利达到的目标，都理应由国家实现。新历史学派又被称为"讲坛社会主义者"。19世纪的德国，工人运动不断高涨，阶级矛盾日益突出，新历史学派以其经济思想为基础，提出了他们的社会改良政策。1872年，新历史学派在爱森纳赫召开会议，并组织了"社会政治协会"，施穆勒在会议上致开幕词。他说：我们虽然不满意现在的社会状况，深感改良的必要，但我们不主张打破现存的关系，而要改革经济主张和现有的生产形态以及各个社会阶级现存的教养与心理状态，并以此为我们活动的出发点。从这种改良社会主义出发，他们提出要增进社会福利，实行社会改革，并通过工会组织来调解劳资之间的矛盾，主张由国家来制定劳动保险法、孤寡救济法等。这些主张成为德国政府实行社会福利制度的依据。

资本主义发展到垄断阶段以后，其基本矛盾急剧发展，阶级矛盾更加深化，加之垄断资本从殖民地、附属国和本国的人民中获得了大量的超额利润，资本主义国家及其政府有可能从巨额利润中拿出一点来搞一些福利设施，以缓和阶级矛盾。因此，在这种社会经济条件下，公开标榜研究"社会福利"的福利经济学于20世纪20年代应运而生。

2.以"社会福利"作为经济学研究的主张

关于福利经济学的思想还可追溯到亚当·斯密。18世纪70年代，亚当·斯密就提出"看不见的手"的理论，认为在自由竞争的市场机制调节下，人们基于私利的经济行为将自动实现社会经济福利的最大化。但一般认为福利经济学源于霍布森和庇古。

霍布森（1858—1940）首先提出以"社会福利"作为经济学研究中的新主张和新方向。他认为：人生的目的在于追求福利，而福利的基础是财富。财富是由劳动、土地、才能、资本等共同生产出来的。生产是人类成本的消耗，但也包括积极的快乐与享受；消费是效用的享受，但消费也包含痛苦与成本。他认为生产力的配置要能使劳动痛苦降低到最小程度，消费品的分配要使社会效用达到最大值，即要求用最少的"人类成本"取得最多的"人类效用"，从而获得最大的社会福利。为了保证"最大值的社会福利"，国家应当通过税收政策消除财富分配不均，同时实行免费医疗、老年抚恤金、比较充分的失业救济等合理、健全的社会福利政策，还应当对一些企业进行直接管制，以便把个人利益和国家利益协调起来，使"最大多数人的最大幸福"得以实现。

3.以庇古为代表的旧福利经济思想

庇古（1877—1959）是英国剑桥经济学派的代表之一，曾任剑桥大学教授，英国皇家科学院院士，并曾在英国货币、税务等机关任职，是福利经济学的鼻祖，被誉为"福利经济学之父"。庇古以马歇尔等人的一般经济理论为基础，以完全竞争为前提，系统地论述了福利概念及其政策应用，建立起了福利经济学的理论体系。庇古的福利经济学相对于他以后的福利经济学来说，被称为旧福利经济学。

庇古将福利分为两类：一类是广义的福利，即"社会福利"；另一类是狭义的福利，即"经济福利"。广义的福利包括由于对财物的占有而产生的满足，涉及"自由""家庭幸福""精神愉快""友谊""正义"等内容，但这些是难以计量的。而经济学所要研究的是可以用货币计量的那部分福利，即经济福利。经济福利虽然只是总福利的一部分，但具有决定性的影响，它可以在一定程度上反映社会福利的状况。

庇古认为，个人行为就在于求得最大的满足，社会福利就是所有个人满足或个人效用的总和。他声称，自己编写《福利经济学》一书的目的就是研究在现代实际生活中影响社会福利经济的重要因素。庇古的福利经济学的社会福利概念包括两个基本命题：第一，国民收入量越大，社会福利就越大；第二，国家收入分配越是均等化，社会福利就越大。庇古认为经济福利在相当大的程度上受两个因素的影响：一是国民经济收入的数量；二是国民经济在社会成员之间的分配情况。

按照第一个命题，要增加社会福利，就必须增加国民收入的总量。要增加国民收入的总量，就必须增加满足社会需求的社会生产量。而要增加社会生产总量，就必须使生产资源在各个生产部门的配置达到最适宜的程度。这样，生产资源的最适宜程度问题变成了庇古福利经济学的重要内容之一。这里的最适宜的程度指要使生产者个人从他所生产的产品中获得的利益恰恰等于整个社会从这种产品中获得的利益。但在一般情况下，两者往往是不相等的，这就要求国家通过财政和税收等经济手段进行合理调节。政府通过调节作用，增加国民收入的总量，从而增加社会福利。

按照第二个命题，要增加社会福利，就必须实现收入分配的"均等化"。庇古认为，高收入者的货币边际效用小于低收入者的货币边际效用。也就是说，同样一英镑或一美元对穷人的效用比对富人的效用大。所以应把富人的一部分财富转移给穷人，转移可以采取"自愿转移"和"强制转移"两种方法。"自愿转移"就是指政府将其收入的一部分用来举办教育、娱乐、保健等福利事业，或者创办一些科学和文化机构；"强制转移"就是指政府通过征收累进税和遗产税等，把富人缴纳的一部分税款用来兴办社会福利设施，如发放养老金、实行免费教育、提供失业保障和医疗保险、房屋供给等，让低收入者享用。因为这些收入转移将会增加穷人的实际所得，这样也就可以实现"收入均等化"。在资本主义制度下，不可能真正实现收入均等化，但庇古提出来的"财富转移支付"及改善社会福利的理论，对西方国家的社会保障产生了重要影响。

4.新福利经济学理论

西方经济学家把20世纪30年代以后在批判庇古福利经济学基础上建立起来的福利经济学称为新福利经济学。新福利经济学起源于数理学派的帕累托，代表人物有霍特林、勒纳、卡尔多、希克斯、西托夫斯基、萨缪尔森等。随着垄断资本主义不能完全适应垄断资本的需要，一些经济学家便提出了一些新的论点，对旧福利经济学进行修改，并以所谓新福利经济学的面貌在30年代末取而代之。20世纪30年代是实证经济学大发展的时期，庇古的福利经济学首先受到英国实证经济学者罗宾斯的批判。罗宾斯（L.C.Robbins）在1932年发表了《论经济科学的性质和意义》一文，对庇古的福利经济学进行了批判。罗宾斯特别批评庇古根据"个人之间效用的可比性"提出的收入均等化的命题。其后意大利经济学家帕累托、英国经济学家勒纳、美国经济学家伯格森相继提出了自己的福利经济学观点。1939年，卡尔多（N.Kaldor）出版了《经济学的福利命题和个人之间的效用比较》一书，将帕累托的边际效用价值论引入福利经济学，并把帕累托提出的社会经济最大化的新标准——帕累托最优准则作为福利经济学的出发点。随后，卡尔多、希克斯、伯格森和萨缪尔森等经济学家对帕累托最优准则作了多方面的修正和发展，并提出了补偿原则论和社会福利函数论，创立了新福利经济学。第二次世界大战后，新福利经济学在西方各主要资本主义国家得到了广泛的传播和进一步的发展。

新福利经济学根据帕累托最优和"序数效用论"[①]提出了三个基本福利命题：第一，个人是他本人的福利的最好判断者；第二，社会福利取决于组成社会的所有个人的福利，而不取决于其他任何东西；第三，如果至少有一个人的境况好起来，而没有一个人的境况坏下去，整个社会的境况就真好了起来。

新福利经济学从这三个命题出发，论证了社会最大福利实现的途径：首先他们提出了获取社会福利的最适度条件；然后根据一个人的境况好些或坏些的福利概念和伦理标准，提出在经济状况改变时检验社会福利是否增大的福利标准，即"最适度条件论"和"补偿原则论"。另外，新福利经济学者还提出了"社会福利函数论""相对福利论""平等和效率交替论""国民福利的尺度和指标"等一系列有关福利经济的主张和观点。

（1）运用"序数效用论""无差异曲线""消费可能曲线"等方法对社会福利问题进行的探讨。根据序数效用论，物品的效用不能用具体数值来表示，但可以用序数来进行比较。这种比较说明，一个人对不同物品的不同组合有偏好上的差异，不能说明哪种组合效用大、福利多，只不过表明个人对物品的偏好不同。根据无差异曲线，两种商品的不同组合可以给一个消费者带来同等程度的满足，消费者为了使自己的满足程度不变，就会在损失了一定数量的甲种物品时用一定数量的乙种物品来补偿。由于效用不能相加，每个人的效用偏好无法进行比较，因此消费者追求最大满足的途径就不能如庇古所说的力求达到最大满足的总量或最大效用的总量，而应该是力求达到最高的满足水平，即最高的无差异曲线。这就丰富和完善了庇古的福利经济学理论。

（2）经济效率与实现帕累托最优状态的原则。新福利经济学家认为，福利经济学应当研究效率而不是研究水平，只有经济效率问题才是最大福利的内容。为了说明经济福利，勒纳、霍特林等人对经济效率问题作了论述。经济效率指社会经济达到帕累托最优状态所需具备的条件，包括交换的最适度条件和生产的最适度条件。他们认为，交换的最适度条件是在完全竞争条件下，交易双方通过交换使彼此得到最大满足的条件；生产的最适度条件是在完全竞争条件下，生产要素最有效地进行配置，从而生产出所必需的

---

① "序数效用论"是由英国经济学家约翰·希克斯提出来的，基本观点是：效用作为一种心理现象无法计量，也不能加总求和，只能表示出满足程度的高低与顺序，因此，效用只能用序数（第一、第二、第三……）来表示。例如，消费者消费了巧克力与唱片，他从中得到的效用是无法衡量的，也无法加总求和，更不能用基数来表示，但他可以比较从消费这两种物品中所得到的效用。如果他认为消费1块巧克力所带来的效用大于消费唱片所带来的效用，那么1块巧克力的效用是第一位的，唱片的效用是第二位的。

产品的条件。

（3）新福利经济学的重要内容之一——"补偿原则"。新福利经济学认为，帕累托的最优状态"具有高度限制性"。为了扩大帕累托最优条件的适用性，一些新福利经济学家致力于研究福利标准和补偿原则。补偿原则由卡尔多和希克斯等人提出，其实质是，如果一些社会成员经济状况的改善不会同时造成其他社会成员状况的恶化，或者补偿了其他社会成员状况的恶化，社会福利就会增加。根据这一原理，政府的某项政策措施如果使一些人受益，而使另一些人受损，如果收益总额超过损失总额，政府就要向受益者征收特定租税用以补偿受损者。

（4）"社会福利函数论"。卡尔多、希克斯等人的补偿理论，受到伯格森、萨缪尔森等人的批判。伯格森于1938年发表了《福利经济学某些方面的重新论述》一文，提出研究社会福利函数的新方案。社会福利函数论着眼于个人的主观感受，认为补偿是否恰当要在受益者感受到以后才能确定，事前是无法预测的，因而补偿原理并不是科学的，应当把社会福利最大化放在最适度条件的选择上。社会福利函数论认为经济效率是最大福利的必要条件，合理分配是最大福利的充分条件，只有将所有分配方面及其他支配福利的因素一并列入，编制一种"社会福利函数"，当这个函数达到最大值时，才算达到福利最大化。根据这一理论，社会福利和一些影响社会福利的因素之间存在一定的函数关系，这些影响因素可能有各种不同的组合。在一定的收入分配条件下，社会福利的最大化在于个人对各种不同组合的偏好选择。因此，要使社会福利最大化，政府应当保证个人的自由选择，进行"合理的"分配。

第二次世界大战以后，阿罗继续研究伯格森、萨缪尔森等人提出的社会福利函数。在1951年出版的《社会选择与个人价值》中，阿罗提出，社会福利函数必须在已知社会所有成员的个人偏好次序的情况下，通过一定程序把各种各样的个人偏好次序归纳为单一的社会偏好次序，才能从社会偏好次序中确定最优社会位置。阿罗定理在福利经济学中被称作"不可能定理"。阿罗本想通过大量的论证对伯格森、萨缪尔森等人的社会福利函数修残补缺，但客观上却证明了不可能从个人偏好次序达到社会偏好次序，也就是不可能得出包括社会经济所有方面的社会福利函数。另外，杜森贝里提出了福利的相对性问题，认为每个人的消费支出，不仅受自身收入的影响，而且受周围人的消费行为及其收入和消费之间的相互关系的影响。因此，福利永远不能得到满足。由以上论述可以看出新福利经济学的缺陷。

尽管新旧福利经济学都存在一些理论和操作上的缺陷，但福利经济学的诞生和发展为"福利国家"社会福利的发展提供了理论依据，从而促进了发达国家社会福利制度的建立和发展。

2.2.2 福利国家论

福利国家论是关于国家性质问题的一种改良主义理论。它宣扬现代资本主义国家的性质已经发生了变化，变成了为全民谋福利的"全民福利国家"。它同福利经济学既有联系又有区别，福利经济学提出了各种社会福利原理、原则；福利国家论提出的是国家应当实行各种社会福利政策与措施。福利经济学所提出的福利标准和福利政策的原理、原则，为福利国家论提供了理论基础，福利国家论是福利经济学的体现和实践。福利经济学的发展对福利国家论的流行起了明显的促进作用。

福利国家论的思想首先出现在德国，而后流传到英语国家。18世纪60年代德国学者尤士提在《国家权力和福利的基础》一书中提出了国家经济政策是为了全体臣民利益的观点。后来德国历史学派继承了尤士提"福利国家"的思想，尤其是"讲坛社会主义者"极度强调国家对国民经济的特殊作用，认为国家除了维护社会秩序、保护人民安全外，还有"文化和福利的目的"，即应当采取各种措施来实现促进文化发展、改善公共卫生、保护老幼残孤等社会目标。20世纪初，以英国的韦伯夫妇为代表的费边社会主义者由于提出对残、疾、老、幼及失业者实行社会服务的主张，以代替《济贫法》，被称为"福利国家"概念和政策最早的、最充分的制定者。此后，英国的工党接受费边社会主义的思想，把实现福利国家作为党的纲领。

福利国家论的流行是在福利经济学出现以后。福利经济学不仅为后来的福利国家论提供了理论根据，而且不少人都是福利国家论的宣传者，如庇古。20世纪30年代，凯恩斯出版了《就业、利息和货币通论》，提出以国家干预经济的政策解决就业问题，又为福利国家论提供了新的论据和目标。此后，凯恩斯主义者也成为福利国家论的积极宣传者。

福利国家论一般认为，在19世纪末20年代初以前，西欧和北美各国实行的是放任自由的资本主义体制，之后，这些国家就转变为"全民福利国家"了。美国的汉森就公开说，"所有现代自由民主国家"事实上都已成为"私人拥有生产资料而政府越来越多地提供社会服务的福利国家"。

韦伯夫妇是英国"费边社"的创始人和负责人，他们主张社会改良主义，提出了一系列的社会福利政策，以改善工人的生活。1909年，他们发表了为济贫委员会起草的一份包含全面的社会保险计划的报告，建议建设全面的社会服务事业，以及照顾老幼、病残和失业者。报告说：所有这些服务事业的组织方式应使受救济的人不致丧失政治和社会权利，应该把这些服务事业看作社会对其成员应尽的义务，而且应有民选的地方当局进行民主管理，经费应从公共基金中拨付，其中的一部分来自地方基金，另一部分来自中央财政部门的津贴。关于失业问题，报告建议对失业者发放相当于工资的生活维持费，当局有权在适当情况下，重新训练工人担任其他工作。西方许多人认为这份报告是一个"里程碑"，它第一次对福利的概念和政策作了全面、详尽的阐述和规划，后来的许多主张不过是该报告的翻版。

福利国家论包括政治和经济两方面的内容。在政治方面，"福利国家"主要是指资产阶级的民主、自由，特别是两党制和代议制之类的东西；在经济方面，福利国家论主要包括"混合经济"论、"充分就业"论、收入均等化理论、收入再分配理论和"社会福利政策"等。

1."混合经济"论

"混合经济"的概念最初来自英国工党的理论，他们把实行某些"国有化"措施的经济称为"混合经济"。凯恩斯在《就业、利息和货币通论》中指出，挽救资本主义制度的"唯一的切实可行的办法"就是扩大政府职能，"让国家的权威和私人的策动力互相合作"，这是混合经济论的由来。究竟混合经济是怎样的一种经济，资产阶级经济学家作过各种各样的解释。

新福利经济学的代表人物之一勒纳说"混合经济"这个名词包含有利润动机的私人企

业的因素，又包含有集体主义的因素。汉森把"集体经济"叫做"双重经济"，按照他的解释，"私人拥有生产资料，而政府越来越多地提供社会服务"，私人资本主义经济和"社会化经济"混在一起，便是"双重经济"。其中，社会化经济包括"生产工业社会化"和"收入与消费的社会化"。消费的社会化主要针对公共卫生、住宅、社会保险、福利开支等，因而汉森把双重经济分为"生产上的公私混合经济"和"消费上的公私混合经济"或"双重生产经济"和"双重消费经济"。他认为，混合经济就是个人主义的经济向以社会福利为重点的公私经济过渡的一种经济类型。事情仍由私营企业来做，政府只须支出大量的经费来帮助私营企业，实行"公私合作"。

萨缪尔森对"混合经济"的解释是：至少在两种含义上，我们的制度是混合的，政府限制私人的主动力量；垄断的成分限制完全竞争的作用。他认为，所有的资本主义国家对经济能起的作用越来越大，政府开支不断扩大，国家对收入进行再分配，政府对经济进行干预和控制等。这样，政府和私人对经济同时发生作用，使其成为"混合经济"。瑞典学派的缪尔达尔也是混合经济的宣扬者，持有类似的解释。他认为混合经济的优越性在于：私营经济关心的是利润，国营经济关心的是社会福利，在混合经济中，私营经济和国营经济的效率互有高低，它们可以通过竞争达到提高效率的目的。

2. "充分就业"论

"充分就业"论是凯恩斯经济学说的核心内容。凯恩斯（1883—1946）是英国著名的经济学家，他本人并不是社会的改良派，但他的理论对福利国家的影响很大，人们把他的理论称誉为经济学中的"凯恩斯革命"。他在1936年写的《就业、利息和货币通论》中提出的一整套对付资本主义经济危机的主张，在经济方面成为福利国家的重要理论，同时也成为第二次世界大战后西方国家制定经济政策和社会保障制度的主要理论依据。凯恩斯充分就业论的中心内容就是解释产生失业的原因，寻求克服失业的办法。

第一次世界大战后，欧洲各国内部经济和政治危机日益加深，市场问题尖锐化，企业经常开工不足，经常存在着大批失业者，特别是1929—1933年世界性的经济危机强烈地冲击了西方资本主义世界。创痕累累的20年代和经济衰落的30年代，失业率平均都在12%左右，而在1929—1933年的最坏年代中，失业率竟高达25%左右。经济萧条震撼了全世界，并且点燃了世界革命的火焰。在这样的历史条件下，资产阶级国家把希望寄托在国家调节经济、干预经济生活上面，凯恩斯的经济理论正是适应这一需要的产物。

传统经济学宣扬自由竞争、自由放任，主张国家不要干预经济生活。与此相反，凯恩斯主张放弃自由放任政策，扩大国家的经济职能，实行国家调节经济、干预经济生活的政策。凯恩斯认为失业和危机是由人们的主观心理因素造成的，不是资本主义制度的必然产物。只要国家调节资本主义经济，就能实现充分就业，危机就可根除。

在失业问题上，有人提出失业有两种，即"摩擦性失业"和"自愿失业"，并认为这两种失业都不是真正的失业，而是暂时的、局部的现象。所谓摩擦性失业，是指由于劳动力市场上暂时的或偶然的供求失调，以及由于劳动的固定性、工作的季节性、原料的缺乏、机器设备的故障、工作信息不灵通等原因造成的暂时性失业。所谓自愿失业，指的是由于工人不愿意接受现行工资水平，要求较高的报酬而不愿工作所造成的失业。凯恩斯不完全同意这种理论，认为除了这两种失业以外，还存在着第三种失业，即"非自愿失业"。非自愿失业，指的是工人虽然愿意按照现行工资或低于现行工资的水平受雇但仍然得不到就业的情况。他指出，只要存在这种"非自愿失业"，"充分就业均衡"就不可能实现。

凯恩斯提出了自己的充分就业理论，并提出了实现充分就业的措施。那么，什么是充分就业呢？凯恩斯说：在现实生活中，没有非自愿失业的状态就称为充分就业。凯恩斯认为摩擦性失业和自愿失业与充分就业并不矛盾。雇主、资本家之间相互竞争的结果，使总的就业量扩大到某一点，在该点上，总需求和总供给相等，即达到了均衡状态。这时，再增加对消费品和投资品的需求，总产量已不能再增加，即供给不再有弹性，这时的总就业量就是充分就业。

那么，充分就业怎样才能实现呢？凯恩斯认为就业水平和就业都是由有效需求的大小决定的。资本主义社会之所以未能实现充分就业，原因就在于有效需求不足。什么是有效需求？根据凯恩斯的说法，有效需求是商品的总供给价格和总需求价格达到均衡状态时的总需求。全体资本家在雇佣一定数量的工人生产一定数量的商品时，要对供给和需求两方面进行预期：一方面，预期在出售商品时获得多少总价格最为有利；另一方面，预期社会上购买商品时会付出多少总价格。所谓总价格，就是指全体资本家在出售全部商品时获得的供给价格的总和。这种供给价格包括预期生产要素的成本和预期的利润。如果前者大于后者，资本家就要缩小生产规模、减雇工人；如果前者小于后者，资本家就要扩大生产规模。只有二者相等，即处于均衡状态时，资本家才既不缩小生产规模、减雇工人，也不扩大生产、增雇工人。这种均衡状态决定了实际就业量。在这种均衡状态下，全体资本家的预期利润达到最大量。这种在供给价格和需求价格相等时的总需求，就是有效需求。

凯恩斯认为，现代资本主义的一般情况是有效需求不足，达不到充分就业所需要的有效需求水平，社会总就业量比充分就业时的总就业量要小，因此，非自愿失业客观存在。也就是说，由资本主义自发的总供给价格和总需求价格的均衡所决定的有效需求，不足以保证充分就业。凯恩斯认为，只有国家调节经济，干预经济生活，才能刺激有效需求，保证充分就业，消除非自愿失业的存在。依照凯恩斯的有效需求原理，资本主义社会之所以有"小于充分就业均衡"的问题是因为有效需求不足，那么为什么会产生有效需求不足呢？凯恩斯认为，产生有效需求不足的原因主要是三个基本心理因素，即心理上的消费倾向、心理上的灵活偏好以及心理上对资本未来收益的预期，此外还有货币数量这个因素。凯恩斯认为，资本主义自身已经不能保证三种基本心理因素达到与充分就业的结合，只有国家调节经济、干预经济生活才能保证。

凯恩斯把福利国家的发展作为资本主义有机增长的一个重要组成部分，其理论对资本主义的发展产生了重大影响。罗斯福的新政同凯恩斯的理论不无关系，为了走出经济危机的阴影，罗斯福采取了一系列福利政策，如联邦政府大力兴办公共工程，一方面解决失业问题，另一方面刺激经济复苏等。

3. "收入均等化" 理论

英国工党的纲领首先把"收入均等化"作为福利国家的重要内容。1918年，韦伯在为工党草拟的纲领中提出了通过征税的办法来平均收入，并把这一主张说成是"国民财政领域中的革命"，宣扬要通过"收入均等化，走向社会主义"。汉森主张以累进税来实现国民收入的均等化，并声称这是福利国家的一个重要特征。按照西方经济学者的说法，高额累进税是有利于穷人的收入再分配的重要手段。萨缪尔森曾说：公平和效率总是处于冲突之中，当市场制度不能保证最低生活标准时，公民通过他们的政府，用政府的支出来补充某些人的实际收入或货币收入。总之，收入均等化就是用财政政策，主要是税收政策和转移支付政策，把国民收入不断增加的部分从比较富裕的人手里转移到比较贫穷的人手里。在税收政策方面，采取累进税以消除财产和收入的不平等；在转移支付政策方面，由政府兴建各种社会福利设施以保证穷人的最低生活标准。

4.社会福利政策

在第二次世界大战期间，1942年11月，英国政府责成以贝弗里奇为主席的社会保险和联合事业委员会提出一个题为"社会保险及有关服务"的报告，这个报告即著名的《贝弗里奇报告》。贝弗里奇把当时英国存在的财政匮乏、疾病、无知、贫穷和怠惰称为"五害"，他向英国政府提出了建立福利国家的方案，主张实行失业、残疾、疾病、养老、生育、死亡、寡妇等七个项目的社会保险和社会福利政策，以缓和社会矛盾。其主要措施可以归纳为三项，即社会保险、社会救济和自愿保险。社会保险用于满足社会成员的基本生活要求；社会救济用以满足特殊情况的需要；自愿保险用以满足收入较多的社会成员较高的要求和需要。贝弗里奇还针对贫困提出了一些社会保障原则，如基本生活资料补贴标准一致的原则、保险费标准一致的原则、补助金必须充分的原则、惠及的全面和普遍性原则、区别对待原则等。

第二次世界大战结束时，英国工党上台执政，全面推行贝弗里奇的福利计划，先后施行了多种社会福利法案，其中主要有《家庭津贴法》（1945）、《社会保险法》（1946）、《国民健康服务法》（1946）、《工业伤害法》（1946）、《国民救济法》（1948）等。其福利政策主要表现为发放救济金、养老金、贫困家庭补助金、失业补助金及免费医疗等。1948年，英国工党宣布建成了"福利国家"。当时的首相艾德礼宣称："1945年以来制定的法案，铲除了贫困的真正根源，在我们的历史上提供了一种最低生活标准，没有一个人会在这种标准下生活。"《贝弗里奇报告》也因此被西方经济学家认为是社会福利发展史上的一个里程碑，贝弗里奇本人也因此而获得了"福利国家之父"的称号。

其后，相继执政的西欧各国社会民主党也一直推行社会福利政策，兴建各种社会福利设施。后来，西方各国的保守党也把它承袭下来，特别是在经济迅速增长的20世纪60年代，社会福利设施走向多样化，形成了一套全面的福利制度，即由国家提供一整套津贴补助、社会保险和公共救济的制度，包括失业救济、退休金、养老金、家庭补助金、医疗保险、卫生健康、住房补贴以及文化、教育等社会服务和设施。西方经济学家认为，实行社会福利政策，坚持社会福利制度，就能保障人们的最低生活水平，大多数人的物质生活就能达到一定水平。

2.2.3 "后福利国家"论

"后福利国家"论出现于20世纪70年代，80年代迅速传播。该理论以"后工业社会"作为其经济理论基础，在尼·雷谢尔（Neil Rachel）的《福利——从哲学观点看社会问题》（1972）一书中得到了详细的介绍。

在尼·雷谢尔看来，随着工业社会向后工业社会的过渡，"福利国家"也将逐渐过渡到"后福利国家"。"后福利国家"对于社会问题的解决具有后工业社会时代的特征，这些特征主要表现为：

（1）"后福利国家"所关心的主要不是经济问题，不是满足公民的物质生活需要，而是主要考虑发展文化、教育事业，对公民实行"智力开导"和"文化充实"，以改善公民的生活环境，提高公民的生活质量。它所体现的是"后物质主义"的价值观。

（2）在"后福利国家"，社会福利作为再分配的工具，不一定必须遵循"福利国家"论者所主张的统一与平等的原则，其要求社会福利的多样性。正是由于社会福利项目繁多，各个项目的原则可能不同，有的可能按价值分配，有的则可能按劳动贡献分配。"后福利国家"强调生活享受的自我实现和文化教育的自我修养。

（3）"后福利国家"主张对社会福利实行分散管理，恢复社会福利管理的"地方主义"和"教区主义"，加强发展社会福利管理部门的横向联系，使社会福利管理的组织系统像"一张蜘蛛网"而不是"一棵倒立的树"。

尼·雷谢尔认为，在后福利时代，不仅"福利国家"在工业时代遇到的普遍性问题得不到解决，而且改善公民环境、提高公民生活质量等新问题又会成为政府社会政策的重心。由于这些问题不是国家所能控制的，需要其他机构予以解决，因而，国家所面临的问题更多、更复杂。

"后福利国家"论反映了中间阶级和比较富裕的小资产阶级的要求，对西方国家社会福利观的发展产生了重要影响。

2.2.4 关于福利国家的两种观念

建立福利国家可以说是20世纪以来西方思想家们的共识，但是建立一个什么样的福利国家，却"发生在关于国家责任的两种竞争性观念之间"。这两种观念被称为"剩余性"福利国家观念和"制度性"福利国家观念。西方社会学家诺曼·巴里在其所著的《福利》一书中详细地说明了这两种福利国家观念的不同。

诺曼·巴里指出：剩余性福利国家观念甚至可以称为济贫法体系，因为它只关心消除剥夺——它能确保相当程度的共识（甚至富人也会感觉糟糕，如果可以消除的贫困仍然存在的话）。福利的意义局限于增加幸福，那是从富人转移到穷人身上的（最小的）再分配。在最纯粹的形式中，再分配采取现金支付方式，不给它的使用设置条件。这种形式的福利是美国的一个特征，而且在较小的程度上，也是英国的一个特征，尽管这两个国家都有现金再分配之外的福利。这种福利的一个特征是依附于财产调查，如果要达到剩余性福利国家目标，这种手段就必须使用。

制度性福利国家观念让社会中的所有人都来消费福利物品，如保健、失业保险、退休金、教育、公共设施等。制度性福利国家观念的理论支柱来自于社会团结的价值，源自福利物品和服务的共同消费。在制度性福利国家中，也有一种再分配的形式，但它不是通过现金支付方式从富人转移到穷人，而是在特定群体中进行的一系列转移支付。例如，通过普遍的保健服务从健康者向病人转移；从就业者向暂时赋闲者转移；通过基于代际契约的退休金从年轻人向老年人转移等。制度性福利反映了一种共同的福利目标，它的好处是福利覆盖的人越多，对财产调查的依附就会越少，所包括的对个人尊严的侮辱也会越少。欧洲很多国家都是这种制度性福利国家，它们拥有一套包容性的社会安排，预先排除了人们由于收入而导致的隔离。诺曼·巴里认为："这些十分昂贵的计划能够在欧洲生存下来，恰好是那里反对个人主义的结果。"

福利国家的两种观念在西方国家具有很大的争论性。"在美国，福利的含义似乎限于那些用来照料被剥夺者的安排"，美国可以说是较为典型的剩余性福利国家，福利开支也就是济贫。但基于财产调查的利益人员的数目越来越多，"社会福利病"也越来越严重。"福利最初也许针对的是在男家长家庭中的工作穷人以及通常报酬较低的赚钱者，但是它现在越来越多地针对家庭解体的牺牲者、从来没有工作过的非婚母亲以及其他构成一种代际再生的依附性文化的人。"政府尽管付出了福利开支，但贫困问题还是没有解决，实际上反而恶化了。例如，贫困者数目没有减少，糟糕的是家庭解体加剧了；黑人社区、内城地区已经成为贫穷、犯罪、吸毒的集中地，等等。很容易获得的社会福利正在催生一个机能失调的底层阶级。这就引起了关于社会福利目标的激烈争论，许多思想家批评这种福利供给产生了道德风险，人们也许想工作、组成稳定的家庭，但是该福利体系产生了一种冲突，一边是需要做的正确的事情，一边是理性的享受福利的行动方案。尽管这些人也关心道德，但道德教育不能够与有福利提供的懈怠和机能不调行为的机会相竞争。有人还从文化的角度提出批评，认为这种政策是对某种传统安排的替代，其中公共权威代替了——至少是部分代替了——家庭、族群、邻里和资源结社的作用。但这些批评又遭到另一些思想家的驳斥，认为美国底层阶级的出现与福利没有关系，少数族群（特别是黑人）的不利处境一度也是因为种族偏见而存在的。

制度性福利国家被人们视为让个人免受贫穷和经济生活变化的伤害而提供的一种根本保护，体现了政府和公民相互照料的普遍性责任。但其服务涵盖了保健、教育、退休金、失业保险和其他各种福利项目，有些思想家认为，这在表面上至少与"客观需要"没有太大关系。新自由主义思想家哈耶克（1899—1992）就反对由国家垄断的养老金制度，他指出，一旦政府开始对每一个人提供一种最低限度的养老保障，而不考虑个人是否需要这种保障，或者个人是否缴纳社会保险费，问题就变得严重了。这种由国家垄断的制度必然带来两大后果：首先，国家不仅向那些因缴纳社会保险费而获得养老保障权利者提供养老金，而且向那些没有履行社会保障义务者提供养老保障；其次，当到了应该支付养老金的时候，养老金并非来自为此目的而积累的社会保险基金的收益，而是来自当前生产者的部分劳动成果的转移支付。

20世纪90年代末，由于"福利国家"面临的一系列矛盾和政府绩效的挑战，西方学者试图寻求第三条道路，于是提出了所谓"发展性"社会福利的理念，即改"福利国家"为"社会投资型国家"。

本章小结

社会福利的相关理论主要包括：社会福利与政府的责任理论，社会福利与民主政治理论，社会福利与功利主义原则，以及福利经济学理论，"福利国家"论、"后福利国家"论等。社会福利理论是关于为什么要增进社会福利和如何增进社会福利的基本思想，从经济学和社会学的角度来看，它涉及政府与市场的作用及其相互关系、公平与效率等诸多问题。

政府责任理论认为社会福利制度源于人的需要和社会的需要，人们通过"社会契约"建立国家，建立政府，而建立国家和政府的目的就是要不断地增进人们的社会福利，社会福利是最好的社会政策选择。美国著名学者科恩将社会福利作为民主的基本条件，认为健全的民主要求健全的公民，民主要求公民享有合理水平的经济福利。功利主义原则是福利经济学的哲学基础，功利主义认为"最大多数人的最大幸福"是功利主义的最高目标。福利经济学是西方经济学家从福利观点或最大化原则出发，对经济体系的运行予以社会评价的经济学分支学科，其理论主要包括：新历史学派社会福利观、霍布豪斯和庇古的旧"社会福利"经济学主张以及相关新福利经济学理论。"福利国家"论提出国家应当实行各种社会福利政策与措施。它包括政治和经济两方面的内容。在经济方面，其主要包括"混合经济"论、充分就业理论、收入均等化理论、收入再分配理论和"社会福利政策"等。"后福利国家"论以"后工业社会"作为其经济理论基础，主张社会福利的多样性，强调发展文化教育；主张对社会福利实行分散管理，推行社会福利管理的"地方主义"和"教区主义"；认为在后福利时代，改善公民环境、提高公民生活质量等将会成为政府社会政策的重心。

综合训练

2.1　单项选择题

1."福利"是有关人们（　　）。

A.权利和利益的概念　　　　　　　　　　B.幸福和利益的概念

C.生存与需要的概念

2.主张国家是"最高父母"这一概念的是（　　）。

A.霍布豪斯　　　　　　B.莫尔　　　　　　C.卢梭

3.将社会福利作为民主的基本条件的学者是（　　）。

A.科恩　　　　　　　　B.霍布豪斯　　　　C.马克思和恩格斯

4.旧福利经济思想的主要代表人物是（　　）。

A.霍特林　　　　　　　B.勒纳　　　　　　C.庇古

5.把经济学称作"快乐与痛苦的微积分学"的学者是（　　）。

A.边沁　　　　　　　　B.杰文斯　　　　　C.斯图亚特·穆勒

2.2　多项选择题

1.空想社会主义社会福利思想的代表人物有（　　）。

A.莫尔　　　　　　B.康帕内拉　　　　C.霍布豪斯　　　　D.欧文

2.福利经济学研究的主要内容有（　　）。

A.社会经济运行的目标　　　　　　　　B.生产、交换、分配的一般最适度的条件

C.实现目标的政策建议　　　　　　　　D.社会福利的最大化

3.新历史学派社会福利观的代表人物有（　　）。

A.古斯塔夫·冯·施穆勒　　　　　　　　B.阿道夫·瓦格纳

C.欧文　　　　　　　　　　　　　　　D.杰文斯

4.新福利经济学起源于数理学派的帕累托，代表人物有（　　）。

A.霍特林　　　　　　B.勒纳　　　　　C.卡尔多　　　　D.萨缪尔森

5.福利国家论是关于国家性质问题的一种（　　）。

A.改良主义理论   B.社会主义理论

C.新自由主义理论   D.新国家主义理论

2.3　复习思考题

1.简述社会福利与政府责任的主要思想。

2.简述科恩关于社会福利与民主的思想。

3.福利经济学的主要思想有哪些？

4.新福利经济学是如何发展旧福利经济学的？

5."福利国家"论的主要内容有哪些？

6."后福利国家"论的主要特征有哪些？

7.简述"剩余性福利国家"观念与"制度性福利国家"观念的不同。

第 3 章

公共福利

学习指南

【学习目标】通过本章的学习，主要掌握以下要点：

1.公共福利的含义、提供形式。

2.公共教育福利的内容。

3.我国公共卫生福利的改革。

4.我国公共设施福利的提高措施。

【关键概念】公共福利；教育福利；公共卫生福利；公共设施福利

第 3 章关键概念

引导案例

人民日报：公共福利，满意更重要

公共福利不应只是追求形式上的优惠，更重要的是社会效果上的满意。要赢得更多社会成员支持，公共福利分配就要照顾到不同个体间的差异化需求，赋予其更多的自主选择权，从而在市场"无形之手"的指挥下，实现社会整体资源配置最优化

2016年6月底，上海市宣布取消可以免费乘坐公交车的"敬老卡"，代之以按不同年龄等级发放的老年综合津贴。这一看似削减社会福利的做法，却受到各方赞许：一方面，因为政策改变了部分老年人"不坐就没补贴，没事儿也去坐坐"的心理，使公交车和地铁上的老年乘客明显减少，部分线路甚至陡降八成以上，提高了公交舒适度，提高了普通出行者的满意度；另一方面，老年人直接获得了现金形式补贴，能够把钱用在刀刃上，更好地支配自己应得的公共福利，也对这项改革十分满意。

一项社会改革，不但让老人这样的"既得利益者"满意，还赢得了"非既得利益者"的支持，上海的做法之所以取得了两全其美的效果，归根结底是照顾到了不同个体间的差异化需求，赋予其更多的自主选择权，从而在市场"无形之手"的指挥下，实现社会整体资源配置最优化。

从经济学角度看，理性经济人能够做出对自身效用最大化的选择，当每个社会成员能够按照自己的实际需求做出经济决策时，就能够最大限度实现社会资源的优化配置。取消"敬老卡"改发货币补贴后，老人们不必为了享受福利而去乘车，减少了不必要的出行，把宝贵的公共资源让给真正需要的人群，从而实现了社会整体福利最大化。

事实上，不只是公共交通领域，由于制度性选择困难，公共福利浪费现象还在不少领域存在着：因为执行基本一致的低收费标准，大量患者不分轻重缓急都往大医院跑，普通感冒都非要去三级以上医院不可，甚至造成"全国人民上协和"的局面，基层诊所和私立医院则出现了"吃不饱"现象，等等。

因此，在市场经济条件下，公共福利分配要做到让更多群众满意，就必须在尊重市场规律的同时，给予社会成员更多的选择权。

当然，社会领域的改革千头万绪、纷繁复杂，每一项改革也都有自己的特点和实际情况，不一定都要取消实物福利、改发货币补贴，而应该因地制宜，并通过系列配套政策兼顾更多成员利益。作为政策补充，上海在取消"敬老卡"的同时，又联合保险公司推出了"保险交通卡"，出行较多的老年人依然可以通过购买该产品享受到一定的免费公交服务，进一步照顾到了不同人群的现实需求，这一做法值得借鉴。

此外，相比于免费的实物分配方式，货币分配更易受到物价水平变化的影响，社会管理部门需要密切跟踪经济社会发展状况和社会成员的实际福利水平，动态调整福利补贴标准，让每一个成员更好地分享到经济社会发展的成果。

资料来源 吴秋余.公共福利，满意更重要［N］.人民日报，2016-07-15.此处有删减.

【案例思考】

1.上海等地设立敬老卡的政策初衷是什么？

2.结合案例思考我国公共福利设施存在的问题。

公共福利是国家和社会为满足全体社会成员的物质和精神生活的基本需要而兴办的公益性设施和提供的相关服务，涉及内容非常广泛。本章重点介绍教育福利、基本卫生保健以及文化娱乐与服务。

§3.1 公共福利概述

3.1.1 公共福利的含义

公共福利，也称为国家福利、财政福利或一般福利，是指国家通过直接投资、税收减免、财政补贴等手段举办的各种旨在提高全体社会成员的生活质量和福利水平的社会福利项目。它把福利设施和服务提供给社会所有成员，并且社会成员能够重复性地使用社会公共福利设施和接受公共服务。公共福利以全体人民为授予对象，其目的是提高全民的身体素质、生活质量，丰富人民群众的文化生活。

公共福利的内容十分广泛，涉及住房、教育、卫生、文娱等生活的各个方面，主要包括保健方面的福利、教育方面的福利、住房方面的福利、文化娱乐方面的福利、生活环境方面的福利和生活服务方面的福利等。公共福利是社会进步的产物。随着社会的发展，各个国家都不同程度地实施了公共福利，并提高了公共福利上的财政支出，以便满足广大民众越来越多的各种需求。随着社会经济的发展和民众对自身生活质量要求的提高，公共福利的基本内涵和外延也在不断变化。所以，公共福利的发展离不开社会经济的发展，并且发展水平受其制约很大；反过来，公共福利的发展又促进了社会经济的发展。两者之间存在着一种相互依存、互相促进的关系。

3.1.2 公共福利与社会福利的区别

公共福利的实施主体是国家和政府，而社会福利的实施主体是政府、社会团体、宗教机构、私人等，其发展日益多元化、多支柱化；公共福利的主要内容是反贫困、教育等，社会福利还有提高全民生活水平和质量的含义；公共福利是社会福利的主干内容。在社会福利制度产生和形成过程中，一般社会成员的公共福利是较晚产生的一种社会福利形式。随着残疾人社会福利和妇女、儿童社会福利等制度的日益完善，许多国家开始把重点放在一般社会成员的公共社会福利项目的建设上，其目的是提高全民的生活质量。另外，在实施对象上，社会福利制度有一个从特殊对象（如残疾人、妇女、儿童等）到普遍对象的发展过程。

3.1.3 公共福利的提供形式

公共福利的提供通常采用三种形式：一是通过公共服务使全体人民享受某种利益；二是通过建立福利设施为公民开展各种文化、娱乐、体育等活动创造条件；三是通过一定的补贴，使公民的生活质量得以提高。

3.1.4 公共福利的基本特性

1.外部性

公共福利是一种特殊机制，它具有广泛的外部性。公共福利的外部性体现在一个国家或地区居民的受教育程度、健康和犯罪率等。长期以来，许多国家之所以热衷于完善公共福利制度，一个重要原因就在于公共福利与健康等因素之间存在着密切的关系。比如，在我国，大量的农民工进入城市，但他们所能享受的公共福利比较差，这会影响他们对社会的看法，从而产生不满情绪。城市居民同样会受到影响，2003年"非典"疫情的蔓延，很大程度上与公共卫生福利制度不完善有关。这些都需要政府制定政策，完善公共福利制度，以提高它的外部收益，降低由于其不完善所带来的外部成本。

2. 公共物品

公共物品具有两个特性：非排他性和非竞争性。公共福利显然具备这两个特征。大多数公共福利之间不存在竞争性，是向公众免费提供的；所服务的对象是一般社会成员，不存在排斥其他社会成员的现象，因而具有非排他性。同时，公共福利还涉及环境问题，包括空气、绿化、生活设施和交通条件等。

3. 供求的非均衡性

总的来说，公共福利往往是供不应求的。这是因为，一方面，人们的需求水平越来越高，越来越呈现出多样性；另一方面，公共福利的建设由于工程庞大而投资大、建设周期长，供应量的增加速度往往跟不上需求的增长速度。因此，许多国家的公共福利表现出一种供不应求的态势。

§3.2 公共教育福利

教育，特别是基础教育，具有明显的福利性质，是一种国民福利。教育福利是以免费或低费方式向国民提供教育机会和教育条件的社会福利事业。

我国公共教育福利的内容主要包括：普及义务教育；实行助学金、奖学金制度；向学生提供无息贷款；实行学生假期购票优惠制度；国家和地方政府以及教育部门设立各种教育机构，面向社会提供免费或低费教育。

3.2.1 义务教育

教育福利最基本的表现是中小学义务教育。义务教育是一项全民性的福利，每个公民都有权利同时也有义务接受义务教育。义务教育通过国家投资设立中小学并承担中小学全部经费开支的办法实现，学生家庭不承担教育费用。随着我国经济的发展，基础义务教育的福利会进一步加强。

1986年4月12日，六届全国人大四次会议审议通过了《中华人民共和国义务教育法》（以下简称《义务教育法》），自1986年7月1日起施行。《义务教育法》的制定标志着我国基础教育发展到了一个新阶段。该法虽只有18条，但"国家实行九年制义务教育"从此成为法定义务。

2006年1月4日，国务院常务会议讨论并原则通过了《中华人民共和国义务教育法（修订草案）》。6月29日，全国人大常委会审议通过了新修订的《义务教育法》，于2006年9月1日实施，这是该法自1986年颁布以来的一次重大修改。

新的《义务教育法》第五条规定："各级人民政府及其有关部门应当履行本法规定的各项职责，保障适龄儿童、少年接受义务教育的权利。"《义务教育法》规定的政府及其有关部门的职责有如下几项：

（1）建立义务教育经费保障机制，将义务教育全面纳入财政保障范围，保证义务教育制度的实施。国家将义务教育经费纳入财政预算，按照义务教育教职工编制标准、工资标准和义务教育学校建设标准、学生人均公用经费标准，及时足额拨付义务教育经费，确保学校的正常运转和校舍安全，确保教职工工资按照规定发放。国务院和地方各级人民政府根据职责共同负担义务教育经费投入，省、自治区、直辖市人民政府负责统筹落实。

（2）合理配置教育资源，促进义务教育均衡发展，改善薄弱学校的办学条件，并采取措施，保障农村地区、民族地区实施义务教育，保障家庭经济困难和残疾的适龄儿童、少年接受义务教育。

（3）县级以上地方人民政府根据本行政区域内居住的适龄儿童、少年的数量和分布状况等因素，按照国家有关规定，制定、调整学校设置规划，保证适龄儿童、少年在户籍所在地学校就近入学。

（4）采取措施保障教师工资、福利和社会保险待遇，改善教师工作和生活条件。

（5）加强教师的培养、培训工作。县级人民政府教育行政部门要均衡配置本行政区域内的学校师资力量，组织校长、教师的培训和流动，加强对薄弱学校的建设。

（6）维护学校周边秩序，保护学生、教师、学校的合法权益，为义务教育学校提供安全保障。

（7）国务院教育行政部门根据儿童、少年身心发展的状况和实际情况，确定教学制度、教学内容和课程设置，并审定教科书。

（8）对实施义务教育的情况进行监督检查。人民政府教育督导机构对义务教育工作执行法律法规情况、教育教学质量以及义务教育均衡发展状况等进行督导。县级以上人民政府要建立健全义务教育经费的审计监督和统计公告制度。

（9）县级人民政府教育主管部门和乡（镇）人民政府应当掌握适龄儿童、少年的具体情况，组织和督促适龄儿童、少年入学，帮助解决适龄儿童、少年接受义务教育的困难。

（10）对于在义务教育实施工作中做出突出贡献的社会组织和个人，各级人民政府及其有关部门按照有关规定给予表彰、奖励。

普通中等技术学校、中等专业学校、职业培训学校、高等学校在我国也是教育投资的主要对象，但不是义务教育。不过，国家对中高等教育事业的投入，也是教育福利的一种表现。

3.2.2　特殊形式的教育福利

特殊形式的教育福利，是通过各种援助和奖励计划，对因各种原因不能正常接受教育的人以及对教育工作做出重大贡献者或接受教育过程中表现突出者给予的物质补助和奖励。《中华人民共和国高等教育法》（以下简称《高等教育法》）第九条规定："公民依法享有接受高等教育的权利。国家采取措施，帮助少数民族学生和经济困难的学生接受高等教育。"特殊形式的教育福利主要包括：

1.助学金、贷学金制度

由国家拨款或由学校接受社会捐助款项，向生活困难的学生提供一定的物质帮助是教育福利的一种特殊形式。长期以来，我国对于困难学生一直实行助学金制度。《高等教育法》第五十四条规定："高等学校的学生应当按照国家规定缴纳学费。家庭经济困难的学生，可以申请补助或者减免学费。"

《高等教育法》第五十五条规定："国家设立高等学校学生勤工助学基金和贷学金，并鼓励高等学校、企业事业组织、社会团体以及其他社会组织和个人设立各种形式的助学金，对家庭经济困难的学生提供帮助。获得贷学金及助学金的学生，应当履行相应的义务。"

通过这种制度使德才兼备、成绩优异的学生能够摆脱生活困境，顺利完成学业，成为对国家和社会有用的人才。特别是在高等教育中，助学金制度的实行，为贫困学生获得公平的深造机会、公平地参加进入高等院校学习的竞争并顺利完成学业创造了良好条件。

改革开放以来，为了解决贫困学生的就学问题，我国通过社会力量举办了各种形式的贫困助学工程。其中，影响最大的就是由中国青少年发展基金会牵头发起的全国性的救助失学儿童的"希望工程"。此外，一些地区和行业还开展了援助在校学生的工程。通过这些工程，利用全社会的力量，保证贫困学生就学并完成正常学业，同时也为国家减轻了负担，这是兴办教育福利的一条重要途径。

贷学金制度，是指通过向学生提供低息或无息贷款为学生解决读书期间的生活、学习困难，这是近年来许多高校普遍实行的一种改革措施。在校学生可以根据需要在一定的额度范围内申请贷款，用于在校期间的学习和生活费用开支。毕业工作后，由本人或其工作单位偿还。贷学金制度对于解决学生学习、生活困难具有一定意义，但是在实施过程中应当严格掌握贷款额度，否则会使学生在毕业时身负沉重债务，或使学生养成挥霍浪费、吃喝玩乐的不良习气，甚至使国家和学校因不能追回贷款而遭受经济损失。

2.奖学金制度

奖学金制度是向品学兼优的学生给予一定的物质奖励以鼓励其学习的制度。《高等教育法》第五十五条规定："国家设立奖学金，并鼓励高等学校、企业事业组织、社会团体以及其他社会组织和个人按照国家有关规定设立各种形式的奖学金，对品学兼优的学生、国家规定的专业的学生以及到国家规定的地区工作的学生给予奖励。"

近年来，随着高校教育管理体制的改革，国家提高了奖学金在教育经费中所占的比例，同时一些学校也开始接受热心教育事业人士的捐助，设立捐助奖学金，用于奖励品学兼优的学生。奖学金制度的建立，将竞争机制引入教育过程，为调动学生的学习热情、提高教学质量、解决学生生活困难发挥了重要作用。

3.特殊教育制度

对于聋哑人、智力残疾等能力障碍儿童，国家通过投资设立特种学校使他们能够接受教育，并在教育过程中进行矫治，这是教育福利的重要内容。这项制度使存在身心缺陷的儿童也能获得接受教育的机会，并通过这种教育使他们成为自立、自强的社会成员。

§3.3 公共卫生福利

3.3.1 公共卫生福利的概念

公共卫生是以预防医学观念、理论和技能为基础，针对预防疾病、促进人群健康所采取的社会性实践的总称。在市场经济条件下，公共卫生福利是由政府及公共部门向社会提供的卫生服务方面的公共产品。一个完整的公共卫生体系包括公共卫生服务体系、医疗保障体系和卫生执法体系等。在《WTO与公共卫生协议案》中，公共卫生分为八大类：第一类是传染病的控制；第二类是食品的安全；第三类是烟草的控制；第四类是药品和疫苗的可得性；第五类是环境卫生；第六类是健康教育与促进；第七类是食品保障与营养；第八类是卫生服务。

公共卫生是一个国家或地区群体健康的基本保障，是国家公共安全体系的重要组成部分。快速的工业化和城市化促进了人口的集中，公共卫生问题影响着整个社会的公共安全。

3.3.2　公共卫生服务的分类

1.纯粹公共产品的公共卫生服务

它关系到社会人群健康，不具有排他性和竞争性，市场机制无法对这类服务的供给和消费施加影响，是市场完全失灵的领域。其主要包括：①卫生监督执法：食品和药品、职业劳动卫生、环境卫生、学校卫生、公共场所卫生等的监督监测；②重大疾病控制与预防：性病、艾滋病、结核病等传染病、地方病的监测与报告，疫情的处理、消灭以及健康教育等。纯粹公共产品的公共卫生服务应由政府直接出资，但是，非政府的慈善机构也可以帮助提供此类服务。

2.准公共产品的公共卫生服务

它不仅给个人带来好处，更重要的是给他人和社会带来明显的外部正效应。此类的公共卫生服务包括：计划免疫接种，传染性疾病、地方病防治与管理，妇幼保健与计划生育，从业人员健康检查等。这些卫生服务可以由政府出资、民间部门承办，同时对弱势群体提供补贴。

3.保障基本人权的私人产品

它属于公民健康的基本需求，维护了公民的基本权利，政府应该干预和鼓励，如社区医疗、卫生保健、环境保护等。

4.纯粹的私人产品

它不属于基本的医疗需求，因此政府应该退出该领域，允许私人经营，鼓励医疗机构之间的竞争，同时维护整个市场竞争的秩序。例如，政府应允许民间资本和外资投资建立的专科医院、疗养院等。

3.3.3　我国的公共卫生福利发展

我国实施大规模的公共卫生计划始于20世纪50年代。当时，政府把医疗卫生工作的重点放在预防和消除传染病方面，特别是加强了农村地区的医疗卫生工作。通过大力开展爱国卫生运动和卫生教育，采用低成本的医疗技术和推广中医药，建立最基本的医疗服务队伍和独具特色的合作医疗体系，我国形成了比较完善的最初级的、低成本的公共卫生体系，使广大城乡居民尤其是农民无须支付高额费用就能享受到基本的卫生保健服务。尽管政府当时在经费方面的投入并不是很高，但政府在卫生技术、设施建设、人员培训、宣传预防等方面的主导作用十分突出，提高了卫生保健服务的普及性和公平性，基本控制了大规模传染病、寄生虫病和地方病等严重危害人群健康疾病的流行，极大地改善了我国城乡居民的健康状况。

改革开放后，我国卫生事业的总体发展仍很迅速。首先，卫生经费大幅度增长。1978

年，我国卫生总费用 110.21 亿元（占当年 GDP 的 3.04%）。2018 年，全国财政预算安排医疗卫生支出 15 291 亿元，较上年增加 840 亿元，增幅高于全国财政支出 2.5 个百分点，占全国财政支出的比重达到 7.3%。其次，我国卫生服务系统的硬件设施不断改善，卫生技术人员的学历水平和技术水平都有所提高。1978—2017 年，我国卫生机构由 167 932 个发展到 98.7 万个，卫生机构床位数由 204.2 万张增加到 794 万张，卫生机构人员数由 310.6 万人增加到 1 174.9 万人。随着资金投入的持续增长，医疗机构的医疗条件明显改善。

3.3.4 我国公共卫生福利存在的问题

改革开放以来，我国经济快速增长，但公共卫生发展不甚理想。我国公共卫生福利存在着以下三个方面的问题：

1.财政投入总量不足

我国 1999—2007 年公共卫生支出仅占财政支出的 4%～5%，远远不足。20 世纪末，哈佛大学公共卫生学院萧庆伦教授的研究结果表明，中国是世界上公共卫生支出比例最低的国家之一，甚至连非洲一些贫困国家，人均卫生支出水平都要比中国高出 1 倍。我国卫生总费用占 GDP 的比重，1999 年第一次达到世界卫生组织规定 5% 的最低标准，2000 年超过世界平均水平（5.3%），达到 5.7%。2017 年全国财政医疗卫生支出 14 451 亿元，占全国财政支出的比重达到 7.1%。与国际水平相比，我国公共卫生支出与经济实力不相匹配，而且实施分税制后，由本级财政负责本级卫生机构的投入，而县、乡财政税源有限，尤其是经济不发达的中西部地区，这直接导致对公共卫生的投入难以保证。

2.个人负担加重

从我国公共卫生支出经费来源的结构看，政府预算卫生支出比重不增反降，而个人卫生支出比重却增长迅速。20 世纪 90 年代以后，我国卫生总费用增长很快。1990 年，我国卫生总费用仅为 700 多亿元，而到 2003 年已经高达 6 623 亿元，但高速增长的卫生总费用主要来自于个人现金支出。政府预算卫生支出的绝对数是增长了，可所占的比重在不断下降。改革开放初期，政府预算卫生支出占卫生总费用的比重为 36%；到 1990 年，下降到 25%；到 2000 年，进一步下降到 14.9%。2006 年，全国卫生总费用达 9 856.3 亿元，政府、社会和个人的卫生支出分别占 18.0%、32.6% 和 49.4%。2016 年，全国卫生总费用为 46 344.88 亿元，占 GDP 比重为 6.23%，人均卫生总费用为 3 351.74 元。其中，个人卫生支出占卫生总费用比重降至 28.78%，政府卫生支出占比降至 30.01%，社会卫生支出占比升至 41.21%。

3.区域结构不合理，公共卫生支出偏重城市

我国公共卫生资源的配置呈现出较明显的"二元"结构特征，公共卫生资源分配的重心在城市。公共卫生支出亦是如此，明显偏重于城市，农村的公共卫生体系非常落后、脆弱。2000 年，政府财政用于农村公共卫生方面的资金总额还不到 20 亿元，平均每个农民每年只有 2.5 元；资金、设备、医务人员有 80% 以上都投入了城市，其中 2/3 集中在大医院，大城市医院高、精、尖医疗设备的占有率已经达到甚至超过发达国家的水平。与之形成鲜明对比的是，市县以下的公共卫生机构，特别是许多乡村卫生机构缺乏基本的卫生服务设备。据测算，1993 年，农村卫生费用占到全国卫生总费用的 34.9%，1998 年为 24.9%，而 2000 年仅为 22.5%，7 年里下降了 10 多个百分点。

3.3.5 我国公共卫生福利改革

2008年4月6日，中共中央、国务院向社会公布了《关于深化医药卫生体制改革的意见》，标志着医改新方案的出台，其指导思想确定为："坚持公共医疗卫生的公益性质，坚持预防为主、以农村为重点、中西医并重的方针，实行政事分开、管办分开、医药分开、营利性和非营利性分开，强化政府责任和投入，完善国民健康政策，健全制度体系，加强监督管理，创新体制机制，鼓励社会参与，建设覆盖城乡居民的基本医疗卫生制度，不断提高全民的健康水平，促进社会和谐"。其总体目标是："建立覆盖城乡居民的基本医疗卫生制度，为群众提供安全、有效、方便、价廉的医疗卫生服务。到2020年，覆盖城乡居民的基本医疗卫生制度基本建立，普遍建立比较完善的公共卫生服务体系和医疗服务体系，比较健全的医疗保障体系，比较规范的药品供应保障体系，比较科学的医疗卫生机构管理体制和运行机制，形成多元办医格局，人人享有基本医疗卫生服务，基本适应人民群众多层次的医疗卫生需求，人民群众的健康水平进一步提高。"其具体措施主要有：

1.加强公共卫生服务体系建设

建立健全疾病预防控制、健康教育、妇幼保健、精神卫生、应急救治、采供血、卫生监督和计划生育等专业公共卫生服务网络，完善以基层医疗卫生服务网络为基础的医疗服务体系的公共卫生服务功能，提高公共卫生服务和突发公共卫生事件应急处置能力，促进城乡居民逐步享有均等化的基本公共卫生服务。

2.完善医疗服务体系

坚持以非营利性医疗机构为主体、营利性医疗机构为补充、公立医疗机构为主导、非公立医疗机构共同发展的办医原则，建立结构合理、覆盖城乡的医疗服务体系，大力发展农村医疗卫生服务体系；进一步健全以县级医院为龙头、乡镇卫生院和村卫生室为基础的农村医疗卫生服务网络。政府应重点办好县级医院，并在每个乡镇办好一所卫生院，采取多种形式支持村卫生室建设，使每个行政村都有一所村卫生室，大力改善农村医疗卫生条件，提高服务质量。

加快建设以社区卫生服务中心为主体的城市社区卫生服务网络，以维护社区居民健康为中心，提供疾病预防控制等公共卫生服务、一般常见病及多发病的初级诊疗服务、慢性病管理和康复服务。同时，健全各类医院的功能和职责，充分发挥城市医院在危重急症和疑难病症的诊疗、医学教育和科研、指导和培训基层卫生人员等方面的骨干作用。

3.加快建设医疗保障体系

加快建立和完善以基本医疗保障为主体、其他多种形式为补充、覆盖城乡居民的多层次医疗保障体系。

目前，我国已建立了由城镇职工基本医疗保险、城镇居民基本医疗保险、新型农村合作医疗和城乡医疗救助共同组成的基本医疗保障体系。该体系分别覆盖城镇就业人口、城镇非就业人口、农村人口和城乡困难人群。《关于深化医药卫生体制改革的意见》指出，要坚持广覆盖、保基本、可持续的原则，从重点保障大病起步，逐步向门诊小病延伸，不断提高保障水平。

4.建立健全药品供应保障体系

加快建立以国家基本药物制度为基础的药品供应保障体系，保障人民群众安全用药，规范药品生产流通。

在2008年1月21日召开的国务院常务会议上，审议并原则通过了《关于深化医药卫生体制改革的意见》，明确了其后三年的阶段性工作目标：到2011年，基本医疗保障制度全面覆盖城乡居民，基本医疗卫生可及性和服务水平明显提高，居民就医费用负担明显减轻，"看病难、看病贵"等问题明显缓解。

但是，从实际运行看，关系医药卫生体制改革最为关键的问题其实是缺位的，即政府怎样采取刚性的公共预算来保证医药、卫生、保健的公共支出。在政府没有从公共预算的角度设定医药、卫生、保健支出比例的情况下，医药卫生体制改革基本上是无源之水、无本之木，所谓覆盖城乡的基本医疗卫生制度就只能是空中楼阁。相应地，仅具有政治保证而没有经济保证的新医改方案，似乎难以给人们坚定的信心。这样由政府主导的医药卫生体制改革就难免成为抢占道德制高点的行为，关乎体制改革的文献也就必然变成医药卫生体制改革的原则汇编，成为改革设计者主观意图的自娱自乐表达。

2015年4月26日，国务院办公厅再次印发了《关于印发〈深化医药卫生体制改革2014年工作总结和2015年重点工作任务〉的通知》，要求结合实际，认真组织实施。通知指出：2015年是全面深化改革的关键之年，是全面推进依法治国的开局之年，也是全面完成"十二五"规划的收官之年。要全面贯彻党的十八大和十八届二中、三中、四中全会精神，认真落实党中央、国务院决策部署，坚持保基本、强基层、建机制，充分发挥政府职能和市场机制作用，推进医疗、医保、医药三医联动，上下联动，内外联动，区域联动，全面完成"十二五"医改规划目标，不断提高医疗卫生服务水平，加快健全基本医疗卫生制度，努力打造健康中国。其主要措施任务是：

（1）全面深化公立医院改革。在全国所有县（市）全面推开县级公立医院综合改革。在100个地级以上城市推行公立医院综合改革试点。重点任务是：破除以药补医，推动建立科学补偿机制，理顺医疗服务价格，深化编制人事制度改革，建立符合医疗卫生行业特点的薪酬制度，优化医疗卫生资源结构布局，加快建立和完善现代医院管理制度，加强绩效考核和评估。

（2）健全全民医保体系。2015年基本医疗保险参保率稳定在95%以上，城镇居民医保和新农合人均政府补助标准提高到380元，城镇居民个人缴费达到人均不低于120元，新农合个人缴费达到人均120元左右。城镇居民医保和新农合政策范围内门诊费用支付比例达到50%，政策范围内住院费用支付比例达到75%左右。重点任务是：完善筹资机制和管理服务，全面实施城乡居民大病保险制度，健全重特大疾病保障机制，深化医保支付制度改革，大力发展商业健康保险。

（3）大力发展社会办医。优先支持举办非营利性非公立医疗机构，加快推进非公立医疗机构成规模、上水平发展。2015年非公立医疗机构床位数和服务量达到总量的20%左右。重点任务是：进一步完善社会办医政策，加强监督管理，规范服务行为。

（4）健全药品供应保障机制。进一步保障药品供应和质量安全，推进药品价格改革。重点任务是：落实公立医院药品集中采购办法，深化药品生产流通领域改革，积极推进药品价格改革，保障药品供应配送，完善创新药和医疗器械评审制度。

（5）完善分级诊疗体系。按照"基层首诊、双向转诊、急慢分治、上下联动"的要求，2015年所有公立医院改革试点城市和综合医改试点省都要开展分级诊疗试点。重点任务是：提升基层服务能力，加快建立基层首诊、双向转诊制度。

（6）深化基层医疗卫生机构综合改革。巩固完善基层医疗卫生机构运行新机制，有序推进村卫生室、非政府办基层医疗卫生机构实施基本药物制度。重点任务是：调动基层积极性，加强乡村医生队伍建设，加快促进基本公共卫生服务均等化。

（7）统筹推进各项配套改革。重点任务是：推进卫生信息化建设，加强卫生人才队伍建设，健全医药卫生监管体制，加强组织领导等有关工作。

§3.4 公共福利设施

所谓公共福利设施，是指市政、公用设施，是为了满足居民的生活需要而提供的有关交通、通信、能源、水务、绿地、文化、体育等公共性服务的一种设施。公共福利设施为公众生活便利而设，在现代国家更成为政府实现其社会福利功能的具体体现。

3.4.1 我国公共福利设施的发展

近年来，在一些城市，纷纷出现了公共福利设施免费使用的良好现象。继不少城市公园免费开放之后，许多城市的公共厕所也免费对公众开放，甚至对通往景区的公交车施行免费，还有很多城市设立了免费的公共自行车点以满足市民的"绿色出行"需求。

公共福利设施与普通市民的切身利益息息相关，是最基本的"消费品"。公共福利设施的免费开放和使用，不仅使市民生活更方便、更自由，也使市民感受到了现代文明城市的温馨。实际上，公共福利设施是广大群众接受和感受城市公共福利的一个重要方面，对其免费，有利于树立现代化的、文明的城市形象，体现政府的亲民与爱民之衷，以及"人性化"的服务与人文关怀。

3.4.2 我国公共福利设施存在的问题

与国际上公共服务水平较高的其他国家相比，我国城市的公共福利设施服务还存在较多的问题，主要体现在以下几方面：

1.高度垄断

我国传统的公共产品和服务供给理念将政府看成公共服务供给的天然和唯一的主体，政府成为全能型政府，负责一切公共产品和服务的生产和提供，即企业由政府建、资金由政府拨、价格由政府定、盈亏由政府负。在这种体制下，由于不存在经营风险，政府公共服务缺乏对投入与产出的精确核算、监督与管理；由于其产品和服务在市场上具有独占性，消费者的意愿和利益往往得不到有效维护；由垄断带来的冗员过多、缺乏创新、成本过高导致公共服务的低效。

2.总量不足

长期以来，为了追求经济快速增长，我国政府直接参与竞争产品的经营，广泛参与私人产品的提供，造成公私角色的错位。而政府本应提供的公共产品与公共服务却长期短缺，如城市生活垃圾的处理、优质水的供给、城市公共交通的畅通、城市园林的绿化和维护等。

3.结构失衡

目前，我国的公共支出格局还带有很浓厚的"建设财政"的特点，公共支出被大量地用于政府没有比较优势的用途上，过多地进入了那些本应由市场力量发挥主要作用的领域，特别是竞争性和营利性的经济领域。这就导致我国政府目前的公共服务供给不能保证基本的社会公平，并已经成为影响我国社会稳定、阻碍我国市场经济改革进一步推进的重要因素。因此，必须对我国的公共服务供给理念进行创新。

3.4.3 我国城市公共福利设施水平的提高

1.进行投资模式的扩展

随着市场经济的深入，我国城市的经济和社会组织方式、人们的生活方式都发生了根本的变化，对城市公共福利设施服务的需求也会经历从量到质的过程。城市公共福利设施服务作为公共品，其供给就应该及时、主动地反映公众的需求，体现公众的利益。

城市公共福利设施服务作为一种公共产品，由于其供给中的外部性和"搭便车"，使得其私人供给无效率或低效率。政府作为公共利益的代表，是城市公共福利设施服务供给的天然主体。因而凡是产品的产出价格难以界定并难以强制履行合同、无法实行竞争且与城市居民生活密不可分的城市公共设施，均可由政府直接组织提供，如公路、邮政、城市排水、垃圾处理、环境治理，以及防洪、防灾、防病的公共设施。这种模式是我国城市公共福利设施服务供给的主要形式，在相当长的一段时间内为城市政治、经济、文化的发展做出了巨大的贡献，比较符合我国的国情。但随着市场经济的发展，这种供给方式已不能适应城市化发展的需要，甚至开始成为城市经济进一步发展的制约因素。因此，必须根据公共产品服务的特点和城市公共服务的特殊性，结合我国经济发展的特点和城市的具体情况，重构城市公共设施服务的供给模式。

随着我国社会主义市场经济的逐步完善、全方位对外开放格局的形成以及城镇化的迅速推进，原有的以政府财政投资为主、政府垄断经营、管理权限较为集中的城镇公共设施投资管理体制，亟须改革。同时，20世纪80年代以来，国际上公共经济领域市场化、民营化改革的经验教训，也为我国城镇公共设施投资体制改革提供了有价值的参考和思路。近年来，我国在这一领域也进行了一系列的探索，如《中共中央关于完善社会主义市场经济体制若干问题的决定》指出：放宽市场准入，允许非公有资本进入法律法规未禁入的基础设施、公用事业及其他行业和领域。非公有制企业在投融资、税收、土地使用和对外贸易等方面，与其他企业享受同等待遇。决定为公共设施投资市场化、社会化改革指明了方向。《国务院关于投资体制改革的决定》（国发〔2004〕20号）对公共设施投资管理体制改革提出了相应要求。政府投资主要投向关系国家安全和市场不能有效配置资源的经济和社会领域，包括加强公益性和公共基础设施建设，保护和改善生态环境，促进欠发达地区的经济和社会发展，推进科技进步和高新技术产业化。能够由社会投资建设的项目，尽可能利用社会资金建设。合理划分中央政府与地方政府的投资事权，中央政府投资除本级政权等建设外，主要安排跨地区、跨流域以及对经济和社会发展全局有重大影响的项目。各级政府要创造条件，利用特许经营、投资补助等多种方式，吸引社会资本参与有合理回报和一定投资回收能力的公益事业和公共基础设施项目建设。对于具有垄断性的项目，试行特许经营，通过业主招标制度，开展公平竞争，保护公众利益。已经建成的政府投资项目，具备条件的经过批准可以依法转让产权或经营权，以回收的资金滚动投资于社会公益等各类基础设施建设。

国家有关部委提出，加快推进市政公用行业市场化进程，引入竞争机制，建立政府特许经营制度，尽快形成与社会主义市场经济体制相适应的市政公用行业市场体系，推动全面建成小康社会。开放市政公用行业市场的主要内容有：①鼓励社会资金及外国资本采取独资、合资、合作等多种形式，参与市政公用设施的建设，形成多元化的投资结构；对于供水、供气、供热、污水处理、垃圾处理等经营性市政公用设施的建设，应公开向社会招标选择投资主体。②允许跨地区、跨行业参与市政公用企业经营，采取公开向社会招标的形式选择供水、供气、供热、公共交通、污水处理、垃圾处理等市政公用企业的经营单位，由政府授权特许经营。③通过招标发包方式选择市政设施、园林绿化、环境卫生等非经营性设施日常养护作业单位或承包单位。④市政公用行业的工程设计、施工和监理、设备生产和供应等必须从主业中剥离出来，纳入建设市场统一管理，实行公开招标和投标。

2.保障与维护公共福利设施的公共福利性

在城镇公共福利设施投资走向市场化、社会化管理后，政府财政要在以下方面配合政府公共福利设施服务以及加强市场监管，维护公共福利设施的公共福利性：第一，通过公共定价和价格管制，维护公共福利。由于公共福利设施具有明显的外部效应和自然垄断性，在投资和管理方面实行市场化、社会化，政府需要对其价格实行决策和管制，既保护投资者的合理回报，又要维护社会公众福利。政府财政政策支持会形成公共福利设施服务价格决策程序、机制。在程序上，支持居民对服务价格的决策权，听证会不能流于形式，当多数居民代表（人大代表、消费者协会等维权组织）反对价格调整时，政府主管部门不得强行变动价格。公共服务价格根据政府政策需要，可等于、高于平均成本，也可低于平均成本，亏损由财政支付。第二，运用税收减免、财政补贴等政策工具，支持公共福利设施的建设和运营，满足政府不同时期的经济、社会政策目标。第三，选择不同的财政投资方式，调节、控制公共福利设施建设。通过财政全额投资、参股和控股等不同投资方式，引导社会资金投资于公共福利设施建设，满足社会公共需要，维护社会公共利益。第四，加强对公共福利设施建设的政府采购、经营权转让等活动的监督，防范暗箱操作、行贿受贿等，维护社会公正。

3.保障公共福利设施建设的优先性

公共福利设施建设是民生福利工程，必须保障其优先价值取向。2013年9月6日，国务院以国发〔2013〕36号文件印发《关于加强城市基础设施建设的意见》。该意见明确提出民生优先、安全为重、绿色优质等原则。

民生优先，就是要坚持先地下、后地上，优先加强供水、供气、供热、电力、通信、公共交通、物流配送、防灾避险等与民生密切相关的基础设施建设，加强老旧基础设施改造。保障城市基础设施和公共服务设施供给，提高设施水平和服务质量，满足居民基本生活需求。安全为重，就是要提高城市管网、排水防涝、消防、交通、污水和垃圾处理等基础设施的建设质量、运营标准和管理水平，消除安全隐患，增强城市防灾减灾能力，保障城市运行安全。绿色优质，就是要全面落实集约、智能、绿色、低碳等生态文明理念，提高城市公用设施建设的工业化水平，优化节能建筑、绿色建筑发展环境，建立相关标准体系和规范，促进节能减排和污染防治，提升城市生态环境质量。

4.提高城市公共福利设施的开放性

公共服务的一个基本原则就是为大多数人服务。城市公共福利设施服务的供给应该是针对所有人的，是开放式的、公平的、平等的，没有远近亲疏之分，没有上下等级之分。中国是典型的城乡分离的二元社会，这种状况不利于全面小康目标的实现。城市不单是城市人的城市，城市还是农村人的城市，还是社会的城市。城市公共设施服务供给既要服务于市民，也要服务于农民。

本章小结

公共福利是指国家通过直接投资、税收减免、财政补贴等手段，举办的各种旨在提高全体社会成员的生活质量和福利水平的社会福利项目。公共福利的内容十分广泛，主要包括健康保健方面的福利、教育方面的福利、住房方面的福利、文化娱乐方面的福利、生活环境方面的福利和生活服务方面的福利等。公共福利的基本特征有：外部性、公共物品性和供求的不均衡性。

公共教育福利是以免费或低费方式向国民提供教育机会和教育条件的社会福利事业。我国的公共教育福利主要包括：普及义务教育；实行助学金、奖学金制度；向学生提供无息贷款；实行学生假期购票优惠制度。国家和地方政府以及教育部门应设立各种教育机构，面向社会提供免费或低费教育。

完整的公共卫生福利体系包括公共卫生服务体系、医疗保障体系和卫生执法体系等。2008年4月我国医改新方案出台，总体目标是建立覆盖城乡居民的基本医疗卫生制度，为群众提供安全、有效、方便、价廉的医疗卫生服务。

公共福利设施是指为了满足居民的生活需要而提供的交通、通信、能源、水务、绿地、文化、体育等公共性服务的设施。

20世纪80年代以来，国际上公共经济领域市场化、民营化改革的经验教训，为我国城镇公共设施投资体制改革提供了有价值的参考和思路。2013年，国务院印发《关于加强城市基础设施建设的意见》，明确提出民生优先、安全为重、绿色优质等原则。

综合训练

3.1 单项选择题

1.公共福利的对象是（   ）。

A.需要救助的社会成员   B.全体社会成员   C.需要参加社会保障的成员

2.新修订的《中华人民共和国义务教育法》实施的时间是（   ）。

A.2004年   B.2005年   C.2006年

3.剩余型社会福利建立的时间是（   ）。

A.1501年   B.1601年   C.1703年

4.《WTO与公共卫生协议案》把公共卫生分为（   ）。

A.六大类   B.七大类   C.八大类

5.纯粹公共产品的公共卫生服务不具有（   ）。

A.监管性   B.竞争性   C.社会性

3.2 多项选择题

1.公共福利的基本特性包括（　　　）。

A.广泛的外部性　　　B.广泛的社会性　　　C.公共物品性　　　D.供求的非均衡性

2.（　　　）属于准公共产品的公共卫生服务。

A.重大疾病控制与预防　　　　　　　　B.卫生监督执法

C.计划免疫接种　　　　　　　　　　　D.地方病防治与管理

3.公共设施具有（　　　）。

A.享用的合法性　　　B.自然垄断性　　　C.外部效应性　　　D.不可损坏性

4.公共福利的提供通常采用的形式有（　　　）。

A.通过公共服务　　　　　　　　　　　B.通过社会保险

C.建立福利设施　　　　　　　　　　　D.通过一定的补贴

5.特殊形式的教育福利供给对象包括（　　　）。

A.不能正常接受教育的人　　　　　　　B.对于教育工作做出重大贡献者

C.接受教育过程中表现突出者　　　　　D.海外回国的人员

3.3 复习思考题

1.简述公共福利与社会福利的关系。

2.简述公共福利的提供形式。

3.试述我国公共卫生福利的改革。

第 4 章

儿童社会福利

学习指南

【学习目标】通过本章的学习，主要掌握以下要点：

1.儿童的福利需求。

2.联合国对儿童福利的推动。

3.中国的儿童福利。

【关键概念】儿童；儿童福利；《联合国儿童权利公约》；《中华人民共和国未成年人保护法》

第4章关键概念

引导案例

我国儿童福利保障范围由弃婴、孤儿向困境儿童拓展

近年来，我国保障儿童权益的法律体系逐步健全，广大儿童合法权益得到有效保障，生存发展环境进一步优化。与此同时，也有一些儿童因家庭经济贫困、自身残疾、缺乏有效监护等原因，面临生存发展和安全困境。

2016年6月，国务院印发《关于加强困境儿童保障工作的意见》，针对困境儿童面临的突出困难和保障工作中存在的突出问题，加强困境儿童分类保障，建立健全困境儿童保障工作体系。意见在我国儿童福利制度发展史上具有继承性、拓展性意义，标志着我国儿童福利保障范围由弃婴、孤儿向困境儿童拓展。

1.首次全面规划困境儿童保障制度

意见强调，要以促进困境儿童全面发展为出发点和落脚点，坚持问题导向，优化顶层设计。对此，中国青年政治学院教授陆士桢表示，长期以来，我国的社会观念往往将儿童单纯地看作受教育对象。意见的出台，从基本原则、保障内容等方面，搭建了一个比较完整的困境儿童保障体系。在理念上突出坚持以儿童权利为本的思想，强调儿童本身的权利和人本意义，强调儿童的生存和发展，强调儿童的全面需求。

据介绍，近年来，我国落实困境儿童生活保障，建立了孤儿基本生活保障制度，有效保障了全国50多万名孤儿和艾滋病病毒感染儿童的基本生活，并将符合条件的儿童纳入城乡低保和特困人员救助供养制度予以保障。同时，建立了城镇居民基本医疗保险、新型农村合作医疗、大病医疗救助制度，积极引导慈善资源，为困境儿童提供医疗保障。

2.政府主导与社会参与良性互动

北京青少年法律援助与研究中心主任佟丽华认为，目前我国在困境儿童保障方面仍然面临着政策落实方面的现实挑战，不仅需要资金支持，更需要服务支持，但目前基层乡镇政府和村（居）委会相关专业服务人员严重不足，特别是困境儿童较多的欠发达地区缺少社会服务机构和社工，其社区工作人员的力量也较薄弱。

对此，意见针对困境儿童生存发展面临的突出困难和问题，从保障基本生活、保障基本医疗、强化教育保障、落实监护责任、加强残疾儿童福利服务五方面提出具体措施。

意见指出，构建县（市、区、旗）、乡镇（街道）、村（居）三级工作网络，在县一级建立强制报告、应急处置、评估帮扶、监护干预等机制，在乡镇一级建立困境儿童信息台账，在村（居）民委员会设立儿童福利督导员或儿童权利监察员。北京师范大学社会发展与公共政策学院教授乔东平认为，意见使地方政府在儿童福利的人财物配置方面有了政策依据和要求，从而解决"最后一公里"的服务递送问题，有利于促进社工机构的发展和基层儿童福利服务的落实。

3.家庭监护责任不可替代

意见指出，要强化家庭是抚养、教育、保护儿童，促进儿童发展第一责任主体的意识，大力支持家庭提高抚养监护能力，形成有利于困境儿童健康成长的家庭环境。

意见明确，对于失去父母、查找不到生父母的儿童，纳入孤儿安置渠道；对于父母被行政拘留或涉嫌犯罪被采取刑事拘留等限制人身自由的儿童、服刑人员或强制隔离戒毒人员的缺少监护人的儿童，有关执行机关要协助委托亲属或机构为其提供临时监护；对于生父母或收养关系已成立的养父母不履行监护职责或者侵害儿童合法权益的，要依法追究其责任；此外，父母没有监护能力且无其他监护人的儿童或者父母被撤销监护人资格、法院指定民政部门担任监护人的儿童，要由民政部门设立的儿童福利机构承担监护职责。

资料来源　韩秉志. 各方良性互动 施助困境儿童［N］. 经济日报，2016-07-06.

【案例思考】

1.儿童福利的意义是什么？

2.在网上搜索，了解我国近十年儿童福利政策，总结其发展历程并提出存在的问题。

儿童是国家的未来，一个国家儿童的状况将直接影响这个国家未来的实力。梁启超在《少年中国说》里面讲，"少年智则国智……少年强则国强"。所以建立一套系统的儿童福利制度，不仅能够保障儿童的健康成长，而且有助于社会的进步。

§4.1　儿童福利及其需求特点

4.1.1　儿童的概念

1.儿童

（1）年龄划定。从发展心理学的角度看，儿童是指从7岁左右到性成熟以前的这一阶段的孩子。从学校教育的方面来比照，该阶段大致是指小学教育期。医学上把"儿科"所包括的范围界定在14周岁以下。总之对儿童的年龄的划定众说纷纭、莫衷一是。

从社会福利的范畴上讲，一般把妇女福利和儿童福利归结在一块安排，或者与老年人福利、残疾人福利和职工福利相并列。如果按照人生历程来分，且儿童期划在青春期以下的话，那么对未成年福利的理解将是不完整的，故在此我们把未成年人统称为儿童。联合国的《联合国儿童权利公约》也作了如是规定："儿童系指18岁以下的任何人，除非对其适用之法律规定成年年龄低于18岁。"

（2）儿童权利的内容及特点。①被抚养的权利。儿童的最大特点是依赖性，他们还没有独立生存于社会的能力，因而需要从家庭和社会处获得物质营养和情感呵护。②充分发展其全部体能和智能的权利。③获得社会安全保护的权利。由于儿童的童真性、纯洁性和易受蒙骗性，儿童应该获得社会更多的保护。④参与家庭、文化和社会生活的权利。儿童的养护并不只是集中在学校的教室里，儿童还要积极参与社会上的各种活动。

2.儿童福利

广义上的儿童福利包括一切与儿童有关且有利于儿童发展的福利措施和福利制度。《联合国儿童权利宣言》指出："凡是以促进儿童身心健全发展与正常生活为目的的各种努力、事业及制度等均称为儿童福利。"《美国社会工作年鉴》则指出："儿童福利旨在谋求儿童愉快生活、健全发展，并有效地发掘其潜能，它包括对儿童提供直接福利服务，以及与促进儿童健全发展有关的家庭和社区的福利服务。"

但是美国福利联盟却这样说："儿童福利是针对那些父母无能力照顾、社区资源不足的儿童、青少年，提供促进其家庭和社区养育，保护儿童能力的服务。因此，儿童福利服务是支持、补充或替代父母功能不足、有缺陷或停顿的情况，以及修正现有社会结构，或创立新机构来改善儿童及其家庭的状况"。

我国主要是从狭义的角度来定义儿童福利的。具体来说，儿童福利是指由社会福利机构向特殊儿童群体——孤儿与弃婴提供的一种福利服务。在我国，儿童社会福利的享受对象主要是处于不幸境地的儿童。这类儿童包括残疾儿童、孤儿、弃婴和流浪儿童等。儿童福利的功能主要倾向于救助、矫治、扶助等恢复性功能。

2016年6月，国务院印发《关于加强困境儿童保障工作的意见》，针对困境儿童面临的突出困难和保障工作中存在的突出问题，加强困境儿童分类保障，建立健全困境儿童保障工作体系。这份意见在我国儿童福利制度发展史上具有继承性、拓展性意义，标志着我国儿童福利保障范围由弃婴、孤儿向困境儿童拓展。

4.1.2 儿童的福利需求

儿童是社会的有机组成部分，是未来社会的主体，儿童首先要享受最基本的公民权；同时，儿童也是社会弱势群体中的一种类型，所以他们还需要得到来自社会福利的各种项目的保护。这种公民权的享受和项目保护不是空泛的，其更强调的是做出了什么，所以了解儿童的社会福利需求也就非常必要。

儿童社会福利需求是建立在儿童权利观念基础之上的，是将儿童作为一个能动的主体，对其发展本质的判断和认识。一个好的福利国家的社会福利制度应该全面覆盖儿童各层次、各类型、各阶段的需要。通常，人们认为儿童的需求应该包括营养、快乐、安全。中国台湾的曾华源把儿童的福利需求概括为以下几个方面：①获得基本的生活照顾的需求：家庭与社会应满足青少年（儿童）成长过程中的基本生活需求和被养育需求；②获得健康照顾的需求：包括适当的身心医疗照顾和预防保健服务；③获得良好的家庭生活照顾的需求：家庭应提供良好的亲子关系和适当管教的环境；④满足学习的需求：社会应向青少年提供（儿童）充足的就学机会和良好的教育环境；⑤满足休闲和娱乐的需求：家庭和社会应提供足够的休闲、娱乐场所和设备，并教导其养成良好的娱乐态度和习惯；⑥拥有、提高社会生活能力的需求：家庭与社会应培育青少年（儿童）有关社会关系和人际交往技巧、生活技能、适应能力和学习正确价值观等多种能力；⑦获得良好心理发展的需求：家庭和社会应协助青少年（儿童）建立自我认同，提高自我成长的能力；⑧免于被剥削、被伤害的需求：保障青少年（儿童）人身安全、个人权益及免于被剥削、被伤害等权利。

专栏4-1

儿童福利证

儿童福利证是由中华人民共和国民政部监制，由市、区（县）人民政府民政部门颁发给0~18岁的孤儿、查找不到生父母的儿童和事实上无人抚养的未成年人的获得救助的凭证。为贯彻中央关于孤儿救助工作的指示，2006年3月29日，民政部等15部委联合发布《关于加强孤儿救助工作的意见》（民发〔2006〕52号），民政部决定在全国范围内统一发放使用儿童福利证。

儿童福利证发放对象是0-18岁的孤儿、查找不到生父母的儿童和事实上无人抚养的未成年人，是其获得救助的凭证，用来记录持证人的基本情况及成长期间享受国家和当地政府在生活、教育、医疗、就业、住房等方面救助和优惠政策的情况。

儿童福利证由民政部监剩，由市、区（县）人民政府民政部门负责发证，须加盖公章。发证机关对管辖范围内的孤儿进行情况核实和登记，对符合条件的儿童发放儿童福利证并备案。

资料来源　百度百科。

§4.2 西方各国的儿童福利

4.2.1　西方各国的儿童福利

西方发达国家，近代历史起步早，不论是物质还是制度的完善方面所取得的成效都比较大，在儿童福利方面也不例外。

美国素有"儿童天堂"之美称。这种理念不单单源自儿童是未独立者，是社会的弱势群体，更主要的是美国人非常看重儿童，认为他们就是未来，就是希望，管好他们是管好社会的关键。美国前总统富兰克林·罗斯福曾说："美国年轻一代的命运决定了美国的命运。"美国儿童福利制度建设的标志性事件是1909年西奥多·罗斯福召开的白宫儿童会议，将儿童的福利照顾责任由社会转向政府，并逐步建立一系列的制度和机构。100多年后的今天，通过梳理历史，我们可以比较清楚地看到这个过程，表4-1是我国台湾学者郭静晃整理的一个有关美国儿童社会福利转型阶段和立法条例的图表。

表4-1　　　　　　　　　　**美国儿童社会福利转型阶段和立法条例**

阶段	年份	立法条例和依据
启蒙期	1909 1912 1920	1.白宫儿童会议 2.联邦儿童局成立 3.儿童福利联盟成立
创建期	1935	1.《社会安全法》通过 2.联邦卫生、教育与福利部实施社会福利一元化的具体措施
大社会期	1964 1964 1965	1.《民权法》 2.《经济机会法》 3.贫民保险条款
合伙期	1973 1975	1.儿童虐待预防法案 2.《社会安全法》第20条
新联邦期	1980	收养辅助和儿童福利改革法案
调整期	1995	福利改革法案中相关的儿童福利

与美国儿童社会福利相关的各种法案不但对儿童的福利权利做出了普遍而抽象的规定，更是将其细化为专门、细致且具体的条款，以保证美国儿童社会福利的可操作性和最大的可及性。

1.抚养未成年儿童家庭援助计划

抚养未成年儿童家庭援助（AFDC）计划是一项针对有孩子的家庭的援助计划，该计划的目标在于帮助"父母一方丧失劳动能力、死亡、长期离家出走或失业"家庭里的孩子。该计划由联邦健康与人文服务部和各州的人文服务局共同管理。联邦与州之间分工明确，联邦机构负责审批州计划和拨款、提供技术支持、评估各州该计划的运作情况、制定标准、收集和分析有关数据。各州确定受助资格，每月寄支票。由于该项目的申请门槛低，所以支出很大，但受益面很广。1988年，美国有370万家庭1 090万人（包括730万儿童，几乎是每9个儿童中就有一个）平均每月接受援助，总金额达170亿美元。

2.食品券计划

这项计划的目的是使儿童免受饥饿的痛苦以及在成长过程中获得足够的营养。儿童阶段正是长身体的关键时期，因此，足够的营养摄入对于儿童的成长以及将来的体质和智力都有着非常大的影响。美国有很多这样的食品和营养计划。食品券（food stamp）计划是其中规模最大的一个。食品券的接受者必须是家庭毛收入低于联邦贫困线的130%，或者净收入（适当扣除某些收入、与工作有关的必要开支、自己负担的医疗费用以及超出的住房开支等）低于贫困线的人。尽管这项资助并不考虑婚姻状况和有无孩子，但是面临饥饿的家庭及其儿童从中受益良多。

除了食品券计划外，有三个营养计划是针对学龄儿童的，即"全国午餐计划（NSLP）""全国学校早餐计划（NSBP）"和"暑期食品服务计划（SFSP）"。这些计划的目的是帮助各州"在一个适当的支出成本上为所有儿童提供足够的营养食品"，并且通过鼓励"消费国内有营养的农产品"来支持农民。学校营养计划由联邦总税收收入资助，美国农业部食品营养司通过州教育部门管理，各州负担各州的管理费用。1992财政年度，该计划共提供了8.52亿份学校早餐和41亿份午餐，价值约52亿美元。

3.妇女、婴儿和儿童特别补充食品计划

妇女、婴儿和儿童（WIC）特别补充食品计划每月为婴儿和5岁以下的儿童、孕妇和哺乳期妇女提供一包含有各种人体所需的营养食品。这些食品包含蛋白质、铁、钙和维生素A、B6、C，这些营养成分在低收入的妇女和儿童的日常饮食中极易摄入不足。妇女、婴儿和儿童特别补充食品计划由美国农业部、食品营养服务处和州人文服务局共同管理，申请者必须是营养缺乏且家庭收入低于联邦贫困线185%的人。1992年，540万名妇女、婴儿和儿童收到了WIC救济金，40%以上的美国出生的婴儿受益于该计划。妇女、婴儿和儿童特别补充食品计划是美国最受欢迎和最成功的预防性健康计划。

美国儿童福利制度的成功有三条经验：一是规定得非常细致，可操作，而不是一些原则性的、意识形态性的语言。这说明美国的儿童福利计划是切实以儿童为本的，注重实质意义。二是在针对家庭提供儿童福利时，非常注意公平性。也就是说，让有需要的家庭得到帮助，让不符合条件的家庭与儿童无法钻制度的空子。这里面除了前面提到的细致规定外，再就是美国的税务制度和家庭收入管理技术。三是美国有一个专门的管理机构，即联邦儿童局。

联邦儿童局与州儿童福利局的共同职责是保护儿童的安全。在美国政府的权力格局中，州儿童福利局的权力非常大，其职能实施的背后有一个《儿童福利法》。美国《儿童

福利法》的规定非常严密，同时是真正依靠社会力量运作的，与儿童接触的人，如教师、护士、警察、社工、义工、神职人员以及所有关心儿童成长的社会大众，都是每个家庭和父母的监督者，甚至美国的学校都教育孩子举报来自父母的不当体罚和忽视。

美国的儿童保护法规定，12岁以下的孩子不能单独在家，需要有18岁以上的成人陪伴；家长不能以暴力对待孩子，如果孩子身上有伤痕，哪怕是一个巴掌印，只要有人举报，孩子指认，父母就要有牢狱之灾；在公共场所，父母怒骂孩子，警察可以立即用手铐将其带进拘留所。作者的老师曾举过这样一个事例：一个居住在西雅图的华人家庭，爸爸是成年后由于学习才移民美国的，平时喜欢喝点酒，酒后有时会"教育"孩子。有一天孩子的老师发现孩子身上有伤痕，于是联系了当地的儿童福利局。儿童福利局在调查了解后，认定孩子生活在危险的环境中，于是决定将其"解救"送往寄养家庭。当儿童福利局的官员和警察到达该华人家庭所在的社区时，该家长情急之下拿着枪走出了房门，结果被警察当场击毙。

在美国，最麻烦的是儿童被儿童福利局带走。一旦如此，即启动了法律程序，儿童要被送往寄养家庭。父母要是再想和孩子团聚，需要经过非常复杂、繁琐的司法程序。比如，儿童必须在寄养家庭生活半年后，才轮到父母出庭。最关键的是，此类案件父母胜诉的可能性只有1.6%。如果不服，法院再启动繁琐的调查程序，一直到真正地确认这个家庭能给孩子提供符合标准的安全生活环境时，案件才能了结。这种情况在郑晓龙的电影《刮痧》中得到了很好的反映，当然里面的许大同和简宁是幸运的。

4.2.2　联合国对儿童社会福利的推动和实践

1.联合国的努力

1959年11月20日，联合国大会通过《联合国儿童权利宣言》，提出"人类有责任给儿童以必须给予的最好的待遇""人类对于儿童负有尽其所能善为培养的义务"。

1964年，联合国儿童基金会成立，该组织提倡并致力于保护儿童权利，帮助年轻人满足他们的基本需求并增加他们发挥其潜力的机会。联合国儿童基金会拥有一个全球网络，在160个发展中国家设有区域办事处。它与联合国其他机构、政府以及非政府组织合作，为发展中国家提供包括初级卫生保健、营养、基础教育、安全用水及卫生等在内的多方面的社区服务。

1989年11月，第44届联合国大会第25号决议通过了《联合国儿童权利公约》，旨在为世界各国儿童创建良好的成长环境，这是第一部有关保障儿童权利且有法律约束力的国际性约定。美国是迄今为止世界上唯一一个尚未批准该公约的国家。

2003年5月5日至7日，在印度尼西亚的巴厘举行了第六届关于儿童问题的部长级协商会议。会议提出建设"一个适合儿童的世界"；确保影响儿童和青少年的各项政策和行动都遵循《联合国儿童权利公约》的精神和原则，在全国和地方的发展计划中要"儿童优先"，即将最高优先给予儿童和青少年的健康、发展和福利。

2.国际劳工组织的推动

近百年来，国际劳工组织对于童工的使用方面做出了很多规定。由于儿童身心都处于发育阶段，过度的劳动和职业伤害会直接影响他们的健康成长，因此，国际劳工组织和很多国家都规定禁止使用童工。1920年，第二届国际劳工大会通过《最低年龄（海上）公约》，禁止14岁以下儿童在海上工作。1921年，第三届国际劳工大会通过《最低年龄（扒炭工和司炉工）公约》和《未成年人（海上）体格检查公约》，规定不得雇用 18 岁以下未成年人在船舶上充任扒炭工和司炉工；雇用 18 岁以下未成年人在海上工作，必须有主管机关认可的医生鉴定，证明其体格适于海上工作。1937 年，第二十三届国际劳工大会通过《最低年龄（工业）公约》，规定 15 岁以下儿童不得受雇于工业企业。1999 年，第八十七届国际劳工大会通过《最有害的童工形式公约》，目的是在全世界范围内有效禁止最有害的童工形式。这些公约对签约国有重要的约束和指导作用，在一定程度上保护了儿童的健康成长。但也应看到，当前，世界范围内的童工问题仍然很严重，特别是在发展中国家。据国际劳工组织 1998 年报告，在发展中国家，5～14 岁的儿童中有 1/4 在从事经济活动，达 2.5 亿人之多。因此，全面消除童工现象还需要一定的时间。

§4.3 中国的儿童福利

4.3.1 中国儿童社会福利制度的发展

1.儿童社会福利的发展过程

中华人民共和国成立后，儿童社会福利也经历了一个从无到有的过程。当然，这个过程还不能称为完善。依照儿童福利发展与社会转型的相关关系，儿童社会福利发展经历了三个阶段。

（1）偏政治型的社会福利阶段（1949—1978）。这一时期在外部环境被封锁、内部环境也不稳定的前提下，我国走了一条以阶级斗争为纲的路线。在这一背景下，国家的力量完全占主导地位。这一时期没有独立的儿童福利功能，儿童福利功能是依附在父母身上的；父母是城市户口且有工作单位的，儿童的福利需求由单位来承担。单位办社会的模式构成了这一时期的最大特色，在单位里面，有从幼儿园到中学（或是职校）的教育机构、医院或卫生所、理发馆、澡堂等，儿童长大成人可以通过"接班"实现就业。农村依托生产队这一级集体单位，来完成农村儿童的生长与就业安排。假如父母双方户口性质不一，则孩子的户口随母亲。偏向政治性使得这一时期的儿童福利覆盖面广，内部呈均平化。

（2）偏经济型的儿童社会福利阶段（1978—2002）。1978 年以后，我国确立了以经济建设为中心的改革开放之路，原有的儿童福利制度在改革中被调整与重构。在城市，经济没有活力被归因于"企业办社会"模式累积了过重负担，于是原来企业承担的福利功能向社会转移，以帮助企业卸下包袱，最后演变到连技术差、年龄大的工人都要下岗，以达到"减员增效"的目的。企业的改革也对儿童造成影响，不但福利逐项被剥夺，而且 5 000 余万工人下岗，陷入贫困之中，他们子女的生活自然受到影响。在农村，家庭承包取代了原来的集体经济，结果儿童福利完全依靠家庭的力量，国家不管，集体无力。总体来说，这一阶段由于片面突出经济，使得儿童福利呈现破碎化状态。

（3）偏社会型的儿童社会福利阶段（2002 年至今）。改革开放年代对于社会的两极分化估计不足，结果极化程度加深，自 2002 年开始，党和政府决定把社会福利工作的重心转向，如果改革不能让群众分享改革的成果，改革将失去意义。但由于我国总体上还是发展中国家，所以还不能完全扔掉经济建设这个中心，只能在经济发展的过程中，先把以前忽视的社会福利恢复、加强起来。儿童福利在这七年中改观很大。

2.儿童社会福利的发展成就概述

（1）比较注重立法，推进儿童福利制度化建设。中华人民共和国成立以后，党和政府非常重视儿童社会权利的保护和法规制度建设，国家先后制定了宪法、刑法、民法通则、婚姻法、教育法、义务教育法、残疾人保障法、未成年人保护法、预防未成年人犯罪法、妇女权益保障法、母婴保健法、传染病防治法、收养法和人口与计划生育法等一系列有关妇女、儿童生存、保护的法律法规和政策措施，形成了较为完备的保护儿童权益的法律体系。1992年中国成为《联合国儿童权利公约》的第110个批准国。围绕《巴厘共识》确定的母亲安全、营养、艾滋病防治、儿童保护和教育五个重点领域，2003年以来，国家对相关法律进行了修订，如重新修订了宪法、传染病防治法、妇女权益保障法、未成年人保护法、义务教育法和残疾人保障法。

为确保《巴厘共识》促进儿童生存、受保护、发展和参与的各项目标落到实处，国家还新出台了一系列有利于儿童发展的法规和政策性文件，包括《城市生活无着的流浪乞讨人员救助管理办法》、《法律援助条例》、《婚姻登记条例》、《国务院办公厅关于切实加强中小学、幼儿园及少年儿童的安全管理工作和开展专项整治行动的意见》、《儿童疾病综合管理实施行动计划（2003—2005年）》、《2003—2010年全国保持无脊髓灰质炎状态行动计划》、《关于进一步加强扶助贫困残疾人工作的意见》、《关于继续推进兴边富民行动的意见》、《关于开展网吧等互联网上网服务营业场所专项整治工作的实施意见》、《儿童玩具强制性国家标准》、《国家玩具技术规范》和《关于加强对生活困难的艾滋病患者、患者家属和患者遗孤救助工作的通知》，这些法律法规和政策措施的制定和实施从教育、卫生、儿童保护及消除差距、倡导性别平等的角度为儿童发展提供了强有力的法律政策保障。

（2）儿童福利社会化的出现。伴随着市场经济建设的深入和完善，原有福利体制的问题逐渐暴露出来，如单位制限制了单位作为一个独立的社会实体在经济社会发展中发挥应有的作用，影响效率的同时也加重了国家负担。在中国改革开放的启动之年，西方也正遭遇对福利国家论的质疑，各国政府在大幅度削减福利开支和项目。于是，内外因素决定了中国福利改革的方向。社会福利社会化萌芽于20世纪80年代初期，1999年2月27日，国务院办公厅转发的民政部、卫生部等部门《关于加快实现社会福利社会化的意见》，推动了我国福利事业社会化的进程。

正是在这样的背景下，儿童社会福利也走向了社会化的道路。这条道路并不是说政府责任的弱化或是政府撒手不管，而是政府作为主渠道增加收入，突出管理和协调功能；同时引导社会团体、慈善机构、宗教组织和个人提供经费。在政府的规划下，推动儿童福利机构在竞争中自主经营、自负盈亏、自我约束、自我发展。

2001年，民政部发布了《儿童社会福利机构基本规范》，福利机构社会化程度得到很大提高，福利的经费来源逐渐多元化。2007年，民政部还启动了"儿童福利机构建设蓝天计划"，民政部将每年从部本级福利金中拿出2亿元，加上地方福利金、财政投入、社会力量的捐助，在地级以上城市新建、改建、扩建一批儿童福利机构，为孤残儿童提供较好的养育、医疗、康复、特殊教育、心理辅导、职业培训和社区支持等服务，充分发挥示范、指导、辐射等方面的作用。2017年，中央密集出台儿童福利与保护领域政策文件，各地一批与儿童密切相关的民生实事有效实施，儿童福利事业发展取得了显著成效。2019年1月25日，中国机构编制网发布了《民政部职能配置、内设机构和人员编制规定》，即民政部"三定方案"，儿童福利司成为新设立的三大司局之一。

（3）儿童福利有了很大发展。

①儿童健康福利的发展。我国政府十分注重改善儿童卫生服务，提高儿童健康水平。1986年卫生部发布《城乡儿童保健工作要求》、《婴幼儿佝偻病防治方案》、《小儿营养性缺铁性贫血防治方案》、《小儿肺炎防治方案》和《婴幼儿腹泻防治方案》。1989年和1990年，卫生部分别发布《卫生部关于加强儿童保健工作的通知》及《卫生部关于进一步加强儿童保健工作的通知》。1992年，我国参照世界儿童问题首脑会议提出的全球目标和《联合国儿童权利公约》，从中国国情出发，发布了《九十年代中国儿童发展规划纲要》，确定了到20世纪末儿童发展的主要目标和任务。经过近10年的努力，我国实施规划纲要取得显著成就，儿童发展的24项全球目标有21项已经实现，儿童发展的条件和环境得到了明显改善，儿童的生存、发展、受保护和参与权利得到了有效保障，整体素质有了进一步提高，其中婴儿死亡率、5岁以下儿童死亡率分别从20世纪90年代初的51%和61%下降到2000年的32.2%和39.7%；5岁以下儿童低体重患病率从1990年的21%下降到2000年的10%；儿童计划免疫接种率以县为单位达到90%以上；实现了无脊髓灰质炎的目标。

2001年，国务院颁布《中国儿童发展纲要（2001—2010年）》，从儿童健康、教育、法律保护和环境四个领域提出了儿童发展的主要目标和策略措施。。

2011年，国务院颁布《中国儿童发展纲要（2011—2020年）》。其基本原则是：依法保护原则、儿童优先原则、儿童最大利益原则、儿童平等发展原则、儿童参与原则。其总目标是：完善覆盖城乡儿童的基本医疗卫生制度，提高儿童身心健康水平；促进基本公共教育服务均等化，保障儿童享有更高质量的教育；扩大儿童福利范围，建立和完善适度普惠的儿童福利体系；提高儿童工作社会化服务水平，创建儿童友好型社会环境；完善保护儿童的法规体系和保护机制，依法保护儿童合法权益。

②儿童教育福利的发展。近年来出台的围绕儿童教育的专项社会福利政策文件有《中共中央国务院关于进一步加强和改进未成年人思想道德建设的若干意见》、《2003—2007年教育振兴行动计划》、《关于进一步加强农村教育工作的决定》、《国家西部地区"两基"攻坚计划》、《关于进一步做好进城务工就业农民子女义务教育工作的意见》、《关于幼儿教育改革与发展的指导意见》和《关于进一步做好城乡特殊困难未成年人教育救助工作的通知》。

《中国儿童发展纲要（2011—2020年）》中关于儿童教育福利的主要目标为：第一，.促进0~3岁儿童早期综合发展；第二，基本普及学前教育；第三，九年义务教育巩固率达到95%；第四，普及高中阶段教育，毛入学率达到90%；第五，中等职业教育规模扩大，办学质量提高；第六，保障所有儿童享有公平教育，均衡配置教育资源，缩小城乡差距、区域差距、校际差距；第七，学校标准化建设水平提高，薄弱学校数量减少；第八，教育质量和效益不断提高，学生综合素质和能力全面提升。

③特殊儿童的社会福利。2003年民政部发布《家庭寄养管理暂行办法》，提出家庭寄养是为孤儿、弃婴回归家庭、融入社会而采取的一种养育方式。2006年民政部等15部委出台了《关于加强孤儿救助工作的意见》，将儿童福利的保障对象扩展为所有失去父母的未成年人和事实上无人抚养的未成年人，保障的方式由以养育为主拓展为养育、教育、医疗、康复、住房和就业等。养育的形式也由集中供养发展为机构供养（SOS儿童村）、监

护人抚养、家庭寄养、社会收养、爱心助养等多种形式，并以促进孤残儿童回归家庭为取向。

截至2016年底，全国共有儿童收养救助服务机构705个，床位10.0万张，年末收留抚养各类人员5.4万人。其中，儿童福利机构465个，床位9.0万张；未成年人救助保护中心240个，床位1.0万张，全年共救助流浪乞讨未成年人5.2万人次。

4.3.2　中国儿童福利问题

1.问题的主要表现

处于社会转型期的中国，社会变化很快，家庭问题增多，由此导致很多儿童社会福利问题也在增加、转化。其主要表现为：①家庭内部原因造成的，包括家庭暴力和虐待、家庭溺爱、留守儿童、弃婴、贫困弃学等；②社会上的黑手伸向儿童，比如买卖儿童、性侵犯、童工、青少年犯罪、吸毒等。

2.问题的主要原因

（1）制度建设方面，我国最大的缺失是还没有专门的儿童福利法。前面的内容已经提及，而且也可以看出，目前我国有关儿童福利权利的法律法规不多，多的是国务院等行政管理机构的意见、规划和通知等。这说明当前我国的儿童福利工作行政化色彩仍很浓重，"意见、通知和规划"也说明了儿童福利工作的随意性和不稳定性，当然也缺乏连续性和权威性。

同时，有些法律制度明显滞后，例如，近年来，拐卖妇女、儿童犯罪屡禁不绝，甚至有愈演愈烈之势。根据《中国妇女儿童状况统计资料》，自2005年至2012年，公安机关拐卖妇女、儿童案件立案数持续增加，占所有刑事犯罪案件的比例也呈增长态势，由2005年的2 884件增加到2012年的18 532件；受侵害的目标人群主要是：外出务工、在校学习的年轻女性，以及留守儿童。但目前《中华人民共和国刑法》（以下简称《刑法》）关于拐卖妇女、儿童罪的相关规定存在缺陷，根据《刑法》第二百四十条规定："拐卖妇女、儿童的，处五年以上十年以下有期徒刑，并处罚金。"拐卖人口带来的高额犯罪利益极大刺激着犯罪分子铤而走险，而目前对这一犯罪行为的处罚尚不足以震慑犯罪。某些地区甚至存在拐卖妇女、儿童的犯罪分子在刑满释放后继续从事拐卖妇女、儿童的犯罪活动。另一方面，《刑法》第二百四十一条规定："收买被拐卖的妇女、儿童的，处三年以下有期徒刑、拘役或者管制。"同时规定："收买被拐卖的妇女、儿童，按照被买妇女的意愿，不阻碍其返回原居住地的，对被买儿童没有虐待行为，不阻碍对其进行解救的，可以不追究刑事责任。"因而，在实践处理中一般不追究买方的刑事责任，这导致对买方的处罚过轻。因为缺乏对收买一方的有效威慑和有力惩戒，使得拐卖妇女、儿童犯罪的势头越发猖獗。因而有人大代表建议，应修改《刑法》第二百四十条"拐卖妇女、儿童的，处五年以上十年以下有期徒刑，并处罚金"的规定，提高拐卖妇女、儿童罪的刑期以加大犯罪分子的犯罪成本；将"参与拐卖妇女、儿童二次以上的"作为本罪的严重情节，从而严厉打击拐卖妇女、儿童犯罪的累犯。同时，修改《刑法》第二百四十一条，删除第六款"收买被拐卖的妇女、儿童，按照被买妇女的意愿，不阻碍其返回原居住地的，对被买儿童没有虐待行为，不阻碍对其进行解救的，可以不追究刑事责任"的规定，将以非法获利为目的，出卖亲生子女的恶劣行为明确定性为拐卖儿童罪。

（2）没有一个专门的管理机构。在我国，习惯上都是把儿童问题和妇女问题放在一起来管理的。目前，在政府的权力结构中，管理妇女和儿童问题的机构是国务院妇女儿童工作委员会，这个机构经历了全国儿童少年工作协调委员会、国务院妇女儿童工作协调委员会（1990年2月22日）、国务院妇女儿童工作委员会（1993年8月4日）的变化。虽然名称在变化，但基本功能仍是协调，"是国务院负责妇女儿童工作的协调议事机构，负责协调和推动政府有关部门执行妇女儿童的各项法律法规和政策措施，发展妇女儿童事业"。其协调的是32家成员单位的工作，而且办公室设在全国妇联，由此可以看出国务院妇女儿童工作委员会的边缘地位，这与日益复杂多样的儿童社会福利问题极不适应。儿童社会福利是一项社会事业，需要各个单位的参与和配合，也需要一个代表国家的综合性协调部门，这个部门应该是个基于国家相关法律之上的司法监督部门。

（3）经费来源单一，服务内容少，服务水平低。在计划经济年代，我国的儿童福利主要是国家福利，而不是社会福利，因为经费完全来自财政拨款，社会力量不存在，即使存在也没有合法的资格进入此领域；政府全知全能、大包大揽，但当时提供的服务只能是"补缺型"的，它的功能仅限于满足服务对象的衣食住和基本医疗方面的需求，而对于儿童人格的塑造、个性的培养和精神方面的需求是无能为力的。

（4）社会没有介入。对于儿童福利组织的发展，目前仍然存在很多体制性的障碍。其中最大的原因是历史遗留下来的行政化的控制，很多时候，儿童福利成了政府绩效和政府形象的代表，成为社会主义优越性的体现，而福利色彩则在行政化的侵蚀下被渐渐冲淡。换言之，我国的儿童福利很大程度上没有体现出社会性和福利性，体现的多是政治性和意识形态性。这种"中国特色"极大地阻碍了社会力量参与儿童福利事业。

4.3.3　中国儿童社会福利的改革

1.改革的原则

中国儿童社会福利改革的原则是"以儿童为本，促进儿童成长"。以往的教育方式在家庭是以父母为中心，在学校是以教师为中心。父母或教师把自己的期望投射到儿童身上，把儿童当作实现自己目标的心理补偿，这是非常有害的。

2.改革的总方向

中国儿童社会福利改革的总方向是坚持儿童社会福利的社会化、多元化。

（1）治本之策。中国的社会福利改革首先是加强制度建设。邓小平曾说，制度问题更带有根本性、稳定性、全局性和长期性。制度既是目标，也是手段，既是内容，也是程序。这些东西要都体现出来，儿童福利制度建设必须坚持四项基本原则：①人文性，即以儿童为本，真正促进儿童成长。②权威性。它是指制度背后必须有法律作为依靠，法律必须通过严格的执行使得违法者畏惧，体现出国家利益的至上性。侵犯儿童的合法的福利权益就是侵害国家的利益，必须从这样的高度来认识儿童福利制度。③系统性。儿童是发展的，每个阶段的儿童各有特定的需求，所以具体的福利制度和项目必然是"因人而异"的，在制定制度时必须进行充分的考察和论证，以保证整个儿童福利制度体系的系统性和作用力的整合性，不能一个福利项目是加强力，而另一个福利项目却是消解力。④可操作性。在社会转型期和社会问题丛生期，儿童福利更不能停留在口号和欺骗上，最好的办法是口惠加实惠，所以每一个儿童福利项目的设置也必须是可以实践的，有明确的、具体的操作规则。

对于当前的中国来说，制度化的主要表现是建立以"儿童福利法"为核心的中国儿童福利法规政策体系。专门针对儿童的法律在历史上由来已久。英国于1908年制定了《儿童法》，并建立了少年法院；比利时于1921年制定了《儿童保护法》；法国于1921年建立了青少年法院，并颁布了《青少年保护观察法》；德国于1923年制定了《少年法院法》；瑞典于1924年制定了《儿童福利法》；荷兰于1929年制定了《少年法》。所以对中国来说，当前最需要的是制定"儿童福利法"，并建立起确实的执法机构。

改革开放40多年来，我国制定了一大批法律法规，儿童福利立法也被提上议事日程。1991年9月4日，第七届全国人民代表大会常务委员会第二十一次会议通过了《中华人民共和国未成年人保护法》（以下简称《未成年人保护法》），并颁布实施。2006年12月29日由第十届全国人民代表大会常务委员会第二十五次会议对《未成年人保护法》进行修订，并于2007年6月1日起开始施行。《未成年人保护法》是为了保护未成年人身心健康，保障未成年人合法权益，促进未成年人在品德、智力、体质等方面全面发展，培养有理想、有道德、有文化、有纪律的社会主义建设者和接班人而制定的一部法律，它完善了少年儿童的福利法律体系。该法规定："未成年人享有生存权、发展权、受保护权、参与权等权利，国家根据未成年人身心发展特点给予特殊、优先保护，保障未成年人的合法权益不受侵犯。""未成年人享有受教育权，国家、社会、学校和家庭尊重和保障未成年人的受教育权。""未成年人不分性别、民族、种族、家庭财产状况、宗教信仰等，依法平等地享有权利。""国家、社会、学校和家庭对未成年人进行理想教育、道德教育、文化教育、纪律和法制教育，进行爱国主义、集体主义和社会主义的教育，提倡爱祖国、爱人民、爱劳动、爱科学、爱社会主义的公德，反对资本主义的、封建主义的和其他的腐朽思想的侵蚀。"

但在儿童社会福利方面的立法仍显不足，特别是在《未成年人保护法》的贯彻执行方面存在问题较多。应该说，任何一个国家社会福利的物质资源充足与否都是相对的，重要的是如何配置，这就要以法律形式确立一些基本原则和具体规定。就儿童社会福利来说，需要通过一部总法，明确儿童社会福利的基本思想和准则，政府、社会、家庭及父母对儿童应负有的责任和义务，儿童在家庭和社会上应享有的权利，政府有关部门的职责和任务，儿童福利的措施，儿童福利机构的设置方法与具体需要，儿童福利有关事项的运行流程以及违反规定的处置和惩处等。此外，还需要通过一些具体法，规范儿童福利法的执行细则；明确如寄养、收养等各类具体儿童福利事务的政策法规；制定儿童福利机构，如儿童福利院、特殊教育学校等的行业标准；制定、颁布儿童福利工作者的职业标准等。儿童福利法律体制的建立不仅反映了一个国家福利水平的成熟程度，也标志着一个国家社会进步和发展的总体水平。在目前我国的社会主义法制建设中，需要有人专注于儿童福利法规的建立，立足于世界儿童福利发展的现状和未来，从比较高的起点去构建有中国特色的社会主义儿童福利法规体系。

（2）治标之策。儿童作为未成年人，主要和父母生活在一起。

①要从经济、婚姻、医疗等方面维护家庭的稳定。问题儿童绝大多数都来自问题家庭，与问题父母有关。维护家庭稳定、减少经济和情感危机、降低离婚率、提高儿童物质生活条件和社会化环境是减少问题儿童的重要因素。从社会福利的角度进行家庭建设，主

要是针对目前的家庭问题和危机进行的。今天的家庭问题主要表现在"家庭分解，日趋单一化、核心化"；"以妇女为户主的单亲家庭大量增加"；"婚外情增多，未婚同居、未婚先孕者增加"；"非婚生婴儿增加"；"老人无人赡养、照顾"；"儿童无人照顾、抚养"；"夫妻间冲突加剧、家庭暴力增加"；"生育率持续降低"；"各种试婚、短期同居现象增加"；"自杀现象增多"等。徐震、林万亿等学者将家庭问题分为三类，即心理压抑、经济压力、关系困扰。所以儿童福利问题的根本在于家庭，而家庭又是生活在社区和社会中，内外环境都要求一个综合性的建设方案。

②要加强教育的公平化建设。儿童的主要任务是身体发育和接受学校教育。今天，儿童问题的成因最重要的是家庭的破裂，第二大因素就是学生的厌学、逃学、辍学及校园暴力，这一点在中国的应试教育背景下还好一些，在日本70%的学生上课打瞌睡。学生的厌学还与教育资源的不公平配置有关，教育资源的贫乏让一些孩子失去信心而导致读书无用论。这些问题在学生身上表现出来，而背景却是社会环境。人们平时经常讲劳动力素质不高，现在国家应该通过构建更加公正有效的制度和物质支持确保更多的人能够有条件接受水平更高、时间更长的教育。

③要积极扶持社会性儿童福利机构，并给予指导和规范。福利资源的相对不足，一直是制约我国福利事业发展的一个无法回避的问题。政府兴办的儿童福利机构近年来虽有很大发展，但仍然很难满足要求。而另一方面，随着改革开放后的社会发展，个人和社会团体的富余资金和财物日益增加，彻底实现了人性解放的当代中国人对精神完善有了更高的要求，这就使社会福利资源的社会性筹集有了相对坚实的基础，一些社会团体和私人兴办的儿童福利机构的出现正是这种社会变迁的结果。但是，这种非政府福利机构在发展的同时，也或多或少存在着一定的无序问题。一是社会富余资源的积极汇聚和调动还缺乏顺畅的渠道，如在非政府福利机构的兴办程度、优惠待遇、鼓励措施等方面还缺乏已成完整体系的、广泛宣传的、公众周知的系统法规；二是儿童社会福利机构特别是非政府的儿童社会福利机构还缺乏明确的行业规范，在具体做法上，对于规模、工作人员素质、资金供给、环境要求、设施规范等，往往因人、因地而设，有不小的随意性；三是对非政府的儿童社会福利机构的管理和监察缺乏严密的体系，尚没有一个权威机构对此负有全部责任。诸如此类的问题对刚刚兴起的非政府儿童社会福利机构的发展是一个很大的威胁，个别私人兴办的儿童社会福利院所举步维艰，在有偿服务和福利服务问题上的混乱，甚至摧残儿童等问题的出现，应是一个警报，值得所有关注社会福利事业发展的人警觉。

④儿童社会福利的根本形式是福利服务，对有特殊需求的儿童的福利服务，需要有较高的专业水准，这已在社会上形成了一定的共识。但近几年来在这方面的进展却不尽如人意，在不少儿童福利机构，对处于困难境地的儿童的服务还主要停留在衣食住行上，对他们心理和情绪上的问题没有更多的精力去关注。儿童社会工作涉及儿童生理心理发展、社会环境建设、儿童工作技巧、群体和个体关系、发展偏向矫治等一系列知识和技能，确实是一项需要专业价值观和专业技能的社会职业。当前，需要做的事情很多，如建立中国儿童社会工作的理论框架；普及当今世界公认的儿童权利观；编写儿童社会工作教材；培训现职的儿童福利机构的工作人员；推广儿童福利院先进的工作经验和模式；逐步建立有更大影响的儿童福利服务社团组织，担负起理论研究和行业评估的作用，等等。开展儿童社会工作是新世纪儿童福利发展的内在要求，也是完善我国儿童社会福利体系、构建有中国

特色的社会主义福利学说的必要条件。

本章小结

　　关于儿童的定义众说不一，从社会福利的角度来说，我们把 18 岁以下的未成年人统称为儿童。国家要赋予儿童如下社会权利：被抚养的权利；充分发展其全部体能和智能的权利；获得社会安全保护的权利；参与家庭、文化和社会生活的权利。儿童社会福利需求即上述权利的具体化，包括以下几方面：① 获得基本生活照顾的需求；② 获得健康照顾的需求；③ 获得良好的家庭生活照顾的需求；④ 满足学习的需求；⑤ 满足休闲和娱乐的需求；⑥ 拥有社会生活能力的需求；⑦ 获得良好心理发展的需求；⑧ 免于被剥削、被伤害的需求。

　　西方各国，特别是以美国为代表的发达国家，是较早进入现代化进程的国家，因此儿童社会福利的发展呈现出现代化、多样化与制度化的特点。本章重点介绍了美国儿童社会福利的制度建设状况。另外，在全球化的今天，了解联合国等国际组织在儿童社会福利项目、制度建设和实现上所作的努力和所起的作用也很必要和重要。我国的儿童福利制度建设走过了一段漫长的道路。

　　中华人民共和国成立以来，通过国家和社会的努力，儿童福利方面取得了很大成就，但也面临很多问题。其中最大的问题即儿童社会福利制度建设的社会基础薄弱，相关的国家制度建设方面缺陷也很多。所以解决之路需要从治本与治标两方面来掌握与理解。

综合训练

4.1　单项选择题

1.儿童社会福利的功能主要倾向于（　　　）。

A.儿童权利、利益的维护　　　　　　　　B.救助、矫治、扶助等

C.营养、快乐、安全

2.联合国儿童基金会成立的时间是（　　　）。

A.1964 年　　　　　　　　B.1968 年　　　　　　　　C.1972 年

3.联合国大会通过《联合国儿童权利宣言》的时间是（　　　）。

A.1959 年　　　　　　　　B.1962 年　　　　　　　　C.1964 年

4.《中国儿童发展纲要（2001—2010）》对农村儿童保健覆盖率的要求是（　　　）。

A.50% 以上　　　　　　　　B.60% 以上　　　　　　　　C.70% 以上

5.目前，我国共有专业儿童福利机构（　　　）。

A.120 多个　　　　　　　　B.160 多个　　　　　　　　C.200 多个

4.2　多项选择题

1.中华人民共和国儿童社会福利发展的阶段包括（　　　）。

A.偏政治型的阶段　　　　　　　　B.偏经济型的阶段

C.偏社会型的阶段　　　　　　　　D.偏计划型的阶段

2.儿童社会福利改革的总方向是坚持（　　　）。

A.社会化　　　　　　B.多元化　　　　　C.制度化　　　　　　D.儿童福利的最大化

3.儿童社会福利制度化的主要表现包括（　　　　）。

A.建立儿童福利法体系　　　　　　B.建立儿童法规政策体系

C.要积极扶持社会性儿童福利机构　　D.加强教育的公平化建设

4.实施儿童社会福利的根本手段包括（　　　　）。

A.福利服务　　　　　　　　　　　B.提高福利服务水平

C.健全法规　　　　　　　　　　　D.社会救助

5.对于儿童社会福利问题，治标之策有（　　　　）。

A.维护家庭的稳定　　　　　　　　B.加强教育的公平化建设

C.扶持社会性儿童福利机构　　　　D.加强福利服务

4.3　复习思考题

1.简述儿童福利需求的内容和特点。

2.简述联合国对儿童福利的贡献。

3.试述中国儿童社会福利的改革。

第 5 章

老年人社会福利

学习指南

【学习目标】通过本章的学习，主要掌握以下要点：

1.老年人的福利需求与老年人社会福利。

2.联合国与老年人社会福利。

3.经济市场化后的老年人社会福利。

【关键概念】老年人；老龄化；老年人社会福利；《中华人民共和国老年人权益保障法》；《农村五保供养工作条例》；五保户

第5章关键概念

引导案例

老年证

老年证是一种社会保障福利证件，它的功能是给予老年的更多的优惠和照顾，办老年证的唯一条件是年满60周岁。

老年证的办理：

（1）凡年满60周岁的老人，准备1份身份证复印件、1张2寸照片，即可办理。

（2）具体办证流程一般为，带齐身份证原件、复印件和照片，到社区或街道打印老年证，然后到各地的老龄办盖章即可，盖好章就可以使用了。

各地的老年证办理方法和规定略有差别，在办证之前向所在的社区咨询，能得到准确的流程、地点等详细情况。

老年人凭老年证享受的福利主要有：

（1）70岁以下老年人持证，在名胜景点、精神建设地区（图书馆、博物馆）等地可以半价参观游玩。70岁以上的老人，景点和场馆可以免费参观。

（2）持证的老人生病住院时，可以优先挂号、优先就医。有的地方的医院还规定，70岁以上的老人可以免费挂号。

（3）在平时出行方面，60岁以上老人可享受公交票半价优惠，70岁以上的老人可以享受免费乘坐公交车。

（4）在经济条件允许的省市，有的规定，会为老年人每年免费进行一次体检。

老年证的出现，减轻了老人的生活压力，为他们提供了安心的保障。各个地方经济实力虽然有所差异，但都给予老年人一定的优惠条件，以减轻其生活负担和方便其生活。

另外，除了老年证，2017年，国务院办公厅还下发了《关于制定和实施老年人照顾服务项目的意见》，列出20项政策来进一步保障老年人生活的质量，例如为居家养老服务企业发展提供政策支持、为老年人免费建立电子健康档案、80周岁及以上老年人可自愿随子女迁移户口（极少数超大城市除外）等。

【案例思考】

1.分析我国老年人社会福利事业发展的必要性和紧迫性。

2.如何创新发展我国老年人社会福利服务及其设施建设？

养老、敬老是社会的美德，而向老年人提供合理、健康的福利项目，让每一位老年人都能够颐养天年，则是社会进步与文明的体现。有一句广告语说得很恰当"关心今日的老人，明日的自己"。

§5.1 老年人福利的含义与内容

5.1.1 老年人与老龄化

需求人人都有，但处于不同的年龄阶段会表现出很大的差异；同是老年人，处于不同的环境中，其需求种类与需求程度也有很大差别。

1.老年的含义

（1）学术性界定。人步入老年，既是一个自然现象，也是一个社会事实。这可以从以下三方面来理解：

①生理层面上，衰老是指生理上某些功能老化的现象。其主要表现为：容貌的改变、身体内部的变化、感觉器官的变化、性能力的下降、反应迟钝、行动缓慢等。不过，在认识到这些变化的同时，还应看到这些变化的以下特征：普遍性（都会发生）、内源性（必然发生）、进行性（逐渐加深）、有害性（负面影响）、个体的差异性与可受干扰性（一定程度上可以延缓）等。

②心理层面上，衰老主要是指心理上的失落感。身体功能的减弱使得老年人不能体会健康带来的快乐，同时职业角色的退出也让他们失去了原有的社会地位。这些给老年人带来的是挫折、沮丧、愤怒、恐惧甚至是绝望等心理困境。这种困境更多地取决于个人对自我的主观认同或心理感受，因此，对老年人进行心理健康辅导，防止"未老先衰"，倡扬"老当益壮"，让老年人养成一种心境平和、心情愉悦的心态，就成为一项重要的社会任务。

③社会层面上，职业角色的退出意味着老年人的社会地位由中心过渡到边缘，甚至会由于身体健康等原因而成为社会的累赘，由此，有些老年人会产生一种无用感和负罪感。其实，老年人虽然从直接的工作岗位退下来，但并不说明社会责任的减少或完全丧失，虽然不再是家庭和社会的主体，但仍然是其中的重要部分。从这个层面来说，建立良好的社会教育、社会参与机制，帮助老年人顺利完成角色转换、安度晚年是现代社会老年人福利的一项重要内容。

（2）操作性界定。从技术层面上来说，老年人一般指的是由于年龄的原因而从工作岗位上退出的人。各国以及性别间退休年龄的差异，使得老年人没有一个固定的年龄标准，但是通常的看法是60岁，这基本上可以说是国际惯例。随着生活水平的提高和医疗条件的改善，现在的老年人越来越长寿，开始有低龄老人和高龄老人的划分。

2.老龄化社会与老年人社会福利

人口老龄化有两个方面的含义：一是指老年人口相对增多，在总人口中所占比例不断上升的过程；二是指社会人口结构呈现老年状态，进入老龄化社会。国际上的通常看法是，一个国家或地区60岁以上的老年人口数占人口总数的10%，或65岁以上的老年人口数占人口总数的7%，即意味着这个国家或地区的人口处于老龄化社会。老龄问题包括老年人问题与老龄化问题，老年人问题与老龄化问题相联系，但又不完全相同，一般把有关老年人的社会保障和权益保护看作老年人问题，把有关老年人口增加对社会经济发展的影响称为老龄化问题，这是从人类社会经济发展的范畴来认识老龄问题的。

老年人福利（old age welfare）一词，至今在理论学术界还没有一个较好的界定，一般就是把老年人社会福利看作整个社会福利计划里面的一部分，处于与妇女儿童社会福利、残疾人社会福利和职工社会福利并列的位置。

在中国，老人社会福利的概念与老龄工作、老年人福利和老年社会保障的概念等同。一般认为，老人社会福利是指在政府的领导下，在社会各方面力量的参与下，对处在特殊困境下的无劳动能力、无生活来源、无法定赡养人和抚养人的孤寡老人，或者生活不能自理、家庭无力照顾的老年人所提供的供养、医疗、康复、娱乐和教育等方面的福利服务。

上面的界定，基本属于老年人社会保障的含义。老人社会福利应该是涉及每一位老年人的事情。广义来讲，它指的是国家和社会通过社会化的福利措施和有关福利津贴满足老年人的生活需要并促使其生活质量不断提高的一种社会政策。

5.1.2 老年人的社会福利需求与福利内容

当前，随着社会文明程度的提高和医疗条件的改善，老年人的寿命越来越长，使得老年人的需求更加多样和复杂，福利需求的种类更加繁多。

1.老年人的社会福利需求

根据前面对老年人生理、心理和社会层面的理解，老年人的社会福利需求应包括以下几个方面：

（1）健康需求：人到老年，常有恐老、怕病、惧死的心理，都希望自己的健康能有所保证。

（2）工作需求：退休、病休的老年人多数尚有工作能力和学习要求，突然间离开工作岗位肯定会产生许多想法。对于这样的老年人，如不给他们工作和学习的机会，他们自己又不能创造这方面的条件，将会影响他们的身心健康。

（3）依存需求：人到老年，会感到孤独，希望有社会的关心、单位的照顾、子女的孝顺、朋友的往来、老伴的体贴，使他们感到老有所依、老有所靠。

（4）和睦需求：老年人都希望有个和睦的家庭和融洽的环境，不管家庭经济条件如何，只要年轻人尊敬、孝顺老人，家庭和睦，邻里关系融洽，互敬互爱，互帮互助，老年人就会感到温暖和幸福。

（5）安静需求：老年人一般都喜欢安静，怕吵、怕乱。有时老年人就怕过星期天，这一天儿孙们都来了，吵吵闹闹地过一天，很多老年人是受不了的，他们把这天叫作"苦恼的星期天"。

（6）支配需求：进入老年，由于社会经济地位的变化，老年人的家庭地位、支配权都可能受到影响，这也可能造成老年人的苦恼。

（7）尊敬需求：一些原先有地位的老年人离开工作岗位后会产生一种由官到民、由有权到无权的感觉，或情绪低落，或有自卑感，可能会产生"人走茶凉""官去命转"的悲观情绪。不愿参加社会活动，甚至不愿出门。长此下去，则会引起精神抑郁和消沉，为患病播下种子。

（8）坦诚需求：老年人容易多疑、多忧、多虑、求稳怕乱、爱唠叨。他们喜欢别人征求他们的意见，愿出谋献计。对于老年人的这些特点，要以诚相待，说话切忌转弯抹角。

（9）求偶需求：丧偶的老年人独自生活，会感到寂寞。即使有子女照顾，也非长久之计，都代替不了老伴的照顾，所以子女应该支持老年人的求偶需求。

这些需求对不同的老年人来讲，重要性和急需程度是有差别的，在实践领域，我们不能笼统地看待和处理。表5-1是北京市老年人各方面需求的一个统计资料。

2.老年人社会福利的内容

老年人社会福利的内容基本涵盖了老年人的基本需求，这可以概括如下：

（1）从满足需要的层面来讲，老年人的社会福利分为以下几方面：

①满足生存与安全需要的福利，如住房福利、生活照顾福利、医疗护理福利。

表 5-1		老年人生活各方面需求的急迫程度排序	
生活方面	重要度	满意度	急迫指数
合法权益	3.7	3.1	1.20
身　体	3.8	3.2	1.18
医　疗	3.7	3.3	1.13
住　房	3.4	3.4	0.99
娱乐活动	3.1	3.2	0.97
经　济	3.2	3.5	0.91
出　行	3.1	3.4	0.91
心　情	3.3	3.8	0.86
饮　食	3.0	3.9	0.79
工　作	2.5	3.6	0.71
衣　着	2.7	3.8	0.70
照　料	2.7	3.9	0.69
平均值	3.2	3.5	0.9

②满足尊重与享受需要的福利，如建立适合老年人生活和活动的配套设施；开展适合老年人的群众性文化、体育、娱乐活动，丰富老年人的精神生活；在参观、游览、乘坐公共交通工具等方面为老年人提供优待和照顾。

③满足发展需要的福利，如国家发展老年教育事业，办好各类老年学校，为老年人继续受教育提供方便；国家为老年人参与社会主义物质文明和精神文明建设创造条件，发挥老年人的专长和作用。

（2）从生活的层面来讲，老年人的社会福利可分成以下几方面：

①健康维护、预防保健服务，如中低收入老年人的医疗费用补助、重病住院看护费补助等。

②经济安全，如低收入户老年人生活补助，中低收入户老年人生活津贴和特别照顾津贴等。

③教育与休闲。随着年龄的增长，老年人的休闲、文娱活动与年轻时不再相同，且老年人对于精神生活的重视度也日益提高，故对于老年人精神生活之充实，将着重益智性、教育性、欣赏性、运动性并兼顾动静态等性质的活动，以增进老年人生活之适应性及生命之丰富性。除此之外，教育老年人接受自己老化的事实，及教育社会大众接受生活自理能力缺损的老年人亦为重要的课题。

④安定生活。现行老年人社会福利服务在安定生活方面，可分为居家赡养服务、小区照顾服务、机构赡养服务等。

⑤心理及社会适应。对老年人加强心理关爱和心理疏导，以使其更好地适应社会

生活。

⑥其他福利措施，如鼓励子女与父母同住等。

§5.2 国外的老年人社会福利

5.2.1 主要国家的老年人社会福利

1.日本的老年人社会福利

20世纪70年代日本就进入了老龄社会。据日本2015年高龄社会白皮书：到2014年10月1日为止，日本65岁以上的老人已经达到了3 300万人，占总人口的比例为26.0%，创下了有史以来的最高纪录。白皮书称，过去一年间，65岁老人比前一年增加了110万人，增幅为0.9个百分点。独身老人的比例也出现了增加，男性为11%，女性为20%。日本65岁以上的老龄人口比例已超过1/4，这无疑是一个相当严重的问题。除了给日本的社会保障带来很大压力之外，更重要的冲击在于适龄劳动人口减少。人口年龄结构的这种变化预示着社会高龄老年人的照料问题和高龄妇女问题会日趋突出。在"老寿星"增加的同时，退休年金领取者和卧床等需要社会照料的老年人的比例也会大幅度提高。

日本政府早在1963年就制定了第一个关于老人福利的法律——《老人福利法》，可以说是"老人宪章"，因为它第一次明确了老人的权利与义务，并且在1986年、1989年、1990年先后三次进行了修订。其主要内容有：政府出资修建特别养老院，为痴呆、卧床不起等的体弱老人提供服务；强调开拓高龄者对福利社会创造的参与机制，发挥老人丰富的经验和知识特长，为他们创造更多的就业机会；探索和逐渐确立一种适合老人居家养老的方式和体制，强化对为居家养老提供家庭服务的人员的专业培训和组织建设，并在财政预算上实行优惠政策；组织"老人俱乐部"，吸引老人参与社会活动；强调社会福利的地方化和一元化，加强地方政府对老人福利的责任和职权。

1989年，日本政府又制订了推进老年人保险福利的"黄金计划"，使特别养老院的床位增至290万个；照料支援中心的上门服务人员达17万人；短期入托服务设施可容纳1.7万人。

日本在不断创造科技与经济神话的同时，也享受了科技与经济为社会生活、医疗水平带来的福音，现已成为世界上人均寿命最长的国家，男性平均为77.01岁，女性平均为83.59岁。但随着人口老龄化的日益严重，日本原来的老年人社会福利制度逐渐难以应付不断增长的需求。根据调查，在65岁的人口当中，平均每两个人就有一个人在去世前需要看护照顾，其中有一半的人卧床3年以上，对这些生活不能自理的老人的看护，目前有一半是由家人负责的。在看护老人的人当中，有35%的人有嫌恶感，50%的人存在对老人的虐待行为，46%的人感到精神疲劳。由于家庭看护负担加重，制度中又存在医疗与福利分离、费用不公平等问题，日本国会于1997年通过了一项新的公共照料保险制度——看护制度，于2000年4月1日开始施行。这种制度改变了过去过多依赖政府的传统，与保险相结合，由政府、社会保险机构和个人三者共同承担看护费用，使对老年人的照料更加社会化。

日本老年人大部分愿意住在家里，因此，社区老人服务中心一直是提供养老照顾的主要机构。现在日本有四种社区养老组织形式：第一种，由政府人员和民政人员组成，目前这类组织占60%～70%，但是国家公务员数量的增多也加重了国家和地方政府的负担，发展的机会很小。第二种是得到政府部分资助的民间组织，如社会福利协会、社会福利商社、社会福利法人等，发展很快。第三种是志愿者，主要是家庭主妇和大学生。其一般分为两类，一类是免费的，另一类只收很低的费用。现在还有部分健康老人加入，从事陪伴聊天、送饭和一些轻体力的服务。第四种是企业式的养老服务。企业以保险方式获取资金，然后以低收费服务于老年人。这种方式源于美国，将成为未来日本老年人福利服务的主要形式之一。

2.瑞典的老年人社会福利

瑞典是一个高税收、高福利的国家，养老金制度基于国民养老金，资金来自政府及雇主的缴纳，政府则向纳税人收税。据统计，目前瑞典个人交税额已达工资收入的58%。养老保障是瑞典福利政策的重点之一。瑞典老年人社会福利政策的基本目标，是使老年人有可靠的经济收入来源、良好的住房条件和获得必要的社会服务，并有机会参加各种有意义的社会活动。对老年人的收入保障是通过发放国民普遍养老金、国民补充退休金和部分养老金来实现的。法律规定，国家对所有65岁及以上的瑞典公民，以及享受互惠协定待遇的外侨，一律发放国民普遍养老金。养老金金额由政府按每年公布的关于养老金和其他津贴的计算基础所确定的基本数额来决定。为了防止老年人的收入受通货膨胀的影响，政府规定，养老金随物价指数的升降相应调整。对于退休人员，除发给国民普遍养老金以外，还发放国民补充退休金。

在养护保障方面，瑞典公民一生都有医疗保险，老年人不必担心医疗费支出。老年人在公立医院或牙科医院治疗享受免费待遇，领养老金的老年人免交健康保险费，但仍享有健康保险的权利。患慢性病需要长期护理的老年人，享受家庭护理，由本地区医护人员负责，由一名家属或一名保健助手协助，国家发给家庭护理补助费。医院设老年病科，需要长期住院医治的老年人，可以住疗养院。此外，还为老年病人和残疾人设立了康复中心，康复中心里有医生、康复技师、心理学家向患者提供治疗和咨询服务，并设有康乐室、手工作业室以及供午间用餐的餐厅和午休的临时床位，中心为日托性质，备有特制汽车（车厢的后挡板可以放低到地面，便于轮椅乘降），以便接送入托老年人。去世的老人由子女处理后事，无子女的老人去世后，由政府有关部门处理后事，费用从老人遗产中列支。老人住养老院，无论是是私人开设的还是国家举办的，只需按规定交纳自己每月养老金的80%，费用不够养老院的收费标准也可以住。据介绍，一般身体好的老年人也不太愿意住到养老院，无人照顾或子女照顾有困难的老年人才会住养老院。在养老院看到的除行动迟缓的高龄老人外，就是坐轮椅的老人。在瑞典的大街上，能见到不少老夫老妻或在公园散步，或上街购物，或驾车旅游。

在瑞典，政府还为老年人提供住宅服务。所谓住宅服务，就是凡领取国家普遍养老金的老年人，都可以领到住宅津贴，津贴金额按有无配偶和所在地区物价指数确定。对于不愿意住到养老院的老人，政府部门会根据他们的年龄和身体状况，随时派员上门访问，并且对不同年龄段的老人的居住条件作了很多具体规定。例如，根据不同的年龄段，房间配备不同的设施，并对其进行及时的改造和装修，可以由老年人自行改建，政府发给修建补助或贷款，也可以由政府指定的安装公司改建。一项对瑞典的一家研究的考察显示，这家研究所的一个重要职能就是研究适合老人居住的设施，经研究所多方测试、试用后再由企业生产，然后投放使用。此外，政府还为养老金领取者在普通住宅区内建造老年公寓，或在一般住宅建筑中酌情增建便于老年人居住的辅助住宅，后一种办法使老年人能够在子女附近生活并居住在熟悉的环境中。

瑞典还考虑老年人的就餐问题，老年人除了可以在康复中心和托老所就餐外，散居在社区的老年人还可以到附近的中小学吃饭。中小学在学生吃饭后开始供应老年人膳食。食堂会提前向老年人公布菜单，所收费用仅为市价的一半。为了在生活上帮助散居的老年人，社区还雇用走家串户的家庭服务员，定时上门为散居的老年人购物、备餐、整理卧室和处理家务。边远地区的邮递员还在送信途中负责探视分散居住的老年人，服务费用由政府社会局支付。人口老龄化程度的加重，导致瑞典劳动力减少，并直接导致纳税人口减少，从而威胁到了整个社会福利体系。伴随税收减少的是退休金、医疗费和老年护理费用等公共开支的剧增，而公共开支增多又影响经济增长，经济增长下降则难以满足老年人的需求，而且，瑞典的福利政策在一定程度上也促进了人口老龄化的发展，而人口老龄化的发展又给社会经济发展带来了抑制作用。瑞典地方政府联合会的报告明确警告说，瑞典人口老龄化将导致50年后的瑞典无法保持现有的福利水平，而那时的人们对公共福利的要求会更高。许多普通瑞典人对未来社会人口老龄化也感到担心。现在正在步入65岁的人群中，很多人在年轻时没有很好的工作，国家基本退休金无法解决他们的养老问题，这就给社会和家庭带来了更多的负担。

针对面临的困难，瑞典政府对老年人社会保障制度也在进行改革，如把原来规定的养老保险费完全由雇主提供改为由雇员和雇主共同缴纳，而且把保险费的10%作为个人账户积累基金，同时还降低了雇主缴纳费用的比例。此外，为了从根本上解决老龄化给社会带来的不利影响，瑞典政府考虑让老人们更好、更久地工作。2003年10月，瑞典议会专门成立的"老人2005"委员会出台了《未来的老人政策：在老龄化社会中走向保障和发展的100步》这一文件。文件指出，让更多的人尤其是老年人参加工作，是政府未来非常重要的一项任务。文件说，老龄化社会意味着瑞典出现了一个历史上从来没有过的庞大社会群体，瑞典必须致力于让这个群体成为一种新的资源造福于社会。

总体来说，瑞典推行的福利政策和老年人社会保障制度，把对全体公民特别是老年人的基本生活保障作为政府的责任，通过立法付诸实施，对于保持社会稳定和促进经济发展起到了非常重要的作用。

3.美国的老年人社会福利

18世纪70年代美国建国时期，美国人大多都是清教徒，他们把贫困者看作道德缺陷的象征，所以对穷人的援助主要是教会的事情。向贫困家庭提供的援助仅能保证穷人和体弱者活命。19世纪初，在社会批评的作用下，产生了贫民院。贫民院主要是镇上相关部门收购来的一些破破烂烂的房子，把老人、流浪汉、盲人、聋哑人、智力与身体残疾的人以及精神病人扔在一起，然后由镇上政治能力最差的人管理。到19世纪中叶，私人慈善组织开始为儿童、病人和老人建立专门的机构，把他们从贫民院的恶劣环境中转移出来。

美国老年人的社会福利主要来自社会安全福利，这个体系创立于20世纪30年代。当时，大萧条极大地影响了美国，股市崩溃，失业率高达25%，严重的失业不仅使劳工阶层，而且使许多中产阶层也陷入贫困。为使美国经济摆脱危机，罗斯福总统上任伊始，就提出并促使国会通过了一系列的经济振兴法案，史称"罗斯福新政"。《社会安全法》（Social Security Act）于1935年8月14日由国会参众两院通过，并由罗斯福总统签署成为正式法律。《社会安全法》创立了社会安全福利（social security benefits），随后退休福利计划于1937年1月1日正式生效。该计划规定联邦政府为65岁以上的退休者提供一定数量的退休金，使之能够安享晚年。养老金的多少主要根据领取者历年缴税的情况、过去的工资收入和抚养人数多寡来决定。老年人退休后，如果又恢复工作或者65岁后延迟退休，其养老金将有所增加。例如，65岁后仍然工作，退休后养老金可增加3%。由此可见，美国的老年人社会福利制度完全是"羊毛出在羊身上"，每个人在有能力工作时缴纳税款，一旦丧失工作能力，便可享受这种福利。

《社会安全法》后经多次修订，社会安全福利覆盖的范围和种类也逐渐扩大和丰富。最初，社会安全福利仅提供退休金，且限于年长的退休者本人，至1939年，社会安全福利延伸到退休者（包括已故退休者）的配偶和未成年子女。1965年，医疗照顾计划成为社会安全福利的重要组成部分。医疗照顾计划是一项健康保险计划，凡年满65岁的耆老，65岁以下的接受社会残障福利计划超过24个月的人，以及患有永久性肾功能衰退的病人，包括其家属，均可享受医疗服务。

自《社会安全法》颁布以来，美国社会安全福利体系经历了巨大、深远的演变，其中影响最大的是所谓的婴儿潮现象。第二次世界大战后，1945—1965年，美国出现了一个生育高峰，20年间大约增加了8 600万的新生人口。但到60年代中期，美国人开始节育，人口出生率锐减。今天美国已经成为一个老年、中年人口多、青年人口少的国家。这种人口结构对社会安全福利的影响表现在：首先，社会安全福利费用是从现有的劳动者薪资中扣除社安税来支付的，盈余部分则存入社安信托基金并投资于联邦政府债券。当1935年罗斯福总统签署《社会安全法》时，大约是每30个劳动者付社安税供养1个退休者。到1950年，供求比降为17∶1，到1960年又锐减为5∶1，20世纪初大约是3∶1。2010年，"婴儿潮"出生的人开始退休时，供求关系变为2∶1。这种趋势继续下去，将使社会安全福利出现僧多粥少、入不敷出的局面。

另外，美国人的平均寿命已大大延长。在1935年，美国人的平均寿命为63岁，而社会安全福利仅提供给年届65岁的退休者。当时，联邦政府预期社会安全福利仅付给一小部分人和服务一个较短的时间。当今，美国人的平均寿命较70多年前延长了近15年，退休者寿命的延长意味着政府提供社安福利期限的延长，这使社安福利体系面临前所未有的压力，并背负上沉重的负担。

据联邦安全署预计，如不采取有效措施，社会安全福利基金将出现赤字而被迫动用基金的利息部分来弥补。至2019年，为支付社安福利不得不动用社安基金的本金部分来弥补赤字。到2029年，最年轻的"婴儿潮"开始退休，社会安全基金已用罄。到2030年，当年收取的社安税仅够支付3/4的福利，社会安全福利体系虽不至于崩溃，但将大幅缩水。

怎么缓解和改革呢？一是进一步推迟享受全额社安福利的法定年龄，因为原来的法案是鼓励老人在65岁时退休的；二是增加税收，主要是提高社安税的税率和增大社安福利的课税比例，如80%的社安福利必须纳税；三是削减社会福利开支，从政府支出方面来说，主要是降低社安福利的通货膨胀补贴率，如从3%降到1%。

5.2.2 世界老人社会福利的发展趋势

第二次世界大战既是世界经济、政治的转折点，也是老人社会福利事业的新开始。这时，发达国家的经济开始向更高层次发展，自然而然地在福利国家论的赶催下，社会福利制度逐步完善，社会福利水平也开始"水涨船高"。但我们都知道，20世纪70年代，西方爆发了一次大的经济危机，整个经济处于滞胀状态，失业人口增加，对外贸易的增长速度显著减慢，各国的经济实力大幅度下降。由于经济增长缓慢，个人、企业和政府的收入都明显减少，同时，各国人口老龄化程度日益严重，从而使养老保险、医疗开支和失业救济支出快速增长，各国都陷入了财政危机中。

联合国将1999年定为"国际老人年"，主题为"建立不分年龄、人人共享的社会"。这也反映了老龄化已成为世界各国所面临的一大紧迫性问题。在这种背景下，如何应对随之而来的老年人福利问题，自然成为各国研究机构的重要研究内容和公共部门政策选择的重要对象。于是，人们开始对社会福利制度进行反思，并提出了各种新的社会福利模式。其中最有代表性的是混合福利模式。混合福利模式认为，特定的社会福利混合是以每一个供应者所生产的商品和服务的比例为特征的。此外，每一部门肯定可以被其他的部门所取代。

除了混合福利模式外，还有福利多元主义模式。福利多元主义是面对福利国家整体危机而引发的福利私有化的呼声，它要求减少政府在社会福利直接供给中的角色。一方面，强调福利服务可由公共部门、营利组织、非营利组织、家庭与社区四个部门共同来负担，政府角色逐渐转变为福利服务的规范者、购买者、物品管理与仲裁者，以及促使其他部门从事服务供给。另一方面，强调非营利组织的参与，以填补政府从福利领域后撤所遗留下的真空，抵挡市场势力的过度膨胀。同时，通过非营利组织来达到整合福利服务、促进福利的供给效率、迅速满足福利需求的变化，以及强化民主参与等目的。

福利多元主义模式提出后，得到了理论界和实际工作部门的普遍认同，从而成为世界老人社会福利发展的趋势。

§5.3 我国的老年人社会福利

我国素有敬老、爱老的传统，古时就有"百善孝为先"的说法。

我国还有历史上最早的敬老法。1959年在甘肃省武威县出土的《王杖诏书令》的竹简记载，我国西汉时期就已制定了尊敬和扶养老人的法令。《王杖诏书令》规定，对70岁以上的老人，由朝廷授予一种顶端雕有斑鸠形象的特制手杖——"王杖"。持有"王杖"的老人，享有各种社会优待。例如，他的社会地位相当于年俸"六百石"的地方小官吏；侮辱或殴打这些老人的官民，都会被定为大逆不道的罪名而被处以斩首之刑；同时，对于无亲属、病弱的老人，也都有明确的照顾规定。

我国目前已步入老龄化社会，老年人社会福利是一个不容忽视的社会问题。根据全国老龄办公布的数据，截至2017年底，我国60岁及以上老年人口已达2.41亿人，占总人口的17.3%（国际标准占比为7%）。预计到2050年前后，老年人口占比将达34.9%。近几年，我国60岁及以上老年人口统计情况见表5-2。前述日本目前的老龄化现状，很可能就是中国未来老龄化的前景。中国的老龄化问题正铺天盖地而来，与日本的老龄化相比，中国还有两个更严重的问题：一是中国的老龄化人口的绝对数量大，以10%的老龄化率来计，中国的老龄人口数量将在2020年超过1.4亿，这相当于日本的全国人口；二是中国进入老龄化阶段时，中国还没有完成工业化，社会保障还不健全，也就是通常所说的"未富先老"。这比日本在发达社会阶段进入老龄化，面临的挑战更大。这都是中国制定人口政策、经济政策甚至国家发展战略时必须要考虑的重大问题。特别是老年人社会福利问题应该引起足够的重视。

表5-2　　　　　　　　2010—2017年我国60岁及以上老年人口统计情况

指标	2010年	2011年	2012年	2013年	2014年	2015年	2016年	2017年
60周岁及以上老年人口（万人）	17 765	18 499	19 390	20 243	21 242	22 200	23 086	24 090
60周岁及以上老年人口比重（%）	13.3	13.7	14.3	14.9	15.5	16.1	16.7	17.3

5.3.1　中华人民共和国成立后的老年人社会福利

中华人民共和国成立以后，根据整个中国社会的变迁和转型，我国老年人社会福利的发展、演变大致经历了两个阶段：计划经济时代的老年人社会福利和经济市场化过程中的老年人社会福利。

1.计划经济时代的老年人社会福利

计划经济时代老年人社会福利的基本模式是国家负总责，政府包办的民政福利和单位包办的职工福利相结合。其基本结构是城乡二元的老年人社会福利结构。

城市老年人的社会福利主要体现在单位包办的职工福利上。1955年，国务院颁布了《中华人民共和国劳动保险条例》。该条例规定，企业职工的养老保险费由企业负担，从而建立起了企业职工退休养老制度。1955年，国务院颁布了《国家机关工作人员退休处理暂行办法》，对国家机关、民主党派、人民团体和事业单位的工作人员的退休制度予以明确规定。1957年，劳动部草拟了《国务院关于工人、职员退休处理的暂行规定》，这一规定放宽了退休的条件，提高了待遇标准。

农村老年人的社会福利也经历了一个变化过程。20世纪50年代实行农业合作化以后，政府开始对农村生活有困难的人实行社会救济，后形成带有农村特色的五保供养制度。五保供养制度采取的是由村级集体经济保障的供给方式。根据1956年的《高级农业生产合作社示范章程》的规定，对生活没有依靠的老弱孤寡残疾社员，给予保吃、保穿、保烧的待遇，并保证年幼的受到教育（保教）和年老的死后给予安葬（保葬），简称"五保"，享受五保的农户便统称"五保户"。人民公社化时期，政府对五保老人实行集中供养，1961年因集体经济困难而被取消，五保老人回社、队，实行分散供养。1978年，在研究五保工作立法时，又把五保对象进一步修改成无法定扶养义务人、无劳动能力、无生活来源的老年人、残疾人和未成年人，形成了"三无人员"的完整概念。这一标准至今仍在使用。

2.经济市场化过程中的老年人社会福利

经济社会的转型给老年人福利改革带来了新发展、新面貌。"新"体现在引入市场力量和社会力量，主要是建立健全保护老年人基本生活权益的社会保障网络，通过推进社会福利社会化和推广社区服务，开辟了老年人社会福利的新领域，逐步形成以国家、集体兴办的老年人社会福利机构为骨干，以社会力量兴办老年人福利机构为新的增长点，以社区服务老年人为依托，以家庭养老服务为基础的具有中国特色的老年人福利服务体系。

（1）处在特殊困境下的老年人的法律保护。我国关于保护处在特殊困境下的老年人的合法权益方面的法律法规，是我国老年人社会福利事业存在和发展的基础。《宪法》规定："中华人民共和国公民在年老、疾病或者丧失劳动能力的情况下，有从国家和社会获得物质帮助的权利。"此外，在《民法通则》、《刑法》和《婚姻法》等有关法律中，也都有保护老年人合法权益的明确规定。1996年，《中华人民共和国老年人权益保障法》正式颁布实施，这是中国第一部专门保障老年人合法权益的法律。它的制定和实施，进一步丰富、健全了我国现行的法律体系。《中华人民共和国老年人权益保障法》在家庭赡养和扶养、社会保障、参与社会发展、法律责任等方面对老年人应有的权利做出了明确规定，为老年人特别是为处在特殊困境下的老年人实现"老有所养、老有所医、老有所乐、老有所学和老有所为"提供了法律保障。

1994年，国务院颁布了《农村五保供养工作条例》，标志着我国的农村五保工作走上了法制化和规范化的轨道，为处在特殊困境下的农村老年人合法权益的保护提供了制度保障。1999年5月，建设部和民政部联合下发了《老年人建筑设计规范》，同年12月，民政部发布第19号部长令，发布了《社会福利机构管理暂行办法》，标志着我国老年人福利事业朝着法制化、规范化的方向迈进了一大步，对我国老年人社会福利事业的健康、有序发展起到了重要作用。2001年3月，《老年人社会福利机构基本规范》、《残疾人社会福利机构基本规范》和《儿童社会福利机构基本规范》作为行业标准予以公布实施。2002年，国家级职业标准《养老护理员国家职业标准》（试行）颁布实施，该标准对养老护理员职业的活动范围、工作内容、技能要求和知识水平等都做出了明确规定，标志着我国老年护理工作的进一步专业化、科学化。

（2）养老机构福利服务。社会福利机构的建立和发展维护了处于特殊困境之中的老年人的生活、教育、医疗和康复等方面的基本权利。截至2017年，全国共有各类养老服务机构和设施15.5万个，各类养老床位合计744.8万张。

特别需要指出的是，近几年来，我国农村五保供养工作有了较大的发展，形成了机构保障网络和五保服务网络相结合的福利服务体系，五保老人的基本生活和合法权益得到了保障。五保供养工作是农村的集体福利事业，农村集体经济组织负责提供五保供养所需的经费和实物，乡、民族乡、镇人民政府负责组织五保供养工作的实施。各乡镇除敬老院外还普遍建立了由主管乡镇长、民政、妇联、共青团等干部和单位参与或负责的五保供养服务中心，并在村中建立了由村委会主任、会计、妇女主任、团支书参与或负责的五保服务站，形成五保服务网络，为分散供养的五保对象提供生活服务等。

（3）老年社区福利服务。近几年，民政部门以社区服务为依托，一直致力于推广社区老年人的福利服务事业，形成了一定的规模体系，开辟了老年人社会福利事业的新领域。其主要体现在以下两个方面：

①建立了社区老年人福利服务体系。

第一，为老年人提供生活照料服务。通过各种途径兴建老年公寓、小型福利院、敬老院、托老所等养老服务设施，为社区老年人提供收养服务；开展包户服务，由社区服务中心等实体组织志愿人员上门为老年人提供洗衣、洗澡、做饭、购物、访谈等其他特殊服务；开办老年人食堂、浴室、理发店、婚姻介绍所、聊天站等设施，照顾本社区老年人的生活。

第二，为老年人提供医疗、康复和保健服务。动员、组织社区内的医疗机构为老年人看病提供"三优先"（挂号、看病、取药）服务，定期为老年人体检；医疗和福利机构可利用自身优势，创办老年病院，在社区开设老年门诊、家庭病床、家庭医疗咨询站等，常年为体弱多病的老年人和伤残老年人服务；各社区服务中心普遍购置健身康复器材，开展老年人保健活动和养生讲座。

第三，为老年人提供文体娱乐和再学习条件。目前，各地社区服务中心、老年人活动站通过举办老年学校、老年兴趣小组、开展多种多样的文体娱乐活动，引导老年人适应老年生活，愉快而平静地安度晚年。

第四，保护老年人的合法权益。各地基层组织在社区服务工作中将贯彻落实《中华人民共和国老年人权益保障法》作为一项根本任务常抓不懈。其主要通过社区内的社会道德舆论和基层政权组织，帮助老人具体落实"老有所养"规定；在社区服务中心设立维权办公室或法律咨询站，宣传法律知识，调解纠纷；成立老年人庇护所，为身心受到伤害的老人提供暂时的安身场所。

第五，组织老年人投身社区服务，实现老有所为。在社区服务中，老年人已成为一支最富有生机的志愿者队伍，他们积极投身社会公益事业，成立各种老年协会，开展互帮活动，以老助老。

②推进社区老年人福利服务的行业化进程。

社区老年人福利服务是一项新兴的社会服务业，为促进这项事业的发展，民政部和人事部等14个部委局联合颁发了《关于加快发展社区服务业的意见》，针对发展社区服务包括发展社区老年人服务制定了一些优惠政策，使其朝着行业化、规范化的方向迈进了一大步。目前，全国大中城市已初步形成了以设施服务和社会互助为主要形式的社区福利服务网络，为保障城市特殊困难群体的基本生活权益、满足广大居民特别是老年人的多种服务需求发挥了重要作用，并以此带动和促进了城市社会福利事业的发展。

为了贯彻落实党中央、国务院《关于加强老龄工作的决定》，适应人口老龄化的要求，民政部在2001年开始启动"社区老年福利服务星光计划"（以下简称"星光计划"）。从"星光老年之家"的功能看，基本包括了文化娱乐、图书阅览、体育健身、医疗康复和老年课堂等基本服务项目，发达地区的"星光老年之家"还设置了院舍住养、日间照料、入户服务、紧急援助、信息咨询等服务内容。三年"星光计划"的实施情况是令人满意的，投资规模比预计的要大，项目建设数量比预期的要多，建设速度也比预期的要快，社会反响更是比预想的要好，应该说是比较圆满地完成了目标任务。如今，3万多个"星光老年之家"如繁星一样遍布祖国的大江南北，熠熠生辉，为千千万万的老年人带去了欢声笑语，送去了幸福安康。实践证明，"星光计划"的实施，合国情、得民心、顺民意，集中体现了我党立党为公、执政为民的宗旨，较好地缓解了城乡老年人福利服务设施严重匮乏的矛盾，为全社会的老年人办了一件实实在在的好事和实事。

以前，农民养老一直是被排斥在国家社会福利制度之外的。2009年6月24日，国务院常务会议决定，自2009年8月起，开展"新型农村社会养老保险"试点。2009年在全国选择10%的县（市、区）试点新的农民社会养老计划。国务院常务会议提出，只要

"年满16周岁、不是在校学生、未参加城镇职工基本养老保险"的农村居民，均可参加"新农保"（新型农村社会养老保险）。新农保试点在2009年10月启动，中国农民60岁都享受到国家"普惠式的养老金"。老农保主要是建立农民的账户，新农保在支付结构上的设计分两部分：一部分是基础养老金，另一部分是个人账户的养老金。基础养老金是由国家财政全部保证支付的。政府是普惠式国民养老保险的责任主体，即面向所有老年人提供最基本的收入保障，其经费来源于税收。待遇标准与工资脱钩但与物价水平挂钩，并随着整个社会平均收入的提高而提高。它体现着老年人分享经济社会发展成果的权益，是显具公平性的养老保险制度安排。"农民普惠式养老金"养老模式的实行，是公平社会权利的延伸，也是文明社会应有的作为，标志着农民进入"国家养老"时代。我国老年人福利得到了迅速发展。

5.3.2 当前中国老年人社会福利问题

经过40多年的改革开放，特别是确立市场经济制度以来，我国老年人的社会福利制度有了很大发展，取得了很大的成就。但在看到成就的同时，我们还要注意现在已经显现或潜存着的问题，其主要表现在以下几个方面：

1.立法层面

目前，我国的老年人社会福利除了一部非常原则的、无所不包但已不适合时代发展要求的《中华人民共和国老年人权益保障法》之外，至今还没有制定出老年人福利的专项法律法规。目前的老年人权益保障法太过笼统和空泛，不具备一种法律应该具有的权威性和严肃性，它的意义更多的是体现出政治上的象征性，是作为社会主义的一种意识形态价值存在的，作为在这个法律指导下的老年人社会福利的结果很难和老年人的具体需求相符合，而且这种法律的可操作性不强，也缺乏明确的程序规范，对决策部门没有一种监督力量，所以导致老年人社会福利发展缓慢。

2.管理层面

从管理层面上讲，城乡二元体制与城市条块分割的管理体制仍然存在。

客观地说，以前很长一段时间里我们忽视了社会福利事业，把工作重心过多地放在政治和经济建设上，认为只要做好一件事，其他的问题就可以顺势解决。在这种思维的影响下，我国的老年人社会福利仍然是一种剩余式的社会救济，并且一直由官方机构——民政系统来管理并具体组织实施。正像前面提到的，我国的老年人社会福利存在城乡二元体制：城镇老人的种种福利由原单位或城市福利机构负责，保障的范围比较大；农村老人的社会福利则针对"三无人员"，仅限于保吃、保穿、保住、保医、保葬五方面。

从理论上说，民政部门主管我国的社会福利事业，但在事实上，国家采取了将福利项目分散化的政策，一方面把社会成员划分为国家机关人员、社会事业单位人员、企业职工、农民等阶层并实施分割管理；另一方面将实施老年人社会福利的责任交给了各个单位。因此，老年人的社会福利管理体制实际上一直处于分割管理状态，并在发展过程中经历了许多变化。

3.具体操作层面

首先是老年人福利的政策法规体系建设滞后于经济和社会的发展水平。这在经济不发达、欠发达地区和农村地区表现得尤为突出，农村老年人生活困难、缺医少药的现象比较普遍。其次是老年人福利政策体系建设缺少配套和衔接。这不仅体现在老年人福利政策体系本身的一些环节方面，也体现在老年人福利政策与其他经济、社会发展政策之间的矛盾、不协调甚至相悖的方面。最后是老年人福利政策落实不到位和不落实的现象突出。这与领导的重视程度有关，也与经济发展水平、社会进步程度有关，特别是在财政资助、税收减免、用地划拨等方面，老年人福利的优惠政策落实得比较差。

5.3.3 我国老年人社会福利改革的对策探索

1.我国老年人社会福利改革的方向

今后，我国的基本经济制度建设还是要进一步深化社会主义市场经济体制改革，所以与之相伴随、与之相配套的老年人社会福利制度改革应该在总结我国社会福利制度改革实践经验的基础上，参考发达国家的成功经验和做法，建立起以家庭自我服务为基础、以老年社区福利服务为依托、以国家兴办的社会福利机构为补充的家庭养老与社会养老相结合的社会化老年人福利服务体系。这是发展具有中国特色的老年人社会福利的必然选择。

具体来说，我国老年人社会福利改革的方向是实现"社会福利社会化"，具体包括：

（1）服务对象的公众化。服务对象是社会福利的主体，主体范围的大小，是社会福利发展水平的基本标志。我国原有的社会福利对象很少，从计划经济体制向市场经济体制转变的时期，对社会福利有所需求的群体已经扩大，服务对象停留在老、幼、残群体的社会福利已经不适应经济体制转变的要求。因此，社会福利必须在生产发展和人民生活水平提高的基础上，改变过去社会福利机构仅仅面对"三无人员"、"五保户"、孤儿等传统服务对象的观念和做法，以有偿、低偿和无偿相结合的方式，面向对社会福利存在需求的社会成员提供享受各种社会福利服务的机会，逐步扩大服务对象的主体范围。服务对象的公众化要防止"大锅饭"的复归，我们应在以西方福利国为"前车之鉴"的同时，立足于我国国情、国力，严格按照"局限化"原则将社会福利的对象局限于最需要的人。其中，老年人群体是当前福利服务社会化的主要对象。

（2）福利资源的社会化。社会福利社会化的内在要求是改变过去投资主体单一的状况，开辟国家、集体、社会组织、个人按比例共同负担社会福利资金的多元投资渠道。广州市近年老年人福利服务机构的发展趋势显示，由社团、企业和个人兴办的民办老人院正在崛起，但社会的投入也是有限的，所以开辟国家、集体、社会组织、个人按比例共同负担社会福利资金的多元投资渠道才是妥善解决社会福利事业资金长期单一化的办法。另外，国家可以实行减免税等优惠政策，依靠社会力量，帮助有特殊困难的人实现就业，发展生产，减轻国家负担。此外，大力发展社会有奖募捐，取之于民、用之于民，也是解决社会福利资金不足的有效途径。

（3）社会福利事业管理的社会化。社会福利是国民经济和社会发展的重要内容，应纳入国家与地方社会经济发展规划，建立市场化的运行机制，实现社会福利事业管理的社会化。其主要体现在两方面：一方面，改变过去社会福利机构政府直接办、政府直接管理的局面，引导社会福利社会办，统筹规划、统一政策、协同运作，调动各方面的积极性；政府不再对社会福利机构的日常运营活动进行干预，而是"把主要精力用到制定有关社会福利的政策、法规和规章上来，用到制定规划、依法审批、监督检查上来，用到总结、推广先进经验上来，并做好服务工作，解决实际问题，营造引导各类社会福利机构发展的大环境"。另一方面，加强资金管理，既要根据社会经济发展状况适当增加福利项目和提高福利标准，又要加强福利事业单位、福利企业、社会募捐福利基金的财务管理，提高资金使用效益，监督企业管好、用好减免税金，使其用于技术改造，防止资金的挪用和流失，从而使所有的社会福利事业机构不仅能实现社会效益，也能实现一定的经济效益，不仅能生存，而且能发展起来。

（4）服务设施的社会化、福利设施规模的大小、数量的多少以及布局是否合理，直接关系到社会福利设施作用的有效发挥。在我国社会转型期，社会福利设施的建立，必须走建设与挖潜力相结合、国家投入与社会投入相结合、精神文明"窗口"建设与发展基层社区福利设施相结合的道路，把现有为特定对象服务的社会福利设施和机关企事业单位的福利设施向社会开放，赋予"社会化"的本来含义，并采取联建、共建、社会捐助等措施，发展小型、分散、布局合理的福利设施，以较少的投入引导广泛的社会参与，推进社会福利社会化进程，达到增量、增效的目的，满足公众对社会福利设施的不同层次需求。

（5）服务队伍的社会化。社会福利的直接作用是通过人际间的社会互动来实现的，人的因素在很大程度上决定了社会福利的服务质量与效果。壮大社会福利的服务队伍，提高服务人员素质，即加强社会工作建设是社会福利社会化的重要环节。目前，世界上社会工作职业化和专门化是一个趋势。从西方社会工作的职业化和专门化来看，它主要体现在四个方面：一是有专门的从事各类福利服务的机构，如各社会团体等；二是有公认的职业守则和保证守则被执行的审核和证照制度；三是有专门从事社会工作教育的院校和实用的系列训练课程；四是有保证工作顺利进行的工作程序和必要的职业权利保障。借鉴国际经验，结合我国社会福利的现状，我国社会福利服务队伍的建设理应抓好三方面的工作：一是不断充实人员，扩大专业服务队伍，提高服务人员的素质，使社会福利服务逐渐职业化和专业化。二是将企事业单位的福利设施向社会开放，使企事业单位福利设施工作人员承担一定的社会任务，通过社会福利设施的有偿化、市场化手段，提高福利设施的使用效率。三是通过社区、街道办事处等基层组织，加强社会公德、民族传统与伦理教育，让社区成员都能认识到社会福利关系到每个社会成员的切身利益，每个社会组织、家庭和个人，既有接受社会福利服务的权利，也有参与社会福利服务的义务；可以通过建立志愿者队伍和建立"劳务储蓄制度"等，发展互助组织，提倡义务包户，让更多的人参与社会福利服务，将专业化服务队伍与志愿者结合起来，从而让社区孤、老、残、幼人口过上稳定的生活。

总之，社会化、多元化和制度化是我国老年人社会福利制度的发展趋势。

2.我国老年人社会福利改革的基本思路

（1）加强老年人社会福利立法，推进社会福利的制度化建设。老年人社会福利走向制度化是社会发展的一个重要标志，而通过相应的法律来规范社会福利的供给与需求，则是社会福利制度化的基本要求。围绕目前中国老年人社会福利立法短缺、现行福利政策缺陷多的客观现实，应该对现行的法律法规进行改造，并实现社会福利法制专门化。从长远发展来看，要使老年人福利有可靠保障，必须制定出老年人福利的专项法律法规，如老年人福利法、老年人保健法等。

（2）推进多元筹资方略。当前，我国的经济力量还不是很强大，所以对于老年人社会福利，应该积极开辟多元集资渠道。首先，国家要保证老年人社会福利经费的逐年增长，让全体社会成员都能享受到经济社会发展的成果；其次，调动民间资源，包括扩大福利彩票的发行规模，积极引导社会捐献，扶持民办福利事业，充分利用志愿力量等；最后，除了极少数无依无靠且生活不能自理的社会成员外，绝大多数人在享受社会福利时均应承担一定的交费义务。

（3）发展和壮大社会公共福利组织。一是将官办福利机构社会化，如将民政部门办的福利院、养老院发展成独立的社会公益组织，并面向全社会开放；二是将企事业办的养老社会福利机构实施剥离，将之转为社会化的福利组织，成为能够为所在地区全体社会成员提供服务的机构；三是鼓励民间组织举办社会福利项目，简化申办手续，并提供一些政策优惠，以扶持民办社会福利组织的发展；四是引导并扶持社区服务组织，实现老年人社区服务网络化。

（4）构建官督民办的新型社会福利运行机制。强调老年人社会福利和社会化并不意味着政府可以放弃自己的管理责任，但同时也不能走官督官办官管的老路。政府应转变职能，主要负责优化福利资源的配置、监督社会福利机构运行的秩序，从而充当监督者和供款者的角色。也就是说，在福利机构和政府间建立新型的互动关系。官助民办、民办或官民合办是老年人社会福利的发展方向。

（5）培养专业的社会工作者。建立并推行老年服务社会工作者制度，必须从制度设计上改变目前为老年人服务的队伍专业素质较低、服务技能与手法粗放低劣，以及服务过程中人为造成的老年人意外伤害事故不断的现状，与国际社会的先进经验接轨，把专业社会工作者的资格认证等一整套办法引入我国的养老服务领域，与我国实际相结合，形成具有中国特色的社会工作者制度。

本章小结

老年人是指由于年龄的原因从职业岗位上退出而形成的社会群体。老年人群体在整个社会结构中所处位置的变化，使得老龄化社会正在形成。为此，老年人的社会福利成为整个社会的一项大事。老年人的福利需求包括三个方面，即生理方面、心理方面和社会方面。

本章重点介绍了日本、瑞典与美国三国的老年人社会福利状况与主要特点。此外，还介绍了世界老年人社会福利的发展趋势。

中国素有尊老、敬老的传统。中华人民共和国成立以后，我国的老年人社会福利发展得很快，可以简单地划分为两个阶段：计划经济时期的高福利阶段与转型时期的碎片化阶段。当前，有关老年人社会福利的发展已成为一大社会问题，我们既要充分认识到问题的重要性与严峻性，也要充分认清我国70年的发展中已经形成的制度基础与实践经验。问题体现在立法方面、管理方面和具体实践方面。老年人社会福利改革的总体方向是社会化，基本思路包括：①加强老年人社会福利立法，推进社会福利的制度化建设；②推进多元筹资方略；③发展和壮大社会公共福利组织；④构建官督民办的新型社会福利运行机制；⑤培养专业的社会工作者。

综合训练

5.1 单项选择题

1.老年通常所指的年龄是（   ）。

A.60岁以上   B.70岁以上   C.80岁以上

2.老龄化社会是指一个国家或地区65岁以上老年人口数占人口总数的（   ）。

A.7%   B.8%   C.10%

3.按不同界定，高龄化社会还指一个国家或地区60岁以上老年人口数占人口总数的（   ）。

A.8%   B.10%   C.12%

4.美国第一个社会福利法案是（   ）。

A.《社会救济法》   B.《社会福利法》   C.《社会安全法》

5.我国西汉时期颁布的尊敬和扶养老人的法令是（   ）。

A.《尊老诏书令》   B.《王杖诏书令》   C.《养老诏书令》

5.2 多项选择题

1.老年的学理性界定是指（   ）。

A.生理层面的   B.心理层面的   C.精神层面的   D.社会层面的

2.当前，中国老年人社会福利问题主要表现在（   ）。

A.立法层面   B.管理层面   C.理论层面   D.具体操作层面

3.我国老年人"社会福利社会化"主要包括（   ）。

A.服务对象的公众化   B.福利资源的社会化

C.社会福利事业管理的社会化   D.服务队伍的社会化

4.农村"五保户"制度中的五保是指（   ）。

A.保吃、保穿、保住、保医、保养   B.保吃、保穿、保住、保医、保葬

C.保吃、保穿、保医、保葬、保教   D.保吃、保穿、保住、保医、保教

5.我国老年人社会福利改革的基本思路包括（   ）。

A.加强老年社会福利立法   B.推进多元筹资方略

C.发展壮大社会公共福利组织   D.构建官督民办的社会福利运行机制

5.3 复习思考题

1.简述老年人社会福利的主要内容。

2.简述我国市场经济条件下老年人社会福利的改革思路。

3.简述我国当前老年人社会福利存在的问题。

第 6 章

妇女社会福利

学习指南

【**学习目标**】通过本章的学习，主要掌握以下要点：

1.妇女社会福利的主要内容。

2.制约妇女社会福利的主要因素。

3.我国妇女社会福利的发展。

【**关键概念**】妇女社会福利；女性主义运动；"幸福工程"；"关爱女孩行动"；"留守农妇"；社会性别；增权

第6章关键概念

全国妇联换届

2018年11月1日下午，全国妇联第十二届执行委员会举行第一次全体会议，选举全国妇联第十二届主席、副主席和常务委员。沈跃跃连任主席，黄晓薇连任书记处第一书记

会议以无记名投票方式选出全国妇联主席、副主席和常务委员。黄晓薇、桑顶·多吉帕姆·德庆曲珍、张晓兰、程红、夏杰、谭琳、曹淑敏、余艳红、吴海鹰、石岱、宋鱼水、刘洋、陈化兰、蒙曼等14位同志当选全国妇联副主席。万相兰等40位同志当选全国妇联常务委员。

随后召开的全国妇联十二届一次常委会议推选黄晓薇为全国妇联书记处第一书记，张晓兰、夏杰、谭琳、吴海鹰、赵雯、蔡淑敏、章冬梅为全国妇联书记处书记。

此次连任全国妇联主席的沈跃跃曾在浙江、安徽工作，担任过浙江省委常委、组织部部长，安徽省委副书记。2002年任中组部副部长，2007年任中组部主持常务工作的副部长（正部长级）。

2013年3月，沈跃跃当选十二届全国人大常委会副委员长。当年5月，当选全国妇联主席。2018年3月，沈跃跃当选十三届全国人大常委会副委员长。

2018年8月1日，黄晓薇由山西省政协主席调任全国妇联党组书记，并被提名为全国妇联副主席候选人、书记处第一书记人选。

到全国妇联工作1个多月后，9月27日，全国妇联十一届八次执委会议、十二次常委会议在京召开，会议选举全国妇联党组书记黄晓薇为全国妇联副主席，推选黄晓薇为全国妇联书记处第一书记。此番黄晓薇获得连任。

全国妇联的全称是"中华全国妇女联合会"，是全国各族各界妇女在中国共产党领导下，为争取进一步解放而联合起来的社会群众团体，具有广泛的代表性、群众性和社会性。中华全国妇女联合会是中国共产党和中国政府联系妇女群众的桥梁和纽带，是国家政权的重要社会支柱之一。全国妇联成立于1949年3月，原名为"中华全国民主妇女联合会"，1957年改名为"中华人民共和国妇女联合会"，1978年又改名为"中华全国妇女联合会"。其基本功能是代表、捍卫妇女权益，促进男女平等，亦同时维护少年儿童权益，以及在全国女性中组织对中国共产党和中华人民共和国政府、政策的支持。

从1995年开始，全国妇联被定性为非政府组织。在中国的政治体制中，各级妇联与工会、共青团都属于群众组织，接受各级党委的领导，党委设有"党群副书记"（现为专职副书记）是这三大群众组织的直接上级领导。各级妇联的人事任免权限在各级党委常委会。上一级妇联对下一级妇联仅有业务指导关系，并无直接领导权力。妇联自身设有党组，作为实际领导决策机构。

资料来源：根据百度百科整理。

【案例思考】

1.我国妇女享有哪些权益？为什么设立妇联组织？

2.我国妇女社会福利事业现状是什么样的？存在哪些不足和问题？

人是以性别身份存在于人类社会中的。妇女是"半边天",在这个"男权社会"中,在某种意义上,妇女也是弱势群体,因此建立和完善妇女社会福利,也成为整个社会福利体系的有机组成部分。

§6.1 妇女社会福利概述

6.1.1 妇女社会福利

1.妇女与妇女权利

（1）妇女的定义。

妇女是个典型的中国概念,一般意指成年女性,因为其中的"妇"即已婚的女子。国际上一般称为女性（women）,法律上也是把所有的女性称为妇女。

妇女是与男性相对存在的社会群体。其社会性表现为社会性的产生、社会性的存在与社会性的发展。社会性的产生是指女性群体的被建构性与被塑造性。在男权社会中,建构的权力掌握在男性群体手中,并且这种力量通过系统化的社会制度体现出来。妇女很多的自然权利被合法地剥夺,结果在历史的累积中形成弱势群体。社会性的存在体现为较明显的分化与层次性。现代社会是流动性很强的社会,鲍曼甚至将这种快速的流动称为像水一样的液态变化。快速的变化带来巨大的分化,但在制度化的社会中,人的地位的改变很少"大起大落",只有年轻、有知识的妇女才能实现在邻近的社会阶层的流动。从这方面来说,增加和发展妇女群体的福利,必须要突破现有的制度障碍。社会性的发展主要指发展的条件性,即妇女福利的供给需要各项社会性条件。

妇女是具有社会独立性的群体。所谓独立性,是指妇女能够在社会中按照自己的意志和兴趣选择生活方式,自主地把握生活机会。具有社会独立性首先要有经济上的独立,没有经济上的独立很难有意志上的自由。马克思所讲的经济基础在这里也具有现实的意义,这种经济独立关系是能否拥有平等的工作权、财产权,以及能否建立整体社会福利体系的关键。

（2）妇女的权益和权利。

我国法律详细规定了妇女所享有的"六大"主要权益和权利,主要包括:政治权益、财产权益、婚姻家庭权益、劳动权益、文化教育权益和人身权利。

政治权益主要包括:管理权,选举权和被选举权,批评、建议、申诉、控告和检举权。

财产权益主要包括:共有财产权男女平等、妇女在责任田和宅基地等方面享有的权利、妇女享有与男子平等的财产继承权。

婚姻家庭权益主要包括:妇女享有婚姻自主权、夫妻对共同财产都享有占有、使用、收益和处分的平等权利、离婚妇女的房屋所有权及住房问题的解决、母亲对子女的监护权受法律特殊保护。

劳动权益主要是妇女享有与男子平等的劳动权。《中华人民共和国劳动法》和《中华人民共和国妇女权益保障法》（以下简称《妇女权益保障法》）规定了对妇女劳动权益的特殊保护措施,包括:各单位在录用职工时,不得对妇女作歧视性规定;不准以性别为由拒绝录用妇女或者提高对妇女的录用标准以及附加任何条件；对符合就业条件的解除劳动教养和刑满释放的待业妇女，应当与其他待业人员同等对待；禁止招用未满16周岁的女工。在劳动报酬和享受其他物质待遇方面男女平等。在晋职、晋级、评定专业技术职务等方面，应当坚持男女平等的原则，不得歧视妇女。禁止违反法律规定擅自辞退女职工或单方面解除劳动合同。不得以结婚、怀孕、产假、哺乳为由辞退女职工或解除劳动合同，也不得降低其基本工资，取消福利待遇或者将其转为编余人员。女职工在孕期和法定的产期、哺乳期间，晋级、晋职不受影响。妇女有获得物质帮助和享受社会保险福利的权利。《妇女权益保障法》规定："国家发展社会保险、社会救助、社会福利和医疗卫生事业，保障妇女享有社会保险、社会救助、社会福利和卫生保健等权益。"《中华人民共和国劳动法》第七十条规定："国家发展社会保险事业，建立社会保险制度，设立社会保险基金，使劳动者在年老、患病、工伤、失业、生育等情况下获得帮助和补偿。"

文化教育权益主要是妇女依法享有接受教育和从事文学艺术、科学技术及其他文化活动的权利。

人身权利主要包括：妇女享有人身自由权，妇女享有生命健康权，禁止拐卖、绑架妇女，禁止卖淫、嫖娼及其他使妇女从事卖淫等违法活动，妇女的肖像应受法律保护，妇女的名誉权和人格尊严不受侵犯。

2.妇女社会福利的概念、内涵

妇女社会福利至今还没有一个明确的定义。根据国际上的通行提法（也就是西方广义的妇女社会福利概念），妇女社会福利专指国家和社会通过社会化的福利设施和有关福利津贴，以满足所有妇女的社会服务需要并促使其生活质量不断得到改善的一种社会政策。狭义的妇女社会福利是指针对不幸妇女（如少女妈妈、家暴受虐者、残疾女性、留守农妇）所做的辅助性、支持性服务等。

为了进一步理解妇女社会福利的概念，我们可以从以下四个方面来把握上面的定义：

第一，在责任主体上，国家（主要指政府有关职能部门，如我国的民政部）和社会（主要是各种社会团体，如我国的妇联）是妇女社会福利的责任主体。

第二，从享受对象来看，妇女社会福利的享受对象应包括所有妇女。

第三，从服务的提供方式看，既包括社会救济意义上的物质保障，也包括社会福利意义上的各项社会服务。

第四，在社会服务的性质上体现出经济福利性，既属于第三产业范畴，又不同于一般的第三产业，是难以采取市场调节的社会公共领域，政府的政策扶持往往是其生存、发展的必要条件。

6.1.2　妇女社会福利的主要内容

妇女的社会福利需求很多，涉及社会生活的方方面面，不过按照在现实中的突出和重要程度，大体上可以将妇女社会福利的内容概括为妇女就业福利、妇女生育福利、妇女健康福利。

1.妇女就业福利

妇女是重要的劳动力资源，为社会创造了巨大的财富。但是由于自身生理及心理方面的原因，在经济社会体制中总是承受着比男性更大的压力。这些都增加了女性就业的难度。所以世界各国都制定了相关的法律法规，力图通过立法和政策措施，保证妇女与男子同等的就业权利和机会，创造男女平等的就业机制，使妇女平等地参与社会经济生活。

其具体包括：①立法保障妇女享有与男子同等的就业权利和就业机会，并通过就业政策鼓励企业雇用女工，如允许雇用女工的企业在规定时间内享受社会保险税优惠等。②立法保障女职工就业期间享有与男职工同等的待遇，包括同工同酬、同等的培训机会和晋升机会等。③立法禁止以结婚、怀孕、产假、哺乳为由解雇女职工，禁止使用童工。④立法保护女职工在生产工作中的安全和健康，对女职工实行特殊劳动保护，禁止女职工从事有毒、有害、危险和强体力劳动；限定女职工的工作时间，如禁止女职工上夜班，禁止孕妇、哺乳期女职工加班加点等；对在经期、孕期、哺乳期和更年期的女职工实行特殊劳动保护。⑤制定政策促使女性提高受教育程度，为妇女举办各种就业培训，确保妇女在就业市场上有与男子平等竞争的实力。

妇女就业福利不是单纯地提高女性就业率，而是要从女性就业率、女性就业质量、女性就业与家庭和谐等几个方面来综合改善妇女的就业状况和生活质量。

2.妇女生育福利

人类的繁衍生息、世代相传是客观存在的规律。妇女担负着孕育下一代的特殊任务，因此，维护妇女的合法权益、保障她们的生育功能、保护母婴健康，关系到一个国家和民族的兴旺发达。妇女生育福利是指政府和社会为怀孕和分娩的妇女提供物质帮助和产假，以保证母亲和孩子的基本生活及孕产期的医疗保健需要。

享有完善的生育福利是全世界妇女的共同追求，但由于受到社会经济发展水平、社会制度和社会政策、民族文化、社会对生育价值的认可程度等因素的影响，各国生育福利的覆盖范围、项目的完备程度和待遇水平参差不齐。在西方福利国家，生育社会保险、社会福利和社会救济相互衔接、补充，共同为妇女生育构筑了一道安全网，妇女生育基本得到了保障。

生育保险是通过立法为因怀孕、分娩而丧失劳动能力的女职工提供物质帮助和产假的社会保险制度。生育保险主要从生育医疗保健服务、产假、生育津贴、育儿假及育儿津贴等几个方面向生育妇女提供保障和福利。

生育医疗保健服务是为孕期、分娩和产后妇女提供的各种检查、咨询、助产、住院、护理、医药等服务，以保证母婴平安健康。这项服务是医疗保健的子项目，在实行全民医疗保健的国家已覆盖到全体妇女。

产假是职业妇女在分娩或流产期间依法享有的法定带薪假期。根据生育社会福利产前产后都享受的原则，产假一般明确划分为产前假和产后假两段，并依产程难度及产出婴儿数分为正常产产假、难产产假、多胞胎产假几种。产假的长度应以有利于产妇恢复健康为基础，结合社会政策和经济承受能力来制定。从全世界看，产假长度一般为12周左右，有些国家规定的产假更长，在20周以上，如芬兰规定产假为33周、德国为32周。发展中国家规定的产假相对短一些，如菲律宾规定产假为45天、利比亚为50天。

生育津贴是对职业妇女因为生育而导致的工资收入损失依法给予的现金补偿，目的是为生育妇女提供基本生活保障。生育津贴的计算、发放有均一制和薪资比例制两种。采用薪资比例制时，薪资基数有本人生育前工资、所在企业平均工资、行业平均工资、地区平均工资等几种选取方法。

育儿假和育儿津贴等福利项目只在少数国家实行。其规定婴儿的母亲或父亲可以在休满产假后增加一段休假照顾婴儿。从各国的情况看，育儿假期一般在6个月到3年之间。育儿假期间会发给适当津贴，有些国家称为"母亲工资"或"父亲工资"，其标准低于生育津贴。例如，意大利的"母亲工资"是原工资的30%，匈牙利的"母亲工资"是低收入女工平均工资的50%左右。

3.妇女健康福利

综合各国设立的福利项目，妇女、儿童健康和儿童成长福利大致包括对使用童工的限制、妇女特别保健服务、儿童保健、家庭补贴、儿童免费教育、孤残儿童照顾、婴幼儿照顾等内容。鉴于我们已列出一章专门讲述儿童福利，所以在此我们集中讲述妇女发展福利的内容。不过需要强调的一点是，因为妇女承担着养育儿童的责任，所以很多针对儿童的福利实质上也是针对妇女的。

针对妇女的生理特点提供特别的健康保健，为母亲提供更优惠的减费或免费健康服务，在很多国家已成为制度。生育保证了人类繁衍、世代延续，具有社会价值。由于生育会导致身体发生一系列生理变化，母亲要付出巨大的身体损耗甚至生命，很多国家把照顾妇女的健康作为社会福利的重要方面。除了以上内容外，各国根据其具体情况还实施了其他各种不同内容的妇女、儿童社会福利项目。

6.1.3　妇女社会福利的作用

妇女社会福利作为一项分支福利项目，在社会经济生活中的作用有其特殊性的一面。这些作用主要表现在四个方面：

1.有利于实现男女平等

由于自然的生理局限以及落后思想观念的作祟，妇女参与社会经济活动时常常受到各种阻碍，特别是在就业中，常受到不平等待遇，这一切又会影响到妇女在社会上的经济地位和政治地位。随着社会经济的发展、妇女地位的改变，男女平等成为社会发展的一种潮流。实现男女平等的关键是妇女享有平等参与社会经济活动的权利和平等的发展机会。国家通过立法保障妇女的劳动权利，实施女工劳动保护，加强妇女保健工作，提高妇女的整体素质，都能为妇女参与社会经济活动奠定牢固的基础，是实现男女平等的必要条件。

2.有利于提高人口质量

劳动力是一国社会经济发展的基本要素之一。国家的发展依靠高素质的劳动力资源，这已是一个不争的事实。国家通过制定妇女就业保障、妇女生育福利、妇女健康、女孩成长等方面的政策、措施来对有这类需要的妇女提供帮助和服务，能从根本上提高全民族的人口质量。

3.有利于维护家庭和睦和社会安定

妇女是家庭中的重要成员，政府为妇女提供必要的帮助和照顾，能大大减少家庭因经济困难等原因而导致的家庭破裂、家庭不和睦等现象，从而有利于劳动力的再生产，也有利于社会的稳定。

4.有利于开发和利用女性劳动力资源

妇女是社会劳动力资源的重要组成部分，甚至有些工作非女性不能承担，有了完善的妇女社会福利，妇女的生存状况会进一步改善，劳动积极性也会更高，从而可以激发妇女的劳动潜能，令她们在社会经济活动中充分发挥其特长，以利于社会经济的快速发展。

§6.2　国外的妇女社会福利

6.2.1　西方妇女社会福利的产生与发展

1.妇女社会福利的产生

西方的妇女社会福利制度产生于19世纪末20世纪初的西欧国家，最早的是工业化先行国家英国。工业化的发展推动着妇女走出家门成为劳动力，要求失业津贴、职业安全和健康津贴。现代社会生活客观上要求社会政策与社会福利制度必须及时有效地回应妇女需要。19世纪末，英国制定了改善妇女儿童生产条件的《工厂法》，用立法的手段开展妇女儿童社会福利事业。1911年，意大利政府率先把社会保险扩大到产妇，把生育列入疾病保险的范围。1918年，英国议会通过《产妇幼儿福利法》，保障孕妇和2～5岁儿童的健康。这是世界上第一次以专项法的形式来确认女性权利的合法性。后来，西方国家逐步建立了生育保险、生育补助、家庭补助等保障母亲儿童生活和健康的福利项目。

2.妇女社会福利的制度化发展

妇女社会福利的制度化大发展和女权主义运动有着直接关联。女权主义运动产生于19世纪末，是女性走出家门、个体主体意识和权利觉醒的表现。虽然在20世纪60年代之前，女权主义运动主要是要求政治参与权，之后才要求社会福利权，不过，这可以被看作一个连续的过程。没有政治上的参与权，单纯的社会福利权是很难得到较好体现和维护的。第二次世界大战后，英国率先宣布建成"福利国家"，社会福利开始成为国家社会政策层面的中心议题，自然，妇女社会福利的议题也进入了国家政治生活。

女性社会福利的制度化发展可以分成三个阶段：第一阶段，20世纪40年代初，初具规模阶段。第二阶段，20世纪40年代末到60年代，长足发展阶段。比如，1946年联合国妇女工作委员会与联合国儿童基金会成立，制定了妇女儿童权利公约；国际劳工组织于1952年通过《妇女生育保护公约修正案》和《保护生育建议书》；1953年的世界工联维也纳会议也提出争取社会保障的完备纲领。第三阶段，20世纪70年代以来，调整与完善阶段。

6.2.2　制约妇女社会福利发展的因素

妇女社会福利的发展会受很多因素的制约，这些因素包括经济发展水平、人口比率、科学进步、社会制度和结构、社会体制体现的价值取向、社会意识形态、社会财富分配、女性群体的福利需求、社会职业的专业化等。在这些因素中，经济发展水平和依赖的人口比率、社会体制体现的价值取向、妇女的福利需求是三个最主要的制约因素。

1.经济发展水平和依赖的人口比率

从世界妇女福利发展的历史看，影响妇女福利政策的因素是多方面的，经济发展水平是其中最主要的因素。影响妇女福利特别是儿童福利的另一个重要因素是其依赖的人口比率，即成年生产人口与儿童依赖人口的比率。据20世纪80年代的统计，发达国家每100名成年人约需照顾41个儿童；而发展中国家则是100名成年人要照顾71个儿童。这一比率反映了社会团体给予生产团体负担的多寡，它必然直接影响福利的开支和实际水平。发展中国家一般都面临着经济发展的巨大压力，社会资源配置中社会福利的份额势必会受到极大的制约，所以妇女福利的持续发展有赖于社会生产力的持续提高。

2.社会体制体现的价值取向

妇女社会福利制度的进步基于妇女权利的进步，妇女社会福利在本质上是一种完整、全面的社会建设，是尊重妇女权利的诸多表现形式中的一个底线，它建立在社会对每一个妇女的发展、成长负有责任和义务这样一个基本认识之上。全面的社会发展观、社会福利观、妇女权利观等进步的社会意识，作为现代妇女福利的思想基础，是建立健全妇女福利制度体系和运行机制必不可少的一部分。只有在进步的社会观念的指导下，才能从政策上保证国家财政与社会政策的整合并形成完整的体系，从而不仅有经济发展性投资与社会福利开支的科学比率，而且有全民性福利给付与政府妇女福利制度的核心——妇女儿童福利给付之间的合理比例；才能保证在社会组织和机构的建设上，政府的决策部门、社会化的第三部门、社会基层组织和民众基层运动的载体——社区等的发育健全，配置合理，在内在运行和相互契合上能够符合妇女社会福利发展的需要；才能保证在社会运行机制和秩序整合上，在法律的限定下建立起有序的执行程序，并能够使整个过程成为一个合理衔接、相对完整的执行体系。

3.妇女的社会福利需求

妇女社会福利需求是建立在妇女权利观念上的，是将妇女作为一个能动的主体。评价一个国家妇女福利制度和运行机制机构的优劣，重要的标志在于是否能涵盖妇女的全面福利需求。一般来说，妇女的福利需求包括生理、心理、情感和精神几个方面，如妇女需要有舒适的家庭、稳定的工作、平等的社会地位等。同时，妇女福利需求是一个社会性的特定概念，不仅仅指简单的生理性的、心理性的、个体性的、个别性的需求。英国学者布来逊曾将需求分为四大类：标准的需求，即专业人员在某一既定情境里所界定的需求；感觉的需求，即个人依其欲望所感觉的需求；表达的需求，即转变成为货币能够支付的需求；相对的需求，即以"区域公平"为原则的需求。这是一种社会性的定义，对它的回应是一种整体性的社会建设。

6.2.3 世界妇女社会福利的发展报告

关于世界妇女社会福利，下面有两组数字：

（1）美国默塞人力资源顾问公司的一项有关全球妇女产假福利的调查显示，瑞典的工作妇女能获得最好的产假福利；挪威、丹麦和巴西工作妇女的产假福利也不错；而美国、澳大利亚以报酬计算，差不多是最差的。该公司的主要衡量标准是孕妇的产假和产假期间的薪水。

瑞典的产妇有几乎两年的产假，第一年她们可享有八成的工资。非欧洲国家中，巴西妇女的产假福利是最好的。一名年薪是2.5万美元的巴西妇女，在6个月的产假中享受几乎全额薪酬。当然，这不包括那些非正式工作的数百万巴西妇女。美国妇女的产假福利排在末端，美国的工作妇女只有12周的无薪产假。澳大利亚产妇的薪水也很低，但是可以享受52周的产假。

（2）2003年，拯救儿童组织发布年度"母亲指数"报告，依据妇女和儿童的健康、教育和政治地位等10个因素，对10个工业化国家和98个发展中国家的母亲状况进行了比较。在非洲部分地区，每7名妇女中就有1人死于分娩或妊娠，而在瑞典这一比例仅为六千分之一。母亲受教育程度以及获得计划生育服务的程度与婴儿的存活和福利状况之间的关系最为密切。在瑞典，99%的妇女有文化，而尼日尔有文化的妇女只占8%。在英国，82%的妇女采取现代避孕措施，5 100名母亲中只有1人死于分娩，1 000名婴儿中只有6人不到周岁夭亡。而几内亚的妇女只有4%采取避孕措施，7个母亲中就有1人死于生产，超过1/10的婴儿活不到周岁。就儿童的福利状况而言，阿富汗名列末位，因为每千名婴儿就有165人不到周岁夭折，71%的儿童没有学上，68%的儿童没有安全的饮用水。伊拉克母亲眼睁睁看着自己的孩子不满周岁夭折的可能性是瑞典母亲的35倍以上。该报告说，在世界各地40多场冲突中，数百万妇女、儿童深受其害，在保护她们免受战争摧残方面，比如被强奸或被逼参战，做得很不够。

§6.3　我国妇女社会福利制度

6.3.1　我国妇女社会福利的发展

我国妇女社会福利制度的真正建立时间是中华人民共和国成立之后。1951年2月，政务院颁布的《中华人民共和国劳动保险条例》规定，女工人和女职员生育产前产后共给假56天，产假期间工资照发，怀孕检查或分娩时，其检查费与接生费由企业行政方面或资方负担；女工人、女职员或男职员之妻生育时，发给生育补助费。1953年1月颁布的《中华人民共和国劳动保险条例实施细则修正草案》规定，实行劳动保险的企业的女职工，有4周岁以内的子女20人以上，工会基层应与企业行政方面协商，设立托儿所，费用由企业承担。此外，1954年的《宪法》赋予了女性就业权。1952年6月，政务院发布《关于全国各级人民政府、党派、团体及所属事业单位的国家工作人员实行公费医疗预防的指示》，把女工作人员生育费用纳入公费医疗项目。我国的女工劳动保护制度开始于20世纪50年代初，当时首先在女工数量比较多的纺织系统开展了女职工妇科病普查普治，并建立了女工卫生室；随后在各大中城市陆续成立了妇幼保健机构。1956年，第一届全国人民代表大会第三次会议通过了《高级农业生产合作社示范章程》，禁止让孕妇从事过重过多的体力劳动。改革开放以后，我国的妇女福利迈上了新台阶。40多年来，我国政府在改革和完善妇女福利制度方面主要做了以下五个方面的工作：①进一步推动托幼事业；②设立独生子女保健津贴；③颁布《中华人民共和国义务教育法》；④健全女工劳动保护制度，扩大实施范围；⑤延长生育假期。⑥1992年4月颁布《妇女权益保障法》。2005年对《妇女权益保障法》进行修订，并制定了《中国妇女发展纲要》。

下面再通过几个"行动"来说明改革开放后我国在妇女社会福利建设方面所取得的成就：

1."幸福工程——救助贫困母亲行动"

由中国人口福利基金会、中国计划生育协会、《中国人口报》共同发起，经国家有关部门批准，1995年2月28日中国"幸福工程"组委会成立，王光美任主任。该项目主要以贫困地区计划生育家庭的贫困母亲为救助对象，围绕"治穷、治愚、治病"，采取"小额资助、直接到人、滚动运作、劳动脱贫"的救助模式，每户给予1 000～3 000元，帮助她们发展家庭经济，脱贫致富。同时，"幸福工程"扶持乡村的"母亲学校"，为贫困母亲提供学习文化、科学知识和生殖健康常识的机会。在实施"幸福工程"的地区，医疗、计划生育部门进行了健康普查，帮助贫困母亲检查和治疗妇科疾病。1995—2003年，该项目投入资金1.8亿元人民币，12.5万贫困妇女受到了资助，直接受惠人口逾60万。

2．"大地之爱·母亲水窖"行动

为帮助西部地区摆脱因严重缺水带来的贫困，2000年，中国妇女发展基金会启动"大地之爱·母亲水窖"项目，向社会募集善款，为西北缺水地区修建蓄积雨水的水窖，解决当地家庭的基本饮用水问题。到2003年，该项目筹集资金近2亿元，修建水窖8万多眼，建设小型供水工程1 000多处，解决了近80万人的用水困难。水窖项目的实施，使西部农村妇女摆脱了水资源匮乏带来的诸多限制，有条件从事种植业、养殖业等多种经营，生活水平显著提高。

3．"关爱女孩行动"

为遏制日益严重的性别比例失调问题，2005年中国人口计生委实施了为期三年的"关爱女孩行动"，取得了显著成效。2005年，国务院下发《关于广泛开展关爱女孩行动综合治理出生人口性别比偏高问题行动计划的通知》，计划在10～15年内，利用中国在出生性别比方面过去十多年的研究、干预和实践成果，基于"关爱女孩行动"的试点经验，在全国范围内广泛开展"关爱女孩行动"，保护妇女和女童的权利，维护妇女和女童的合法权益，改善女孩生活环境，使出生性别比不断恶化的状况得到遏制，并稳步下降，最终实现出生性别比的自然平衡，促进性别平等和社会和谐发展。

6.3.2　我国妇女社会福利的成就与问题

1．我国妇女社会福利取得的巨大成就

（1）妇女社会福利开始走向制度化。妇女社会福利工作走向制度化也经历了一个长期的过程，改革开放以来，社会福利制度化特别是劳动就业制度化把妇女社会福利推向了一个更高的水平，国家先后制定了一系列关于妇女社会福利的法律、法规和社会政策。1992年颁布的《妇女权益保障法》是我国保障妇女人权的专门法律。民法通则、婚姻法、继承法、劳动法、刑法以及诉讼法等形成妇女权利予以保障的部门法。另外，有关妇女权利保障的行政法规有：1988年的《女职工劳动保护规定》、1990年的《女职工禁忌劳动范围的规定》、1993年的《女职工保健工作规定》、1994年的《企业职工生育保险试行办法》、1996年的《企业职工工伤保险试行办法》，以及2003年的《工伤保险条例》、2004年的《劳动保障监察条例》等。

2005年，对《妇女权益保障法》进行了修订，主要突显消除性别歧视的国家责任，明确了执法主体、增强了法的适用性；将男女平等基本国策写入总则，体现了宪法至上的精神，明确了男女平等基本国策的地位。修正内容主要包括：

①规定性骚扰法律责任。《妇女权益保障法》从法律救助、行政处罚、行政处分、民事责任、刑事责任一系列的措施和角度，强化妇女权益保护的刚性。

②男女平等成为基本国策。《妇女权益保障法》明确规定："实行男女平等是国家的基本国策。国家采取必要措施，逐步完善保障妇女权益的各项制度，消除对妇女一切形式的歧视。"

③推行生育保险制度。《妇女权益保障法》进一步规定我国将推行生育保险制度，并建立健全与生育相关的其他保障制度。

④退休制度不得歧视妇女。《妇女权益保障法》明确规定，各单位在执行国家退休制度时，不得以性别为由歧视妇女。

⑤禁止家庭暴力。《妇女权益保障法》对家庭暴力明确做出禁止性的规定，并明确了在预防和制止家庭暴力方面负有重要责任的机构和组织，规定"公安、民政、司法行政等部门以及城乡基层群众性自治组织、社会团体，应当在各自的职责范围内预防和制止家庭暴力"。

（2）社会化程度不断提高。改革开放以来，民办妇女社会福利机构开始出现，并获得了一定程度的发展，大大提高了妇女社会福利水平。另外，福利经费来源也趋向多元化。改革开放以来，我国逐步打破妇女社会福利经费由国家和集体单位包办的格局，经费来源渠道开始多元化。目前，妇女社会福利经费的来源主要包括政府财政拨款、集体投入、发行福利彩票、社会捐款和各种收费服务等。多渠道的筹款格局不仅意味着妇女社会福利的社会化程度在提高，更突出地体现了福利责任分担机制正在形成。

（3）妇女社会福利有了进一步发展。据《中国妇女发展纲要（2011—2020年）》实施情况报告：孕产妇保健水平继续提高、妇女受教育状况良好、妇女就业规模不断扩大。

（4）严厉打击拐卖妇女儿童的犯罪活动得到加强。为有效预防、依法打击拐卖人口犯罪，国务院于2013年颁发了第二个中国反拐计划——《中国反对拐卖人口行动计划（2013—2020年）》。各相关部门通过开展各种专项行动，严厉打击拐卖妇女儿童的犯罪行为。全国共建立省、市、县三级政府法律援助机构，有效地维护了她们的合法权益。

2.我国妇女社会福利存在的问题

（1）福利社会化总体程度不高。改革开放以来，我国在妇女社会福利事业方面逐步引入多渠道的筹款机制，但到目前为止，与其他单项经费的筹措一样，妇女社会福利经费仍主要由政府财政负担。据统计，我国妇女社会福利费用的85%以上仍由政府财政拨款，这种格局与市场经济发展的要求严重不相适应。

（2）妇女社会福利水平总体仍然较低。与发达国家相比，目前我国的妇女社会福利水平仍然比较低，有些福利标准长时间不变动，不能满足当前的需要。例如，20世纪80年代确定的每月10元的独生子女保健津贴标准，至今仍在执行，但它现在已经没什么意义。

（3）妇女的社会福利差异很大。这种差异体现在地区之间、城乡之间。沿海发达地区妇女的实际社会福利水平要大大高于内陆落后地区，城市妇女的实际社会福利水平要大大高于农村妇女。这种差异有的是由地区的政策差别造成的，有的是由政策没有得到好好执行造成的。这种差异已经影响了妇女工作、生活的积极性，潜存着一定的问题。当前，压力最大的妇女群体是"留守农妇"，她们的文化程度普遍偏低，大多数只有初中及小学的文化程度；她们的劳动强度很大，无论是挖地、播种还是田间管理，都是主力；在家侍老抚幼、赡养公婆和教育子女，屋里屋外一肩挑，而且忍受着和丈夫长时期分离带来的性压抑与精神疾苦。

（4）妇女保护仍需加强。当前，妇女保护的强度还远远不够，很多妇女还在很艰苦、很恶劣的环境下工作。另外，随着社会的现代化，在生活压力、暴力亚文化与制度忽视的环境下，家庭暴力近年来成为一个显著的社会问题。家庭暴力是指行为人以殴打、捆绑、害、强行限制人身自由或者其他手段，给家庭成员的身体、精神等方面造成一定伤害后果的行为。据调查，中国家庭暴力发生率为29.7%～35.7%，其中90%的受害人是女性。近年来，女童被性侵、年轻女性失踪、女性被暴力伤害等案件屡有发生，保护女性免受刑事伤害的任务依然很重。

（5）贫困问题依然存在。近年来，中国妇女的贫困程度以及教育、就业和社会参与等方面的状况有很大改善，但在一些贫困地区，仍存在大量的基本生存问题。此外，由于妇女的特殊地位，贫困对她们的伤害要比对成年男性大。

（6）女性残疾人就业形势严峻。就业是残疾人改善生活状况、实现自强自立的主要途径。但近年来，在福利企业就业的残疾职工却连年减少，2013年，全国福利企业中共有残疾职工53.9万人，其中女性残疾职工16.6万人，分别比2010年减少8.6万人和3万人，而女性所占比重也有所降低，由31.4%降为30.8%。2013年度，城镇残疾人登记失业率为10.8%，是全国城镇登记失业率的两倍多，实际失业率可能更高。女性残疾人就业面临较大困难。

6.3.3　我国妇女社会福利的社会化改革

我国是社会主义国家，社会主义追求的核心价值是民主和平等。因而在社会性别方面，国家也应该通过社会福利制度的制定和实施将这一核心价值转化为现实。针对当前我国社会转型期的要求，以及妇女在新时期的要求的多元化，妇女社会福利制度要加快实施社会化改革的步伐。

社会福利社会化是指利用社会资源来服务特定社会群体，以提高社会的公平度，营造良好的社会氛围，推动社会发展。对中国来讲，就是改变过去"企业办社会"的状况，去除旧体制下积累、衍生的种种弊端。福利服务的社会化不是指市场化垄断，但也不是指政府包办，而是以社会支持为主，政府、市场协办。这样才能凸显福利的社会价值，才有利于社会团结与社会进步。

1.理论支持：社会建构与社会性别理论

（1）社会建构理论。社会建构理论认为知识根本不存在于个体内部，而是属于社会的。个体不能独占知识，只能分享知识。作为知识积累、传输和表征形式的语言有各种形式，而每一个人都以自己的方式解释着这些形式。在社会建构理论中，核心概念是语言。语言是知识积累、传输与表征的基本形式。社会心理学家捷根（Gergen K. J.）认为语言有三个基本特点：语言的意义是通过社会性相互依赖获得的；语言的意义基于情境；语言主要具有社会性功能。知识是对话的某些片断——"知识丰富的谈论"（knowledgeable tellings）在对话空间中某一时刻的暂时定位，实际上，"在对话发生时，知识在不断地产生着"。社会建构理论主张：①知识是建构的。建构是社会的建构，而不是个体的建构。②人格、态度、情绪等心理现象并不存在于人的内部，而是存在于人与人之间，是文化、历史的产物。③语言并非具有确定意义的透明的媒介，它是先在的，规定了思维的方式。④没有超越历史和文化的普遍性知识，我们对于心理现象的理解是受时间、地域、历史、文化和社会风俗等制约的。⑤心理学家应该关注话语的作用，话语分析是心理学的基本研究方法。社会建构理论的本质是认识论，属于知识社会学的内容。在元理论上是对西方传统二元论的批判和解构，把关注点从心灵与社会的关系转换到语言与社会的关系上。在今天传媒主导世界的情势下，这对我们理解妇女社会福利具有重要的意义。

（2）社会性别理论。社会性别（gender）是相对于生理性别（sex）而产生的一个概念。它产生于20世纪70年代的国际妇女运动，80年代后被联合国采用，是近年来国际上分析男女平等和社会（福利）政策的重要概念。生理性别是不能改变的，社会性别是在一特定的社会环境中，人们所认识到的男性与女性之间存在的社会差异和社会关系。它是人们建构的，因而也是可以改变的。社会性别角色在社会制度中往往被固定和强化了，变成人们的一种社会期待、规范和评价。

社会性别主流化是把社会性别平等意识纳入社会发展和决策的主流的提法，最早出现在1985年第三次世界妇女大会的文件《内罗毕战略》中，集中反映在1995年第四次世界妇女大会通过的行动纲领中。联合国第四次世界妇女大会将社会性别观点纳入社会发展各领域的主流，并被联合国确定为促进性别平等的全球战略。1997年联合国经社理事会通过一致结论，把社会性别问题纳入主流是一个过程，它对任何领域各个层面上的任何一个计划行动，包括立法、政策或项目计划对妇女和男人产生的影响进行分析。它是一个战略，把妇女和男人的关注、经历作为在政治、经济和社会各领域中设计、执行、跟踪、评估政策和项目计划的不可分割的一部分来考虑，以使妇女和男人能平等受益，不平等不再延续下去。它的最终目的是达到社会性别平等。2000年联合国第23届妇女问题特别联大再次确认了这一战略。

如何实现社会性别主流化，国际社会提出了九点方案和程序：①明确而坚定的政治承诺；②机构设置和人员配置；③社会性别统计；④社会性别分析；⑤制定双头的社会性别平等政策、法律、项目；⑥贯彻双头的社会性别平等政策、法律、项目；⑦社会性别预算；⑧社会性别评估；⑨社会性别审计。

实现社会性别的主流化首先是政府的责任，然后是社会伙伴的责任，此外还包括每一个男人和女人在内的全体公民。其主要途径是在积极的促进就业政策中推进社会性别的主流化。

2.路径选择

妇女社会福利的改革方向是制度化、社会化、多元化。所谓制度化，即通过科学立法和严格执法来切实维护妇女的社会权利。所谓社会化，是指妇女社会福利应通过社会化的方式来实施，政府是有限政府，企业是营利组织，都不能担当起发展妇女社会福利的重任，而且人，特别是妇女主要是生活在社会中的，需要更多的安全感、信任、关怀和爱护，而不是股票、营销、程序设计等，这些东西提供不了妇女所需要的生活的文化意义和价值。所谓多元化，就是说妇女社会福利是多元化的、开放的、自由的，其并不主张自我封闭、排斥政府和企业的介入，而且强调妇女可以根据自身的兴趣和爱好自由结社，在其中进行自我教育、自我管理和自我发展。

在社会转型期，要顺利地推动妇女社会福利的相应转型，当前应着重做好以下几件事情：

（1）为妇女社会福利机构增权。增权是社会福利改革中一个值得重视的视角。增权理论的预设是在社会关系和社会制度中贯穿着社会权力，因为权力分配的差异及长期延续才出现强势支配群体和弱势顺从群体。在社会性别理论看来，妇女在现代社会中的种种福利权利被剥夺，从而使得种种社会功能不能发挥。而要改变妇女在整个社会福利体系中的不利地位，就要改变现有的权力配置结构，给妇女群体增权。而女性主义者的意识更加明确，关注妇女社会福利，要么是给女性增权，要么是改变使妇女屈从的结构性体制。所以，发展女性社会福利的本质是对长期以来的性别盲点和以男性为中心视角的纠正。现在最需要思考的是，需要增加什么权利呢？一般，增权是从无权开始的，所以首先需要清楚妇女群体最缺乏什么权利，而且谁能代表妇女群体使用这个权利，这样就需要有一个具有权威性的机构来争权与维权。权利总是和利益相关联的，所以权利不是轻易就可到手的，要获得尽可能大的、有利可图的权利是要去争取的。在现代社会，能够保证公平竞争的体制，才能真正给弱势和边缘的妇女群体增权。从此意义上来讲，需要提升国务院妇女儿童工作委员会在整个国家机构格局中的位置，对之进行加强。

（2）制定"妇女社会福利法"。前面已经提到，目前我国关于妇女社会福利的制度性法律太少、太空泛，而且权威性不够。权威性不够的原因何在？主要是执法机构不明确，或者可以说执法机构要依附于行政机构，而代表妇女利益的国务院妇女儿童工作委员会的边缘位置决定了《妇女儿童保障法》与《未成年人保护法》处于被忽视的位置。另一个原因是我们的法律有一个传统，太空泛、太笼统，不易操作，表面上给大家的权益似乎很大，但给具体待遇的时候又没有依据。所以在妇女社会福利改革方面，我们需要一个严肃权威的"妇女社会福利法"，能够对妇女的社会福利权利，当然也包括义务做出细致的规定。细致不仅涉及各种权利内容，更重要的是确保权利实现的程序，通过程序来加强约束和监督。同时，执法部门能够有相对的独立性。

（3）积极培育和支持与妇女社会福利相关的社会组织的发展。目前，我国的社会组织有两大发育不良：一是相对独立性差。在我国，维护妇女社会福利权利的社会组织还很少，妇联这个系统的行政化色彩还比较重，在维护和发展妇女社会福利权利方面能够发挥的作用还很有限。二是专业化能力不够。只有把专业做好，非营利组织才能有更大的生存与发展空间。这种专业能力就表现在为政府分忧解难上。妇联能够向社会转型，新兴的福利组织能够"抵抗住"来自行政或市场方面的诱惑，切实从妇女社会福利的一个具体方面来做，这样才能有我们想要的改观，妇女整体才能获得大事和小事上的自治能力。

（4）调动起妇女的福利主体意识和自觉参与意识。社会转型期群体的快速流动和组合带来妇女群体的分化，妇女作为一个群体的主体意识在削弱，使得一部分妇女有身单力薄、参与上无力且无望之感，这样一种消极状态极大影响了妇女作为一个群体的集体力量。因此，要真正建设社会化的妇女福利，必须动员和组织每一个妇女成员的参与，在参与中表达自己的福利诉求，在参与中提高自身的独立能力，同时在参与中提高服务他人和社会的能力。

本章小结

在现代社会中，女性群体位于弱势群体的行列。妇女社会福利应该专指国家和社会通过社会化的福利设施和有关福利津贴，以满足所有妇女的社会服务需要并促使其生活质量不断得到改善的一种社会政策。妇女社会福利的内容主要集中在就业、生育、发展等方面。改善妇女的社会福利状况对于社会的进步具有重要意义。

国外妇女社会福利起步比较早，发展样态呈现出明显的丰富性和差异性。本章首先介绍了西方妇女社会福利产生与发展的简要过程；然后介绍了制约妇女社会福利发展的主要因素；最后根据世界妇女发展报告来谈女性社会福利问题的普遍性和严重性。中华人民共和国成立后，女性作为"半边天"在国家的福利建设中被体现出来，特别是改革开放以后，政府陆续出台了相关政策，维护妇女的社会福利权利。其行动主要体现在：①进一步推动托幼事业；②设立独生子女保健津贴；③颁布《中华人民共和国义务教育法》；④健全女工劳动保护制度，扩大实施范围；⑤延长生育假期。⑥颁布及修订《妇女权益保障法》。

当前，我国妇女社会福利存在的问题集中于社会福利的社会化程度不高；妇女福利水平仍然比较低；妇女的福利差异很大；妇女保护仍需加强；妇女贫困问题大量存在。其解决之道在于社会福利的社会化改革。改革的理论支持是社会建构理论与社会性别理论；路径选择包括为妇女社会福利机构增权、制定"妇女社会福利法"、积极培育和支持与妇女社会福利相关的社会组织的发展、调动起妇女的福利主体意识和自觉参与意识。

综合训练

6.1　单项选择题

1.法律上的妇女是指（　　　）。

A.已婚女子　　　　　　　　B.未婚女子　　　　　　　　C.所有女性

2.妇女社会福利制度最早产生于（　　　）。

A.英国　　　　　　　　　　B.法国　　　　　　　　　　C.美国

3.1918年，英国议会通过的第一个妇女社会福利法案是（　　　）。

A.《产妇幼儿福利法》　　　B.《妇女社会福利法》　　　C.《妇女幼儿社会福利法》

4.社会性别是指（　　　）。

A.生理差别　　　　　　　　B.心理差别　　　　　　　　C.社会角色差别

5.1995年2月28日，中国"幸福工程"组委会成立，主任是（　　　）。

A.吴仪　　　　　　　　　　B.王光美　　　　　　　　　C.陈至立

6.2　多项选择题

1.妇女社会福利发展受到制约的主要因素有（　　　）。

A.社会制度和结构　　　　　　　　B.经济发展水平和依赖的人口比率

C.社会体制体现的价值取向　　　　D.妇女的社会福利需求

2.在社会转型期，关于妇女社会福利应着重做好的事情有（　　　）。

A.提高妇女解放的程度　　　　　　B.为妇女社会福利机构增权

C.制定"妇女社会福利法"　　　　D.增强妇女福利主体意识

3.我国妇女社会福利社会化的支持理论有（　　　）。

A.社会建构理论　　　　　　B.社会性别理论　　　　　　C.人权理论

4.妇女社会福利的主要内容包括（　　　）。

A.妇女就业福利　　　　　　　　　B.妇女生育福利

C.妇女健康发展福利　　　　　　　D.儿童成长福利

5.妇女就业福利的内容主要包括（　　　）。

A.立法保障妇女的就业权利和就业机会

B.立法保障女职工与男职工同工同酬

C.立法禁止以结婚、怀孕、产假、哺乳为由解雇女职工

D.立法保护女职工在生产工作中的安全和健康

6.3 复习思考题

1.简述妇女社会福利的主要内容。

2.简述妇女社会福利的特殊意义。

3.试述我国妇女社会福利存在的问题及社会化改革的路径。

第 7 章

残疾人社会福利

学习指南

【**学习目标**】通过本章的学习，主要掌握以下要点：

1.残疾人社会福利需求。

2.残疾人福利相关理论。

3.我国残疾人福利存在的问题及改革路径。

【**关键概念**】残疾人；供养理论；回归社会理论；增能理论；现代残疾人观

第7章关键概念

引导案例

盘点：2017年残疾人事业的"20项福利"

2017年8月2日，河南省延津县出台《扶贫助残集中托养实施办法》，决定逐步在全县12个乡（镇）各建成一所扶贫助残托养中心，将有意愿且符合条件的重症残疾人纳入集中托养范围。

延津县委书记祁文华说，重症残疾人托养并非"拍脑袋工程"，而是该县经过长期深入调研和多方论证得出的良方，一招可有多效：能让家人从繁重的日常看护中解放出来，有时间、有条件、有机会获得一份收入，可使贫困家庭早日脱贫；护理人员大多从建档立卡贫困户中招聘，政府为其发放工资，购买养老、医疗等社会保险，解决了部分贫困人口的就业问题；重症残疾人生活质量也将得到极大提高。

"托养一个人、解放一群人、致富一家人"。据了解，为加快推动"托养模式"，不到1个月的时间，延津县已投入300余万元用于各托养中心基础设施建设，2017年拿出财政资金近2 100万元用于托养中心运营，以后还将根据情况追加投入，所有入托人员"生老病死一管到底"。

2017年，全国各地积极探索残疾人福利事业，出现了许多新的做法，以上是其中一个典型代表。类似这样的事业，有关部门共总结了20项，具体为：

（1）北京市：乘坐无障碍出租车补贴政策。

（2）吉林省长春市：大龄自闭症、智力障碍青少年每人每月1 000元补贴。

（3）辽宁省：低保认定适当考虑残疾、重病家庭。

（4）浙江省台州市椒江区：统一残疾人轮椅车型，集中更换，每辆补贴7 000元。

（5）河南省延津县：重度残疾人由政府照顾。

（6）山东省：满足条件的重度残疾人提前5年领取养老金。

（7）陕西省西安市：符合条件重度残疾人，单独立户申请低保。

（8）安徽省亳州市：残疾人家属免费学车，还给补助。

（9）江苏省南京市：重度残疾人游景点，一名陪护者免费。

（10）重庆市：成立首家残疾人汽车租赁公司。

（11）湖北省武汉市：听力、视力、言语残疾人特惠爱心流量套餐（天津、福建也有类似的通信补贴政策）。

（12）山东省：率先研发并启用残疾人"两项补贴"管理信息系统。

（13）山东省烟台市：特困残疾家庭水电气暖费减半或免交。

（14）山东省青岛市：残疾人考驾照补贴2 000元。

（15）上海市：7人座出租车上路，可轻松安置残疾人轮椅车。

（16）河北省：提高高等教育残疾学生补贴标准，最高6 000元。

（17）广东省、湖南省：取消"目测评级"，改由指定业机构评残。

（18）湖北省武汉市：给残疾人发放35万张旅游年卡。

（19）浙江省：第三代残疾人证+"最多跑一次"改革。

（20）河南省郑州市：残疾人凭"关爱证"可免费乘坐公交地铁。

限于篇幅，这里没有展开详述，感兴趣的读者请搜索阅读。关爱残疾人，体现了社会的道德与文明，越是发达的社会，这方面的事业发展得越好。

资料来源 佚名. 盘点: 2017年残疾人事业的 "20项福利" [EB/OL]. [2017-12-26]. http: // www.sohu.com/a/212939159_654067. 此处有删减.

【案例思考】

1. 思考 "托养一个人、解放一群人、致富一家人" 的意义。

2. 为什么越发达的社会，关爱残疾人方面的事业发展得越好？

§7.1 基本概念与相关理论

7.1.1 残疾人的含义

传统社会中，人们一般把残疾归因于个人不幸或是家庭变故，故而悲惨的后果往往由个人和家庭来承担。到了近代社会，社会的整体性发展提醒人们，个人的生活遭际与社会变化息息相关，所以由社会来救助残疾人也成为衡量社会文明程度的指标。

1. 残疾人的定义

古往今来，人们对残疾人做出了不同的描述和界定。通过归纳和概括，我们可以整理如下:

(1) 世界卫生组织的定义。所谓缺陷，是指心理上、生理上或人体结构上某种组织或功能的任何异常或丧失。残疾是指由于缺陷而缺乏作为正常人以正常方式从事某种正常活动的能力。障碍是指一个人由于缺陷或残疾而处于某种不利地位，以致限制或阻碍该人发挥按其年龄、性别、社会与文化等因素应能发挥的正常作用。

(2) 国际劳工组织的定义。1983年6月，第69届国际劳工大会通过了《残疾人职业康复和就业公约》，对残疾人做了如下界定:"残疾人指因经正式承认的身体或精神损伤，从而在获得、保持适当职业并得到提升方面的前景大受影响的个人。"

(3) 联合国的定义。1975年12月9日，联合国大会通过《残疾人权利宣言》，对残疾人做了如下界定，残疾人 "是指任何由于先天性或非先天性的身心缺陷而不能保证自己可以取得正常的个人生活和社会生活上一切或部分必需品的人"。1993年12月20日，联合国大会第48届会议通过《关于残疾人的世界行动纲领》，将残疾定义为世界各国任何人口出现的许许多多的各种功能上的限制。

我国1990年12月28日通过的《中华人民共和国残疾人保障法》第二条规定:残疾人是指在心理、生理、人体结构上，某种组织、功能丧失或者不正常，全部或者部分丧失以正常方式从事某种活动能力的人。

根据以上有关残疾人的定义可以看出，残疾人是指身体、智力或者精神状况违反常规和偏离正常状态（即相对于当时相同年龄的正常健康状况而言，并非暂时的功能减退），而使其参与社会的能力受到影响的人。残疾标准由国务院规定，1987年中国残联对《中国残疾人评定标准》进行了修改；1996年中国残联出台了《中国残疾人实用评定标准》。

2.残疾人的分类

国际上残疾人的分类方法主要有四种：一是按照残疾的性质、程度和影响进行分类，如残损、残弱、残障。二是按照器官系统进行分类，如感官残疾、神经残疾、肌肉骨骼残疾、心肺残疾。三是按照致残原因进行分类，如伤残、病残、发育性残疾。四是按照躯体、智能、精神状况进行分类，如肢体残疾、智力残疾、精神残疾。

2006年第二次全国残疾人抽样调查的数据显示：我国各类残疾人的总数为8 296万人，占全国总人口的比例为6.34%。2017年的《中国残疾人事业发展统计公报》中显示，全国残疾人人口基础数据库有持证残疾人3 404万人。

7.1.2 残疾人的社会福利需求

根据上面的分类，可以归纳出残疾人社会福利的需求包括康复需求、教育需求、就业需求、生活需求和社会服务需求。

（1）康复需求：残疾人希望自己受损的器官与功能能够借助医疗救助、辅助器械和社区支持得到恢复或是扶助，以增强参加社会活动的信心和能力。

（2）教育需求：残疾人也是社会公民，也有接受社会教育的需求，既是为了人生的丰富，也是为了自立自强，接受教育后能够以自身的力量来独立谋生。这就要求社会提供教育设施、面向残疾人配置相当的教育资源，并减免学费，鼓励其就学。

（3）就业需求：根据马斯洛的需求层次理论，残疾人也有自尊的需要。对他们来讲，最大的自尊就是自己养活自己，不给社会增加不必要的负担。这就要求国家和社会兴办残疾人福利企业、工疗机构、按摩医疗机构和其他福利性企业事业组织，安排残疾人集中就业。《中华人民共和国残疾人保障法》规定，国家保障残疾人劳动的权利，对残疾人劳动就业进行统筹规划，为残疾人创造劳动就业条件，对残疾人就业和参与生产劳动给予优惠扶持和劳动保护。

（4）生活需求：这是残疾人最基本的福利需求。他们希望能够在社会的各种支持下过上充足且有尊严的生活，具体体现在物质需求、照顾需求、医疗需求等方面。

（5）社会服务需求：残疾人不能只待在家里或是社区里，他们还要走进社会，参与社会的各项活动，所以他们还要求能够公平地获得社会服务，比如无障碍设施和社会照顾，有时也需要享受优先照顾和特殊照顾。

7.1.3 残疾人福利的相关理论

在不同时期，人们对于为什么要实施残疾人社会福利有不同的看法，或者说有不同的价值理念。具体来说，关于实施残疾人社会福利的价值理念主要有以下三种：

1.供养理论

对于残疾人，特别是失去劳动能力的残疾人，人们最初认为最好的办法是把他们养起来。残疾人的家人或社会通过对其供养体现对他们的责任和爱。但是，单纯的供养需要一定的经济条件作为基础。在经济欠发达国家，这种供养受到很大局限，只能提供基本生活保障且只限于完全丧失劳动能力的残疾人；在发达国家，情况稍稍要好一些，对残疾人供养的范围较大，而且供养的标准也比较高。尽管各国因经济发展水平的不同对残疾人供养的内容和水平有所不同，但是，一般说来，这种供养大多限于经济方面或者物质方面，比如残疾人生活保障、医疗保险和临时困难救济。可是随着实践的发展，人们也逐渐发现供养理论的不足：对残疾人特别是严重丧失劳动能力的残疾人进行经济上的供养是完全必要的，但经济上的供养并不代表残疾人社会福利的全部内容，而且供养理论也存在对残疾人的精神需求和能力估计不足等问题。所以从历史角度看，供养理论是对早期残疾人社会福利影响较大的一种理念，有它历史进步的一面，但也在社会发展进程中显现出各种问题和不足。它是一种消极意义上的帮助。

2. 回归社会论

回归社会论是针对将残疾人封闭起来进行机构供养和照顾所产生的弊病而提出的。20世纪50年代，美国社会学家戈夫曼在深入研究庇护所里的精神病人的情况后指出，由于庇护所中精神病患者处于不良的同伴关系和"关护"关系之中，精神病患者的病情没有好转，有的反而加重了。这里的不良同伴关系是指精神病患者长期生活在一起而形成的具有强烈刺激性的互动关系。"关护"关系是指庇护所的管理人员、医护人员对精神病患者的消极的、冷漠的态度和严格管制精神病患者的行为而导致医患人员隔阂、紧张甚至敌视的关系。这两种关系之所以被认为是不良关系，是因为它们常常不能使精神病患者的情况好转，相反，由于这些互动关系的刺激，精神病患者的病情可能会加重，而这种加重是将精神病患者封闭起来的结果。在戈夫曼看来，对精神病患者的服务，应该避免上述庇护所式的做法，使精神病患者处于消极的社会关系中。其基本的解决办法就是使精神病患者走出封闭状态，进入社会。在这一观念的影响下，人们对残疾人社会福利的观念也发生了改变，逐渐由将他们供养起来转变为让他们回归社会了。

受回归社会理念的影响，残疾人社会福利进入了一个新的发展阶段。各国也都在社会实践中摸索和建立照顾方和被照顾方之间的积极的社会关系。其中，影响最深远的是英国的社区照顾，这一模式随后被推广到欧美其他发达国家，社区照顾逐渐成为使残疾人、老人等福利服务对象回归社会的典型模式。

回归社会理论不仅改变了传统残疾人社会福利的内容，而且创造了一种新的残疾人社会福利工作方法，即社区康复。社区康复作为现代残疾人社会福利的一项重要内容和工作方法，就是在社区照顾的基础上发展起来的针对残疾人局部受损功能的专业和规律训练。可见，回归社会理论对残疾人社会福利的发展影响深远。

3. 增能理论

增能理论认为残疾人供养及照顾理论在把服务对象看作脆弱群体时，忽视了人的潜能和发展。增能理论站在人的发展的立场上，认为通过一定的方法可以使残疾人在一定程度上恢复他失去的机体的、社会的功能，并有助于他们进入一般的、正常的社会生活。增能的作用不仅在于恢复其原本丧失的机体的功能，而且可以增强他们的生活信心，甚至可以减轻他们对社会的"拖累"。增能理论是以人的发展理论为基础的，它关注人的基本价值的实现。按照增能理论的观点，增能的方式是多种多样的。比如，康复可以使残疾人已丧失的功能得以恢复，教育和培训可以发掘他们的潜能，外界生活、活动条件的改善可以减少他们表现自己能力的障碍等。残疾人康复就是增能理论的典型例子。残疾人康复不仅包括残疾人身体功能的恢复，也包括社会功能的恢复和发展。残疾人职业康复是通过帮助残疾人就业促进他们康复和社会功能恢复、发展的方法。通过就业，残疾人不但能获得独立的经济地位和收入，而且可以通过劳动使其原已失去的某些器官的能力得到某种程度的恢复。此外，就业还可增强残疾人的效能感和自信心，使他们融入社会生活。因此可以说，职业康复是一种有综合意义的能帮助残疾人康复和发展的方法，在方法取向上也是治疗和发展的统一或整合。

总之，现代普遍取得共识的残疾人社会福利理念为：①平等、参与和共享；②机会均等和全面参与；③康复重于救助；④强调社会责任。

§7.2 残疾人的福利内容与制度配置

7.2.1 残疾人社会福利及其内容

要了解残疾人社会福利制度，首先需要界定残疾人社会福利的概念。残疾人作为典型的社会弱势群体，具有独特的需要。

1.残疾人社会福利的概念

残疾人社会福利可以从广义和狭义两个角度去理解。狭义的残疾人社会福利与老年人社会福利、儿童社会福利、妇女社会福利并列，是社会福利体系中的一个子体系。广义的残疾人社会福利是指这样一种制度：国家保证有残疾的公民在年老、疾病、缺乏劳动能力及退休、失业、失学等情况下获得基本的物质帮助，并根据社会的经济、文化发展水平给予残疾人相应的康复、医疗、教育、劳动就业、文化生活、社会环境等方面的权益保障，目的是改善残疾人的生活状态，提高残疾人的生活质量，帮助他们参与社会生活各个领域的建设，与健全人一道前进，从而实现残疾人"平等、参与、共享"的目标。一个国家残疾人的社会福利水平既有赖于残疾人对自身权利的认识，又离不开国民经济的发展水平。

2.残疾人社会福利的内容

虽然世界各国残疾人社会福利的内容存在一定的差异，但总的来说，其基本内容是一致的。按残疾人社会福利的领域来分，残疾人社会福利一般包括残疾人保障、残疾预防、残疾人康复、残疾人教育、残疾人文化和社会环境；按残疾人社会福利提供的方式来分，残疾人社会福利包括残疾人社会福利制度（包括残疾人社会福利行政和残疾人社会福利立法）和残疾人社会福利服务（包括残疾人社会福利设施、残疾人社会福利服务或者残疾人社会工作）。残疾人社会福利的项目和内容可以用图7-1来表示。

（1）残疾预防。残疾预防是指采取一些行动来避免出现生理、智力、精神或感官上的缺陷（初级预防）或防止缺陷出现后造成永久性功能限制或残疾（次级预防）。残疾预防一是需要国家完善制度建设，把发生残疾风险的漏洞尽可能地堵上；二是加强必要知识的普及，增强自身安全意识、自我监控与自我调适。

（2）残疾人康复。残疾人康复福利旨在使残疾人达到和保持生理、感官、智力、精神和（或）社交功能上的最佳水平，从而使他们借助于某种手段，改变其生活，增强自立能力，即通过专业化的程序和技术对生理的、心理的、行为的残障者实施再教育和再塑造，提高他们适应社会的能力，以便介入正常的社会生活，乃至成为具有建设性的社会一员。它具体包括医疗康复、心理康复、教育康复、职业康复、社区康复、社会康复等，其目的在于通过各种康复手段，使残疾人回归社会。

残疾人社会福利 →

残疾人保障 → 残疾人救助
残疾人保险（养老保险、医疗保险等）

残疾预防 → 初级预防
次级预防

残疾人康复 → 医疗康复
心理康复
职业康复
社区康复
社会康复

残疾人教育 → 残疾人特殊教育
残疾人一般教育

残疾人文化 → 残疾人文化娱乐
残疾人体育

社会环境 → 无障碍设计
社会优待

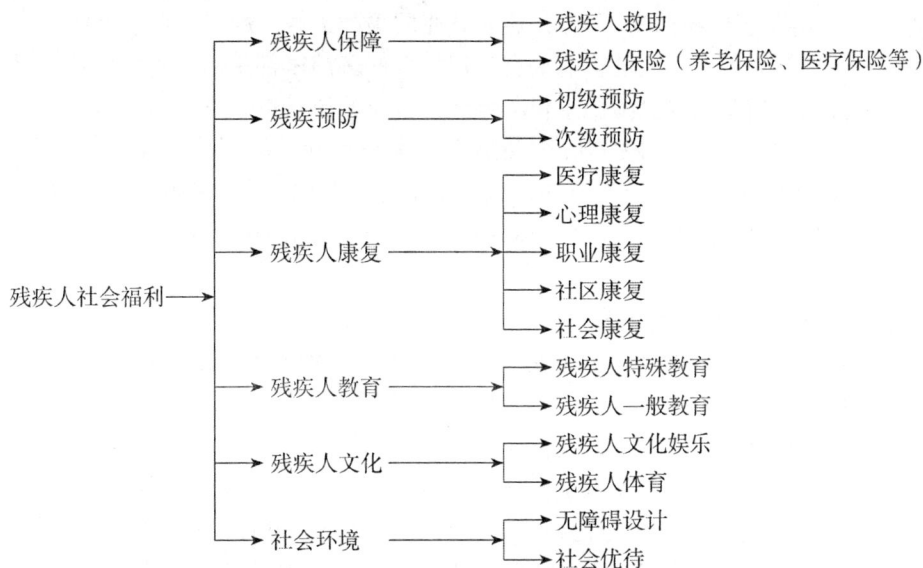

图7-1 残疾人社会福利的项目和内容

为残疾人提供康复的服务必须强调残疾人所具备的能力，尊重他们的人格和尊严，所以康复工作最好在自然环境中进行，同时辅之以必要的康复机构。当前，社会康复已经成为残疾人回归社会的一个具有根本意义的环节。

（3）残疾人教育。教育是改善残疾人状况、提高残疾人素质的关键手段，也是残疾人平等参与社会活动的根本保证。残疾人教育包括学前教育、基础教育、高等教育、职业技术教育和成人教育等。

残疾人教育福利包括以下三个方面：①有关残疾人教育的法律、法规。一般而言，世界各国都在相应的法律、法规中明确规定残疾人有平等的受教育权利。②残疾人教育机构。除了一般的教育机构外，还有专门的残疾人教育机构，如聋哑学校和特殊教育学校等。③与残疾人康复相关的教育训练，如残疾人职业训练等。

（4）残疾人文化、体育。随着社会文明程度的提高和社会福利事业的发展，残疾人的精神需求得到更多的重视。积极组织残疾人参加文体活动，展示残疾人的才华，有利于促进残疾人的身心健康，有利于残疾人充分发挥潜能。世界许多国家都开办了残疾人手语电视节目，建立了残疾人图书馆、俱乐部，公共文化、体育和娱乐场所，免费或优惠向残疾人开放。

（5）环境的改善。残疾人生活困难有很大一部分原因在于很多环境设置对他们构成了障碍。因此，改善社会环境就成为残疾人社会工作的一项重要内容，也体现出了社会福利的性质。

改善环境一是创造无障碍环境，包括物质环境无障碍和信息交流无障碍；二是努力消除社会上对残疾人的歧视和偏见。例如，美国规定所有联邦政府投资的项目，都必须实施无障碍设计，所有的设施和服务都必须能够为残疾人所享用。而消除对残疾人的歧视和偏见则需要长期努力。

此外，残疾人就业也是残疾人社会福利的重要内容之一，即国家和社会必须采取必要措施确保残疾人就业的优先权。因为残疾人没有办法和非残疾人进行公平竞争，所以就业福利就是对残疾人的特殊保护。保障残疾人就业的福利措施一般包括两个方面：第一，利用法律或政策手段保护残疾人的就业机会。例如，许多国家都规定所有单位必须按比例雇用残疾人，或是采用税收优惠措施来保障残疾人就业的质量和数量。第二，开展残疾人职业康复活动，提供残疾人职业咨询、职业评估、职业治疗、职业培训等福利服务。例如，韩国保健福祉部在2003年制定的《残疾人发展五年计划（2000—2005）》中提出，增加针对残疾人的职业培训教育机构，并向雇主提供补助使之增加必要的措施，从而增加残疾人的就业机会。

7.2.2　残疾人社会福利制度配置

鉴于残疾人社会福利需求的多元化，以及我国在这方面制度化建设的不足，在此需要了解国外特别是发达国家对于残疾人福利制度的配置情况。

1.总体的法律制度系统化、体系化

发达国家有关残疾人社会福利的法律制度总体上具有系统化、体系化的特点。比如日本，针对残疾人社会福利的主要法律有《身体残疾人员福利法》《精神残疾人员福利法》《残疾人基本法》《残疾人教育法》《残疾人雇用促进法》《残疾人职业训练法》等十几部，形成了比较完备的残疾人福利保障体系。再如美国，1973年国会通过了《残疾人康复法案》，1990年国会又通过了《美国残疾人法》以及与之相关的法律法规。另外，英国有《残疾人就业法》（1944年）和《就业及职业训练法》（1948年）等。这些可以说明发达国家在残疾人社会福利事务上，制度化程度非常高。

2.实践操作方面具体化、细致化

制度配置的目的是办实事、办好事。西方发达国家在这方面的体现是规定无处不在，规定面面俱到。这可以从以下几个方面来理解：

（1）政府责任突出。按照西方的体制，政府是社会的管家和代理人，所以政府在残疾人社会福利中承担着主导责任。主导主要是通过制度建设体现的，前面已经提到，这里我们以日本为例来进行说明。日本残疾人社会福利事业的发展是依据政府颁布的《残疾人基本法》进行的，残疾人的就业、康复、教育、文化等工作由相关的政府职能机构依据《残疾人基本法》的规定共同承担完成。除《残疾人基本法》外，日本还有配套的专门法，如《残疾人雇用促进法》《肢残人福利法》《智残人福利法》等。除国家法律外，各都、道、府、县都有相应的机构制定本地的法律、法规。例如，大阪府制定的《大阪府福利环境条例》，全面系统地规定了残疾人在生活环境、就业、教育、康复等方面的准则，文本多达180页。在日本，依法办事的法律意识深入人心。日本的法规、政策依据社会的发展和残疾人需求的变化不断进行修订，一般3～5年修订一次，如《大阪府福利环境条例》自1992年颁布实施以来，已修订了两次。在新政策出台之前，立法部门会广泛征求社会各界包括残疾人的意见。在法规政策出台后，法规的执行会受到方方面面的监督。从整体看，完善的法律、法规为残疾人社会福利事业的发展提供了有效保障。

在物质方面，日本政府投入了巨额资金来发展残疾人社会福利事业。由于日本经济发达、实力雄厚，加上日本中央政府及地方政府都十分注重社会福利事业的发展，以赢得纳税公民的信任和支持，因此，政府在每年的财政支出中，会拿出相当的份额用于残疾人事业经费，有效地保证了各项计划的实施。据介绍，2001年，大阪府社会福利费支出预算

为3 000亿日元，其中，用于残疾人福利的经费约占20%；东京都社会福利费支出预算为
5 663亿日元，其中16%用于残疾人福利，绝对值折合人民币约为60亿元。在日本，政府
的财政收支情况透明度很高，详细的收支情况公民都清清楚楚。项目一旦列入预算，就会
严格遵照执行。

瑞典是社会福利的样板国家。在瑞典，法律规定，每个市政府都有义务帮助每一个残
疾人过上与正常人一样的生活。政府负担残疾儿童的照顾（服务），残疾儿童上学，如选
择正常人学校，政府需配备一名专职护理人员；负责残疾人生活辅助设备的提供和交通、
住房等设施的建设。残疾人成年后，可以住进政府提供的集体宿舍（拥有独立的厨房、洗
手间和一名专职护理服务人员）。如果残疾程度较高，就可以领取残疾人补助金。

（2）社会资源作为主体力量积极参与。日本政府系统内没有专门的残疾人工作组织或
机构，但各项残疾人工作却井井有条，残疾人可充分享受社会经济发展所带来的成果。原
因何在呢？日本的《残疾人福利法》规定，国家和地方政府有责任提供并决定体残人士应
享受的各项福利性服务。残疾人福利机构和设施主要有两类：一类是由政府直接管理的福
利机构和设施，全额财政拨款，以收容重度残疾人为主；另一类是由政府委托社会福利团
体、财团、慈善机构等组织管理的福利机构和设施。残疾人可以自己做出决定购买所需的
服务，而政府的职责是在经济上给予支持。

在日本，社会力量参与残疾人福利建设还表现在无障碍设施随处可见。不管是在马
路、车站、商场、宾馆、机场等公共场所，还是在残疾人福利机构和服务设施中，都设有
方便残疾人的盲道、坡道、扶手；车流量较多的道口，大多设有语音提示器，方便盲人过
马路；公共场所的电梯按钮、公用电话按钮面板、扶手的起始和终端、自动售货机面板等
处都贴有盲文指示标记；一般公共场所的门都安装感应自动开关装置，方便残疾人进出。
从这些无障碍设施的规划、设计、制造和施工来看，无不体现"一切为了残疾人，为了残
疾人的一切"的理念，体现了日本社会的高度文明。

在英国，针对身体残疾人，人们利用地方政府经营的设施、委托民间办的设施以及
在地方政府登记的民间设施来收容、保护他们，并在社区中为他们组织各种俱乐部和旅
行会，社会工作者、保健人员、家庭护士和家庭助手还为残疾人提供各种帮助。另外，
地方政府和民间团体也为在社区生活的精神残疾人建立娱乐中心和俱乐部等，并为智力
低下的人提供技术训练的机会和职业介绍服务。地方政府还设立了训练设施和残疾人设
施，收容那些不能在自己家中独立生活的人。这些收容设施往往起着从医院向社区转移
残疾人的作用。

（3）突出教育和就业。在英国，残疾人社会福利强调为残疾人的就业创造条件，以便
残疾人能与正常人一样自立生活。《残疾人就业法》规定，凡雇用20人以上的企业，有义
务雇用企业职工总数的3%的残疾人。英国政府还对残疾人进行登记分类，根据就业的可
能性，将登记的残疾人分为A、B两类：A类是经过职业训练就能就业的残疾人，B类是
必须创造特殊条件才能就业的残疾人。对于A类残疾人，加强职业训练、职业介绍以及职
业环境的改善；对于B类残疾人，尽可能提供特殊条件下的就业机会。英国的就业部负责
残疾人的就业安排，残疾人就业指导官负责残疾人的就业指导。残疾人经本人申请可在职
业介绍所登记，地方政府和民间团体还为超过上学年龄的残疾人提供职业训练场所，并为
就业困难的残疾人提供技术培训设施。

美国于1990年通过了《美国残疾人法》(Americans with Disabilities Act)。该法规定，在工作方面，残疾人和正常人拥有同等的被雇用的权利，雇主不得拒绝雇用残疾人；被雇用者不应因"身体检查"而受到差别待遇。美国在联邦政府卫生教育福利部下设立职业康复委员会，负责指导监督全国9个职业康复区分会的工作；在全国设置了80个以上的州立职业康复机构，雇用受过专业训练的康复指导员及社会工作者以个案辅导的方式提供辅导、职业训练、职业安排等服务；每个重要城市都有公立或私立康复训练中心，提供职业训练及安置的服务，以盲人为主的康复单位超过400个，凡在康复中心接受职业康复的残疾人，其所需费用由政府或劳动保险机构支付；每年联邦政府把各州职业教育补助金额总数的1/10划为残疾学生的学业补助及工作预备训练费用。办理成绩优良的职业康复机构可经过州政府向联邦职业康复委员会提出扩展或创立计划与预算，申请补助或特别奖金。

（4）对残疾人分类细致。在美国，《社会安全法》除了保障老年人的社会福利外，另一个重大内容就是保障残疾人的社会福利，保障对象包括65岁以下的残疾者及其家人。如果22岁以前成为残疾人，其父母或祖父母也可领到残疾补助；如果退休后残疾，可以申请不领养老金而改领伤残金，数额比前者多。

美国社会福利单位规定，凡不能从事工作而挣取收入的人、患病在12个月以上还不能工作的人都有资格领取伤残福利金。盲人、聋哑人、癌症患者、心血管病患者自然有资格领取伤残金，甚至营养不良、贫血、身体虚弱也可申领伤残金，当然要经过医生的严格诊断。

目前，美国每个月从政府福利单位领取福利金的有3 400余万人。其保障范围较广，包括医疗服务、残疾保险、退休及残疾人子女教育补助金、社会安全福利金、失业救济金以及对低收入家庭子女的津贴、对失业者的工作训练补助以及学童营养费等。

伤残福利金同其他各种福利的不同之处在于享受伤残福利的人必须参加过工作，从来没工作过的人没资格领取伤残福利金。根据伤残者年龄的不同，要求的工作年限也不同。例如，24岁受伤残疾，要有1.5年的工作资历；31～42岁的人，要有5年的工作资历；51～62岁的人，要有7.5年的工作资历；62岁以上的人则至少要有10年的工作资历。这一点可以从社会安全福利资金的来源上看出来：《社会安全法》规定，各州伤残保险税的税率，是扣缴个人薪金总额的0.6%。以月收入1 000美元计，每月应缴6美元。如果州政府对伤残者的补助不够，联邦政府再另行拨款。

此外，还有更细致的规定。鉴于生活贫困的孕妇得不到很好的照料以及弱智儿童出生率高的情况，1963年美国政府针对母子保健服务制定了特别立法，规定为低收入地区的女子和1岁以下的婴幼儿提供综合母子保健服务，每月领取津贴的残疾人和患有慢性肾脏病的一部分人可以领取医疗保险津贴。美国还设有残疾年金，其支付对象为65岁以下作为完全被保险者的被雇用者，包括其成为残疾人的那个季度在内，如其在事故发生前的40个季度中，已有20个季度的保险期数，可领取这项年金；当事人如在31岁以前残疾，从其21岁起到残疾之时所有季度已有1/2以上计入保险期数，也可领取这项年金，但是最少要有6个保险期数。另外，美国还为患有尘肺病的矿工制定了特别津贴制度。

§7.3 中国的残疾人福利现状与改革

7.3.1 中国的残疾人社会福利现状

中华人民共和国成立以后，党和国家领导人非常重视残疾人的生活稳定和幸福，历届政府都不断在制度配置和物质保障上推陈出新，使得我国残疾人社会福利的供给和保障水平不断提高。

根据残疾人社会福利事业发展的轨迹，可以将其分为以下几个阶段：

（1）初创阶段（1949—1965）。对残疾人的救助和福利保障使得残疾人由原来的"孤魂野鬼"转变成享受社会支持的"国家主人"，模式基本为收养、救助＋基本权利。这一阶段的标志性事件和成就有：1951年政务院颁布《中华人民共和国劳动保险条例》，并陆续开设一些聋哑学校和社会福利机构、企业等；1953年成立中国盲人福利会；1960年成立中国盲人聋哑人协会，地方也成立了分会组织。1958年，我国福利企业发展到463个，安置残疾人3 800多人，各种养老院、福利院共接纳荣誉军人、老年人、残疾人36万人；聋哑学校也由1949年的42所发展到266所，在校生达到23 300人。

（2）停顿阶段（1966—1976）。在这十年中，各种社会事业发展缓慢，原有的针对残疾人的福利设施也受到很大影响。

（3）再创阶段（1977年至今）。1976年后，在党和政府的领导、关怀下，我国各项福利事业重新起步。1979年，上海开办第一家弱智儿童学习班；1984年中国残疾人福利基金会成立，同年辽宁沈阳的皇姑屯发动街道力量，开始对残疾人进行知识教育、技术培训并启动医疗康复工程，凡达到康复标准的都送到街道的福利工厂；1987年，长春大学首次开办专门针对残疾人的特教部；1988年中国残疾人联合会成立，随后各省市县设立分会，随后还制定了关于残疾人社会福利发展的"五年计划"。1990年12月28日，第七届全国人民代表大会常务委员会第十七次会议通过《中华人民共和国残疾人保障法》，2008年4月，该法进行了修订，加强对残疾人权利的保护和福利的增加。

改革开放以来，本着"平等、参与、共享"的原则，中央和地方残疾人特殊教育、残疾人职业培训、残疾人康复服务和法律维权服务大力发展。各级残疾人综合服务设施建设不断加强，改善了为残疾人服务的条件；全国县级以上普遍建立健全了残疾人组织，乡镇（街道）以下基层残疾人组织建设取得明显成绩，残疾人工作者队伍素质明显提高；一部分残疾人得到不同程度的康复；残疾儿童、少年义务教育入学率进一步提高，盲、聋、弱智儿童少年入学率平均提高到80%多；残疾人就业率稳步上升；残疾人群众性文化、体育活动广泛开展，残疾人特殊艺术和残疾人体育取得举世瞩目的成就，在第十二届至第十五届残疾人奥运会上连续四届取得金牌总数第一的优异成绩；特殊奥林匹克运动也得到长足发展。

现代文明社会的残疾人观日益深入人心，人道主义思想得到进一步弘扬；社会各界广泛开展形式多样的扶残助残活动，助残志愿者队伍不断扩大，为满足残疾人基本生活需求和平等参与社会生活解决了大量实际困难；城市道路、建筑物和信息无障碍建设全面推进，为残疾人走出家门、共享社会物质文化成果和公共服务提供了便利，拓展了空间；新闻媒体积极宣传残疾人事业，进一步营造了关爱残疾人的舆论氛围；全社会依法维护残疾人权益的意识不断增强，发展残疾人事业的法治环境进一步改善。

7.3.2 我国残疾人社会福利存在的主要问题

与残疾人社会福利需求的变化以及国际残疾人福利发展的要求相比，我国残疾人社会福利还存在着一些问题，主要表现在以下几个方面：

1.残疾人社会福利实施中依然存在严重的行政化现象

长期的计划经济体制造成国家对社会福利资源高度的集中管理和使用，结果是按照国家的意志保障了残疾人的生活需要，体现了社会主义的优越性，但同时也慢慢积累下一些问题，并且日益棘手。目前，我国的经济体制已经转轨到市场经济，原有的残疾人社会福利制度的体制基础已与此不符，其带来的后果一是阻碍了社会市场化的深度，二是影响了残疾人社会福利的社会化改革，进而也影响了民间福利机构等社会部门的发展。

要清楚地认识这一问题的根本症结和病因，我们需要反思一下当初如此作为的动机。从计划经济和国家总体发展的过程来看，开始采用这一制度主要是为了维护社会稳定和国家安全，当时的社会环境是外有帝国主义国家的联合封锁，内有接连不断的阶级斗争，所以政治上的考虑就在环境的逼迫下进入当时的社会福利制度。改革开放以后，由于我们改革的策略选择的是渐进式改革，先从经济着手，因而原来计划经济时代的问题还在积累、延续和缓慢变化着。

2.残疾人社会福利服务水平低，供需矛盾突出

我国残疾人社会福利服务水平低，供需矛盾比较突出。据统计，我国残疾人总数已突破8500万，供需矛盾压力很大，但残疾人社会福利服务水平却相对较低。其主要表现在：残疾人社会福利的救济色彩较重，覆盖面较窄，未能起到安全网的作用。残疾人社会福利服务设施陈旧，整体水平较低，滞后于经济、社会发展的总体水平。残疾人的生活水平普遍低于社会平均水平，部分有劳动能力的残疾人没能参与劳动就业。残疾人受教育的机会少、程度低，残疾人中文盲和半文盲占多数。残疾人的康复医疗保健水平不高，残疾人社会福利层次较底。目前，我国大多数残疾人还只能追求基本生活资料的满足，其他更高层次的需求则难以满足。供需矛盾突出讲的是市场问题，也就是说，这一问题的关键症结在于我国总体市场化的程度还不够，基于平等竞争、自由交换的市场体制还不完善，本该按照市场原则进行的社会分工还没有延伸到残疾人社会福利事业中，所以专业的服务人员管理制度还不能建立。

3.我国残疾人社会福利的筹资渠道单一，保障基金的管理和运用较为混乱

残疾人社会福利资金的问题集中体现为以下两点：

（1）资金筹措渠道单一。目前，我国残疾人社会福利的资金筹措渠道单一，主要由政府财政拨款，基本上是国家包揽；即使是民间捐款，在现行的体制下也多是要转为财政资金。

（2）资金管理上"官僚病"重重。第一，残疾人社会福利资金由各级主管部门管理。官僚化的行政管理风格，阻碍了社会力量的参与，在监督缺席的情况下致使各级主管部门提取的管理费用比例过高，有限的残疾人社会福利资金浪费严重。第二，各级管理部门在管理资金时只是充当保管员的角色，资金的保值增值率较低。第三，资金的挪用现象也时有发生。

4.我国残疾人社会福利尚未走上规范化与法制化的轨道

我国《宪法》中对残疾人人权的规定以及《中华人民共和国残疾人保障法》的制定与修改，奠定了我国残疾人社会福利的法律基础。但是，我国残疾人社会福利事业主要还是靠行政手段与道德力量推动实施的，法制体系不够完善，而且，残疾人保障法的权威性和有效性也没有充分显示出来，残疾人社会福利工作中的随机性仍不可避免。

规范化不够的原因有两点：①法律的规定侧重于表面意义，至于实质的内容，比如项目、给付、受益人口等，没有明确规定；②执法不规范，执法环境与法律规范不匹配。

7.3.3　残疾人社会福利制度改革的路径和模式选择

1.改革路径

现代文明社会残疾人观的要义是：残疾人是人类社会的组成部分，是社会的重要成员。因此，残疾人的发展主要包括政治的解放与发展、身心的解放与发展、能力的解放与发展、个性的解放与发展。这种综合性的发展观要求残疾人社会福利改革需要新思路、新视角。

残疾人社会福利改革的总体路径是社会福利的社会化。社会化改革的基本内容是政府主导、社会主体、残疾人个体积极参与的多元化发展模式。在这个过程中，最关键的是要转变政府的角色意识和职能规定，政府应基于伙伴关系，重视民间组织的专业多元弹性及可近性，支持和引导社会组织的发展。同时，把残疾人社会福利的设施和服务延伸到社区，如此社会化才能真正"名副其实"。

2.模式选择

我国残疾人社会福利体系由残疾人社会物质保障、残疾人社会安全保障、残疾人社会发展保障三部分组成。残疾人社会物质保障主要是指国家和社会对残疾人在生、老、病、死、伤以及丧失劳动能力或遭遇突发灾难造成生活困难时给予物质帮助。残疾人社会安全保障主要是指针对残疾人的立法系统和执法系统，利用法律规范人们的行为，制裁非法行为对残疾人的伤害，保障残疾人的人身、财产安全和残疾人应享有的权利，如受教育权、劳动权和婚姻权等不受侵害，为残疾人提供一个良好的社会安全环境。残疾人社会发展保障主要包括普及残疾人的义务教育、残疾人的劳动技能教育、残疾幼儿教育、残疾人的保健教育以及满足残疾人的基本精神文化生活需求等五个方面。在残疾人社会福利体系的这三个部分中，以劳动福利型为主体模式，以单纯福利型为辅助模式。

所谓劳动福利型模式，是指国家和社会在保证残疾人基本生活需要的同时，使其有机会行使劳动的权利，从事力所能及的社会劳动，依靠自己获得基本收入，而不是单纯依靠国家救济。该模式将保证把残疾人劳动就业放在第一位，将社会公平和经济效率统一起来，既尊重了残疾人的劳动权利，又兼顾了残疾人的利益和社会整体利益，以及残疾人的现实利益和长远利益，被认为是一种比较适合中国国情、具有发展前景的模式。

另外，与教育的缺乏相比，市场条件下更加严重的歧视和排斥来自社会就业环境。

本章小结

残疾人是指在心理、生理、人体结构上，某种组织、功能丧失或者不正常，全部或者部分丧失以正常方式从事某种活动能力的人。残疾人社会福利需求包括康复需求、教育需求、就业需求、生活需求和社会服务需求。与残疾人社会福利相关的理论有供养理论、回归社会论、增能理论，其中重要的是增能理论。

残疾人社会福利是指这样一种制度：国家保证有残疾的公民在年老、疾病、缺乏劳动能力及退休、失业、失学等情况下获得基本的物质帮助，并根据社会的经济、文化发展水平给予残疾人相应的康复、医疗、教育、劳动就业、文化生活、社会环境等方面的权益保障，目的是改善残疾人的生活状态，提高残疾人的生活质量，帮助他们参与社会生活各个领域的建设。

残疾人作为典型的社会弱势群体，其福利权利要得到具体的保障，首先体现在制度的设计与配置上。其内容包括总体的法律系统体系化与实践操作层面上的具体化与细致化，通过西方社会的具体实践，来了解制度的重要性。

中华人民共和国成立以后，残疾人社会福利事业取得了很大发展，成就显著，但问题也很多，包括：①残疾人社会福利实施中依然存在严重的行政化现象；②残疾人社会福利服务水平低，供需矛盾突出；③我国残疾人社会福利的筹资渠道单一，保障基金的管理和运用较为混乱；④我国残疾人社会福利尚未走上规范化与法制化的轨道。

残疾人社会福利改革的总体路径是社会福利的社会化。社会化改革的基本内容是政府主导、社会主体、残疾人个体积极参与的多元化发展模式。其可能的模式选择为以劳动福利型为主体模式，以单纯福利型为辅助模式。

综合训练

7.1 单项选择题

1.《中国残疾人实用评定标准》发布的时间是（　　　）。

A.1987年　　　　　　　　B.1996年　　　　　　　　C.1998年

2.残疾人社会福利的目标是实现残疾人（　　　）。

A.自由、平等、幸福　　　B.公平、共享、共进　　　C.平等、参与、共享

3.英国《残疾人就业法》规定，凡雇用20人以上的企业，有义务雇用企业职工总数的（　　　）。

A.1%的残疾人　　　　　　B.3%的残疾人　　　　　　C.5%的残疾人

4.美国社会福利单位规定，凡患病有资格领取伤残福利金的时间规定是（　　　）。

A.12个月以上还不能工作的人

B.24个月以上还不能工作的人

C.36个月以上还不能工作的人

5.美国发放伤残福利金同发放其他各种福利的不同之处是（　　　）。

A.享受伤残福利的人必须缴纳社会保险费

B.享受伤残福利的人必须参加过工作

C.享受伤残福利的人必须服从美国宪法

D.享受伤残福利的人必须加入美国国籍

7.2 多项选择题

1.残疾人的分类方法包括（　　　）。

A.按残疾的性质、程度和影响进行分类　　　　B.按器官系统进行分类

C.按致残原因进行分类　　　　　　　　　　　D.按躯体、智能、精神状况进行分类

2.残疾人福利的相关理论主要有（　　　）。

A.供养理论　　　　　　B.增能理论　　　　C.回归社会论　　　　D.社会保障理论

3.残疾人环境的改善包括（　　　）。

A.创造无障碍环境　　　　　　　　　　　　B.消除社会上对残疾人的歧视和偏见

C.创造信息交流环境　　　　　　　　　　　D.创造康复环境

4.我国残疾人社会福利体系的组成包括（　　　　）。

A.残疾人社会物质保障　　　　　　　　　　B.残疾人社会安全保障

C.残疾人社会发展保障　　　　　　　　　　D.残疾人社会环境保障

5.我国单纯福利型模式的形式主要有（　　　　）。

A.福利院　　　　　　　B.残疾人之家　　　C.残疾人护理中心　　D.残疾人伤残补助

7.3 复习思考题

1.简述残疾人的福利需求。

2.现代残疾人的社会福利理念有哪些？

3.试述我国残疾人福利存在的问题及改革路径。

第 8 章

社会救助概述

学习指南

【学习目标】通过本章的学习，主要掌握以下要点：

1.社会救助的含义、分类和基本特征。

2.现代社会救助制度的建立。

3.我国的社会救助制度。

【关键概念】社会救助；《济贫法》；社会保险；慈善救济；《社会救助暂行办法》

第8章关键概念

社会救助领域十大创新实践案例

经过征集评审，民政部社会救助司从全国22个省份组织的78个市、县级课题申报单位中审定10个2017年度社会救助领域优秀创新案例：

1.江苏省南京市民政局："打造'全科办理'的一门受理社会救助服务新模式"。

2.山东省济宁市金乡县民政局："瞄准精准救助，建立低保家庭困难指数评估救助机制"。

3.广西壮族自治区罗城仫佬族自治县民政局："低保申请网上无纸化审批改革"。

4.浙江省杭州市西湖区民政局："引入社会组织开展家境调查，打造积极型多元化精准救助服务体系"。

5.四川省达州市达川区民政局："以'进一家门、解所有难'为目标，探索建立社会救助大平台工作机制"。

6.内蒙古自治区赤峰市巴林左旗民政局："6+1精准画线，公开评议联审，标准化操作编织救助安全网——创新低保认定机制、打造群众满意低保"。

7.浙江省温州市民政局："打造四大项目，鼓励引导社会力量参与"。

8.内蒙古自治区呼和浩特市新城区民政局："规范城乡低保行政执法流程，建立低保精准救助机制"。

9.辽宁省沈阳市沈河区民政局："建立救助'四色'响应机制为困难群众兜底线'救急难'"。

10.陕西省西安市碑林区民政局："一门受理，综合评估，分级救助，切实兜住民生底线"。

资料来源　佚名. 社会救助领域十大创新实践案例［J］. 中国民政，2018（7）. 此处有删节.

【案例思考】

1.中国当前的社会救助有哪些有益的探索？存在哪些问题？

2.为什么要逐步提高社会救助标准水平？

社会救助是最古老的社会保障形式，也是现代社会保障体系的重要组成部分。在我国，社会救助与社会保险、社会福利、优抚安置等一起构成了社会保障的完整体系，并在其中发挥着"最后安全网"的作用。社会救助肩负着免除城乡居民中低收入家庭生存危机的使命，是在保障低收入阶层起码生存条件的基础上缓和收入分配差距和社会矛盾的一种重要制度安排。

§8.1 社会救助的含义和特征

8.1.1 社会救助的含义

1.社会救助的定义

社会救助一词源自英文"social assistance"，又称为或社会援助，是指对于因各种原因导致难以维持最低生活水平的人员或者家庭，国家和社会按照法定的程序和标准给予现金、物资或其他方面的援助与支持，使其基本生活得到保障的制度。其目的在于帮助社会弱势群体摆脱生存危机，进而促进社会的稳定。一般来说，社会救助的对象有三类：一是无依无靠、没有劳动能力又没有生活来源的人，主要指孤儿、残疾人以及没有参加社会保险且无子女的老人；二是有收入来源，但生活水平低于法定最低标准的人；三是有劳动能力、有收入来源，但由于意外的自然灾害或社会灾害而生活一时无法维持的人。社会救助的定义至少包括以下几层意思：

首先，社会救助是一种政府或社会的行为。作为一种政府行为，它表现为政府通过立法，为贫困群体提供最低生活保障；作为一种社会行为，它又表现为民间或社会团体通过自发性的募捐和其他慈善性活动，对救助对象进行援助。

其次，享受社会救助的条件不是缴费而是低于贫困线，但是否低于贫困线要进行经济状况调查，通过核实后才能享受。社会救助的主体既具有广泛性，又具有特殊性。就广泛性而言，任何社会成员都有可能得到社会救助，或者说，任何社会成员都享有社会救助权。但是对某一个社会成员而言，社会救助权是否能够从可能的权利转化为实际的权利，还要看其是否符合法律规定的条件。与其他社会保障权的法律条件不同，社会救助权的享受并不要求权利人履行缴费义务，但是社会救助权的行使有一个特殊的要求，即权利人必须证明自己贫穷而且无法维持基本生活。

最后，实施社会救助的目标是让贫困群体享受最低生活保障。社会救助是最基础的、最低层次的社会保障，其目的在于使因各种原因无法维持最低生活水平的公民享有最低程度的生活保障，因此其给付标准低于社会保险和社会福利。社会救助的经费来源主要是政府财政支出和社会捐赠。在现代社会保障制度中，社会救助的重要性虽不及社会保险，但在社会保障制度不健全的国家，尤其在转型期贫困现象比较普遍的社会中，社会救济会发挥其特有的扶贫济困的功能。

2.社会救助与社会救济的区别

长期以来，中国习惯将为贫困人口、灾民等提供物质帮助的行为称为社会救济。社会救助是改革开放以后才出现并逐步广泛使用的概念。社会救助与社会救济在实际工作中并无本质的区别，但在概念上还是有所差异。首先，社会救助的覆盖面比社会救济更广泛，不仅包括政府的救济，也包括社会的支持和帮助；不仅包括社会保障体系中的社会救济和社会互助，还包括其他有效的针对救助对象的扶助措施。其次，由于救济一词源远流长，历史上曾经包含着慈悲、怜悯等不平等的色彩在内；而现代社会救助不是对贫穷者的一种恩赐、施舍，而是国家应尽的责任和义务，接受救助是公民基本生存权利的体现。救助一词从词性角度看较为中性，更加符合现代社会的发展理念。最后，现代社会救助由专门的政府机构实行，实行严格的科学管理，由专门的技术人员按照法律规定的标准实施，摆脱了传统社会救济的随意性和临时性。

对两者的区别，中国台湾学者江亮演做了更为直观的表述，见表8-1。

事实上，社会救助概念的提出反映了人类生存需求内容的扩展，正是现实中贫困人口基本生存条件的变化推动了单纯的衣食救济向综合型的社会救助转变。因此，从社会救济到社会救助，概念本身的改变即反映了这一制度的发展趋势。由于各国在不同时期的社会经济、价值观念和文化传统上有所差异，社会救助的内涵和外延在不断发生变化，社会救助制度得到进一步的发展和完善，从而成为社会进步和社会文明的一个重要标志。

表 8-1 救助与救济的区别

要素	救助	救济
时间性	长期持续	临时、短暂
财源	公费（国库与地方财政）	政府与民间（团体或个人）
办理单位	政府为主	政府与民间（团体或个人）
动机	救困解危	行善施舍
观念	社会连带	同情
解决方式	普遍及根本解决贫困生计	应付一时生活之需
性质	积极	消极
目的	消除贫穷	积德行善
对方反应	不倚赖	倚赖
工作人员	专业社会工作人员	非专业人员
人权	权利、人格尊严、非公开	非权利、公开
给付	现金、实物、人力、技术训练	现金、实物
对象	除本人外兼顾第三者，包括家属等	生活困难的被救济者
时机	发生困难前，防止、遏止扩大	遭遇困难以后
手续	申请，有共同合作之义务	无须申请，无须尽义务
被救愿望	需符合被救助者愿望	无须符合被救济者愿望

8.1.2　社会救助的基本特征

社会救助是社会保障体系中不可或缺的部分，与社会保险、社会福利相比，具有如下特征。

1.救助对象的有限性

虽然社会救助的实施具有全民性，即任何人或任何家庭只要人均收入在法定贫困线以下，就有权申请社会救助，而每个人都有可能由于社会原因或自然原因而成为社会救助的对象，但实际上，由于有资格享受社会救助待遇的人员和家庭某一时期在整个社会中只是一小部分，从这个意义上讲，社会救助的对象是有限的。而社会保险的实施范围具有广泛性，一般包括所有劳动者；社会福利由以特殊群体为实施对象的社会福利项目和以一般社会成员为实施对象的社会福利项目两部分组成，也体现了实施范围的普遍性。

在社会救助的实施过程中，相关社会救助管理机构必须根据法定的程序来实施救助行为，这就需要申请者首先提出申请，由社会救助相关管理部门对其财产和收入进行调查，对于合乎条件的确定救助标准，付给救助费。西方国家的调查内容包括家庭收入水平、市场物价、购买力的动向、就业状况、消费构成等指标，目的是核实申请者的真实经济情况。而社会保险制度一般没有如此严格的资格审查，任何人只要缴纳了相关的保险费用、符合一定的领取条件就可以自动享受待遇，不必事先向有关管理部门提出申请。享受社会福利也无须经过严格的资格审查，享受者只要支付相关费用或者出示相关证件即可获得相应待遇。

2.最低保障性

从现代社会保障体系来看，社会保险、社会福利等都是水平较高的社会保障制度，它们解决的不仅是社会成员的生存问题，而且也为了保障社会成员一定的生活质量。而社会救助的对象是连起码的生存都难以维持、需要国家出面予以救助的社会成员，其救助水平通常以维持社会成员的最低生活需要为标准。

3.权利、义务的不对等性

当某些人或某些家庭无法依靠自身力量应对或解决各种风险而陷入贫困时，国家通过调查他们的经济状况，核实其人均收入低于国家的法定贫困线后，采取社会救助的各种手段向他们提供无条件的帮助。在这一过程中，提供社会救助成为国家的职责和法定义务，如果贫困家庭或人员需要社会救助而救助机构不能提供或者提供救助不足或者不及时作为，则救助机构可能要承担相应的法律责任。而享受社会救助待遇的人员和家庭除了配合调查外，无须尽自己的义务或尽少量的义务就可以享受待遇，因此，在社会救助中存在着权利与义务不对等的特性。

当前，有些国家开始实行享受社会救助需要尽少量义务的制度，即必须参加公共活动如义务劳动等，但在所有实行社会救助的国家中，都没有要求享受人员或家庭缴纳或者支付任何与待遇享受有关的费用。而社会保险强调先缴费后享受，只有缴纳了保险费，才可以领取各种保险金。社会福利中的许多项目也强调权利与义务的对等性，也就是要享受某种社会福利待遇必须事先支付一定的费用。这更突出了社会救助在权利与义务方面的单向性。

4.资金来源的单一性

社会救助资金来源主要是国家财政，这里既包括中央财政也包括各级地方财政，只有通过财政支出才能保证社会救助资金来源的充分性和及时性，才能让贫困人员不需要支付任何相关费用就能够领取社会救助金。当然，除了国家财政支出以外，社会救助资金来源的另一途径是社会的各种捐款，但比例不大，而且这种捐款很难保证其充分性和及时性。社会保险基金则由劳动者、用人单位和国家三方负担，资金来源相对多元化。

5.救助时限的短期性

除一小部分长期救助对象外，绝大部分社会救助行为是应急性的，如救灾、扶贫、临时救助等。救助对象一旦解除了贫困，最基本的物质生活有了保障，其享受的社会救助待遇就会被取消。

8.1.3　社会救助的分类

随着经济社会的发展，社会救助的内涵和外延不断得以丰富，学者时政新认为，可做如下分类。

1.按照救助项目划分

（1）生活社会救助。生活社会救助是指对家庭人均收入低于贫困线或当地最低生活保障标准的贫困人口实行差额补助的一种社会救助。这种差额补助可以是现金支付，也可以是实物支付，但以现金支付为主，实物支付主要是食品支付。我国的最低生活保障制度就是一种生活救助，其最显著的特点就是解决保障对象的温饱问题，而不是为改善其生活而涉及诸如居住、医疗、教育等方面的问题。生活社会救助在整个社会救助体系中处于核心地位，最为重要，其他社会救助项目对生活社会救助起补充作用。

（2）医疗社会救助。医疗社会救助是指对低收入者患病时给予一定医疗费补助的一种社会救助项目。医疗社会救助制度的建立是弥补生活社会救助制度和医疗社会保险制度的不足、切断贫病交叉循环链、解决城乡贫困人口医疗困境的有效手段。在国外已经实行基本医疗保险制度的国家中，医疗社会救助主要作为一种补充，对没有加入基本医疗保险制度的低收入者或已经加入基本医疗保险制度但自负比例达到国家规定标准的社会群体给予救助。我国的医疗救助主要有以下几种形式：医疗费减免；创立福利医院或慈善医院、建立大病医疗救助基金；实施专项医疗补助；开展团体医疗互助；开展慈善医疗救助等。

（3）教育社会救助。教育社会救助是指国家和社会为了保障适龄人口获得接受教育的公平权利，为贫困地区和贫困学生从物质和资金上提供无偿援助的一种社会救助。教育社会救助的对象既包括中小学生，也包括大学生。教育社会救助的形式比较多样，如免费发放学习用品、提供免费的午餐和校服、实行学杂费减免、优先提供勤工俭学的工作岗位、给予一次性生活补助、发放教育贷款和针对贫困学生发放助学金等。

（4）住房社会救助。住房社会救助是指政府对低收入家庭和其他需要保障的特殊家庭在住房上给予一定帮助的一种社会救助。其实质是政府利用国家和社会的力量，承担住房市场费用与居民支付能力之间的差额，解决中低收入家庭因住房支付能力不足而居无定所的问题。世界很多国家基于政府应确保所有居民有一个合理居所的公义，为了保证社会公共卫生及公共形象，并为了维护社会稳定和推动经济发展，在住房救助方面采取了很多措施，如公共房屋、房屋津贴、土地供应政策、房屋金融政策、租金规制、建房标准的规制、地产市场规制等。

（5）灾害社会救助。灾害社会救助是指政府为受灾者及其家庭提供帮助的一种社会救助项目。其中的灾害既包括自然灾害，也包括人为灾害。灾害社会救助方式主要有现金救助和实物救助，但以实物救助为主。灾害本身所具有的突发性、造成破坏的广泛性，使得灾害救助表现出应急性、救助内容广泛性、救助手段多样性等特点。

（6）法律援助。法律援助是指国家在司法制度运行中为因贫困及其他原因导致的难以应用一般的、正常的法律手段来保障其合法权益的社会成员，提供减免收费等法律帮助以实现其司法权益的社会救助制度。法律援助是以司法救济的形式出现的，其直接目的是维护司法公正与正义，这一点与其他社会救助项目有明显区别。目前法律援助的方式主要有缓交、减交或免交诉讼费用，减交或免交律师费用，减交或免交公证费用等。

（7）扶贫开发。扶贫开发是指国家和社会通过包括政策、资金、物资、技术、信息、劳务、就业等在内的外部投入，对贫困地区的经济运行状态进行调整、优化，在此基础上实现贫困地区经济的良性增长，进而缓解贫困地区的贫困，促使贫困人口逐渐摆脱贫困的政策体系。扶贫开发是一项综合治理贫困问题、加速贫困地区发展的大工程，能够有效地缓解甚至解决区域性贫困问题，消除伴随贫困而存在的不稳定因素，因此历来是各国政府解决贫困问题、促进社会稳定与协调发展的重要战略。不过，扶贫是中文特有的词汇，国际范围内反贫困概念的表述一般有三种形式：一是减少贫困（poverty reduction）；二是减缓贫困（poverty alleviation）；三是消除贫困（poverty eradication）。

（8）社会互济。社会互济指社会组织之间、社会成员之间通过捐赠款物、购买福利彩票等形式向陷入困境者提供帮助的一种正式的或非正式的制度安排。

从各国的社会救助实践来看，其社会救助体系不尽相同且各有特色。总体上看，发达国家的社会救助项目齐全，保障全面，水平相对较高，已经跨越了早期社会救助提供最低实物保障的阶段，而发展中国家则大多停留在食物保障阶段。

2.按照救助手段来划分

（1）资金救助。资金救助指以发放现金的形式为救助对象提供帮助。其优点是受助者可根据自己的需要将其转换为各种物质或服务，从而更有利于据需保障。

（2）实物救助。实物救助指以发放物资的形式为救助对象提供帮助。其优点是所发放的物资可以直接消费，救助效果较快捷。

（3）服务救助。服务救助指针对特殊的救助对象提供生活照顾和护理等服务，主要包括对高龄老人的护理、对孤儿的关怀和照顾等。

（4）以工代赈。以工代赈指通过提供相应的工作或就业机会并发放劳动报酬的方式实现对救助对象的救助。在灾害救助与扶贫开发中，以工代赈是一种广为采用的救助手段。

实际上，很多救助项目在实践中并不限于使用上述一种手段，而是可能采取多种救助方式。

3.按照救助时间的长短划分

（1）定期救助。定期救助指社会救助机构按规定连续、定期地为救助对象提供援助。例如，对孤寡老人、孤儿、农村"五保户"以及长期生活在贫困线以下的社会成员的救助等，均属定期救助。

（2）临时救助。临时救助指社会救助机构为解决社会成员临时的生活困难所提供的不定期的援助。它主要包括各种灾害救助、贫困户救助与失业救助等，其特征是短期性和非连续性。

8.1.4 社会救助的功能

社会救助是社会保障体系中最基础的组成部分，被称为"最后一道安全网"。我国的社会保障体系包括社会救助、社会福利、社会保险和社会优抚等内容。从我国现阶段经济发展和社会进步的水平来看，要全面构筑与市场经济相适应的社会保障体系，还存在不少制约因素：区域经济发展不平衡，政府财力支撑不均衡，人们的思想观念还存在着巨大差距等。上述因素使我国社会保障体系在需求与供给方面存在着难以解决的结构性矛盾，直接影响了社会保障体系的全面构建。因此，从社会保障体系中最基本、最基础的社会救助入手，切实解决贫困群体的生计，保障贫困群体的基本生活，是解决当前我国经济体制转型过程中出现的社会问题最为有效的途径之一。按照国际经验和惯例，对于因经济与社会结构发生重大调整而导致的较大规模的贫困问题，最有效的社会保障制度是社会救助而不是社会保险，更不是社会福利。此外，现代社会救助制度还在维护社会稳定、促进经济发展等方面发挥着多方面的作用。

1.缓解贫困

缓解贫困是社会救助最基本和最直接的功能。任何一个社会在任何一个时期总会存在贫困群体，他们的生活水平因灾害、疾病、失业等现实问题而处于最低生活标准之下，亟须获得帮助以解决基本生活问题。政府通过国民收入再分配，对因种种原因处于贫困线以下的贫困群体实施救助，保证他们的最低生活水平，使他们不致因此而危及生存，从而直接保障了贫困群体的生存权利，维护了社会稳定。

2.推动经济发展

社会救助作为政府收入再分配的一种手段，还是推动经济稳定发展的工具。社会救助的目标是消除贫困，而贫困群体增加必然导致社会需求不足，消费倾向降低，不利于经济的可持续发展。此时，政府通过扩大社会救助金的支出，可提高贫困居民的经济能力，使社会需求通过扩大社会救助金的支出而保持一定规模，缓和了社会供求之间的矛盾，推动了经济的增长。

3.体现社会公平和进步

对贫困群体的帮助是人道主义的体现，亦是社会进步的象征。现代社会救助在面对经济社会发展进程中的社会分化和贫富冲突时，首先从观念上不再认为流浪、贫困是个人的道德缺失造成的，不再对流浪、乞讨人员进行谴责和改造，而是从法律上认定公民因维持不了最低生活水平而接受社会救助是公民生存权利的体现，然后运用政府的公共权力和公共资源对收入分配进行适度调整，依法对低收入阶层的生存权利进行维护，充分体现了社会对公平与正义的追求。

§8.2 社会救助的历史发展

8.2.1　社会救助的产生和演进

社会救助是社会保障制度中历史最悠久的项目。一般认为，它起源于原始社会末期人类出于恻隐之心或宗教信仰而对贫困者施以援手的慈善救济事业。在漫长的农业社会中，生产力处于非常落后的状态，社会上需要帮助的贫困人口很多，但国家却缺乏足够的财力，何况对统治者来说，防御外敌入侵与开拓新的领土才是最重要的事业。尽管如此，社会上盛行的宗教思想和统治者关于慈善救济可以一定程度上稳定社会秩序的执政理念，仍然使当时的慈善救济事业获得了一定的发展。美国的《社会工作百科全书》中有这样的记载：公元前500年，希腊语中意为"人类博爱行为"的慈善事业在希腊城邦国家里被制度化，以鼓励公民为公益事业捐款并且在供贫民使用的公用设施中备有食物、衣服和其他物资。公元前100年，罗马帝国确立了所有罗马公民在贫困时可得到贵族家族分发的谷物的传统。在公元前6世纪末的罗马城邦社会，城邦的施政当局曾经用公款和捐款购买谷物，无偿分发给丧失劳动能力的人和阵亡将士的遗属，或者低价出售以平抑畸高的物价。而由教会主办的各种救灾、济贫、施医等慈善救济事业更是随着宗教影响区域的扩大而扩大到全世界。英国多铎王朝时期，政府甚至通过一项强制征收济贫税的条例，规定每一教区必须对其贫民负责。中世纪以后，欧洲国家还出现了有组织、大规模的民间慈善救济机构。例如，1657年，美国波士顿出现了民间的苏格兰人慈善协会，由住在该市的27位苏格兰人组成，其开展了多种济贫活动。中世纪的德国，出现了"基尔特"，即手工业者互助基金会，它通过向会员收取会费筹集基金，以帮助那些丧失工作能力又没有土地作为生活依托的手工业会员。这一时期，慈善救济事业虽然也有政府的直接介入，但是这种介入带有种种局限性，如没有法制约束、并非固定的经常性的措施、救助行为带有恩赐色彩以及救济活动具有有限性等。

8.2.2 《济贫法》与社会救助

国家通过立法的形式介入济贫事务，是社会救助史上的一个里程碑，这个里程碑被公认为是1601年英国颁布的《济贫法》。英国率先颁布有关贫民社会救助的法律，有其当时特殊的社会背景。

首先，16、17世纪的英国地主、贵族通过大规模的圈地运动剥夺农民土地，使大批农民背井离乡沦为乞丐和流浪者，他们当中除了一部分人进入城市成为靠工资为生的劳动者外，大部分人沦为无业游民。他们对政府和社会极为不满，造成抢劫、偷盗等一系列治安案件，甚至在一些地方引起骚乱，这些都危及到了政府的统治。因此国王颁布法令，有劳动能力的游民一经捕获，则处以鞭打、烙印、割耳等酷刑，甚至处死，很多农民被迫到资本主义工厂或农场充当廉价劳动力。此外，政府又颁布一系列救济措施来保障这些人的生活，以缓和这些农民的反抗，防止动乱。

其次，16、17世纪的英国也开始出现教权衰落、王权兴起的现象，商品经济的发展推动欧洲地区进入了民族国家时代。原来由宗教组织主持的济贫事务，也不可避免地要逐步转移到政府手中。宗教慈善活动在中世纪曾巩固和发展了教会的势力，政府希望通过积极介入社会济贫事务加强和发展世俗政权的力量。

在这种情况下，1601年，英国政府汇集以往的救济措施并加以补充，制定了正式的《济贫法》，也称为旧《济贫法》。其主要内容包括：第一，为有劳动能力的人提供劳动机会；第二，资助老人、盲人等失去劳动能力的人，为他们建立住所；第三，组织贫困者和儿童学习技术；第四，建立特别征税机关，从比较富裕地区征税补贴贫困地区；第五，提倡父母与子女的社会责任。作为一种社会政策和公共政策，该法的基本观念就是从道德角度谴责流浪、乞讨人员，然后在此基础上对城市贫困对象进行分类救济。流浪人员被认为是懒惰、缺乏生活管理能力、愚昧的人；对于身强力壮的流浪、乞讨人员，可以强制收容，进行劳动改造甚至在监狱中关押；对真正的残疾人、老人、孤儿等进行院内救济，不允许在城市自由行乞，必须经过审查、批准等。旧《济贫法》以其"惩戒性"和"恩赐性"而闻名。

18世纪，圈地运动的合法化将更多的农民拖入了贫困的泥沼，加剧了国家在社会救济上的财政负担，促使政府颁布法律在英国各地设立济贫院，并在院外实行救济。到了19世纪，随着产业革命的进一步发展，旧《济贫法》已经不能适应当时产业革命的发展形势。这些情况促使英国议会根据1817年和1832—1834年《济贫法》调查委员会的报告，在1834年通过了《济贫法》修正案，通常被称为新《济贫法》。

新《济贫法》确立了"劣等处置"与"济贫院"规则，实现了减少济贫税的目标，赢得了社会上层与资产阶级的欢迎，但却因缺乏人道而遭到下层民众的抗议。穷人要享受这种权利必须要付出巨大的代价：第一，要丧失个人的声誉，被社会看作污点；第二，要丧失个人的自由，必须被禁闭在习艺所里；第三，要丧失政治自由，接受救济的人要失去公民权，特别是选举权。所以，有些人宁愿挨饿也不入济贫院，甚至有些入院的穷人又离开了济贫院。一些地方甚至剥夺了接受救济的人的夫妻同居、生儿育女、吸烟、喝酒等权利，因为政府相信，通过这样严格的"济贫院检验"，会有助于穷人的道德完善并使懒汉勤奋起来。新《济贫法》与旧《济贫法》的根本区别在于，新《济贫法》把保障公民的生存作为国家的一项义务，救济不是消极行动，而是一项积极的社会保障措施，并由经过专门训练的社会工作人员从事此项工作。因此从这个意义上讲，新《济贫法》的颁布和实施，标志着英国社会救济的性质发生了质的转变，即由原来的济贫向防贫转变，防贫从此也成为它的一项重要内容。

其他欧洲国家在产业革命的推动下，也面临着与英国类似的社会问题，英国《济贫法》所确立的国家对社会问题的干预立场，深刻地影响了这些国家的社会救济和社会管理。这样，以国家为责任主体和实施对象具有普遍性为基本特征的社会救助制度从此在世界上被确立起来。

8.2.3 现代社会救助制度的建立

1.社会保险与社会救助制度

19世纪，欧洲国家先后迈入工业社会，机器大生产逐渐取代手工生产而占据经济发展中的主导地位，市场经济取代了自给自足的小农经济，工人阶级逐渐成为社会结构中的主体。工业生产的社会化和规模化促使越来越多的劳动者从乡村进入城镇工作与生活，从而构成一个庞大的无产者阶层。每个劳动者都有可能因为年老、疾病、工伤、失业等特定事件而失去收入来源和生活保障，从而成为社会的不稳定因素。在这种情况下，仅靠以往的社会救助措施已难以解决问题。

政府在继续对贫民、灾民进行救助的同时，不得不将建立新的安全机制与保障机制提到重要议事日程上来。1881—1889年，德国先后制定了《疾病社会保险法》《工伤事故保险法》《老年、残障、死亡保险法》，并于1911年将上述三部法律确定为德意志帝国统一的法律文本，另增《孤儿寡妇保险法》，共同构成其著名的《社会保险法典》。继德国之后，其他欧洲国家乃至大洋洲、南北美洲的一些国家纷纷效仿，并于19世纪末到20世纪30年代先后建立了自己的社会保险制度。

真正具有现代意义的社会救助制度产生于20世纪初，较确立社会保险制度的时间要晚。当时，人们已经认识到，贫困并非万恶之源，因为进入现代社会后，导致贫困的主要原因已经不在个人而在于社会。因此，给贫困者提供物质援助亦应成为政府与社会的责任，接受物质帮助的贫困者也不应当低人一等，社会救助应当成为国民的一项基本权益，尤其是1929—1931年欧美各国爆发了严重的经济危机，导致社会出现了大量贫困人口，社会陷入不稳定状态。在传统的济贫手段和社会保险都不足以解决问题的情况下，各国政府不得不尝试建立社会救助制度，以弥补社会保险制度的不足。例如，英国1930年在政府应对经济危机的过程中，就提供了范围较宽的社会救助，当时称为"公共救助"；1946年英国通过《国民救助法》，正式确立了社会救助制度；1966年又将国民救助改为补助待遇，弱化了原来的短期待遇，强化了长期待遇，以利于老年人。1986年的社会保障法对贫困救助做出了较大改革，将原来的贫困补助待遇改成了贫困收入支持。经过历年的补充、完善，英国形成了一个健全的社会救助体系。

1935年美国颁布了具有综合性特征的《社会保障法》，社会保障项目有五个，包括老年社会保险、失业社会保险、盲人救济金保险、老年人救济金保险、未成年人救济金保险。这时开始的社会救助，在此后的半个世纪中得到了持续的发展。由于美国社会对弱者权益保护较为重视，其社会救助制度亦相当健全。

社会保障制度基本上由社会救助与社会保险构成。社会救助与社会保险有所不同：第一，资金来源不同。社会救助资金主要来源于国家财政，受助者个人不出钱；社会保险基金则是由劳动者、用人单位和国家三方负责。第二，追求目标不同。社会救助以公平优先，社会保险以效率优先。这些区别决定了国民的基本生活首先通过社会保险机制来解决，社会救助仅仅是对社会保险无法解决其基本生活问题而陷入贫困的国民进行援助，从这个意义上讲，社会保险制度产生后，社会救助的保障功能有所弱化。

2.社会福利与社会救助制度

第二次世界大战之后，社会保障进入繁荣时期，其覆盖面和受益范围进一步扩大，开支占国民生产总值的比重显著上升，福利国家纷纷出现。1948年，英国第一个宣布建成福利国家。1942年的《贝弗里奇报告》主张建立一个包括所有社会成员在内的社会保障制度，对每个公民提出了儿童补助、养老金制度、残疾津贴、失业救济、丧葬补助、妇女福利和贫困救济等七个方面的社会保障。报告体现了这样一个理念：使公民普遍地享受福利，使国家负担起保障公民福利的责任。这一时期，社会福利制度产生了。受《贝弗里奇报告》的影响，许多资本主义国家开始完善本国的社会保障制度。

这样，社会保障制度就由社会救助、社会保险和社会福利组成，现代社会保障制度的基本框架由此形成。社会福利保障较高的生活水平，在整个社会保障制度中保障水平是最高的，其次是社会保险的保障水平，社会救助的保障水平最低。在此期间，社会救助也得到了迅猛的发展。第二次世界大战后，越来越多的国家建立了自己的社会救助制度。享受社会救助成为社会成员的一项基本权利，而提供社会救助则成了国家和社会的应尽职责和义务。尽管社会保险的普及化和社会福利事业的持续发展，使社会救助在现代社会保障体系中的地位相对下降，但因社会救助救助贫困人口、不幸者等的功能无可替代，其在整个社会保障制度中的基础地位不可动摇。

8.2.4 社会救助制度的改革

在社会保障制度的不断完善和发展过程中，社会救助制度的发展基本上也处于一个上升时期，无论在保障项目还是在支付标准上，都获得不断的提高和完善。但是到了20世纪70年代，资本主义各国开始对本国的社会救助制度进行改革或调整。这主要是因为，当时，随着石油价格的两次大幅度上升、旧国际金融体系的瓦解，发达国家经济增长的速度慢了下来，通货膨胀和失业都上升到大危机之后的最高水平，形成西方所谓的滞胀现象，整个资本主义世界在经济、社会以及政治方面受到了很大冲击。曾经使福利国家为之骄傲的社会保障制度包括社会救助制度在内，相对于各国的经济发展来说已经成为相当沉重的负担，被认为是产生这种经济萧条的根源。在世界经济处于"滞胀"的背景之下，社会救助制度本身存在的一些问题显得更为引人注目：一是完善的社会救助制度造就了一批懒汉。一部分人依赖较高的社会救助待遇生活，即使有劳动能力能够找到工作也不愿改变现状。这对现役劳动者产生了不良影响，导致劳动者工作积极性下降，进而造成劳动者与依靠社会救助生活的人之间的对立情绪。二是社会救助管理效率低下。社会救助制度在救助项目增多和救助范围扩大的发展过程中，管理人员的数目在不断增加，管理费用相应在不断上升，但管理效率却在下降，管理质量也在不断下滑。这些都引发了社会公众的不满，人们对投资和储蓄的热情下降，国内的经济形势因而雪上加霜，社会贫困问题更加突出，社会救助支出进一步增加，国家的财政负担也随之增加。这种恶性循环使改革救助管理体制的呼声日趋高涨。

许多资本主义国家为了摆脱经济萧条，恢复公众对社会救助制度的信任，对社会救助制度进行了调整和改革。改革的方向主要有两个：其一，强调社会救助的保障水平要适应国民经济的发展。社会救助与经济发展之间是相互依赖、相互促进的关系，社会救助水平不能超过经济发展水平的承受能力，否则会阻碍经济的发展。其具体措施为降低社会救助支付水平、严格社会救助享受条件等。其二，强调社会救助制度中的个人责任。高水平的社会救助体系也给社会带来了不利的影响，其中比较严重的问题是所谓的福利陷阱，受益者对社会和政府的依赖越来越严重，同时给国家财政也带来了日益严重的负担。为此，许多资本主义国家在改革社会救助制度时，开始更加注重个人在自己生活保障中的责任和作用，努力纠正过去两者之间的失衡状况。这种改革趋势发展到20世纪90年代时形成这样一种社会救助理念：无责任即无权利，即主张获得救助是每个人的权利，同时也要求每个人尽义务，这种义务就是要求获得社会救助的人去参加工作，以此鼓励形成自立而不是依赖性的福利政策氛围。为了达到让受助者外出工作这一目的，许多国家采取了"胡萝卜加大棒"的社会政策。"胡萝卜"政策是增加工作回报，主要包括减免所得税、提高单亲家庭孩子照料费用资助；协助受益者寻找工作，加大培训力度等。"大棒"政策包括严格受助条件，出台寻找工作并接受就业机会的法令，以及不服从工作安排的制裁等。总之，改革原有的社会救助制度，努力实现社会救助与整个社会经济长期稳定协调发展，是许多国家正在进行的重要工作；而个人责任的回归将成为新的发展趋势，但政府主导责任从根本上不会发生改变。

8.2.5 我国的社会救助制度

社会救助无论在中国的过去还是未来，都有着重要的意义。中国庞大的人口、有限的资源，以及近代及现代比较落后的经济状况，都注定了贫困人口的存在，对这部分人进行必要的社会救助，是政府和社会不得不正视的问题。

1.社会救助制度的萌芽（1949年前）

中国是世界上最早倡行与发展社会救助事业的国家。据文献记载，中国早在西周时期就设立了专门官职来施行惠政，救济贫病之民。与此相适应的是，中国的慈善思想也源远流长，先秦时期，诸子百家对此有过精辟的论述，随后的佛教、道教典籍里也有不少关于救济贫病的论述。譬如，儒家讲"仁爱"，佛教讲"慈悲"，道教讲"积德"，墨家讲"兼爱"，各流派虽然在表述上各有差异，但都蕴含着救人济世、福泽百姓以及人道主义的理念和道德原则。这些思想对中国社会救助事业的发展产生了持久而深远的影响，使整个社会形成乐善好施的风习。历代王朝统治者在国内发生灾害时，都会采取施粥、赈谷、调粟等社会救济措施来赈恤众多灾民和流民。唐宋明清的统治者还兴办或扶持慈幼局、养济院、普济堂等各类慈善机构。

进入近代以后，中国的社会环境发生了巨大的变化，随着慈善救济团体的增多和其社会救助功能的扩大，社会救济事业的内容越来越丰富：一方面，继续重视济贫助困、赈灾救荒等传统型救济活动；另一方面，则将范围拓展到文化教育、医疗卫生、工商等方面，并开始设立慈善医院、慈善学校、慈善工厂或习艺所等，同时开办了许多以工代赈的工厂。近代社会在社会救助立法方面也取得了一定的成绩。比如，1943年国民政府颁布和实施了《社会救济法》，这部法律和1944年国民政府颁布的《社会救济法施行细则》对社会救助的实施范围、实施标准等内容做出了具体而明确的规定。不过这些法律在当时的社会政治、经济情况下，并没有产生应有的作用。

总之，传统的社会救助事业发展到近代，在救助机构的多元化、救济区域的扩大、救助经费的多方筹措、救济手段的多样化等方面都得到了长足的发展，显示出明显的走向近代化的特征。

2.中华人民共和国成立以后社会救助制度的发展（1949—1977年）

中华人民共和国刚刚成立时，鉴于当时特殊的国内外环境，政府对社会救助事业既没有下大力气去恢复和重建，也没有明令予以取缔。1950年春夏之际，一些城乡地区出现饥荒问题，亟需社会各界的援助，而当时的社会救助组织有的已自行停顿，有的已经停办，有的被政府接管、改组变成附属于政府部门的官方或半官方机构，济贫救困的力量有所削弱。面对这种情况，政府拿出部分资金兴建了一批社会救助机构和设施，作为接收、改造旧有救助机构的补充，用以安置孤老残弱，救济生活困难的群众，并建立了以内务部社会司、民政部等为首的中国社会慈善及福利事业的管理体制。这一时期的主要救助内容包括：其一，灾荒救济。1949年夏秋之际，华东、华北、东北、中南的16个省发生特大水灾，受灾居民达4 500多万人，粮食减产220亿斤。1950年全国救灾委员会成立，并通过了《中国人民救济总会章程》，展开了多层次、多渠道、多形式的救灾活动，主要由各级地方政府组织当地的贫困户进行生产自救，并辅之以以工代赈，收效显著。同时，政府还调拨一批粮食扶助灾民，实行合理的赈济。其二，采取发放失业救济金（主要是粮食）的形式来解决城镇众多失业人口的生活和就业问题。当时，旧社会遗留下来的失业人员达400万之众，这些失业者的基本生活没有保障，成为中华人民共和国成立初期社会不稳定的因素之一。其三，对于全国大中城市中存在的贫苦市民、无固定职业而临时出卖劳力者、经营难以维持生计的小摊贩、失业店员和手工业者、丧失劳动力的孤寡老弱病残户，政府和社会各界根据实际情况，对他们进行了经常性或临时性的救济，采取了诸如收容教养、补助安置、群众互助和政府救助等救助形式。

从1954年开始，我国的社会救助事业进入徘徊时期。造成这种情况的原因主要有：第一，思想意识方面，随着"反右倾"斗争、"大跃进"、"人民公社化"以及"文化大革命"的相继展开，受极"左"思潮的影响，社会救助事业在政策上失去了发展的空间。第二，经济方面，从1954年开始，民间社会救助事业已逐步为政府所办的各项社会救助事业所取代。对遭受重大自然灾害的地区，由国家拨给一定数量的救灾钱物给予社会救助。即使在"文化大革命"时期，社会救助事业遭到破坏，由于客观存在着贫困问题需要社会救助，实际上社会救助事业也没有被完全取消或者停顿。不过，在国民经济遭受很大破坏的背景下，国家对社会救助事业的财政支出相对于当时社会上困难人群的需要而言可谓杯水车薪。

3.社会救助制度的改革（1978年至今）

改革开放以后，我国对整个社会保障事业进行了根本性的改革，注重发挥社会保障在实现社会经济协调、城乡协调、地区之间协调等方面的功能，使其适应社会主义市场经济体制的建立和完善。不过，由于社会保障改革是一项庞大的事业，对社会保险、社会救助、社会福利和社会优抚等社会保障项目的改革虽然同时推进，但在不同时期侧重点是有所不同的。20世纪90年代中期，我国的社会经济状况发生了很大的变化，原来的社会救助事业已经不能适应新时期的需要，社会救助成为整个社会保障改革中的重点之一。改革内容主要包括：

（1）扩大社会救助范围。虽然我国各种法律中明确规定每个公民都享有社会救助的权利，但在20世纪90年代以前的实际管理中，社会救助的主管部门仅仅把社会救助的对象局限于"三无人员"：无法定扶养人、无生活来源的人和无劳动能力的人。这样，城市的社会救助对象主要是孤老残幼、困难户等，有工作的劳动者及其家庭生活困难时，则由所在工作单位解决他们的问题。农村的社会救助对象主要是"五保户"，绝大多数农民的生活困难则由集体来解决。发生这种状况的原因主要是国家当时财政实力有限，没有充足的资金来支持社会救助事业的发展。

随着经济体制改革的进一步深入，城市和农村的贫困问题发生了新的变化。我国所有制构成由原来单一的公有制变成了多种所有制并存的局面，许多单位和企业都开始独立核算、自负盈亏，难以承担社会救助的责任，尤其是国有企业改革的进一步深化，造成很多人失业和下岗成为新的贫困人员，他们缺的是工作，由于没有就业而陷入贫困。根据传统社会救助制度对实施对象的严格界定，这些人员不属于社会救助的对象，因而他们及其家属的基本生活问题无法得到根本解决。而在农村，家庭联产承包责任制的施行对集体的经济力量有所削弱，原来主要依靠集体力量来解决贫困农民生活问题的制度难以进一步发挥作用。

在这种情况下，需要一种新的社会救助制度来帮助他们解决基本生活问题。以此为背景，城市居民最低生活保障制度应运而生。1993年国家在上海等地进行城市居民最低生活保障试点，1999年《城市居民最低生活保障条例》得到确立并付诸实施。根据中央的指示，建立城市居民最低生活保障制度，成为20世纪90年代中期以后各地方政府的一项主要工作。目前，所有城市都建立了居民最低生活保障制度。上海从1994年开始为农民建立最低生活保障制度，而且将农村最低生活保障支付标准与城市最低生活保障支付标准实行联动。进入21世纪后，一些地方开始由城市向乡村扩展，浙江、广东等部分发达省市开始取消城市居民与农村居民的身份差别，建立城乡一体化的最低生活保障制度。

《城市居民最低生活保障条例》第二条规定："持有非农业户口的城市居民，凡共同生活的家庭成员人均收入低于当地城市居民最低生活保障标准的，均有从当地人民政府获得基本生活物质帮助的权利。"其第八条规定："县级人民政府部门经审查，对于符合享受城市居民最低生活保障待遇条件的家庭，应当区分下列不同情况批准其享受城市居民最低生活保障待遇：对无生活来源、无劳动能力又无法定赡养人、扶养人或抚养人的城市居民，批准其按照当地城市居民最低生活保障标准全额享受；对尚有一定收入的城市居民，批准其按照家庭人均收入低于当地最低生活保障标准的差额享受。"而农村居民最低生活保障制度的保障对象主要有四类：一是家庭成员均无劳动能力或基本丧失劳动能力的无劳户；二是家庭劳动力严重残疾生活确有困难者；三是家庭劳动力因常年疾病确有困难者；四是家庭成员因病、灾死亡而子女均不到劳动年龄生活特别困难者。最低生活保障制度在全国的推行使社会救助的对象范围得到了拓展，适应了社会经济生活的新变化。

（2）提高社会救助水平。传统社会救助制度的另外一大弊端是社会救助水平偏低，难以满足广大贫困人口的实际生活需求。改革开放以来，居民生活水平提高很快，而城乡贫困人口的社会救助水平并没有同步提高。20世纪80年代后半期和90年代中期，我国又发生了两次比较严重的通货膨胀，物价水平上涨更快，使得原来就偏低的社会救助水平更加难以保障贫困人口的基本生活问题。全国很多地区的城市居民最低生活保障标准要比当地的实际贫困线低，一般只占贫困线的79%，有的地区低保标准只占实际贫困线的54%。导致社会救助水平偏低的根本原因在于社会救助资金来源不足，中央财政和地方财政经济实力不足，导致用于社会救助的财政支出太少了；另一个原因是社会救助管理不善，资金使用效率太低，甚至出现挪用、截留社会救助资金的现象。从21世纪开始，中央政府不断地加大对城市居民最低生活保障的资金投入。2001年，各级财政共投入低保资金54.2亿元，比2000年的29.6亿元增加了83%；到2005年，全年各级财政共支出低保资金191.9亿元，全国城市最低生活保障月人均达72.3元，城市居民最低生活保障平均标准达到156元。2017年，全年各级财政共支出城市低保资金640.5亿元。

传统社会救助水平低的另一种表现形式就是救助形式单一，社会救助项目主要包括救灾、济贫等。发展到今天，我国的社会救助包括生活救助、灾害救助、失业救助、住房救助、医疗救助、教育救助、法律救助、扶贫开发等项目。

（3）规范社会救助管理。由于我国的社会救助没有统一的设计和专门的立法，各项社会救助制度是在实际工作中逐步发展起来的，因此，社会救助的管理表现出缺乏统筹和协调的特点。其表现为：首先，没有统一的社会救助管理部门。例如，灾害救助、最低生活保障、流浪乞讨人员救助虽然都由民政部门管理，但在民政部门内部又分属不同的部门；而一些专项救助，如教育救助、医疗救助、住房救助以及司法救助，更是属于不同的部门管理。在城乡，由单位或者乡镇集体代替国家来实施社会救助的现象依然存在，这种状况不仅反映了社会救助管理定位的不明确，而且更容易导致不公平问题。其次，在社会救助的实施范围和支付标准方面，全国没有统一的标准，各地主要是根据本地的实际情况来具体操作。这种主观性很强和随意性很大的管理状况容易产生各地贫困人员之间的不公平问题。再次，由于不能适当地区分基本生活救助与专项救助，常常将它们捆绑在一起，导致一些迫切需要获得专项救助的人不能享受救助。最后，社会救助资金管理的不完善，使得一些地方出现了社会救助资金被挪用、截留甚至被侵吞的情况，严重影响社会救助工作的顺利展开，对贫困人员的基本生活以及整个社会的稳定产生了不良的影响。

当前，在社会救助管理方面，针对上述弊端需要重点做好以下几个方面的工作：其一，强化政府的主体地位。强化政府在社会救助组织、管理、监督和财政投入等方面的主体作用，逐步形成政府投入为主、集体补助为辅、社会共同参与的救助机制。其二，建立规范的社会救助款物管理机制。各级政府要建立社会救助基金，实行基金专户管理，提高资金发放的透明度，推广由银行、邮局等网点发放低保金的做法，做好政府有关职能部门、社会舆论和新闻媒体对社会救助资金的监督工作。其三，加大社会救助工作的科技含量。建立比较完善的贫困指标监测和评估网络，运用现代技术手段，制定科学的最低生活保障线和救助标准；建立灾害管理系统和救灾辅助决策支持系统，制定灾害评估、统计、经济救援办法，不断提高灾害救助的科学化管理水平。其四，建立有效的社会支持体系。

对处于贫困中的人员，单靠政府救助解决不了他们所有的困难，必须发动社会力量，开展社会帮扶活动，为他们提供必要的服务；积极引导、鼓励慈善团体等非营利组织参与社会救助工作；组织开展多种形式的帮扶解困活动，如社区救助服务、志愿者活动、扶贫济困送温暖活动等，通过社会各方面的支持，筑起一道牢固的社会安全网。

2014年，国务院发布了新的社会救助行政法规，进一步推进社会救助福利。

4.新的社会救助行政法规

随着社会救助改革与实践的发展，2014年2月21日，国家以国务院令（第649号）的形式发布了新《社会救助暂行办法》，自2014年5月1日起施行。其内容主要包括总则、最低生活保障、特困人员供养、受灾人员救助、医疗救助、教育救助、住房救助、就业救助、临时救助、社会力量参与、监督管理、法律责任、附则等，共13章70条。新办法的基本理念是"加强社会救助，保障公民的基本生活，促进社会公平，维护社会和谐稳定"。社会救助制度的基本原则是"坚持托底线、救急难、可持续，与其他社会保障制度相衔接，社会救助水平与经济社会发展水平相适应"。同时，"社会救助工作应当遵循公开、公平、公正、及时的原则"。新办法坚持和要求社会救助城乡统筹推进，无论在最低生活保障、特困人员供养、受灾人员救助以及医疗、教育、住房、就业、临时救助和社会力量参与等专章中，还是在社会救助经办机构职责、监督管理、法律责任等综合性条款中，都坚持了城乡全覆盖、城乡统筹推进的理念和要求，确保党和政府的温暖和关怀广泛惠及城乡所有居民。同时，坚持低水平起步，突出重点、消除"盲点"。从我国社会主义初级阶段的基本国情出发，与经济社会发展水平相适应，在给予最低生活保障对象、特困供养人员和受灾人员基本生活救助的基础上，新办法还对符合条件人员的医疗、教育、住房、就业等救助做出具体规定。此外，为确保网底不破，对因遭遇突发性、临时性等困难导致基本生活难以为继的家庭和人员，给予临时救助。

新办法的发布施行对社会救助福利的发展具有重大的意义：

第一，新办法是促进社会公平、依法增进社会救助福利的庄严承诺。新办法作为首部统筹各项社会救助制度的行政法规，既是对成功实践和经验的概括总结，更是社会救助体系的顶层制度设计。它兼顾当前和长远，坚持政府救助与动员社会力量并举，综合构建和完善社会救助体系的基本框架，第一次以法规方式规范了社会救助的体系，确立了托底线、救急难、可持续的基本方针，编织了兜住困难群众基本生活的安全网，落实了党和国家执政为民的执政理念和公民应该获得物质帮助权的宪法权利，是党和政府对促进社会公平、增进人民福祉的庄严承诺。

第二，新办法是消除社会救助福利"碎片化"的客观需要。新办法首先在最低生活保障、特困人员供养、受灾人员救助及医疗、教育、住房、就业、临时救助等救助内容和社会力量参与方面作了统一规范；同时在社会救助经办机构职责、监督管理、法律责任等方面做出要求与规定；提出了坚持城乡全覆盖、城乡一体化推进的理念和坚持低水平起步，按照与经济社会发展水平相适应、与其他社会保障制度相衔接的原则；明确了各项社会救助的具体条件和救助内容以及资金筹集渠道；明确了社会力量参与的支持措施，完善和健全了最低生活保障、特困人员供养救助标准的制定和调整机制及社会救助经办管理体制；建立了比较完善的监督管理体系。这就在立法与制度上解决了社会救助内容不完善、体系不完整、制度不健全等"碎片化"问题。

第三，新办法是社会救助托底线、救急难、可持续的重大举措。新办法对社会救助进行全面规范，将事关困难群众基本生活的各项托底制度，统一到一部法规之中，使之既各有侧重，又相互衔接，兼顾群众困难的各个方面，覆盖群众关切的各个领域，构建了完整严密的安全网。同时，新办法还在资源配置上坚持统筹优化，在程序安排上保障"求助有门"、受助及时，努力保障困难群众基本生存权利和人格尊严，避免相关群众陷入生存窘境以及发生冲击社会道德和心理底线的悲剧事件发生，同时，也让人民群众消除后顾之忧。

新办法涵盖内容十分丰富。为保障困难群众基本生活权益，办法在现行规定基础上，进一步规范了各项社会救助的具体内容：（1）最低生活保障；（2）特困人员供养；（3）受灾人员救助；（4）医疗救助；（5）教育救助；（6）住房救助；（7）就业救助；（8）临时救助；（9）社会力量参与。

新办法明确了社会救助的保障措施：（1）统筹建设社会救助体系；（2）完善最低生活保障、特困人员供养救助标准的制定和调整机制；（3）明确社会救助资金筹集渠道；（4）健全社会救助经办管理体制。

加强社会救助监督管理，是确保社会救助公平公正实施的重要方面。办法从健全机制、完善手段、加强宣传、社会监督等四个方面，建立了比较完善的监督管理体系。

新办法还明确了违反办法应当承担的法律责任：

一是对截留、挤占、挪用、私分社会救助资金、物资的履行社会救助职责的工作人员，办法规定由有关部门责令追回；有违法所得的，没收违法所得；对直接负责的主管人员和其他直接责任人员依法给予处分。

二是对采取虚报、隐瞒、伪造等手段，骗取社会救助资金、物资或者服务的申请社会救助的相对人，办法规定由有关部门决定停止社会救助，责令退回非法获取的救助资金、物资，可以处非法获取的救助款额或者物资价值1倍以上3倍以下的罚款；构成违反治安管理行为的，依法给予治安管理处罚。

本章小结

社会救助是政府或社会对难以维持最低生活水平的人员或者家庭，按照法定程序和标准给予现金、物资或其他方面的援助与支持，使其基本生活得到保障的制度。这种制度具有援助对象有限性、最低保障性、权利义务不对等性、资金来源单一性、援助时限短期性等特征。按照救助项目划分，社会救助可分为生活社会救助、医疗社会救助、教育社会救助、住房社会救助、灾害社会救助、法律援助、扶贫开发、社会互济等。当然，也可以按照援助手段和援助时间长短来分类。实行社会救助有利于缓解贫困、推动经济发展、体现社会公平和进步。社会救助经历了漫长的慈善救济时期，以英国《济贫法》为典型确立了国家通过立法形式介入济贫事务的原则，发展到今天以社会救助为基础，包括社会保险和社会福利在内的现代社会保障制度基本框架。现代社会保障制度改革强调社会救助的保障水平要适应国民经济的发展以及个人在社会保障制度中的责任。我国的社会救助制度从1978年以来进行了根本性的调整，主要体现在扩大社会救助范围、提高社会救助水平、规范社会救助管理等。随着社会救助改革与实践的发展，2014 年 2 月 21 日，国务院发布了《社会救助暂行办法》，该办法在最低生活保障、特困人员供养、受灾人员救助、医疗救助、教育救助、住房救助、就业救助、临时救助、社会力量参与、监督管理、法律责任等方面做了全面规范，是第一部统筹各项社会救助制度的行政法规，既是对社会救助成功实践和经验的概括总结，更是社会救助体系的顶层制度设计。它兼顾当前和长远，坚持政府救助与动员社会力量并举，综合构建和完善了社会救助基本框架体系，确立了托底线、救急难、可持续的基本方针，编织了兜住困难群众基本生活的安全网，是社会救助福利发展的重大举措。

综合训练

8.1 单项选择题

1.享受社会救助的条件是（　　　）。

A.缴纳社会保险费　　　　　　B.低于贫困线　　　　　　　　C.无社会保障

2.实施社会救助的目标是（　　　）。

A.让贫困群体享受最低生活保障

B.让贫困群体享受社会优越性

C.让贫困群体享受生活的幸福

3.英国最早颁布《济贫法》的时间是（　　　）。

A.1601 年　　　　　　　　　B.1789 年　　　　　　　　　C.1883 年

4.具有现代意义的社会救助制度产生于（　　　）。

A.18 世纪初　　　　　　　　B.19 世纪初　　　　　　　　C.20 世纪初

5.1948 年，第一个宣布建成"福利国家"的是（　　　）。

A.美国　　　　　　B.英国　　　　　　C.法国　　　　　　D.瑞典

8.2 多项选择题

1."社会救助"又称为（　　　）。

A.社会救济　　　　B.社会援助　　　　C.社会安全　　　　D.社会扶持

2.社会救助的基本特征包括（　　　）。

A.救助对象的有限性　　　　　　B.权利义务的不对等性

C.资金来源的单一性　　　　　　D.救助时限的短期性

3.社会救助的功能有（　　　）。

A.保持社会团结稳定　　　　　　B.缓解贫困

C.推动经济发展　　　　　　　　D.体现社会公平和进步

4.社会救助的手段有（　　　）。

A.资金救助　　　　B.实物救助　　　　C.服务救助　　　　D.以工代赈

5.社会救助改革的内容主要包括（　　　）。

A.扩大社会救助范围　　　　　　B.提高社会救助水平

C.规范社会救助管理　　　　　　D.促进社会公平

8.3　复习思考题

1.简述社会救济与社会救助的区别。

2.简述社会救助的基本特征。

3.试述现代社会救助制度的建立与改革。

4.试述我国社会救助制度的发展。

第 9 章

社会救助的理论基础

学习指南

【**学习目标**】通过本章的学习，主要掌握以下要点：

1. 贫困的概念与分类。

2. 贫困的相关理论。

3. 新剑桥学派的社会救助思想。

4. 福利经济学的社会救助思想。

【**关键概念**】贫困；绝对贫困；相对贫困；市场菜篮法；恩格尔系数法

第9章关键概念

浙江的全民参保登记系统："互联网+社保"

2017年11月，人力资源和社会保障部主管的《中国社会保障》在其新媒体上公布了一批"互联网+社保"经典案例，第一个就是浙江的全民参保登记系统。

什么是全民参保登记系统？目前，浙江整合持卡人员基础信息库和全民参保登记库建设内容，建设以社会保障号码为唯一标识、全面覆盖人社各业务系统的浙江省人社基础信息库。而全民参保登记系统，是浙江全省人社基础信息库的关键系统。

截至2017年上半年，浙江全省社会保障卡持卡人数达到5 150多万，超过常住人口的93%。通过该系统，可以实现人社服务对象个人基础信息、社会保障卡基础信息、参保登记信息、待遇享受信息、单位基础信息等基础信息入库和全省共享。

通过该系统，浙江群众可以享受到哪些福利？对于已参保人员，浙江各级相关部门可通过部门间数据的共享提升参保数据质量，动态掌握参保人员情况。

浙江依靠全民参保登记系统以及全省人社基础信息库为支撑，大力推进"互联网+社保"，越来越多地区的参保人员，可以在家门口办理养老保险待遇确认等多项社保业务。例如，在丽水和绍兴等地，"全市通办"已经成为人力社保部门推进"最多跑一次"改革的突破口。不仅要让群众少跑腿，还要力争实现居民只携带一张社保卡，就能就近办理人力社保业务且无需其他纸质材料。

另一方面，当前，各地人力社保部门都在为医保改革"三突破"而努力，2018年的目标之一，就是到年底，浙江户籍人口基本医保参保率达到98%。在这一过程中，全民参保登记系统可以发挥巨大作用。

对于未参保人员，浙江人力社保部门可利用大数据技术，定位未参保对象，确定重点扩面人群，引导广大群众参加社会保险。浙江要求，各地要充分用好全民参保登记信息，对照未参保浙江户籍人员名单核准参保基数，进一步摸清应保未保人员实情，精准掌握未参保原因。

对参保意愿不强的城乡居民，要帮他们算好经济账和健康账，动员其参保；对不依法参保的企业开展执法检查，督促其依法参保。

据了解，基础信息库对内与部级持卡人员基础信息库、全民参保登记库对接，对外，可与相关部门实现信息对接。例如，与工商部门对接五证合一单位信息，与公安对接户籍人员信息，与法院对接判刑人员信息，与民政对接低保、殡葬信息，与全国组织机构代码管理中心开展统一社会信用代码信息共享合作试点工作等。

资料来源　张冰. 这个"互联网+社保"经典案例给浙江人带来哪些福利［EB/OL］. ［2017-12-08］. http://www.jianggan.gov.cn/art/2017/12/8/art_1247823_13930507.html.

【案例思考】

1.社保应用互联网有什么意义？

2.社保对社会福利事业有什么样的作用？

§9.1　贫困理论

贫困是一种客观的经济社会现象，无论是发达国家还是发展中国家，都不同程度地存在着贫困问题。为了消除贫困、限制贫困的消极影响，世界各国都积极采取各种反贫困政策和措施，社会救助就是其中最为有效的一种，而贫困理论正是实施社会救助政策的理论基础之一。

9.1.1　贫困的概念

贫困涉及政治、经济、社会、文化、心理、生理等各个方面，是一个极为复杂的社会经济现象和政治现象。具有不同文化背景和传统习惯的各国学者或者国际机构往往从不同的视角来认识和解释贫困。

英国学者汤森（Townsend）认为：所有居民中那些缺乏获得各种食物、参加社会活动和最起码的生活和社交条件的资源的个人、家庭和群体就是贫困的。

欧盟委员会认为：贫困应该被理解为个人、家庭和人的群体的资源（物质的、文化的和社会的）如此有限，以致他们被排除在他们所在的成员国的可以接受的最低限度的生活方式之外。

世界银行认为：贫困不仅仅指收入低微和人力发展不足，它还包括人对外部冲击的脆弱性，包括缺少发言权、权利和被社会排除在外。

人们对贫困问题的认识会随着经济的发展、社会的进步和人类文化水平的提高以及一些民族对社会福利、平等等认识的加深而逐步深化。总而言之，贫困是人的一种生存状态，在这种生存状态中，人由于不能合法地拥有基本的物质生活条件和获得参与基本的社会活动的机会，以致于不能维持一种个人生理和社会文化可以接受的生活水准。因此，狭义的贫困多是从经济上界定的，只包括物质生活的贫困，而不包括精神生活的贫困。处于这种贫困状态中的人所追求的是物质生活的满足，希望得到的是与社会其他成员相等的收入、食品、燃料、衣着、住房及生存环境，他们注重这些东西在量上的满足。但广义的贫困是指除狭义贫困之外的包括社会方面、环境方面和精神文化方面的贫困，即贫困者享受不到作为一个正常的"社会人"所应享受的物质和精神文化生活。他们不仅处于收入分配最底层，而且在社会中所处的地位也极其低下，他们无力控制自己所处的生活环境，面临着来自社会上强势群体的欺压，以及社会的歧视和不尊重，他们不仅在经济收入方面被社会"剥夺"，而且在就业、教育、发展机会、健康、精神、自由等个人发展和享受方面的权利也被社会"剥夺"。

总体来看，西方学者认为贫困包括物质生活、精神生活、政治生活三个方面，如过不上像样的生活、没有健康的身体、缺乏受教育的机会以及政治上受歧视等。而我国学者多数把贫困理解为衣、食、住、行等物质方面的困难，社会救助也主要解决这些方面的困难，而社会福利才是把提高文化生活质量作为目标。

按照贫困尺度，贫困可以分为绝对贫困和相对贫困，这种分类为大多数学者所赞同，也被众多世界组织和各国政府所沿用。

绝对贫困是指收入难以维持最低限度的生活水准的状态。它是从维持生命的角度出发，以维持人的生理机能的最低需要为标准加以区分的，所以绝对贫困也称为生存贫困。其特征主要表现在两个方面：生产方面，贫困人口或贫困户缺乏扩大再生产的物质基础，甚至难以维持简单的再生产；消费方面，贫困人口或贫困户的低微收入难以满足衣食住行等人类基本生存需要，生活达不到温饱，劳动力本身的再生产难以维持。许多国家常采用绝对贫困线作为衡量标准确定绝对贫困。绝对贫困线就是购买基本的生活必需品或维持最低限度生活需要的最低收入水平，处在这个绝对水平线以下的生活状态就被视为绝对贫困。这里的基本生活必需品一般包括满足人体最低需要热量所摄取的食品，以及最简单的衣物、住房等，这些基本生活必需品会随着经济、社会、历史、文化的变化而有所变动，因而绝对贫困的标准也会随着形势的变化而变化。目前，世界银行确定的绝对贫困标准是：每人每天的食品提供2 150千卡热量，食品支出占总支出的比例农村为60%、城市为61%。我国政府确定农村绝对贫困的标准是：每人每天的食品提供2 100千卡热量，食品支出占总支出的60%。

相对贫困是指相对于社会平均生活水平而言，在同一时期或者同一国家，某些人或者某些家庭的收入水平低于一般人或者一般家庭生活状况的状态。相对贫困的出发点不是人的生存或人的生理效能所需的最低标准，而是人们之间收入的比较和差距。因此在任何一个社会或国家，即使其社会经济非常发达也必然存在相对贫困。确定相对贫困的方法，许多国家也是采用贫困线，但这是一种相对贫困线，即低于一般社会认定的某种生活水平的状况。相对贫困的确定比较主观，许多发达国家把相对贫困线确定为社会平均工资的一定比例，如50%或者60%，处于这个相对贫困线以下的视为相对贫困。有的国家把收入最低的5%的人口定为相对贫困人口，有的国家则把这一比例提高到10%或20%。世界银行的专家认为，收入低于平均收入水平1/3的社会成员便可视为相对贫困人口。

目前，发展中国家所面临的主要是绝对贫困问题，而发达国家所需要解决的主要是相对贫困问题。绝对贫困是社会救助制度产生的重要原因之一，许多国家尤其是发展中国家都把社会救助制度作为解决绝对贫困问题的重要手段，而发达国家则利用社会救助制度来解决相对贫困问题。

另外，还有长期贫困和暂时贫困，狭义贫困和广义贫困，农村贫困和城镇贫困，区域贫困和个体贫困，物质性贫困、能力性贫困和参与性贫困等划分类型。

9.1.2 社会救助标准的确定

社会救助的目标是保障被救助者能够享有当时当地的最低生活标准，这种最低生活标准不能凭主观判断，必须科学界定，否则，社会救助的功能就难以正常发挥。通常，其判断依据就是一定区域的贫困线。贫困线亦称最低生活水平线或最低收入保障线，分为绝对贫困线与相对贫困线两种，均以货币为单位设定。从理论上讲，处于绝对贫困和相对贫困状态的个人和家庭，都属于现代社会的救助对象。

目前，世界各国由于经济发展水平和居民的生活水平差异极大，各国的最低生活标准差距也很大。不过，任何国家或组织在制定最低生活标准时，都要考虑以下几个因素：一是一定时期的社会生产力水平。它决定着一定时期政府实施社会救助计划的财政实力，与社会救助的标准成正比关系。二是一定时期的社会平均收入水平。它表明该时期满足社会基本生活所要求的收入量。一般情况下，社会救助标准应略低于社会平均收入水平。三是消费品价格指数。它是将收入转化为实际消费能力的最重要的制约因素，在收入水平一定的情况下，消费品价格指数与消费能力呈负相关关系。四是贫困人口的数量。它制约着政府和社会对贫困人口的供养能力，进而制约着社会救助的标准。

1.绝对贫困线的划定

（1）市场菜篮法。这是一种最古老、最传统的确定贫困线的办法。它首先要求确定一张生活必需品的清单，内容包括维持最起码生活水准的必需品的种类和数量，然后根据市场价格来计算拥有这些生活必需品需要多少现金，以此确定的现金金额就是贫困线。必需品种类包括食品、房租、衣服、家居、交通、卫生保健、水暖电气、税收和文化娱乐等。由于各国或各地区生活水平参差不一，生活必需品在不同的地方有不同的界定，因而很难进行国际比较。不过，生活必需品内容的确定需要由专家和群众共同做出决定，以真实反映贫困者所需。作为一种测量方法，其优点显而易见：直观明了、通俗易懂，而且罗列详尽，便于公众参与。

（2）恩格尔系数法。这是根据一个家庭用于食物的支出在全部支出中所占比例来衡量贫困程度的一种方法，源于恩格尔定律。19世纪，著名统计学家恩格尔在研究居民家庭收支问题时发现，如果食物支出占家庭总支出的比例很高，意味着家庭生活水平很低，收入只能满足现有生产力水平下的最低生活需求；反之，如果食物支出比例很低，则意味着家庭用于满足其他生活需求的收入很多，生活状况肯定较好。这种食物支出与家庭收入成逆相关的规律，被称之为恩格尔定律。一般认为，采用恩格尔系数划分贫富的标准是，凡食物支出占家庭支出的比例达59%以上的，属于绝对贫困的家庭；这一比例界于40%～59%之间的，则达到小康生活水平；这一比例下降到20%～40%时，家庭生活水平便上升到富裕行列；这一比例处于20%以下时，则属于最富有阶层。恩格尔系数在许多国家被用于测定国民的消费结构和生活状况，在西方甚至用恩格尔系数的大小来评价一个国家的贫富状况。联合国根据恩格尔系数也制定了一个划分贫富的标准。美国就把饮食支出占到家庭支出1/3和1/3以上的家庭，一律作为贫困户对待，并给予社会救助。它推出的"贫困线"便是以此项食物支出的绝对额乘以3，得出最低收入标准。凡是收入等于或低于这一水平的家庭和个人，便有权享受救助。目前，我国尚未把恩格尔系数作为划分贫困家庭与非贫困家庭的界限，但从与国际接轨的角度看，采用这种划分方法是一种发展趋势。使用恩格尔系数法的关键在于确定食物支出。如果仅以贫困家庭的食物消费情况作为依据，就不是很妥当，因为贫困家庭食物支出本身就是不合理的，是在收入限制下不得已而做出的选择。

（3）马丁法。世界银行贫困问题专家马丁·雷布林提出了一种新的划定贫困线的方法，我们称为马丁法。马丁法认为"贫困线=基本食品支出＋基本非食品支出"。在具体计算过程中，要求首先确定基本食品支出，再通过有关统计资料建立总支出与食品支出之间关系的数学模型，进而计算出贫困线。这种数学模型建立在人均生活费收入与食品、衣着、高档耐用消费品、其他各种物品、燃料、服务费、福利费等七大类支出之间的关系的基础上。马丁法采用线性数学方法模拟居民的消费变化规律，测算的贫困线在某种程度上能够避免主观随意性。但马丁法采用的纯数学模型属经济预测模型的延伸应用，具体应用到测算城镇居民贫困线时，难以达到预期效果。

2.相对贫困线的划定

20世纪60年代以来，主张从相对贫困的角度来定义和衡量贫困的呼声日高，相应的定量研究方法也就被创造出来。相对贫困线测度依据的是财富或收入在不同的社会阶层、社会群体之间的分配差距。其特点是强调个人与其他社会成员的比较，从相互间的差距来确定贫富程度。它包含着一定的价值判断，伸缩性较大，并随社会经济条件的变化而变化。由于划定相对贫困标准符合人道主义和社会进步的原则，所以在社会经济持续发展的情况下，世界大多数国家都依据相对贫困线进行社会救助。相对贫困线测定的基本途径有两个，即收入定义和商品定义。常见的相对贫困线的测算方法有以下三种：

（1）收入等份定义法。这一方法首先把国民按收入分成几个（通常是5个或10个）等份，再辅以基尼系数进行差异比较，从而确定总人口的百分之多少为贫困人口，再根据这个百分比，利用家庭收入调查资料，求出贫困标准。

（2）收入平均数法。这一方法把居民人数、收入按不同水平进行统计分组，并将全部居民人均生活费用除以2或3作为最低生活费标准，再从统计分组中得出与之对应的贫困率。

（3）生活形态法，也称剥夺指标法。这种方法已有很长的历史，由英国社会学家彼德·汤森（Peter Townsend）提出。它的基本假设是，只要人们拥有必需的资源，那么，人们都希望能够以社会所普遍认同的生活形态生活。换句话说，任何一个社会都有一种公认的基本生活形态，不能以此形态生活的人意味着遭受了剥夺，实际上就是贫困者。它从人们的生活方式、消费行为等"生活形态"入手，提出一系列有关贫困家庭生活形态的问题请被调查者回答，然后选择出若干"剥夺指标"，并据此及被调查者的实际生活状况来确定哪些人属于贫困者，再分析他们被剥夺的需求以及消费和收入来求出最低生活标准。使用这种方法的关键是确定什么样的生活形态是一个社会所公认的基本生活形态。理论上，可以通过征询专家和有关人士的意见来确定，实际上通常需要开展科学的社会调查。

相对贫困线测量的是在比较意义上全部人口中有一部分处于收入底层的状况。在正常情况下，这部分人的比例既不会太高也不会消失。采用相对贫困指标，能够在社会发展过程中，始终顾及"走在后头"的那部分人，并经常对其进行社会救助，不使距离被拉得过大。这种划分法始终保持着一种社会责任，有助于推动社会进步。

9.1.3 贫困的相关理论

古今中外的许多思想家都曾对"贫困"这一概念的含义做出过解释。马克思、恩格斯等人也高度重视贫困问题。

1.马克思的贫困化理论

贫困化理论是马克思主义政治经济学的一个重要内容。马克思揭露了剩余价值规律在资本扩大再生产中为实现资本积累而产生的二重性后果：一方面是资本财富的积累，一方面是劳动贫困的积累。与此相对应，资本再生产出规模扩大的劳资关系：一极是更大的资本家，另一极是更多的雇佣工人。马克思主义的经典理论家们如恩格斯、列宁继续从分析资本主义的生产过程出发，提示资本主义的经济运行规律，得出关于无产阶级贫困化的结论，同时也指明了无产阶级摆脱贫困命运的根本出路——消灭雇佣劳动制度。

马克思主义关于贫困化理论的论述，揭露了资本占统治地位的自由放任的市场经济，资本积累规律必然导致劳动者与生产资料相分离，从而制造劳动者贫困化的后果。这给我国的社会主义市场经济在提高反贫困化的认识、贫困预警以及最终消除贫困方面赋予了方法论的理论指导。

2.阿玛蒂亚·森的能力贫困论

印度著名经济学家阿玛蒂亚·森（Amartya Sen）主张，应该改变传统的以个人收入或资源的占有量为参照来衡量贫富的做法，引入关于能力的参数来测度人们的生活质量。他对"贫困"的概念重新定义为：贫困应被看作对基本的可行能力的剥夺，而不仅仅是收入低下，即"可行能力贫困"比"收入贫困"具有更宽泛的内涵和更高层次的视角。其关键在于考察个人在实现自我价值功能方面的实际能力，因为能力不足才是导致贫困的根源。这是因为：

（1）贫困用可行能力被剥夺来识别，是从人的自由发展目标层面来解释的，具有目的性；而贫困用收入被剥夺来解释，只具有工具性。

（2）消除收入贫困是重要的，但这不应成为反贫困的终极动机。解决贫困和失业的根本之道在于提高个人的能力，比如享受教育、医疗保健、社会参与和政治权益等，而不是单纯发放失业救济金。森的理论思想产生了重大影响，成为国际社会制定反贫困战略和政策的一个重要理论依据。

3.贫困代际传递理论

美国的经济学家在研究贫困阶层长期性贫困的过程中发现贫困家庭和贫困社区存在贫困的代际传承现象，于20世纪60年代初提出了"贫困代际传递"理论。该理论认为，不同代人由于所处的社会文化环境不同，在价值观念和行为方式上存在一定的差异性，这种差异就是人们通常所说的"代沟"。在后代与前代之间存在着一定差异的同时，更多地表现出在思想观念、文化习俗和行为方式等方面具有明显的继承性，这种继承性就是"代际传递"。贫困代际传递就是指贫困以及导致贫困的相关条件和因素，在家庭内部由父母传递给子女，使子女在成年后重复父母的境遇——继承父母的贫困和不利因素并将贫困和不利因素传递给后代这样一种恶性遗传链，也指在一定的社区或阶层范围内贫困以及导致贫困的相关条件和因素在代际之间延续，使后代重复前代的贫困境遇。贫困代际传递有三种相关性解释，即与文化行为、政策、经济结构等因素相关。其中第二种是与社会政策相关的解释，强调了福利依赖的代际传递性。例如，米德（Mead）认为，依赖福利的家庭陷入贫困陷阱是因为长期接受福利救济已使这些家庭的父母和孩子改变了价值观。社会救助的政策制定应该竭力摆脱这种福利依赖的代际传递。

4.贫困恶性循环论

贫困恶性循环论最早于1949年由英国经济学家辛格提出。美国经济学家罗格纳·纳克斯（Ragnar Nurkse）在1953年出版的《不发达国家的资本形成》一书中，考察了发展中国家长期贫困的根源，对贫困恶性循环论作了更充分的说明。该理论认为，资本形成不足是贫困恶性循环的中心环节，他从资本的供给和需求两方面论述了贫困恶性循环的形成过程。

从资本的供给方面看，贫困人员的平均收入水平低下，他们必须将绝大部分收入用于生活消费支出，这就意味着用于储蓄的余钱很少，从而使储蓄水平低下。而低下的储蓄水平必然导致资本形成不足，使生产率和生产规模难以提高，经济增长也只能维持在一个很低的水平上，最终进一步导致居民的低收入。如此周而复始，形成一个"低收入—低储蓄能力—低资本形成—低生产率—低产出—低收入"的恶性循环。

从资本的需求方面看，贫困人员的平均收入水平低下，导致国内购买力低下，市场狭小，对投资品的需求也不高，从而导致资本供给不足，生产率低下。这样周而复始，又形成了"低收入—低购买力—投资不足—低资本形成—低生产率—低产出—低收入"的恶性循环。

因此，贫困产生于贫困，贫困又带来贫困，这样就形成了贫困的恶性循环。"一国穷是因为它穷"由此成为一个著名的命题。纳克斯认为，要打破恶性循环，必须采取平衡增长方式，同时增加储蓄，在许多行业同时大规模地投资，形成各行业之间的相互需求，扩大市场容量，以保证投资成功。但纳克斯关于储蓄和投资增加就能促进经济增长、打破贫困恶性循环的观点因显得过于乐观和简单而招致批评。因为即使有了足够的储蓄和资本形成，经济增长还受到其他许多因素的限制，而且纳克斯将个人储蓄作为储蓄的唯一来源就忽略了企业储蓄和政府储蓄、低估了发展中国家的储蓄能力。

9.1.4 贫困与社会救助

贫困的广度和深度是测度社会进步程度的主要指标，反贫困不仅是社会经济发展的主要目标，也是经济与社会发展的主要动因之一。反贫困战略主要包括：

1.经济增长战略

经济增长是消除贫困的物质力量，而消除贫困会使整个社会原来处于闲置状态的劳动力变成创造财富、拉动经济增长所必需的人力资本存量。同时，消除贫困有利于缓和社会矛盾，为市场经济发展提供了一个稳定的社会环境。贫困人口收入的增长又会扩大市场容量和加速市场发育。考察一下世界各国的发展历程不难发现，凡是贫困问题解决得比较好的国家，其市场经济的发育都比较完善。因此，消除贫困与经济增长是一种良性的互相促进关系。

20世纪50、60年代，一些发展中国家实施的主要是这一战略。它的基本含义是通过促进经济增长来解决贫困问题。联合国20世纪60年代相继提出和实施的两个有关发展的"十年计划"，就是这种经济增长战略的产物。经济增长战略虽然使许多发展中国家的经济实现了快速增长，但并没有如预期的那样解决贫困问题。

2.社会救助制度

从社会救助的本质来看，其整体上反映了社会财富的分配关系，而且主要是在再分配的层次上完成的，其目的是克服贫困。因此，实行社会救助的目标至少包括以下两点：

（1）绝对意义上的最低生活水平，就是保证维持生命所需最低限度的饮食和居住条件，不致受冻挨饿。

（2）相对意义上的最低生活水平，指享有当时当地生产力水平下属于基本的消费和服务。20世纪80年代以来，一些发展中国家开始对社会救助予以高度重视，而且其内容也十分相似。

各国社会救助的实践表明，国家的扶持是决定性的。国家要大力重视教育和人力资源的开发，尤其是初等教育和技术培训。从长远看，这是提高贫困者能力、减轻贫困的根本性措施。国家的扶持，除了直接救济外，还应通过各种渠道，以多种方式增加贫困地区的基础设施投资和生产性投资，在财政、金融等方面实行优惠政策。国际援助能否真正起到积极作用，除了项目类型和援助规模外，在很大程度上还取决于受援国的管理和使用。

§9.2 社会救助的思想基础

9.2.1 中外理想社会中的社会救助思想

在现代社会救助制度形成之前，关于社会救助的思想早已存在，有些思想至今仍发挥着重要影响。无论在中国还是西方，都有许多先贤对理想社会进行过描绘，描绘中的社会福利思想与现代社会救助理论有着较深的渊源。例如，柏拉图在其著作《理想国》中，明确反对私有制，强调社会分工，追求共产制度与财产公有，要求确立公正原则，消除暴力与贫困对立，以及主张平等和社会秩序和谐等。随后，古罗马帝国的 P.维吉尔也描绘过"天下为公"的理想社会。从15—17世纪英国的莫尔、意大利的康帕内拉，到19世纪的圣西门、傅立叶和欧文等，均在自己的著作中描述了没有私有制、财产公有、倡导互助、人人平等和生活幸福的理想社会。虽然他们探讨的是整个社会制度问题，并且只是一种空想主义，但它们确实涉及了国民福利问题与收入分配问题，公平原则与按劳分配、按需分配等思想，客观上与现代社会救助理论构成了正统的渊源关系。在中国，孔子早在公元前500多年就用精练的语言首先提出并描绘了"大同社会"："大道之行也，天下为公。选贤与能，讲信修睦。故人不独亲其亲，不独子其子，使老有所终，壮有所用，幼有所长，鳏寡孤独废疾者皆有所养。男有分，女有归。货恶其弃于地也，不必藏于己；力恶其不出于身也，不必为己。是故谋闭而不兴，盗窃乱贼而不作，故外户而不闭。是谓大同。""天下为公"，即实行公有制是大同社会的最高理想，经济上主张社会财富归全体人民所有，生活上实行社会统筹，各得其所；在生产方面，则是人人尽自己的能力去劳动，所有的社会成员均有生活保障等。大同社会的理想涉及社会制度，更包含了丰富的社会救助思想。此后，大同社会思想历经东晋陶潜、宋代康与之、近代康有为和孙中山等人的完善和发挥，又得到了一定的发展。比如，康有为在《大同书》中描绘了有关养老院、教育与医疗福利以及社会公益事业的经费来源等，这些无疑包含了社会救助的理念。孙中山的民生主义提出节制私人资本并同时发展国家资本，主张兴办公立教育事业，保障充分就业，实行全民公费医疗，并设"公共养老院，收养老人，供给丰美，俾之愉快，而终其天年"。此外，中国历史上的仓储后备论、社会互助论、社会救济论等各种社会思想也成为后世社会救助制度的重要思想来源。

9.2.2 宗教中的博爱仁慈思想

宗教思想是社会救助理论渊源的另一个来源。中国佛教劝勉佛教众徒"诸恶莫作，众善奉行"，通过修德行善以渡过劫难利益来世。为了更好地实行劝善化俗的目的，佛教提出了因缘业报说，使人们意识到"善恶报应也，悉我自业焉"，认识到"思前因与后果，必修德而行仁"，以此敦促人们在社会生活和个人生活中内省律己，克服私欲，去恶从善，实行布施、助人、修桥、补路等善举。早期的基督教明确反对富人对穷人的剥削，宣传基督会再次降临人间并建立人人平等、普遍幸福的千年王国，表达了人类追求福利的普遍性和迫切愿望；早期基督教社团所实行的财产公有和平均主义分配原则也为后来坚持社会主义制度的人和国家制定福利分配方式提供了依据和方法；基督教还特别强调爱人如己，主张在施爱于他人中体验幸福的境界，摩西十诫则劝人净化心灵，努力向善等。宗教教义的上述主张表达的博爱、互助、平等思想，成为社会救助理论的道德基础。

9.2.3　马尔萨斯的社会救助思想

英国经济学家马尔萨斯的基本论题是人口增长有超过生活资料增长的趋势。他首先认为人口以几何模式增长，而生活资料则以算数模式增长。由此，马尔萨斯得出的结论是：人口的必然会受到生活资料的限制。他进一步认为，当人口增长超过生活资料增长所能允许的范围时，就必然会导致贫困。虽然战争、瘟疫和其他灾难经常可以减少人口，但避免人口过剩的较好的办法是"道德限制"，譬如实行晚婚、婚前守节等方法。但考虑到大多数人不会实行这些受限制的方法，因此他断定人口过剩无法避免，贫困的存在几乎是不可摆脱的，而且他认为贫困的存在不仅是必然的，也是必要的。因为任何一个社会都无法做到使每个人都吃饱穿暖，在人口增长的作用下，缺吃少穿者将永远存在。何况生活困难有助于人们去学习技能，男人应该为了养活全家而付出辛勤劳动。他反对对贫困者的社会救助，强调贫困的个人责任，认为贫困是私人问题而不是社会问题，贫困在本质上是一种个人对抗社会的失败，其主要责任在贫困者本身，是贫困人口过度增长的结果。针对英国《济贫法》的实施，马尔萨斯指出：济贫院的救济会使过剩的贫困人口继续存在、继续繁殖，济贫院给贫民提供工作会增加在业工人的失业。

根据上述思想，马尔萨斯对英国当时的社会救助制度进行了批评，指出这种以家庭人口数量为基础的制度存在以下弊端：

第一，社会救助制度会导致更多的劳动者申请救助。它一般会导致人口增长，而食物等生活资料并没有相应增加，每个人分配到的生活资料会减少，导致一些不需要社会救助的人生活质量下降，甚至必须申请社会救助。

第二，社会救助制度不利于发挥国民的自立精神。富人对穷人的给予，不仅将导致富人的优越感，也会让穷人形成依赖感，这种制度正在消除人们的自立意识。事实上应该形成这样一种风气：把没有自立能力而陷入贫困看作一种耻辱。这种风气对英国的劳动力市场来说也会形成良好的影响。

马尔萨斯提出了解决这些问题的方法：英国各地可以为极端贫困人员建立济贫院，收容本地的贫困人员，并由全国统一征收济贫税来解决资金问题。但济贫院并不是困难时期过舒适生活的避难所，而应当被看作暂时缓和困难的地方，因此济贫院中的生活应该是艰苦的，凡是有劳动能力的人都应该被强迫劳动。

9.2.4　新剑桥学派的社会救助思想

新剑桥学派（New-Cambridge School）以凯恩斯的收入分配理论为依据，主张回到李嘉图传统，建立一个以客观价值理论为基础、以现代收入分配理论为中心的理论体系，主要代表人物包括琼·罗宾逊（Joan Robinson）、尼古拉斯·卡尔多（Nicholas Kaldor）、皮埃罗·斯拉法（Piero Sraffa）、卢伊季·帕西内蒂（Luigi Pasinetti）等。由于这一学派的主要代表人物都在剑桥大学任教，其主张又都背离了以马歇尔为首的旧剑桥学派的新古典经济学传统，故名新剑桥学派。

新剑桥学派的核心理论是收入分配论，其政策重点也是收入分配政策。该学派认为，国民收入的分配和再分配不合理，是资本主义生产方式的症结所在。只要主动地、积极地采取多种多样的措施，来调节国民收入的分配和再分配，使之趋于"合理化"、使收入实现"均化"，就有可能保持社会的长治久安。因此，新剑桥学派寄希望于国家实行包括社会福利措施在内的社会政策，来调节收入的分配，以实现收入"均化"。而"普遍福利"政策正是建立在收入"均化"的基础之上的。

该学派收入分配政策的具体措施包括：

其一，通过合理的税收制度改变收入不均的状况。其主张实行高额财产税、累进所得税；向高收入者多收税，以抑制他们收入的过多增加，使社会各阶层之间的收入臻于"均化"；实行断然的、几乎没收性的遗产税，只给寡妇、孤儿留下适当的终生财产所有权，以消除历史上财产过分集中于一极的不合理现象；没收的遗产税转交国库，用于社会救助和社会福利方面。

其二，国家应对低收入家庭进行救助或补贴，逐渐减少以至消除贫困家庭。

其三，对劳动力进行训练，提高他们的文化技术水平，使他们能有更多的就业机会。其主张提高失业社会保险津贴的标准，使失业者有可能享受科学、文化和技术知识的教育，获得技艺和知识水平的提高，以便日后能够从事收入丰厚一些的工作，从而改善收入不均等状况。

总之，新剑桥学派对西方国家"普遍福利"政策的实施，特别对英国"普遍福利"政策的继续推行产生了很大的影响，进一步丰富了社会保障的理论基础。

9.2.5　福利经济学的社会救助思想

1.旧福利经济学的社会救助思想

1920年，英国经济学家庇古《福利经济学》的出版标志着福利经济学的正式诞生。庇古认为，实际收入的边际效用是递减的，收入大则边际效用小，收入小则边际效用大。同样1英镑的收入对穷人和富人的效用是不同的，穷人1英镑的效用比富人1英镑的效用要大，所以当1英镑从富人转移给穷人时，社会福利就增加了。根据边际效用递减法则，要增进社会福利，就必须实现收入均等化，将富人的一部分货币转移给穷人。当所有人的收入均等从而使货币的边际效用相等时，社会福利就会达到最大化。

庇古把国民收入量的增加和均等化的收入分配看作福利经济学研究的主题，并以国民收入的大小和国民收入在社会成员中的分配情况为检验社会福利的两个标准。他认为，凡是能增加国民收入总量而不减少穷人的绝对份额，或者增加穷人的绝对份额而不影响国民收入的总量，都意味着社会福利的增进。针对国民收入极大化和收入均等化这两个福利经济学的重要命题，庇古将社会福利问题与国家干预收入分配问题结合起来作为一个重要的专门领域加以研究，成为西方经济学中的一项开创性工作。

庇古认为，具有收入再分配性质的社会保障措施可以扩大一国的"经济福利"，他主张：

（1）国家应该向高收入者征收累进税，为低收入劳动者增加失业补助和社会救济，以实现收入的均等化，从而增加普遍的福利效果。

（2）增加必要的货币补贴，改善劳动者的劳动条件，使劳动者患病、残疾、失业和年老时能得到适当的物质帮助和社会服务。

（3）实行普遍养老金制度或按最低收入进行普遍补贴的制度，通过有效的收入转移支付实现社会公平。

庇古的收入均等化、国家干预等思想为福利型社会保障制度的建立奠定了理论基础，并在英国得到了充分实践。英国于1948年7月宣布建立面向全体公民的"福利国家"，从而使英国成为世界上最早建成的"福利国家"。

2.新福利经济学的社会救助思想

20世纪二三十年代，英美经济学家对庇古的福利经济学进行了修改、补充和发展，于1939年前后形成新福利经济学。意大利经济学家帕累托最先提出帕累托最优或帕累托最适度的概念。他指出，如果生产资源的重新配置已经不可能使任何一个人的处境变好，除非至少使另一个人的处境变坏，那么这种情况称为"最适度"。帕累托的"最适度"意味着，只要使每个人的状况都得到改善或一些人得到改善的同时没有人状况变坏，那么任何社会变革就都是可行的，否则就是不可行的。但是，在任何一项社会变革中，一些人蒙受损失是不可避免的。于是英国的卡尔多等人提出并论证了"假想的补偿原理"。他们认为，如果一些社会成员经济状况的改善不会同时造成其他社会成员经济状况的恶化，或者一些社会成员经济状况的改善补偿了其他社会成员经济状况的恶化，社会福利就会增加。因此，政府的某些措施或立法会使一些人得益而使另一些人受损，如果得利总额超过损失总额，那么政府可以运用适当的政策、措施（包括对受益者征收特别税，对受害者支付补偿金等）来补偿受损者，这样对任何人都没有不利而对一些人有利，因而增进了社会福利。

新福利经济学中的社会救助思想，比旧福利经济学前进了一步，更具有现实意义。任何国家的社会变革，使一部分人的短期福利遭受损失是难免的，但长期来看，通过"合理"的分配措施可以弥补福利损失，甚至可以增进福利。由社会变革造成的生活贫困，政府可以通过社会保障等转移支付政策给予补偿，使贫困者摆脱贫困，补偿资金的来源正是从社会变革得利人那里征收的各种税。

9.2.6 凯恩斯主义的社会救助思想

凯恩斯主义产生于1929—1933年资本主义世界经济大危机的背景之下。凯恩斯假定，在影响消费的诸多因素（如收入水平、价格水平、收入分配、利率水平及消费者年龄结构等）中，收入是消费的唯一决定因素，收入的变化决定消费的变化。他认为存在一条基本心理规律：随着收入的增加，消费也会增加，但消费的增加不及收入的增加多。他把收入和消费两个经济变量之间的这种关系称为消费倾向；把消费倾向区分为平均消费倾向和边际消费倾向。平均消费倾向是指在任一收入水平上消费在收入中所占的比例；边际消费倾向是指在增加的一个单位收入中用于消费部分所占的比例。他认为，随着就业和收入的增加，个人用来增加消费的部分越来越少，即边际消费倾向越来越小，这样在有效需求和总供给价格之间就有一个逐渐增大的缺口不能弥补。要弥补这一缺口，就必须增加个人或家庭收入以刺激社会总消费。

凯恩斯刺激消费的政策主要有：

第一，力主消费支出。他认为，高消费可以和高投资并存，节俭虽符合道德规范但对社会不利。他指出，政府举债虽然使财政出现赤字，却可以使社会走向富裕，并有利于解决就业问题。因此，他鼓励政府消费，进而认为政府的一切支出都是生产性的，一方面，政府可以提高其购买水平，扩大对商品和劳务的需求，用于举办公共工程，如修建高速公路、水利工程等；另一方面，政府可以提高其转移支付的水平。例如，支付失业救济金、养老金等福利费用，为特殊群体提供额外津贴，延长失业救济金领取期限等。

第二，主张实行高额累进税政策，以进行收入再分配，提高消费倾向。他认为，财富分配不合理是现实社会的根本缺陷之一，分配不均会降低消费倾向，这样必然会减少有效需求，不利于经济发展和就业增加。因此，他主张国家应改变税收体系，通过实行高额累进税来缩小收入分配差距，增加消费需求，刺激经济增长。

凯恩斯主张通过财政政策大幅度提高社会福利水平，其目的主要有两点：其一是提高消费倾向。由于富人的边际消费倾向低于穷人的边际消费倾向，通过社会救助将富人的部分收入转移给穷人，逐步缩小贫富差距和消除贫困问题，从而提高整个社会的平均消费倾向。其二是稳定宏观经济。社会保障可以发挥"自动稳定器"的作用熨平经济波动。可以说，凯恩斯主义主张实施的社会救助是一种政府出面进行的、有助于提高消费倾向的、实现宏观经济稳定的"有限"再分配手段。凯恩斯的边际消费倾向递减思想与庇古的边际效用递减主张之间有着一定的联系和类似性。

9.2.7 《贝弗里奇报告》的社会救助思想

1941年，英国成立了社会保险和相关服务部际协调委员会（以下简称"调委会"），经济学家威廉姆·贝弗里奇（William Beveridge）爵士出任"调委会"主席，负责对当时的国家社会保险方案及相关服务进行调查，并就第二次世界大战后重建社会保障计划进行构思设计，提出具体方案和建议。第二年，贝弗里奇提交了题为"社会保险和相关服务"的报告，简称为《贝弗里奇报告》。这份报告在英国的贯彻和实施使其成为世界上第一个"福利国家"，也为西欧福利国家制度的建立奠定了重要的政策基础。报告发布后的60余年间，福利国家的理论和制度模式经历了从兴盛到反思教训的过程，各种改革的设想和措施直到目前依然在尝试，但报告提出的诸多原则、观点和方法至今仍具有重大的理论价值和实际意义。

在《贝弗里奇报告》中，贝弗里奇首先批评英国当时的社会保障管理混乱，机构杂乱，浪费极大。比如，在养老金的申请、公共救助和失业救济等方面，当时的制度存在四种不同的对申请人家庭进行收入调查的规定，这些规定使社会保障制度的实施变得非常复杂。

《贝弗里奇报告》主张，在实施社会保障计划时应该遵循以下两个原则：第一，面对国民的贫困、疾病、无知（教育）、陋隘（住房和环境）和失业，国家至少应当承担起保障其最低生活水平的义务。享受最低生活保障是国民的权利，而实行社会保障是国家的一种责任。第二，应对贫困的社会保障是缴费型的社会保险方式，虽致力于覆盖"从摇篮到坟墓"的所有风险，但最终要由社会救济来补充。

《贝弗里奇报告》中的社会保障计划包括社会保险（满足基本需要）、国民救助（解决特殊情况的需要）和自愿保险（满足超出基本需要的额外需要）。实际上，报告在当时就提出了多层次的社会保障体系，其中社会保险是最重要的，但社会保险并非保障人们收入的唯一措施，它需要国民救助和自愿保险作为补充。国民救助与社会保险不同，与申请者是否交纳保费无关，直接由政府以行政化方式管理。其救助对象主要包括：①不能满足缴纳社会保险保费条件的人。例如，收入低于最低标准的人或者根本就没有工作的人、残疾人、领取退休金的人等。②不能满足社会保险赔付条件的人。例如，那些不符合失业标准，因行为不良被解雇的人。③有除了饥饿、照顾及其他需求以外的非正常需求的人。④那些有不适合社会保险赔付需求的人。

贝弗里奇认为，社会救助资金要由国家财政负责开支。救助资金只能用于满足那些略高于基本生活水平的需求，但必须低于社会保险赔付，否则参保人就不会向社会保险机构缴费了。同时，申请社会救助的国民必须接受统一的资产调查，而且要求申请人必须在行为上能够符合恢复赚钱能力的要求。他还主张救助的范围从一开始就不能定得过大，而且要在养老金转轨期内逐步缩小。因为按照设计，当社会保险方案全盘实施时，其提供的资金就应当能够维持人们在各种正常情况下的基本生活。

本章小结

　　无论是发达国家还是发展中国家，都不同程度地存在着贫困问题。西方学者认为贫困涉及物质生活、精神生活、政治生活三个方面，我国学者多数把贫困理解为衣、食、住、行等物质困难。按照贫困尺度，可以将贫困分为绝对贫困和相对贫困。社会救助是反贫困最为有效的一种社会政策，它的目标是保障被救助者能够享有当时当地的最低生活标准，为此必须确定贫困标准，人们通常用市场菜篮法、恩格尔系数法、马丁法等来确定绝对贫困线；而用收入等份定义法、收入平均数法、生活形态法等来确定相对贫困线。

　　目前，发展中国家所面临的主要是绝对贫困问题，而发达国家所需要解决的主要是相对贫困问题。包括马克思的贫困化理论、阿玛蒂亚·森的能力贫困论、贫困代际传递理论、贫困恶性循环论等内容在内的贫困理论，是实施社会救助政策的理论基础之一。除此之外，中外理想社会中的社会救助思想，包括宗教中的博爱仁慈思想，马尔萨斯的社会救助思想，新剑桥学派的社会救助思想，福利经济学的社会救助思想，凯恩斯主义的社会救助思想，《贝弗里奇报告》中的社会救助思想等都是建立和实施社会救助制度的重要思想基础。

综合训练

9.1　单项选择题

1.追求共产制度与财产公有的学者是（　　　）。

A.孔子　　　　　　　　B.柏拉图　　　　　　　C.老子　　　　　　　D.亚里士多德

2."大道之行、天下为公"的提出者是（　　　）。

A.老子　　　　　　　　B.孔子　　　　　　　　C.孟子　　　　　　　D.管子

3.人口增长有超过生活资料增长的趋势论的学者是（　　　）。

A.马尔萨斯　　　　　　B.凯恩斯　　　　　　　C.庇古　　　　　　　D.亚当·斯密

4.福利经济学正式诞生的标志是（　　　）。

A.庇古《福利经济学》　　　　　　　　　　　B.凯恩斯《就业、利息和货币通论》

C.帕累托最优理论　　　　　　　　　　　　　D.《济贫法》

5.《贝弗里奇报告》的提交时间是（　　　）。

A.1940 年　　　　　　　　　B.1941 年　　　　　　　　　C.1942 年

9.2　多项选择题

1.按照贫困尺度，可以将贫困分为（　　　）。

A.绝对贫困　　　　B.相对贫困　　　　C.生活贫困　　　　D.精神贫困

2.制定最低生活标准时，一般要考虑的因素有（　　　）。

A.社会生产力水平　　　　　　　　B.社会平均收入水平

C.消费品价格指数　　　　　　　　D.贫困人口的数量

3.绝对贫困线的划定方法有（　　　）。

A.市场菜篮法　　　　　　　　　　B.恩格尔系数法

C."马丁法"　　　　　　　　　　　D.格林法

4.相对贫困线的测算方法有（　　　）。

A.收入等份定义法　　　　　　　　B.收入平均数法

C.生活形态法　　　　　　　　　　D.消费品价格指数法

5.凯恩斯刺激消费的政策主要有（　　　）。

A.力主消费支出　　　　　　　　　B.主张实行高额累进税政策

C.增加消费需求　　　　　　　　　D.刺激经济增长

9.3　复习思考题

1.简述社会救助标准的确定。

2.绝对贫困的测量方法有哪几种？

3.相对贫困的测量方法有哪几种？

4.试述贫困的相关理论。

5.简述新剑桥学派的社会救助思想。

6.福利经济学的社会救助思想有哪些？

第 10 章

城市社会救助

学习指南

【学习目标】通过本章的学习，主要掌握以下要点：

1.改革开放以来我国城市社会救助制度的发展和经验总结。

2.《城市居民最低生活保障条例》的精神。

3.城市流浪乞讨人员救助管理制度的确立。

【关键概念】"三无"人员；城市居民最低生活保障制度；救助管理

第10章关键概念

引导案例

四部委部署开展康复辅助器具社区租赁服务试点

2018 年 12 月，民政部、发展改革委、财政部、中国残联联合印发《关于开展康复辅助器具社区租赁服务试点的通知》（民发〔2018〕152 号），在全国部署开展康复辅助器具社区租赁服务试点。

通知提出，为贯彻落实《国务院关于加快发展康复辅助器具产业的若干意见》（国发〔2016〕60 号），将在自愿申报、省级推荐、专家评审基础上，遴选 12 个地市级以上行政区域（含副省级城市、直辖市），围绕健全工作机制、培育市场主体、构建服务网络、规范服务行为、提振消费能力、强化服务支撑、大力宣传推广等 7 个方面主要任务结合实际、有所侧重开展试点工作，试点时限为期 2 年。

通知强调，试点目标是指导试点地区率先建成供应主体多元、经营服务规范的康复辅助器具社区租赁服务体系，服务网络覆盖本地区 50% 左右社区，通过租赁服务配置康复辅助器具的人数逐步增多，康复辅助器具配置率不断提高，创造一批各具特色的典型经验和先进做法，形成一批可持续、可复制的政策措施和服务模式。

通知要求，申报试点的地区必须具备以下条件：党委、政府高度重视，有强烈的试点意愿，在试点领域已出台或即将出台相关支持政策措施，试点领域工作基础较好，有明显亮点或优势等。试点申报材料经省级民政部门会同发展改革、财政、残联等单位评审后，于 2019 年 2 月 28 日前报送民政部。

资料来源　佚名.四部委部署开展康复辅助器具社区租赁服务试点[EB/OL].[2018-12-28].http://www.mca.gov.cn/article/xw/mzyw/201812/20181200014095.shtml.

【案例思考】

1.康复治疗对于病患有什么样的意义？

2.梳理总结我国城市社会救助政策。

中华人民共和国成立以来，社会救助制度一直没有形成一个比较系统的体系，而是非常分散，甚至可以说应急性规定比较多。尽管如此，我们仍能够看到，国家对于社会救助一直是非常重视的，不仅制定了大量法规、政策规范社会救助事业，而且还为社会救助投入了大量财力和物力，保障了那些处于生活困境的人的基本生活，维护了社会稳定。

§10.1　城市社会救助的发展概况

10.1.1　改革开放前中国城市社会救助

1949 年 10 月 1 日，中华人民共和国的成立，使我国社会救助事业进入了一个新的发展阶段。至改革开放之前，我国城市社会救助工作在不同的时期呈现出不同的特点，大体经历了如下几个阶段：

第一阶段：大规模紧急救济阶段。中华人民共和国成立初期，国家满目疮痍，百废待兴。由于帝国主义的掠夺和长期战争的破坏，人民生活水平极其低下，数以千万计的民众遭受着贫困、饥饿、瘟疫和死亡的威胁。当时，全国失业人数逾 400 万，还有许多处于半失业状态，更有大批的难民、灾民和无依无靠的孤老残幼流落街头。同时，还有 16 个省遭受特大洪水灾害，遍及长江、淮河、汉水、海河流域，受灾人口达4 500多万人。针对当时的严重灾情，党中央开展了大规模的社会救济工作，并将其作为安定社会、巩固新政权的重要任务来看待。1949年11月，负责救灾、救济的内务部召开了各重灾省救灾汇报会，提出了"不许饿死人"的口号和"节约防灾，生产自救，群众互助，以工代赈"的救灾方针。同年12月，政务院发出了《关于生产救灾的指示》，内务部发出了《关于加强生产自救劝告灾民不往外逃并分配救济粮的指示》。1950年2月，我国成立了中央救灾委员会，由董必武任主任。同年4月又在北京召开了中国人民救济代表会议，成立了中国人民救济总会。在中央政府强有力的领导下，全国上下同心协力，战胜了连年不断的自然灾害，如1950年华北地区的大旱灾和1952年华东地区的大旱灾，1953年东北地区、华北地区的大水灾和1954年江淮流域的大水灾，以及1955年南方各省罕见的冻害等。

中华人民共和国成立之初，我国有数以百万计的城市贫困户。在各大中城市，街巷中满是灾民、难民，失业人员和无依无靠的孤老残幼也比比皆是。尽管当时国家财政还十分困难，但仍拨出大量经费和粮食，开展了大规模的城市社会救济工作。据不完全统计，在中华人民共和国成立之后的一年多时间里，武汉、广州、长沙、西安、天津等14个城市紧急救济了100多万人。到1952年，全国152个城市常年得到定期救济的人口达120多万，得到冬季救济的约达150多万，有的城市接受社会救济的人口竟达20%～40%。为了帮助城市贫民从根本上解决生活问题，"生产自救"被摆在一个很重要的位置。首先是以工代赈，组织大批失业贫民参加市政建设。其次是举办烈军属和贫民生产单位，从事手工业和小型工业生产。大规模的城市社会救济和生产自救迅速稳定了社会，恢复了秩序，使城市社会生活走上了正常轨道。

第二阶段：社会主义改造至"五五"计划时期建立和发展社会救济制度阶段。随着"一五"计划提前实现，到20世纪50年代后期，我国逐步形成了与计划经济相适应的传统社会救济制度。从整个社会保障制度的设计安排看，在城市（镇），以充分就业为基础，将绝大部分城市（镇）人口纳入到全民所有制和集体所有制单位之中就业，就业与社会保障合二为一，高度统一。劳动者一旦实现了就业，就消除了后顾之忧，甚至连同他们家属的生、老、病、死都依靠政府和单位了，国家只对少数没有单位或集体管理、无依无靠的孤老残幼负责。后又增添了一部分家庭人口多、劳动力少的困难户、年老体弱的小摊贩、人力三轮车工人、被取缔的封建迷信职业从业者、无经济来源、生活困难的刑事罪犯家属等。

第三阶段：三年困难时期和国民经济调整时期加强救济工作阶段。1958年由于指导思想上的失误，加上三年严重自然灾害，国民生活水平急剧下降。在城市，需要社会救济的人数急速增加，国家也相应加强了这方面工作。这一时期社会救济最大的特点，是根据党中央、国务院的部署，开展了对精简退职职工的救济工作。1962年6月，国务院下发了《关于精简职工安置办法的若干规定》。1965年6月，国务院又下发了《关于精简退职的老职工生活困难救济问题的通知》和《国务院批转内务部关于当前城市社会救济工作的报告》。根据国务院的多次指示，各地民政部门积极开展了对精简退职老职工的救济工作，对从1961年1月1日到1965年6月9日期间精简退职的1957年底前参加工作的国营、公私合营、事业单位和国家机关、人民团体、民主党派、军事系统而无军籍的职工，给予一次性退职补助金；对全部或大部分丧失劳动能力的职工，或者长期患病影响劳动较大的职工、家庭生活无依无靠的职工，办理了原标准工资 40% 的救济，并给报销本人医疗费的 2/3；对不符合享受 40% 救济而生活确实困难的，尽可能安排他们参加生产自救，生活仍有困难的，给予定期或临时社会救济，使他们生活状况不低于当地一般居民的水平。据不完全统计，截至 1965 年底，全国有 4.66 万人享受了原标准工资 40% 的救济。

第四阶段：十年"文化大革命"时期社会救助工作停顿阶段。1966 年爆发的"文化大革命"历经十年，严重地破坏了社会救助工作。此项工作被当作修正主义遭到批判。加上当时内务部机构被撤销，工作人员被遣散，导致社会救济工作无法正常开展，除了按原有的救济名册发放救济款外，其他工作基本处于停顿状态，有的地方甚至停发了救济款，使得一大批符合救济条件的困难户得不到应有的救济，造成了极大的负面影响。

10.1.2　改革开放后的中国城市社会救助

在我国城市贫困问题发展的初期，我国政府并没有考虑创建一种制度性的社会政策作为长久的应对措施，而是习惯性地采用了"搞群众运动"的临时补救措施，如在全国搞"社会帮困"活动、"送温暖"工程等。这些活动成本不菲，收效却甚微。传统的社会救助制度至少有以下几个方面的缺陷：

（1）救助对象有限。长期以来，我国城市社会救助对象仅限于无法定赡养人、无劳动能力、无经济来源的"三无"人员，致使救助对象人数极其有限。1994 年，全国得到国家定期定量救济的城镇困难人数只有 90 万人（不包括特殊对象），占总人口的比重约为 0.075%。不合理的限制条件使许多有实际困难的城镇居民成为"三不管"人员，他们的困难程度甚至远远超过民政救济对象。

（2）救助标准低。我国的社会救助标准一直偏低，1992 年，我国用于城镇困难户的定期定量救助经费是 8 740 万元，救助对象人均月救济金额为 38 元，仅为当年城镇居民人均月生活费的 25%。

（3）救助经费严重不足。救助标准过低的直接原因是救助经费的不足。1994 年政府支出的社会救济费用只有 22.2 亿元，加上集体支出 14.4 亿元，总共只有 36.6 亿元，不到当年国内生产总值的 0.2%，政府支出部分不到国家财政收入的 0.5%。

我国 20 世纪五六十年代形成的与计划经济体制相配套的城市社会救助制度已经远远不能适应新的形势。党的十一届三中全会的召开，揭开了我国社会主义现代化建设的新篇章，也使得城市社会救助工作焕发出新的生机。改革开放后的中国城市社会救助工作经历了两个阶段。

第一阶段：1978—1993 年，社会救助工作恢复和发展阶段。由于六七十年代所制定的救济标准太低，以及要解决 60 年代初精简退职职工生活困难的历史遗留问题，党中央、国务院多次下文并采取有力措施，较好地解决了这一历史遗留难题，而且各地根据当地财政状况和人民生活水平的实际，多次调整社会救济金的标准，让城市困难户也分享经济发展的果实。从全国范围来看，1979 年支出城市社会定期救济费 1 785 万元，享受救济人数达 24 万人，平均每人每年 75 元；1992 年支出城市社会定期救济费 8 740 万元，定期享受救济人数达 37.6 万人，平均每人每年 232 元。

在这一阶段，根据上级相关政策和规定，各地也积极恢复或开展对特定人员的救济或补助工作。这部分人群很多，范围较广，主要有原国民党起义、投诚人员；宽大释放的原国民党党政军特人员；生活困难的摘掉"右派"帽子人员；受迫害和错划成分人员；台胞台属；生活困难的散居归国华侨、老侨、侨生；下乡知识青年因工致残人员；生活无着、丧失劳动能力的大学毕业生；麻风病人；生活困难的刑事罪犯的家属等十几种。对这些人员的社会救济工作，保持了社会稳定，调动了广大群众的积极性，收到了良好的社会效果。

第二阶段：1993年至今，改革社会救助制度、建立城市最低生活保障制度阶段。1992年党的十四大确定了未来建立社会主义市场经济的目标，随着经济体制改革的深入，社会上出现了大批下岗失业工人和困难企业职工，他们收入低，生活困难，而传统的社会救助模式又难以维持贫困居民的最基本生活水平。鉴于此，上海市于1993年率先实施城市居民最低生活保障制度。它是政府对家庭人均收入低于最低生活保障标准的城市贫困人口进行救助的一种新型社会救助制度。与原有的社会救济制度相比，城市居民最低生活保障制度有以下四个特点：一是扩大了保障范围；二是保障资金来源由财政和保障对象所在单位分担方式过渡到财政负担方式；三是提高了社会救济的规范化、制度化水平；四是保障标准有所提高。由于实施最低生活保障制度效果良好，民政部在总结各地经验的基础上，在全国进行试点和推广。1997年，国务院发出了《关于在全国建立城市居民最低生活保障制度的通知》，规定凡具有城市户口的居民，家庭人均收入低于当地一定标准者均可申请最低生活保障，并且将其当作市民的一项基本权利。目前，对城市贫困居民的救助主要依据1999年国务院颁布实施的《城市居民最低生活保障条例》。该条例对保障对象、保障原则、保障标准、资金来源、申请程序、管理机构等均作了明确规定。

进入21世纪，针对城市贫困居民制度性的生活救助进展迅猛，保障人数不断增加，形成了基本覆盖城市各类贫困群体的"最后安全网"，并正朝着综合救助方向发展。

值得一提的是，在城市社会救助中有一个特殊的救助种类：针对城市生活无着的流浪乞讨人员的救助。改革开放以来，由于城乡二元经济社会结构和对人口流动限制的放松，大量农民向城市涌动，其中一些没有获得正常生计的人就沦为流浪乞讨人员。政府实施救助计划，最初是想通过设立收容遣送站，以收容遣返的方式，把这些在城市生活无着的人遣返回原籍。1982年，政府颁布了《城市流浪乞讨人员收容遣送办法》，规定由民政部门和公安部门联合管理这类人群。但在实际操作过程中，对流浪乞讨人员而言，收容遣送站带有较强的惩罚意味。其中一些收容站为了谋利，随意扩大收容对象并强制其劳动或缴纳高额费用。2003年，湖北大学生孙志刚在广州求职，被强制收容并被打死的事件，引发社会各界的广泛关注，直接导致原来的收容遣送办法被终止。2003年6月18日，《城市生活无着的流浪乞讨人员救助管理办法》出台，改收容遣送站为救助站，突出强调了对这类人群提供基本食物、住宿和医疗方面的救助，淡化了以往的强制、惩罚色彩，强化了自愿受助的成分，同时由民政部门独立管理。

10.1.3 改革开放以来城市社会救助工作的经验总结

改革开放以来，随着我国市场化改革的不断深入，大量下岗、失业工人和困难企业职工的生活陷于困境，使得城市贫困问题开始显现出来。对此，政府在不同时期采取了不同的措施力促其脱贫，并且呈现如下特点：

首先，从扶持企业到直接救助贫困人口。随着我国揭开市场化改革的序幕，部分国有企业的效益开始下滑，从而影响到了一部分职工的生活水平。这样，到 20 世纪八九十年代，如何救助困难企业职工成了摆在政府面前的一道难题。当时，政府的思路是通过给予亏损的国有企业大量补贴，希望企业发挥安置工人就业、提高职工生活水平的功能。但随着国有企业亏损面越来越大，国家这种补贴方式难以为继，并且也不符合社会保障社会化改革的方向。鉴于此，90 年代后期，中央政府调整政策，由重视扶持国有企业向重视直接救助贫困人口转变，积极推进城市居民最低生活保障制度建设，加大保障资金投入。

其次，从道义性扶贫到制度性扶贫。对于 20 世纪八九十年代出现的部分职工生活困难的状况，当时的政策和舆论基本上都沿用原来的思路，希望通过深化国企业改革来解决问题。在这样的背景下，对困难职工的扶助仍在原有体制框架中进行，其得不到特别的制度支持。这一时期的城市扶贫具有象征性、道义性特征，最初直接针对城市贫困人口的扶贫活动是 1992 年全国总工会发起的"送温暖活动"。随着形势的发展，到 90 年代，政府开始在城市实行最低生活保障制度，其标志着城市扶贫由道义性向制度性转变。

最后，从基本生活救助向综合救助方向发展。我国传统的城市社会救助标准一直偏低，1992 年，国家用于城市困难户的定期定量救助经费是 8 740 万元，救助对象人均月救助金额是 38 元，仅为当年城镇居民人均生活费的 25%，难以维持贫困家庭的最基本生活。这是在城市推行最低生活保障制度的宏观大背景。然而，在实施此项计划的过程中，各地基本上遵循"就低不就高、低标准起步"的原则，在某些地方因财政紧张，甚至出现了人为降低"低保"标准的现象，导致"低保户"最多只能解决最基本的吃饭问题，而在就业、就医、子女上学、住房等方面仍困难重重。鉴于此，近年来，一方面，各地逐年提高"低保"标准；另一方面，一些地方积极探索建立制度化的综合救助模式，以更好地满足贫困户的多种需求，促进他们的脱贫进程。例如，广东、上海等发达地区进行探索的主要做法是以保障对象基本需求以及现阶段政府财力为基础，重点实现生活、医疗、教育、住房救助的"四位一体"。

§10.2 城市最低生活保障制度

随着社会经济转型和市场经济的发展，城市贫困问题变得越来越突出。在此背景下，鉴于原有单位体制保障居民生活的功能日趋弱化，传统的社会救助制度也弊端丛生，新型社会保障体系又不健全，一些地方开始探索社会救助制度的改革，以有效保障贫困居民的基本生活需要。

10.2.1 城市低保制度的创立过程

各地在改革实践中开始推广适合当地特点的救助制度，上海率先建立了城市居民最低生活保障制度。这项制度从 1993 年在上海初创到 1999 年国务院正式颁布《城市居民最低生活保障条例》并在全国普及，仅用了 7 年的时间。大体上，城市居民最低生活保障制度作为一项新型的社会救助制度，从试点到正式确立经历了三个重要阶段。

第一阶段，1993 年 6 月至 1995 年 5 月，试点阶段。1993 年 6 月 1 日，上海市率先制定了城市居民最低生活保障制度，拉开了城市社会救助制度改革的序幕。上海市的实践引起了主管社会救助工作的民政部的注意，民政部认为这种做法代表了民政事业改革的新方向和新思路。在1994年召开的第十次全国民政会议上，民政部肯定了上海的经验，提出了"对城市社会救济对象逐步实行按当地最低生活保障线标准进行救济"的改革目标，并部署在东部沿海地区进行试点。到1995年上半年，全国已有上海、厦门、青岛、大连、福州、沈阳等6个大中城市相继建立了城市居民的最低生活保障制度。在这一阶段，这项制度的创建和实施基本上是各城市地方政府的自发行为。

第二阶段，1995年5月至1997年8月，推广阶段。1995年5月，民政部先后在厦门、青岛召开了全国城市最低生活保障工作座谈会，号召各地积极探索建立城市低保制度。1996年初召开的民政厅局长会议决定，要在全国加大推广低保制度的力度。此后，形势发展得更快，到1997年5月，全国已有206个城市建立了这项制度，约占全国建制市的1/3。这一阶段，探索建立低保制度的工作已经引起了中央的注意，国务院对此也给予了充分肯定，在《国民经济和社会发展"九五"计划和2010年远景目标纲要》这一重要文件中，也明确指出要逐步建立城市居民最低生活保障制度。

第三阶段，1997年8月至1999年底，普及阶段。1997年9月2日，国务院颁发了《关于在全国建立城市居民最低生活保障制度的通知》。在中共十五大召开前夕，国务院召开了电视电话会议，向各省、自治区、直辖市部署了这项工作，要求到1999年底，全国所有的县级市和县政府所在的镇都要建立居民最低生活保障制度。继之，在中共十五大报告中再次强调要"实行保障城镇困难居民基本生活的政策"。至此，建立城市低保制度已经成为中共中央和国务院的重大决策，这是低保制度得以在全国迅速推广的重要前提。随后，各地党政领导高度重视起来，从国务院的通知下发到1997年底，在短短几个月的时间里，建立低保制度的城市增加了100多个，还有290个县级人民政府所在地的镇也建立了低保制度。

在中央政府的要求下，民政部在建立最低生活保障制度方面加大了督办力度。经过近两年的努力，到1999年11月底，在泉州市召开的民政部全国城市居民最低生活保障工作会议上，民政部副部长范宝俊宣布：截至1999年9月底，全国668个城市和1 638个县政府所在地的建制镇已经全都建立了居民最低生活保障制度。到10月底，最低生活保障对象增加到282万人，比传统社会救济的范围要大得多。其中，传统民政对象占21%；新增加的救助对象占79%。1999年1—10月，全国共支出最低生活保障金15亿元。就救助对象和保障资金而言，都比建立这项制度前的1992年增加了10多倍。

1999年国庆50周年前后，鉴于各地的低保标准整体偏低，中央政府要求各地的最低生活保障标准普遍提高30%（在各地原标准的基础上），以改善困难居民的生活。增加的开支，80%以上出自中央财政，除北京、上海、山东、江苏、浙江、福建、广东等7省市以外，其他省、直辖市、自治区都得到了中央的财政补贴，共计达4亿元。

随着社会救助改革与实践的发展，2014年2月21日，国家以国务院令（第649号）的形式发布了新《社会救助暂行办法》，自2014年5月1日起施行。同时，社会救助标准不断提高。截至2017年底，全国共有城市低保对象741.5万户，共计1 261.0万人；共有农村低保对象2 249.3万户，共计4 045.2万人。2017年，全年各级财政共支出城市低保资金640.5亿元，全年各级财政共支出农村低保资金1 051.8亿元。

10.2.2　《城市居民最低生活保障条例》

1999年9月28日，国务院颁布了《城市居民最低生活保障条例》，并于当年10月1日起正式实施。该条例的颁布、实施，标志着城市社会救助制度改革取得了初步成果，正式在全国城镇范围内建立了居民最低生活保障制度。

《城市居民最低生活保障条例》对城市低保的对象、低保制度的原则、领导机构和管理部门、资金来源、保障标准、保障程序、动态管理以及低保监督与处罚等方面，都做出了具体规定：

（1）保障范围。持有非农业户口的城市居民，凡共同生活的家庭成员人均收入低于当地城市居民最低生活保障标准的，均有从当地人民政府获得基本生活物质帮助的权利；对于无生活来源、无劳动能力又无法定赡养人、抚养人或扶养人的城市居民，批准其按照当地城市居民最低生活保障标准全额享受；对尚有一定收入的城市居民，批准其按照家庭人均收入低于当地城市居民最低生活保障标准的差额享受。

（2）保障标准。城市居民最低生活保障标准，按照当地维持城市居民基本生活所必需的衣、食、住费用，并适当考虑水、电、燃、煤费用以及未成年人的义务教育费用确定。各地根据当地经济发展水平，确定最低生活保障金标准。

（3）保障资金的来源。城市居民最低生活保障制度所需资金，由地方人民政府列入财政预算，纳入社会救济专项资金支出项目，专项管理，专款专用。国家也鼓励社会组织和个人为城市居民最低生活保障制度提供捐款、进行资助；所提供的捐赠、资助，全部纳入当地城市居民最低生活保障资金中。这些规定虽然表明最低生活保障资金来源于财政和社会捐赠两个渠道，但是地方政府依然是资金使用的主要责任者。近年来，随着社会经济的发展，各地最低生活标准也在不断提高。

10.2.3　城市低保制度的推进

与传统的社会救济制度相比，新确立的低保制度至少比预期具有以下一些效果：扩大了保障范围，覆盖所有城市贫困人口；提高了保障标准，有效满足了贫困居民的基本生活需求；通过落实财政转移支付，稳定保障经费的来源；使社会救助更加规范化、制度化；替代原有单位体制的保障功能，再造中国社会保障制度，而不是像以前的社会救济，只是作为单位保障的次要补充。但是，城市低保制度还存在一些缺陷，有待进一步完善。

1999年11月，民政部在泉州召开全国城市居民最低生活保障工作会议，提出了低保工作所面临的问题。例如，最低生活保障与下岗职工基本生活保障及失业救济衔接困难；最低生活保障的实施有待进一步规范；有的地区的民政部门对开展最低生活保障工作还不完全适应。2000年5月2日，国务院颁布《关于切实做好企业离退休人员基本养老金按时足额发放和国有企业下岗职工基本生活保障工作的通知》（国发〔2000〕8号）；2000年6月1日，中共中央办公厅和国务院办公厅又联合颁发《关于进一步做好资源枯竭矿山关闭破产工作的通知》。这两个文件的一个共同目标就是推动下岗职工基本生活保障、失业救济和居民最低生活保障的衔接。

另一方面，在低保制度正式确立后的最初两年里，低保工作的成效还不是很明显，至少不像制度设计者和公众所预期的那样好。截至2001年6月底，全国只有458万城市居民享受最低生活保障，比1999年9月只增加了不到200万人。而与此同时，还有数以千万计的城市居民有着最低生活保障需求，城市低保制度的覆盖面非常有限，所谓应保未保的问题非常突出。

为了切实做好城市居民最低生活保障工作，国务院办公厅在2001年11月下发了《关于进一步加强城市居民最低生活保障工作的通知》（国办发〔2001〕87号）。中央财政和地方各级财政纷纷加大了对低保资金的投入，民政部门也积极推动低保制度的落实。2001—2002年，是城市低保制度推进的关键时期。在这一阶段，城市低保工作取得了突破性进展，主要体现在保障对象迅速增加、资金投入力度空前加大两个方面，初步解决了"应保未保"的问题。

从1997年国务院发出通知推广城市低保制度到2000年，低保对象年均增长104.9万人，年均增长率为119.34%；而从2001年6月到2002年6月的一年时间里，低保对象净增长1 472.8万人，年增长率为321.57%，是1997—2000年年均增长率的2.69倍。

从低保对象的构成看，2002年民政部门已将离岗职工中的生活困难者纳入低保范围，他们是净增人数最多的一类，已达442万人，占低保对象总数的22.0%。其他增幅较大的群体依次是贫困人口家属、失业人员、下岗职工、在职职工、退休职工和"三无"对象。在2 064.7万低保对象中，特困职工（包括在职职工、下岗职工、离岗职工和退休人员）已经成为主体，占50.8%，而传统上由民政部门救济的"三无"对象只占5%。

表10-1列示了2010—2017年城市居民最低生活保障人数情况。

表10-1　　　　　　　**2010—2017年城市居民最低生活保障人数情况**　　　　　单位：万人

年份	2010年	2011年	2012年	2013年	2014年	2015年	2016年	2017年
城市居民最低生活保障人数	2 310.5	2 276.8	2 143.5	2 064.2	1 877.0	1 701.1	1 480.2	1 261.0

随着近年来社会经济的发展，民政部积极组织修订《城市居民最低生活保障条例》，进一步完善城市低保标准制定与调整机制。同时，为进一步规范城乡居民最低生活保障标准的制定和调整工作，民政部于2011年下发了《关于进一步规范城乡居民最低生活保障标准制定和调整工作的指导意见》，要求综合使用统计数据、监测数据和调查数据，运用"基本生活费用支出法"、"恩格尔系数法"或"消费支出比例法"，科学测算当地城乡低保标准。经国务院批准，2014年1月28日，国家发展改革委、民政部、财政部、人力资源和社会保障部、国家统计局也联合下发通知，要求各地在2014年3月底前完善社会救助和保障标准与物价上涨挂钩的联动机制。通知要求，各地以居民消费价格指数（CPI）同比涨幅连续3个月超过3%~4%之间（具体由各地结合情况自行确定），或CPI中粮食价格同比涨幅连续3个月超过10%，作为联动机制启动临界条件。通知规定，各地要以省级或地市级为单位统一启动或者中止联动机制，不得进一步下放至县区级。当CPI或者CPI中粮食价格同比涨幅连续3个月达到临界条件时，要及时启动联动机制，向困难群众发放价格临时补贴。通知明确，各地要以省级或地市级为单位确定统一的价格临时补贴标准，并按照保证不低于物价上涨对困难群众生活影响的原则，在全省（自治区、直辖市）范围内设定统一的价格临时补贴最低标准。按月计算价格临时补贴额，按季发放。同时还附有附件两份：中国居民膳食能量推荐摄入量、中国居民不同能量水平建议食物摄入量。中国居民膳食能量推荐摄入量（千卡/日）见表10-2。中国居民不同能量水平建议食物摄入量

（克/日）见表10-3。

表10-3 　　　　　　　中国居民膳食能量推荐摄入量（千卡/日）

分类	男	女
轻体力活动	2 400	2 100
中体力活动	2 700	2 300
重体力活动	3 200	2 700

有关说明：（1）表10-2中所列为18～49岁成年人膳食能量推荐摄入量；（2）综合考虑轻体力活动男、女膳食能量推荐摄入量，建议以2 200千卡/日作为测算城乡低保标准时的参考数据。

表10-3 　　　　　　中国居民不同能量水平建议食物摄入量（克/日）

类别	1 600千卡	1 800千卡	2 000千卡	2 200千卡	2 400千卡	2 600千卡	2 800千卡
谷类	225	250	300	300	350	400	450
大豆类	30	30	40	40	40	50	50
蔬菜	300	300	350	400	450	500	500
水果	200	200	300	300	400	400	500
肉类	50	50	50	75	75	75	75
乳类	300	300	300	300	300	300	300
蛋类	25	25	25	50	50	50	50
水产品	50	50	75	75	75	100	100
烹调油	20	25	25	25	30	30	30
食盐	6	6	6	6	6	6	6

§10.3 城市流浪乞讨人员的救助制度

城市居民最低生活保障制度是针对具有城镇户口的常住居民的。在城市还有一项针对非常住的流浪乞讨人员的救助制度。该项制度始于中华人民共和国成立初期，初定于20世纪80年代，并在2003年进行了重大改革，突出强调了其社会救助取向，从而标志着针对流浪乞讨人员的社会救助制度即《城市生活无着的流浪乞讨人员救助管理办法》（2003年6月20日国务院令第381号公布）正式确立。

10.3.1 收容遣送制度的建立

中华人民共和国成立初期，我国很多城市都存在大量的流浪乞讨人员，这些人包括国民党的散兵游勇、灾民、失业者以及妓女、吸毒者等，他们不仅生活艰难，而且构成了对新生政权的潜在威胁。为此，当时各城市普遍采取收容、救济、改造和遣送相结合的办法来解决这一问题。这大概可以被看作收容遣送制度的发端。

后来，在经济恢复和发展过程中，农村又出现了社会分化，城乡差距也逐步显现。在此背景下，一些农民又自发涌入城市，并且其规模呈现不断扩大的趋势。在实行计划经济的思路下，政务院于1953年4月发布了《关于劝止农民盲目流入城市的指示》，要求农民返回农村，其中也采取了一定的收容遣送办法。1957年12月18日，中共中央、国务院联合发出《关于制止农村人口盲目外流的指示》，国务院还发布了《关于安置自由流动人口的几项办法》，明确要求各级民政部门改进和加强收容遣送，切实做好自由流动人员的工作。在20世纪50年代末60年代初的三年困难时期，国家更是采取收容遣送的办法安置了大批流入城市的灾民。1961年11月11日，中共中央批准了公安部《关于制止人口自由流动的报告》，决定在大中城市设立收容遣送站，以民政部门为主，负责将流入城市的人员收容起来，遣送回原籍。至此，收容遣送工作实际上已经制度化。后来，随着农村集体化和城市单位制的加强，以及城乡分割的户籍制度逐步强化，农民自发流入城市的问题已经不很突出了。

改革开放以来，随着农村经济体制改革和城市经济的快速发展，农民自发流入城市的问题又日益突出，其中包括了流入城市乞讨的农民。为了解决这一问题，政府总结以往经验，正式制定了收容遣送制度，于1982年5月12日由国务院发布了《城市流浪乞讨人员收容遣送办法》。该办法第一条规定："为了救济、教育和安置城市流浪乞讨人员，以维护城市社会秩序和安定团结，特制定本办法。"第二条规定了收容遣送的对象，即家居农村流入城市乞讨的、城市居民中流浪街头乞讨的和其他露宿街头生活无着的人员。

10.3.2 收容遣送制度的异化

收容遣送制度最初是针对流浪乞讨人员的，虽然最终的目的是"维护城市社会秩序和安定团结"，但是毕竟包含了救济的成分。该制度规定各收容遣送站要安排好收容对象的生活，并要求流出地人民政府妥善安置，认真解决他们的生产、生活困难。

但是，在实践过程中，收容遣送制度逐步异化，突出表现为以下几点：

第一，社会救助的功能逐步淡化，社会管理的功能逐步强化。后来的收容遣送制度更加强调维护社会秩序，加强社会管理，其对象已经远远不只是流浪乞讨人员了，其收容遣送的主要目的也不再是提供救助，而是服务于整顿治安和其他目的。

第二，收容遣送的范围不断扩大，远远超出了流浪乞讨人员的范畴，特别是20世纪90年代以来，各地收容遣送对象迅速增加。例如，上海市在20世纪80年代年均收容总量不超过10 000人，1988年收容遣送10 000人，约占外来人口总量的1%。进入90年代，收容遣送的人数迅速增加：1993年达到40 000人；1996年为60 000人；1997年超过10万人，已占外来人口的3.6%。在北京，1999年收容人数达到149 359人，约占外来流动人口的5%，仅当年11月26日这一天就收容了4 167人。这种收容数量的迅速增加，并不是因流浪乞讨人员突然增加了，而是大量进城流动就业的农民被当成了收容遣送的主要对象。

据估计，各地被收容的人员真正属于救助对象的平均还不到15%，其余大部分都是外来打工者。

第三，在收容遣送过程中，有的被收容者的自由、尊严和权利受到严重侵害，有时甚至危及生命。收容遣送制度原本就是具有强制性的制度，在执行过程中，由于缺乏有效的监督和制约，其逐步演变为滥用公权，导致公民的人身自由和权利受到极大损害。

第四，收容遣送逐渐演变为一些相关部门和流入地的自利行为。由于缺乏有效监督，一些负责收容遣送的公安部门、民政部门，特别是一些基层执行机构，如派出所、收容遣送站等，往往借收容遣送之名谋部门或个人之私利，在少数地区，这种情况甚至到了触目惊心的地步。

收容遣送以上一些方面的异化，最终导致收容制度原有的社会救助功能在一些地区完全丧失，真正生活无着的流浪乞讨人员根本得不到救助。因为有关部门觉得在他们身上无利可图，而作为真正的弱者，他们对于社会秩序的威胁似乎也是不大的。

导致收容遣送制度发生以上异化的原因，大体上可以归结为以下几个主要方面：

第一，收容遣送制度本身设计上的缺陷。这种缺陷表现在：①实施收容遣送制度最主要的目标是"维护城市社会秩序和安定团结"，而不是实施社会救助。②收容遣送制度在执行中，有的严重漠视公民的自由和权利。《宪法》第三十七条明确规定：中华人民共和国公民的人身自由不受侵犯。任何公民，非经人民检察院或者人民法院批准或者决定，并由公安机关执行，不受逮捕。禁止非法拘禁和以其他方法非法剥夺或者限制公民的人身自由，禁止非法搜查公民的身体。有的收容遣送机构在公民没有触犯国家任何法律法规的情况下，不经过司法审判便剥夺或限制其人身自由。③收容遣送制度在收容者和被收容者的权利、义务规定上严重不对等。收容遣送由民政、公安部门负责，他们握有强制被收容者的权力，但却没有部门对这种权力进行监督和约束，而被收容者只有配合与服从的义务，没有表达真实意愿或进行抗辩的自由和权利。④按照《城市流浪乞讨人员收容遣送办法实施细则（试行）》（1982 年 10 月 15 日）第二十二条的规定，收容遣送站可以组织被收容人员进行生产劳动并获得收入，这些收入虽然被要求主要用于被收容人员的伙食补贴和遣送路费，但是缺乏有效的制度约束，从而为收容遣送站扩大收容范围、改变收容对象并强制被收容者劳动提供了利益刺激，打开了方便之门。

第二，收容遣送制度之后的一系列政策规定加速了该制度的异化。首先，1983 年 9 月，民政部办公厅发布了《关于积极配合打击严重危害社会治安犯罪活动加强收容遣送工作的通知》，要求收容遣送工作"积极配合打击严重危害社会治安犯罪活动"，事实上强调了收容遣送制度维护城市社会秩序和安定团结的功能，这一制度开始成为"社会治安综合管理"的一种重要机制。其次，20 世纪 80 年代中期以来，越来越多的农民流入城市务工、经商，客观上增加了城市社会管理的难度。政府没有根据形势的变化积极探索新的社会管理机制，而是心存排斥、限制农民流入城市的传统思维，企图通过扩大收容遣送的范围来解决问题。1991 年 5 月，国务院在印发的《关于收容遣送工作改革问题的意见》中，将无合法证件、无固定住所、无稳定收入的"三无"人员纳入了收容遣送之列。最后，1996 年以前，我国维护社会治安经常使用收容审查制度。其主要是针对有轻微犯罪行为的人，包括流窜作案、结伙作案、多次作案等三类。公安机关一时无法取证，又不愿放掉这些人，所以按照有罪推定的原则先进行收容审查，然后证明是否犯罪。1996 年《中华人民共和国刑事诉讼法》（以下简称《刑事诉讼法》）修改，废止了收容审查制度，从而产生了治安管理上的真空。为了继续为办案提供方便，很多地方的公安机关开始利用类似于收容审查制度的收容遣送制度，以解决管理真空问题。这样做，进一步凸显了收容遣送制度的治安管理属性，而弱化了其救济安置的属性，并进一步刺激着收容范围的扩大。

收容遣送制度带有明显的计划经济时代的痕迹，甚至带有传统的乡土社会的痕迹。基于此种观念而设立的制度，很明显是不符合市场经济要求的。因此，在市场经济条件下继续强化这种制度，不仅不能发挥预期效果，而且必然导致制度的异化、变形。

10.3.3 救助管理制度的确立

2003年3月，震惊全国的"孙志刚事件"①发生，使得全社会开始关注收容遣送制度的弊端，并为政府彻底改革这一制度提供了强大的压力和动力。此后，在很短的时间内，国务院就颁布了《城市生活无着的流浪乞讨人员救助管理办法》。紧接着，民政部又发布了《城市生活无着的流浪乞讨人员救助管理办法实施细则》（2003年7月21日民政部令第24号）。这两个文件的出台，标志着新的救助管理制度正式确立。

新的救助管理制度与原来的收容遣送制度有很大的不同。

第一，新的救助管理制度有着充分的宪法依据，合法性强。它充分尊重公民的自由与权利，强调受助人员的人身安全和财产安全应得到保障。

第二，新的救助管理制度明确了对流浪乞讨人员实施救助是其唯一目标。《城市生活无着的流浪乞讨人员救助管理办法》的第一条明确指出：为了对在城市生活无着的流浪乞讨人员实行救助，保障其基本生活权益，完善社会救助制度，制定本办法。而且，新的救助管理制度由民政部门一家负责，公安部门不再直接介入，而是与卫生、交通、铁道、城管等部门一起"在各自的职责范围内做好相关工作"。这样就淡化了新制度的强制色彩。

第三，新的救助管理制度主要针对城市生活无着的流浪乞讨人员，按照《城市生活无着的流浪乞讨人员救助管理办法实施细则》的规定，就是指因自身无力解决食宿，无亲友投靠，又不享受城市最低生活保障或者农村五保供养，正在城市流浪乞讨度日的人员。细则同时明确指出"虽有流浪乞讨行为，但不具备前款规定情形的，不属于救助对象"。这里实际上是对人员自由流动的默认，特别是对一些职业乞丐之存在的默认。

第四，新的救助管理制度明确规定了自愿受助、无偿受助的原则。所谓自愿受助，指求助人员向救助管理站自愿求助，经询问符合救助对象的范围，救助管理站应给予救助。任何人不得强制流浪乞讨人员到救助站接受救助。同时，受助人员也可以自愿放弃救助，告知救助管理站后即可离站，救助管理站不得限制。公安机关和其他有关行政机关的工作人员在履行自身职责时发现流浪乞讨人员，主要负有告知和引导的义务。他们应当告知流浪乞讨人员向救助管理站求助；对其中的残疾人、未成年人、老年人和行动不便的其他人员，还应引导、护送到救助管理站。所谓无偿救助，指救助管理站不得向受助人及其家属和单位收取费用，也不得组织受助人从事生产劳动以自挣生活费及返家所需费用。救助工作所需经费由财政保障。

第五，新的救助管理制度更为明确地规定了救助内容。《城市生活无着的流浪乞讨人员救助管理办法》第七条就规定了救助站应当根据受助人员的需要提供下列救助：①提供符合食品卫生要求的食物；②提供符合基本条件的住处；③对在站内突发急病的，及时送医院救治；④帮助与其亲属或者所在单位联系；⑤对没有交通费返回其住所地或者所在单位的，提供乘车凭证。在实际工作中，还增加了对长期滞留人员的安置和对特殊困难救助对象跨省护送返乡等救助内容。

第六，新的救助管理制度明显强化了对救助站工作人员的约束，而减轻了对受助人员的约束。《城市生活无着的流浪乞讨人员救助管理办法》规定：县级以上人民政府民政部门应当加强对救助站工作人员的教育、培训和监督。救助站工作人员应当自觉遵守国家的

---

① 2003年3月，湖北青年孙志刚赴广州求职，被广州市某派出所错误收容，随后在收容站中被殴打致死，这个事件被称作"孙志刚事件"。

法律法规、政策和有关规章制度，不准拘禁或者变相拘禁受助人员；不准打骂、体罚、虐待受助人员或者唆使他人打骂、体罚、虐待受助人员；不准敲诈、勒索、侵吞受助人员的财物；不准克扣受助人员的生活供应品；不准扣压受助人员的证件、申诉控告材料；不准任用受助人员担任管理工作；不准使用受助人员为工作人员干私活；不准调戏妇女。

另外，民政部与国家档案局2014年印发了关于《生活无着的流浪乞讨人员救助档案管理办法》，强调规范生活无着的流浪、乞讨人员救助档案管理，保障受助人员和救助管理机构的合法权益。归档的材料内容主要包括：救助管理工作中形成的材料；受助人员在站期间和离站过程中形成的材料；以及救助管理机构街头救助形成的照片、录音、录像材料，救助热线电话录音、监控录像材料和救助管理信息系统形成的电子文件等。例如，管理工作材料有：求助登记表、不予救助通知书、自行离站声明书、在站服务及离站登记表、终止救助通知书。受助人员在站期间和离站过程中的材料：寻亲服务相关材料；未成年人教育、评估、矫治等材料；住院救治或者门诊治疗中形成的交接手续和入院登记表、离院登记表、出院证明等医疗服务材料以及表达受助人员治疗意愿的材料；乘车凭证复印件和小额交通费现金签收字据；亲属接领人身份证件复印件，单位、村（居）民委员会接领人证明材料及单位、村（居）民委员会接领工作人员身份证件复印件；家庭寄养、类家庭养育、机构托养协议书及相关材料；司法机关出具的证明材料以及工作人员身份证件或者执法证件复印件；长期安置证明材料；医疗机构出具的死亡证明书、公安机关出具的死亡原因鉴定书、死亡公告材料以及亲属意见、火化证明等材料等。

总之，新的救助管理制度体现了一定的开放性，鼓励、支持社会组织和个人参与救助流浪乞讨人员。同时体现了在法治时代对人的尊严和权利的尊重与保护，体现了在市场经济条件下对社会救助与社会管理的新探索，体现了政府自身正在由管制型的权力政府向服务型的责任政府的转变。

本章小结

中华人民共和国成立以来，虽然国家对社会救济一直非常重视，但社会救济制度一直没有形成一个比较系统的体系，而是应急性规定比较多。传统的社会救助制度有以下几个方面的缺陷：救助对象有限；救助标准低；救助经费严重不足。从1993年起，我国开始建立城市居民最低生活保障制度。凡持有非农业户口的城市居民，其共同生活的家庭成员人均收入低于当地城市居民最低生活保障标准的，均有从当地人民政府获得基本生活物质帮助的权利；对于无生活来源、无劳动能力又无法定赡养人、抚养人或扶养人的城市居民，批准其按照当地城市居民最低生活保障标准全额享受；对尚有一定收入的城市居民，批准其按照家庭人均收入低于当地城市居民最低生活保障标准的差额享受。

城市居民最低生活保障制度是针对具有城镇户口的常住居民的。此外，在城市还有一项针对非常住的流浪乞讨人员的救助制度。《城市生活无着的流浪乞讨人员救助管理办法》明确了对流浪乞讨人员实施救助是其唯一目标。救助管理制度由民政部门负责，公安部门不再直接介入，而是与卫生、交通、铁道、城管等部门一起"在各自的职责范围内做好相关工作"。救助管理制度体现了在法治时代对人的尊严和权利的尊重与保护，以及救助福利的切实落实。

综合训练

10.1 单项选择题

1.改革开放之前我国城市社会救助大体经历了（　　　）。

A.两个阶段　　　　　　　　B.三个阶段　　　　　　　　C.四个阶段

2.改收容遣送站为救助站的时间是（　　　）。

A.1994年　　　　　　　　B.2001年　　　　　　　　C.2003年

3.1982年，政府颁布了（　　　）。

A.《城市生活无着的流浪乞讨人员救助管理办法》

B.《城市流浪乞讨人员收容遣送办法》

C.《城市流浪乞讨人员社会救助办法》

4.国务院正式颁布《城市居民最低生活保障条例》的时间是（　　　）。

A.1993年　　　　　　　　B.1996年　　　　　　　　C.1999年

5.对流浪乞讨人员实施救助的目标是（　　　）。

A.社会稳定　　　　　　　　B.实施救助　　　　　　　　C.体现公民的自由和权利

10.2 多项选择题

1.改革开放以来，城市社会救助工作的特点有（　　　）。

A.从扶持企业到直接救助贫困人口

B.从道义性扶贫到制度性扶贫

C.从基本生活救助向综合救助方向发展

D.从慈善性向责任性方向发展

2."三无"对象救助中的"三无"是指（　　　）。

A.无家可归　　　　　　　　　　　　B.无依无靠

C.无生活来源　　　　　　　　　　　D.无赡养人和扶养人

3.收容遣送制度设计上的缺陷有（　　　）。

A.目标是"维护城市社会秩序和安定团结"

B.漠视公民的自由和权利

C.权利、义务规定上的不对等性

D.被收容人员生产劳动的收入缺乏制度约束

4.收容遣送中"三无"人员中的"三无"是指（　　　）。

A.无合法证件　　　　　　　　　　　B.无固定住所

C.无稳定收入　　　　　　　　　　　D.无身份证、暂住证、务工证

5.《城市生活无着的流浪乞讨人员救助管理办法实施细则》规定的救助对象是（　　　）。

A.自身无力解决食宿的人员

B.无亲友投靠的人员

C.不享受城市最低生活保障的人员

D.正在城市流浪乞讨度日的人员

10.3　复习思考题

1. 简述我国传统社会救助制度的缺陷。

2. 试述改革开放以来我国城市社会救助制度的发展和经验。

3. 简述我国城市最低生活保障制度的内容。

4. 简述我国对城市流浪乞讨人员的救助。

第11章

农村社会救助

学习指南

【学习目标】通过本章的学习，主要掌握以下要点：

1.农村五保供养的对象、内容与标准。

2.农村最低生活保障制度的原则。

3.我国农村扶贫开发的历程。

4.习近平关于扶贫开发的要求。

【关键概念】五保供养制度；《农村五保供养工作条例》；农村低保制度；《中国农村扶贫开发纲要（2011—2020年）》

第11章关键概念

引导案例

2018年农村救助补贴提前下达

2017年12月，财政部发布《关于提前下达2018年中央财政困难群众救助补助预算指标的通知》，各省、自治区、直辖市共补贴929亿元。获得农村救助补贴最多的是四川，补贴金额是61.5亿；其次是湖南，补贴金额为55.6亿；除此之外获得较高补贴金额的还有河南、云南、贵州等地。

根据财政部文件，以下4类农村人可以申请救助补贴：农村低保户；农村特困人员；临时救助对象；孤儿基本生活保障和流浪乞讨人员。

只要符合上述情况，并且在各省、自治区、直辖市的范围之内，就可以向村集体提交申请。

需要准备的材料包括：个人申请；村（居）委会出具的家庭收入、困难原因的证明；身份证、户口簿及复印件；近期2寸照片两张；其他相关材料（具体询问当地相关部门）。

此次补助不仅有农村低保户和农村特困人员，还包括临时需要救助的人员和孤儿基本生活保障和流浪乞讨人员。通知发布时明确，在2018年开始之后，就可以开始使用这部分资金。2017年底2018年初，符合补贴条件的农户即可以向村里进行申请。

中央财政困难群众救助补助资金采用因素法分配，主要参考各地困难群众数量、财政困难程度、地方财政努力程度、绩效评价结果等，对困难群众数量多、工作绩效好、贫困程度深的省份给予倾斜支持。财政部、民政部要求，各地财政、民政部门要密切配合，确保中央财政资金及时下拨。同时,要严格按照有关要求，加强对困难群众救助补助资金的使用管理，加大结转结余资金消化力度，加快预算执行进度，提高资金使用效益。

资料来源　根据财政部网站信息整理。

【案例思考】

1.农村扶贫工作的重点和难点是什么？

2.农村救助对做好农村扶贫开发工作具有什么样的重大意义？

农村社会救助制度作为我国农村社会保障体系的重要组成部分，为农村的社会稳定与发展发挥了重要作用。它是政府为农村因贫困或自然灾害等原因造成生活困难的弱势群体提供最基本生活保障的一种制度，主要包括三种形式：一是五保供养制度；二是最低生活保障制度；三是对农村的扶贫开发。

§11.1　农村五保供养工作

中华人民共和国成立后，政府在对农村贫困人口的救济过程中，逐步探索建立了有中国特色的五保供养制度，而且是较为规范化的一种社会救助制度安排。

11.1.1　农村五保供养制度及其发展

所谓农村五保供养制度，是指针对农村居民中无法定赡养、抚养、扶养义务人，或者他们的法定赡养、抚养、扶养义务人无赡养、抚养、扶养能力、无劳动能力、无生活来源的老年、残疾或者未满16周岁的未成年人，享受农村五保供养，在吃、穿、住、医、葬以及未成年人教育等方面所给予生活照顾和物质帮助的一种社会救济制度。

五保供养制度最早源于20世纪50年代中期的农业合作化运动时期。1953年全国陆续开展农业合作化运动后，农村走上了集体化道路。当时，中国实行严格的城乡户籍分隔制，农村中的孤寡老人与孤儿等不可能像城市的孤寡老人与孤儿一样得到国家的直接援助，他们的生活只能依靠乡村集体经济来保障。因此，1956年1月，经最高国务会议通过，中央以草案的形式发表了《1956年到1967年全国农业发展纲要》（也称"农业四十条"，并于1960年4月10日经第二届全国人大第二次会议通过），其中第三十条规定："农业合作社对社内缺乏劳动能力、生活没有依靠的鳏寡孤独的社员，应当统一筹划，指定生产队或生产小组在生产上给予适当安排，使他们能够参加力能胜任的劳动；在生活上给予照顾，做到保吃、保穿、保烧（燃料）、保教（儿童和少年）、保葬，使他们的生养死葬都有指靠。"这是在官方文献中首次正式提出五保的概念。

1956年6月，第一届全国人民代表大会第三次会议通过的《高级农业生产合作社示范章程》也明确规定："农业生产合作社对于缺乏劳动能力或者完全丧失劳动能力、生活没有依靠的老、幼、孤、寡、残疾的社员，在生产和生活上给予适当的安排和照顾，保住他们的吃、穿和柴火的供应，保证年幼的受到教育和年老的死后安葬，使他们生养死葬都有依靠。"这两份文件是最早提出五保概念并赋予其规范含义的法规性文件，农村享受五保保障的对象被称为五保户。以此为依据，有中国特色的农村五保制度初步形成，并由此而成为中国农村中的一项长期制度。

人民公社时期，在安排和照顾五保对象的生产生活方面，集体所采取的主要办法：一是对具有一定劳动能力的五保对象，安排他们从事力所能及的生产，如养猪、放羊、看场院等，并适当照顾工分，保障他们的生活标准不低于一般群众的生活水平。二是补助劳动日。对丧失劳动能力的五保对象，按全社、队每人一年的平均劳动日数，补助给五保户，同其他社员一样参加分配。三是补助款物。按五保内容规定的吃、穿、烧（教）等标准，计算出所需的款物数，直接分配给五保户现款和实物。四是对日常生活自理有一定困难的年老体弱病残人员，安排专人照顾。人民公社时期，绝大多数五保户的生活安排较好，孤寡残幼人员感到满意。

与此同时，一些地方开始试办敬老院，对五保老人实行集中供养制，以解决一些老人无人照料的问题。据统计，到1958年底，全国农村敬老院发展到15万所，收养老人300余万人。受1958年"大跃进"的影响，全国各地大办敬老院，并提高五保对象的待遇，超越了当时经济发展能力，致使所办的敬老院难以长久维持，大部分不得不解散。到1962年，据统计，全国敬老院仅存3万所，比1958年减少了80%。"文化大革命"期间，很多地方的五保工作处于无人过问的境地，有的地区甚至抛弃了五保工作，少数基层干部对五保工作采取听之任之的态度，多年不进行五保户的评定工作，对五保对象的基本情况也不清楚，对五保对象的疾苦熟视无睹，从而给五保工作造成了一定的负面影响。

20世纪80年代初，随着农村家庭联产承包责任制的实行，集体经济大幅萎缩，原来依托集体经济组织的五保供养方式难以为继。因为农村集体经济被承包责任制所替代，土地被承包给个人，过去五保户参与集体分配，承包责任制后因五保政策未及时调整，部分地区出现了损害五保户权益的现象。为了做好新时期的农村五保工作，中共中央先后印发了《关于进一步加强和完善农业生产责任制的几个问题》的通知、《全国农村工作会议纪要》和《关于制止向农民乱派款、乱收费的通知》，明确规定各地必须切实保障农村五保对象的生活。

为了落实五保政策，各地积极探索五保工作的新思路，在实践中出现了村提留、乡镇统筹和亲友供养等方式，并且大力发展农村敬老院，实行集体供养，政府给予必要的支持。1994年1月23日国务院颁布实施《农村五保供养工作条例》，规定农村五保供养的性质属于集体福利事业，并对农村五保供养的对象、资金来源、标准、内容、形式以及五保对象的财产处理和此项制度的监督、管理等作了明确规定。这一条例首次以法规的形式对农村五保供养进行了规范，标志着农村五保供养工作进入了一个新的发展阶段。

不过，随着农村经济改革的深化与发展，建立在农村集体经济基础之上并主要由农村邻里情互助的农村五保制度亦面临着新的挑战，尤其是农村实行税费改革和取消农业税之后，农村中的五保对象亦需要有新的保障机制。在新的时代背景下，民政部、财政部、国家发展和改革委员会于2004年8月23日联合发出《关于进一步做好农村五保供养工作的通知》，再次明确了农村五保供养工作的相关政策，为在新的形势下继续做好农村五保供养工作提供了指导。

2006年1月11日，国务院发布新的《农村五保供养工作条例》，同年3月1日起施行，同时废止了1994年的旧《农村五保供养工作条例》。为了更好地贯彻本条例，民政部于2006年9月6日会同国家发展和改革委员会、财政部共同发布了《关于贯彻落实〈农村五保供养工作条例〉的通知》（民发〔2006〕146号），对各项工作重点做了必要的强调。

2014年4月26日，全国农村五保供养服务机构建设管理推进会在山东省聊城市召开。民政部副部长窦玉沛出席会议并讲话。他指出，"十二五"以来，各地进一步加强组织领导，健全体制机制，加大资金投入，五保供养服务机构建设管理工作取得明显成效，供养能力逐步增强，保障水平不断提升，规范管理深入推进，服务质量明显改善。截至2012年底，全国共有五保供养服务机构3.3万所，床位261.3万张，服务人员15.9万人，初步形成了以乡镇敬老院和区域性五保供养服务机构为主体的网络格局。当前必须加快改革创新步伐，以全新的思维和观念，全面推动五保供养服务机构转型升级，谋取新的更大的发展。一要转变思想观念。在充分保障五保对象依法供养基础上，要深入挖掘社会资源，推行精细化、专业化、标准化、职业化的新型养老服务理念，努力把供养机构建设成五保对象的集中供养场所、农村机构养老的主要平台和社区养老服务的重要载体。二要强化设施建设。要通过科学调整规划布局，优化配置设施设备，加大建设资金投入，进一步加强供养机构基础设施建设，满足多层次、多功能的养老服务需求。三要创新体制机制。要积极推进公建（办）民营，大力实施民办公助，建立适应市场经济要求、公平竞争、充满活力的运行机制，全力推进五保供养服务机构法人登记工作。四要规范操作管理。要突出抓好安全管理，切实提高床位利用率，全面开展等级评定，为机构发展提供坚强保障。五要提升服务水平。要以队伍建设为抓手，引进专业化技术人才，打造一支规模适当、业务精湛、爱岗敬业的管理服务人员队伍，为供养对象提供良好服务。

11.1.2　农村五保供养制度的基本内容

根据国务院颁布实施的《农村五保供养工作条例》和同年由民政部、财政部、国家发展与改革委员会联合发出的《关于贯彻落实〈农村五保供养工作条例〉的通知》，现行农村五保供养制度的基本内容可归纳如下：

1.五保供养对象

五保供养对象是指农村居民中无法定赡养、抚养、扶养义务人或者法定赡养、抚养、扶养义务人无赡养、抚养、扶养能力的，无劳动能力、无生活来源的老年、残疾或者未满16周岁的村民。同时，享受农村五保供养待遇，应当由村民本人向村民委员会提出申请；因年幼或者智力残疾无法表达意愿的，由村民小组或者其他村民代为提出申请。经村民委员会民主评议，对符合条例第六条规定条件的，在本村范围内公告；无重大异议的，由村民委员会将评议意见和有关材料报送乡、民族乡、镇人民政府审核。乡、民族乡、镇人民政府应当自收到评议意见之日起20日内提出审核意见，并将审核意见和有关材料报送县级人民政府民政部门审批。县级人民政府民政部门应当自收到审核意见和有关材料之日起20日内做出审批决定。对批准给予农村五保供养待遇的，发给"农村五保供养证书"；对不符合条件不予批准的，应当书面说明理由。

五保供养对象情况发生变化后，即有了法定抚养义务人且法定抚养义务人具有抚养能力，重新获得生活来源的，年满16周岁且具有劳动能力的，村民委员会或者敬老院等农村五保供养服务机构应当向乡、民族乡、镇人民政府报告，由乡、民族乡、镇人民政府审核并报县级人民政府民政部门核准后，核销其"农村五保供养证书"。年满16周岁但仍在接受义务教育的，可继续享受五保供养。

五保供养对象死亡，丧葬事宜办理完毕后，村民委员会或者农村五保供养服务机构应当向乡、民族乡、镇人民政府报告，由乡、民族乡、镇人民政府报县级人民政府民政部门核准后，核销其"农村五保供养证书"。

2.五保供养的内容与标准

五保供养内容包括：①供给粮油、副食品和生活用燃料；②供给服装、被褥等生活用品和零用钱；③提供符合基本居住条件的住房；④提供疾病治疗，对生活不能自理的给予照料；⑤办理丧葬事宜。

五保供养对象未满16周岁或者已满16周岁仍在接受义务教育的，应当保障他们依法接受义务教育所需费用。农村五保供养对象的疾病治疗，应当与当地农村合作医疗和农村医疗救助制度相衔接。

五保供养标准不得低于当地村民的平均生活水平，并根据当地村民平均生活水平的提高适时调整。五保供养标准，可以由省、自治区、直辖市人民政府制定，在本行政区域内公布执行，也可以由设区的市级或者县级人民政府制定，报所在的省、自治区、直辖市人民政府备案后公布执行。国务院民政部门和财政部门应当加强对农村五保供养标准制定工作的指导。

原《农村五保供养工作条例》中的供养标准由乡镇政府确定，这不利于政策落实和地区间五保供养工作的均衡发展。新条例提高了供养标准制定机构的行政级别，规定可由省级人民政府制定，也可以由设区的市级或者县级人民政府制定，但需报省级人民政府备案。同时规定，供养标准根据当地村民平均生活水平的提高适时调整，建立起了供养标准的自然增长机制。这为五保供养对象共享国家改革发展的成果，提供了制度保障。

3.经费和实物来源

原《农村五保供养工作条例》将五保供养定性为集体福利事业，这就意味着资金主要是从乡统筹和村提留中筹集。新条例明确规定："农村五保供养资金，在地方人民政府财政预算中安排。中央财政对财政困难地区的农村五保供养，在资金上给予适当补助。"这一规定将农村最困难的群众纳入了公共财政的保障范围，实现了五保供养从农村集体内部的互助共济体制向以国家财政供养为主的现代社会保障体系的历史性转变。

同时，注意发挥集体保障、土地保障的辅助作用，在有农村集体经营等收入的地方，可以从农村集体经营等收入中安排资金，用于补助和改善农村五保供养对象的生活；农村五保供养对象将承包土地委托给他人代耕的，其收益归该农村五保供养对象所有，具体办法由省、自治区、直辖市人民政府规定。农村五保供养资金，应当专门用于农村五保供养对象的生活，任何组织或者个人不得贪污、挪用、截留或者私分。

此外，国家还鼓励社会组织和个人为农村五保供养对象和农村五保供养工作提供捐助和服务。

4.五保供养的形式

农村五保供养对象可以在当地的农村五保供养服务机构集中供养，也可以在家分散供养。农村五保供养对象可以自行选择供养形式。

集中供养的农村五保供养对象，由农村五保供养服务机构提供供养服务。各级人民政府应当把农村五保供养服务机构建设纳入经济社会发展规划。县级人民政府和乡、民族乡、镇人民政府应当为农村五保供养服务机构提供必要的设备、管理资金，并配备必要的工作人员。农村五保供养服务机构应当建立健全内部民主管理和服务管理制度，其工作人员应当经过必要的培训。农村五保供养服务机构可以开展以改善农村五保供养对象生活条件为目的的农副业生产。地方各级人民政府及其有关部门应当对农村五保供养服务机构开展农副业生产给予必要的扶持。乡、民族乡、镇人民政府应当与村民委员会或者农村五保供养服务机构签订供养服务协议，保证农村五保供养对象享受符合要求的供养服务。

分散供养的农村五保供养对象，由村民委员会提供照料服务。村民委员会可以委托村民对分散供养的农村五保供养对象进行照料，也可以由农村五保供养服务机构提供有关供养服务。

5.监督管理

原《农村五保供养工作条例》的相关规定比较薄弱，对农村集体经济组织的监督、管理也难落实。新条例明确了各级民政部门、财政部门、审计部门和乡镇政府监督、管理五保供养工作的职责与措施；建立了社会公告制度，接受社会监督；提出了农村五保供养服务机构应当执行国家治安、消防、卫生、财会等制度规定的要求。同时，还增设了"法律责任"一章内容，针对有关行政机关的工作人员、村委会组成人员、五保供养服务机构的工作人员以及村民委员会的违法违纪行为，明确了相应的法律责任。

6.五保供养对象的财产权利

原《农村五保供养工作条例》关于五保供养对象的个人财产使用、处分和遗产继承的相关规定，与我国《宪法》《民法通则》《继承法》关于公民合法私有财产受法律保护的精神不尽一致。新条例将原条例中"五保供养对象财产的处理"一章删除，以维护法制的统一，避免法律、法规在内容上的不一致，从而在法律上保障了五保供养对象对个人私有财产依法享有占有、使用、收益和处分的权利。

§11.2 农村最低生活保障制度

在建立农村最低生活保障制度之前，我国对农村特困群众的救助，是通过实行特困户定期定量生活救助以及临时生活救助进行的。20世纪90年代以来，在城市积极推进居民最低生活保障工作的同时，在民政部的积极倡导和推动下，农村居民最低生活保障工作也在一些地区开展起来。

11.2.1　农村社会救助制度的发展

1.改革开放以前的农村社会救助

在改革开放之前，我国农村社会救助工作大体经历了三个阶段。

第一阶段：中华人民共和国成立初期的大规模紧急救济阶段。在中华人民共和国成立初期，我国自然灾害频发，加上部分农民家底薄，导致生活困难的农民群众近4 000万人，其中缺粮少吃者达800万人。为了帮助贫困农民渡过难关，各级政府采取多项措施救济贫民，其中国家下拨救济款三年（1949—1951）中达到10亿多元，仅1950年全国发放救济寒衣就达688万套。同时，开展农民生产自救和互助共济活动，通过捐献"一把米、一件衣、一元钱"以及减免贫民农业税等方式，来稳定农村社会秩序。

第二阶段：社会主义改造到"五五"计划时期建立和发展社会救济制度阶段。为解决农村鳏寡孤独残疾人的生活困难问题，1953年，内务部制定了《农村灾荒救济粮款发放使用办法》，把无劳动能力、无依无靠的孤老残幼，定为一等救济户，并规定"一等救济户按缺粮日期长短全部救济。以大米、小麦、小米为主食的地区，每人每日按十两计算；以玉米、高粱为主食的地区，每人每日按十二两计算"。随着农业集体化的兴起与发展，各地为解决贫困农民的生活困难问题，普遍实行了国家救济与集体补助相结合的方式。由于当时农业生产实行土地统一经营，劳动力统一调配，为贫困户从事生产、改善生活提供了良好条件。贫困户参加集体经济组织，可从事力所能及的生产，大多数基本生活都有保障，少数生活仍然困难的，集体也可用公益金给予适当补助。如果集体无能为力，国家再适当给予救助。值得一提的是，这一时期农村社会救济工作最大的创新就是开创了中国特色的五保制度，即对生活没有依靠的老弱孤寡残疾社员，给予保吃、保穿、保医、保住、保葬（年幼的保证上学）的待遇。据1958年的统计，当时全国农村享受五保待遇的有519万人。

第三阶段：三年困难时期和国民经济调整时期加强救济工作阶段。随着农业合作化的层次越来越高、范围越来越广，到1958年全国均建立了人民公社，几乎所有农民都成了社员，他们可以享受集体保障。即使是孤寡老人和孤儿也可以吃五保，由集体供养。当时的领导人错误地认为农村已经消灭贫困，就刮起了"共产风"。不仅取消了社会救济工作，而且在各地大办集体食堂，实行所谓的"按需分配"，搞吃饭不要钱，极大地挫伤了农民的生产积极性。加上以后几年发生的严重自然灾害，农业连年减产，农村贫困户急剧增加。为了做好农村社会救济工作，内务部于1962年3月下发相关文件，要求社队从总收入中提取一定数量的公益金，保证贫困户补助的需要；在口粮分配上，对贫困户要给予照顾，保证贫民的基本生活。1960—1963年，国家共发放农村救济款4.8亿元，超过1950—1959年十年救济款的总和。

2.改革开放以来的农村社会救助

改革开放以来，我国农村社会救助大体划分为两个阶段。

第一阶段：改革开放到1992年，探索和改革农村社会救助制度阶段。党的十一届三中全会召开后，农村开始实行家庭联产承包责任制，极大地调动了农民生产的积极性，使大批贫困农民逐步摆脱了贫困，减少了社会救济费的支出。同时，原有的人民公社体制解体后，集体经济实力大减，如何对贫困户进行补助成为新的课题。为适应新形势，各地对农村社会救助制度进行了探索和改革，最为典型的办法就是实行救济与扶贫相结合。对贫困农民进行扶贫是在农村救灾和社会救助工作的基础上发展起来的，是变被动为主动，即各级民政部门对有一定劳动能力和生产条件的贫困户，从资金、技术、物资等方面扶持他们发展多种经营，兴办扶贫经济实体，吸纳有劳动能力的贫困户和残疾人就业，加快其脱贫致富的步伐。从1979年到90年代中期，全国有2 000多万农村贫困户通过此种方式脱贫。同时，对老弱病残和不具备扶持条件的贫困户，民政部门继续给予救济，并且在农村推广定期定量救济的办法，有效地解决了以往临时救济易造成贪污挪用、优亲厚友的问题。

第二阶段：1992年至今，建立农村居民最低生活保障制度阶段。改革开放以来，随着农村经济体制改革的深入，原有的农村社会救助弊端日益突出，需要对传统的社会救助方式加以改革与完善。1992年，山西省在左云县率先开展了建立农村居民最低生活保障的试点工作，取得经验后，又在阳泉市的三个区县扩大试点。1994年，上海市在所辖三个区搞了农村"低保"试点工作。1995年，民政部结合农村社会保障体系建设试点工作，分别在山西阳泉市、河北平泉县、山东烟台市、四川彭州市等开展了农村居民最低生活保障制度建设试点。

11.2.2 农村最低生活保障制度的建立

虽然我国农村社会救助取得了令人瞩目的成就，但由于缺少制度规范和程序要求，加上资金投入严重不足，所以一般都是根据当地政府能拿出多少钱来决定救助的人数和金额，救助谁、救助多少都有较大的随意性。这往往导致很多贫困人口得不到救助，或者虽得到救助，但救助水平很低。从体系建设角度来看，不足之处主要表现在以下几方面：一是还没有形成一个比较系统的体系，非常分散，应急性规定比较多。二是救济标准偏低，救济范围偏窄。三是救济款不能按时足额发放。四是界定救济对象没有客观、公正的尺度，导致新的困难群体难以被纳入救济范围。

通过建立和实施农村低保制度，将病残、年老体弱、丧失劳动能力等符合救助条件的常年困难的人口纳入保障范围，就可以形成解决贫困群众生活问题的长效机制，确保他们依法得到救助。在各地试点工作的基础上，1995年12月11日，广西武鸣县颁布了我国第一个县级农村最低生活保障制度文件——《武鸣县农村最低生活保障线救济暂行办法》。该暂行办法规定：凡该县属农村户口的孤老、孤残、孤幼或因病、因灾等特殊情况造成家庭经济收入低于最低生活保障线的村民，即为保障对象。保障标准分为两类：一般贫困对象每人每月40元；"五保户"每人每月65元。保障资金由县和乡镇分担。该文件的颁布已显现出农村"低保"制度的雏形。

1996年1月，民政部召开全国民政厅局长会议，提出要积极探索建立农村最低生活保障制度，并将此项工作列入当年工作重点。为加强对农村低保制度建设的指导，该年底，民政部印发了《关于加快农村社会保障体系建设的意见》（民办发〔1996〕28号），并制订了"农村社会保障体系建设指导方案"，要求把建立农村最低生活保障制度作为农村社会保障体系建设的重点来抓，认真部署，抓好试点，以点带面，推进农村最低生活保障制度在全国的开展工作。上述文件的印发，有力地推动了各地实施农村低保制度的进程。到2001年底，全国有27个省、自治区、直辖市的2 037个县市区建立了此项农村最低生活保障制度，占应建县市区总数的81%；覆盖人群344万人，占农村总人口的0.4%，年支出保障资金9.1亿元。此后几年，覆盖人群不断增多。全国各年份农村低保人数情况见表11-1。

表11-1　　　　　　　　　　全国各年份农村低保人数情况　　　　　　　　单位：万人

年份	2010年	2011年	2012年	2013年	2014年	2015年	2016年	2017年
低保人数	5 214.0	5 305.7	5 344.5	5 388.0	5 207.2	4 903.6	4 586.5	4 045.2

在农村最低社会保障体系的建设中，2007年是有着重要意义的一年。该年的"一号文件"，即《中共中央　国务院关于积极发展现代农业扎实推进社会主义新农村建设的若干意见》（中发〔2007〕1号）和十届全国人大五次会议的《政府工作报告》都指出，2007年要在全国范围建立农村最低生活保障制度。2007年6月26日，国务院召开全国建立农村低保制度工作会议，部署年内要在全国农村全面建立低保制度，并将低保金发放到户。7月11日，国务院下发了《关于在全国建立农村最低生活保障制度的通知》（国发〔2007〕19号），对农村低保的目标任务、原则要求、保障标准、对象范围、操作程序、资金筹集、组织机构等内容进行了规范。8月2日，财政部、民政部又下发了《关于下达2007年农村最低生活保障补助资金的通知》（财社〔2007〕102号），中央财政也下拨30亿元补助资金，用于资助财政困难地区建立和完善农村低保制度。2007年底，全国31个省（自治区、直辖市）均已出台了农村低保政策文件，2 777个涉农县（市、区、旗）已全部建立了农村低保制度。

11.2.3　农村最低生活保障制度实施的意义

我国一半以上的人口在农村，农民的生产、生活状况，直接关系到农村的发展和社会的稳定。对符合条件的农民实行最低生活保障制度，是我国农村社会保障工作的重要内容，也是我国农村最低生活保障制度在面向全体社会成员时必须迈出的一步。

在全国范围内建立农村低保制度，将符合救助条件的农村贫困群众纳入保障范围，稳定持久地解决好农村贫困人口的温饱问题，是实施农村低保制度的主要目标。《中国农村扶贫开发纲要（2011—2020年）》提出："到2020年，稳定实现扶贫对象不愁吃、不愁穿，保障其义务教育、基本医疗和住房。贫困地区农民人均纯收入增长幅度高于全国平均水平，基本公共服务主要领域指标接近全国平均水平，扭转发展差距扩大趋势。"

实践表明，农村居民最低生活保障制度实质上是制度化、规范化的社会救济，其保障特困农民的最基本生活，而且，越是贫困落后的地方，越是亟需建立最低生活保障制度。此项制度作为一种解决农村贫困问题的补救机制，有利于化解城乡矛盾和促进城乡协调发展。

11.2.4 农村最低生活保障制度的保障原则

农村最低生活保障制度是指对家庭人均收入低于当地最低生活标准的农村人口实行差额补助的制度。它也是当今世界绝大多数市场经济国家实行的以保障全体公民生存权为目标的社会救济制度。其惯常做法是，根据维持最基本生活需求的标准，设立一条最低生活保障线，当农民收入水平低于最低生活保障线而生活困难时，均有权依法获得现金和实物救济。建立此项制度的核心是确定合理的最低生活保障标准。最低生活保障的面宽还是窄，直接影响资金支出的多少。如果保障标准过高，保障面过大，则资金支出就会多，有可能增加财政负担；如果保障标准过低，保障面过窄，虽然资金支出会少，但不会达到预期目标。故确定最低生活保障标准要遵循以下几项原则：

第一，坚持低标准开始的原则。由于最低生活保障标准一旦确定下来，具有只能调高、难以降低的"刚性"规律，以及考虑到贫困地区建立此项制度存在资金筹集上的实际困难，故实施农村低保制度要从低标准起步。

第二，保障贫困农民最基本生活的原则，这是制定最低生活保障标准的依据。

第三，坚持公平与效率相结合的原则。考虑到优抚对象为国防建设做出过贡献，五保户失去了劳动能力，是弱势群体，而享受社会保险者为参保尽了义务，故最低生活保障标准应该低于上述三类人的待遇，否则会挫伤他们积极性，坐等国家救济，加重政府负担。

第四，遵循当地实际经济情况的原则。我国是一个人多地少的大国，东中西部发展极不平衡，各地区之间经济发展水平、人均收入水平和消费水平差异很大，如果全国采取同一种方法测算最低生活标准，只会产生有些地方过着富足的生活，有些地方还难以维持最基本生活的现象。因此，按照当地实际经济情况、物价水平和消费水平制定符合当地实际的最低生活保障标准更有现实意义。

11.2.5 农村最低生活保障制度的具体实施

1.农村最低生活保障标准

由于建立农村低保制度以地方人民政府为主，实行属地管理，所以低保标准都是由县以上各级地方政府自行制定和公布执行。各地确定低保标准主要从以下几方面考虑：一是维持当地农村居民基本生活所必需的吃饭、穿衣、用水、用电等费用；二是当地经济发展水平和财力状况；三是当地物价水平。目前，除了少数东部发达地区以外，其他地方都参照国家每年公布的贫困标准来制定。2018年的贫困标准为3 535元/年（年人均纯收入3 535元），2019年贫困标准为3 747元/年。为实现稳定持久地解决贫困人口温饱问题的目标，国家要求各地制定的低保标准原则上不应当低于国家公布的贫困标准，这主要是因为国家公布的贫困标准是维持农村居民温饱的绝对贫困线，农村低保起码应该保证低保对象的生活水平不低于绝对贫困线，否则就无法保证农村居民的最低生活需求。但低保标准也不宜比贫困线标准高得太多，否则不利于鼓励群众生产自救。

2.农村最低生活保障对象的范围

农村低保对象，是指家庭人均纯收入低于当地低保标准的贫困人员。根据各地农村低保工作的实际情况，国家强调当前要把保障的重点放在那些因疾病、残疾、年老体弱、丧失劳动能力和生存条件恶劣等原因造成家庭生活常年困难的人员身上。这主要是因为多数地区农村低保工作还处于起步阶段，限于财力等原因，应该首先将农村最困难的群体纳入低保范围，通过一段时间的努力，逐步实现"应保尽保"。同时，重点保障特困人员也有利于鼓励有劳动能力的困难群众千方百计地发展生产，争取依靠自身力量解决生活问题。

3.农村低保家庭收入的核定

核定低保申请人家庭的收入等情况，是审核、审批低保对象的一个重要程序。目前，各地根据本地实际，对于核定低保申请人的收入等情况采取了因地制宜的方法，主要可以分为两种类型：一类是个别的东部经济发达地区，由于已经实现了城乡低保一体化运行，城市化水平高，工作基础较好，可以做到在较准确地核定低保申请人家庭收入的基础上，按照申请人家庭年人均纯收入与保障标准的差额发放低保金；另一类是在广大的中西部，基于农村居民收入渠道比较多，生产经营活动形式多样，家庭收入难以准确核算，但困难家庭的情况左邻右舍都清楚等，通常是在初步核查申请人家庭收入的基础上，更多地依靠民主评议等办法来确定低保对象，并采取按照低保对象家庭的困难程度和类别，分档发放低保金，这样做比较适合农村的特点，同时也较为简便易行。

4.农村最低生活保障金发放水平

从有关部门调查了解到的情况以及根据部分专家、学者的观点来看，一般认为给低保对象的实际补助金应以月人均30～40元为宜，至少不能低于30元，即每人每天1元钱（可买一斤粮）的水平。随着农村低保制度的全面建立以及各级政府逐步加大投入，这个目标已经实现。

5.农村最低生活保障管理程序

各地在实施农村低保制度的过程中，普遍对低保对象的申请、审批程序作了具体规定，并遵循公开、公正、透明的原则。

（1）申请、审核和审批。申请农村最低生活保障待遇，一般由户主本人向户籍所在地的乡（镇）人民政府提出申请；村民委员会受乡（镇）人民政府委托，也可受理申请。受乡（镇）人民政府的委托，在村党组织的领导下，村民委员会对申请人开展家庭经济状况调查，组织村民会议或村民代表会议民主评议后提出初步意见，报乡（镇）人民政府；乡（镇）人民政府审核后，报县级人民政府民政部门审批。乡（镇）人民政府和县级人民政府民政部门要核查申请人的家庭收入，了解其家庭财产、劳动力状况和实际生活水平，并结合村民民主评议，提出审核、审批意见。在核算申请人的家庭收入时，申请人家庭按国家规定所获得的优待抚恤金、计划生育奖励与扶助金以及教育、见义勇为等方面的奖励性补助，一般不计入家庭收入，具体核算办法由地方人民政府确定。

（2）民主公示。村民委员会、乡（镇）人民政府以及县级人民政府民政部门要及时向社会公布有关信息，接受群众监督。公示的内容重点为：最低生活保障对象的申请情况和对最低生活保障对象的民主评议意见，审核、审批意见，实际补助水平等。对公示没有异议的，要按程序及时落实申请人的最低生活保障待遇；对公示有异议的，要进行调查核实，认真处理。

（3）资金发放。最低生活保障金原则上按照申请人家庭年人均纯收入与保障标准的差额发放，也可以在核查申请人家庭收入的基础上，按照其家庭的困难程度和类别，分档发放。当前，国家正加快推行国库集中支付方式，通过代理金融机构直接、及时地将最低生活保障金支付到最低生活保障对象的账户。

（4）动态管理。乡（镇）人民政府和县级人民政府民政部门要采取多种形式，定期或不定期地调查、了解农村困难群众的生活状况，及时将符合条件的困难群众纳入保障范围，并根据其家庭经济状况的变化，及时按程序办理停发、减发或增发最低生活保障金的手续。此外，保障对象和补助水平的变动情况都要及时向社会公示。

§11.3 农村扶贫开发工作

1949年中华人民共和国成立后，政府致力于发展经济，改善城乡居民生活，中国农村的贫困状况有所缓解。但是，由于人口绝对数量的迅速增长、经济体制效率的低下以及城乡分割等原因，中国农村贫困人口的绝对数量下降缓慢，到1978年还有超过2.5亿的绝对贫困人口。20世纪80年代以来，民政部门逐步探索出救济与扶贫相结合的新思路，即保障贫困户基本生活与扶贫相结合。后来，随着各级政府加大农村扶贫开发的力度，农村绝对贫困人口得以迅速减少。

11.3.1 农村扶贫开发的历程

改革开放以来，我国农村扶贫开发大致可以划分为五个阶段。

第一阶段是从1978年到1985年，是体制改革推动扶贫和救济式扶贫相结合的阶段。在这一阶段，我国政府没有设立专门的扶贫机构，扶贫工作由中央政府直接承担，扶贫政策主要表现为三个方面的特征：一是对贫困地区实行的救济式扶贫；二是经济增长带来的减贫效应；三是组织实施了为期10年的"三西"扶贫开发计划。救济式扶贫是当时国家为控制绝对贫困而采取的主要措施，该项政策从中华人民共和国成立以后开始执行并一直延续到20世纪80年代前期。所谓救济式扶贫，就是中央政府通过向贫困地区调拨粮食、衣物等救济物品及进行财政补贴，以维持贫困地区人民最低程度的生活水准，也被称为"输血"式的扶贫。

这一阶段我国政府的主要任务就是实施制度改革、调整经济发展战略、恢复并发展国民经济。成功的制度改革引发了经济迅速成长，相应地带来了大规模减贫效果，特别是用家庭联产承包责任制度取代人民公社式的集体耕作制度，极大地激发了农民的积极性，显著地提高了农村生产力，进而带动了农村经济的全面增长，大批长期不得温饱的农民因此而告别了贫困。绝对贫困人口从2.5亿下降到1.25亿，占农村总人口的比例从33%下降到17%。

"三西"扶贫开发可说是这一时期中国唯一有针对性的扶贫计划。"三西"指的是甘肃省定西地区、河西走廊地区和宁夏西海固地区，这些地区长年严重干旱，生态遭到严重破坏，农民赤贫如洗，生计难以为继。1982年12月10日，我国政府决定在上述地区实施为期10年的"三西"扶贫开发计划，每年专项拨款2亿元（总计20亿元），并于1992年将该计划再次延长10年。到1999年，"三西"地区已经从整体上解决了温饱问题。"三西"扶贫开发计划实际上开创了中国贫困区域扶贫开发模式的先河。

救济式扶贫是将扶贫资金、物资无偿地、直接地发放到贫困人群手中，被称为"输血式"扶贫。虽然在帮贫解困方面发挥了一定的作用，但同时也使一些贫困人群养成了"等、靠、要"的依赖思想，难以实现自我发展、彻底脱贫的根本目标。

第二阶段是从1986年到1993年，是有计划、有组织、大规模的开发式扶贫阶段。

1986年6月成立的国务院贫困地区经济开发领导小组（后于1993年更名为国务院扶贫开发领导小组），负责组织、领导、协调、监督和检查贫困地区的经济开发工作，并在县以上政府建立了专门机构，在全国范围内形成了负责扶贫开发工作的行政系统。其标志着农村扶贫开发进入了一个新时期。

开发式扶贫的方针，即为贫困地区提供必要的支持，通过利用当地自然资源开展生产性项目和基础设施建设，逐步培育贫困地区和贫困人群自我积累、自我发展的能力，依靠自身力量最终实现从根本上摆脱贫困的目标。依据这一方针，国家有针对性地采取了一系列政策。比如，扶贫资金从按贫困人口平均分配向按项目效益分配转变，扶持能为贫困农户提供参与经济发展机会的生产开发项目，动员政府机构与社会各界广泛参与扶贫开发工作等。当时的农村贫困人口标准，是1986年由国家统计局在对6.7万户农村居民家庭消费支出进行调查的基础上测算出来的。1985年的扶持标准是人均年纯收入206元，此后根据物价指数变动情况逐年调整，1999年，这一标准相当于625元；2003年，这一标准相当于637元。2017年，国家扶贫标准上调至2 300元。

实行改革之后，全国多数农村地区在20世纪80年代中期实现了经济的快速增长，大量农村人口的生活基本达到了解决温饱、摆脱贫困的水平。但这一制度变革引发的经济增长很快显现出鲜明的地区差异，由于社会、自然条件等多种因素的制约，一些偏远落后地区与全国其他地区，特别是沿海发达地区在经济、社会等方面的发展差距日渐扩大。这些地区多数位于经济发展相对落后的中部和西部的山区，主要包括东部的沂蒙山区，闽西南、闽东北地区，中部的努鲁尔虎山区、太行山区、吕梁山区、秦岭大巴山区、武陵山区、大别山区、井冈山区和赣南地区，西部的定西干旱山区、西海固地区等十多个集中连片的贫困地区，而全国农村的绝大多数贫困人口也大都分布于该地区。

基于这一判断，我国政府明确了区域扶贫的基本方针，将之列入国民经济"七五"（1986—1990）发展计划，力图集中力量解决十几个连片贫困地区的问题，以提高当地自我积累、自我发展的能力，并进而将贫困县作为区域扶贫的基本单位，中央和省（自治区）两级政府重点通过财政扶贫资金、以工代赈资金和扶贫贴息贷款三种方式对贫困县加以扶持。1986年，国务院贫困地区经济开发领导小组办公室使用农业部县级农村收入数据，制定了331个国家重点扶持贫困县的名单。考虑到不同的区域和政治因素，确定贫困县的标准分别为1985年农民人均收入低于300元、200元或150元人民币。人均产粮低于200千克是确定贫困县的第二个关键指标。除了国定贫困县，各省还依据自己的标准，确定了368个省定贫困县，享受省级财政补贴。省定贫困县标准有很大差异，从云南的人均150元到江苏的400元不等。另外，除了贫困县名单以外，大部分省区还在比较富裕的县确定了贫困乡名单并给予特殊扶持。

第三阶段是从1994年到2000年，是扶贫攻坚阶段。在这一阶段，由于剩余的贫困人口主要集中在自然条件比较恶劣的地区，制度改革与区域经济发展的扶贫效益递减，常规投入已经很难改变贫困人口的贫困状况。鉴于此，1994年3月国务院发布《国家八七扶贫攻坚计划》，要求集中人力、物力、财力，动员社会各界力量，力争用7年左右的时间，到2000年底基本解决8 000万左右农村贫困人口的温饱问题。该计划是我国历史上第一个有明确目标、明确对象、明确措施、明确期限的扶贫纲领性文件。《国家八七扶贫攻坚计划》的核心措施依然是区域扶贫开发，但同时非常重视扶贫工作管理和贫困农户难以从财政扶贫资金和各地开展的扶贫开发项目中获益的问题。同时，制定并实施了一系列有针对性的政策措施。扶贫攻坚阶段的政策特征可以概括为以下几点：

第一，提出了扶贫开发到村到户的工作方针。1996 年 9 月，中央召开扶贫开发工作会议，做出《关于尽快解决农村贫困人口温饱问题的决定》。1998 年 2 月，国务院还专门召开扶贫到户工作会议，强调扶贫攻坚时期的主要扶贫对象和工作重点是贫困农户，强调以贫困村为基本单位，以贫困户为工作对象，以改善基本生产生活条件和发展种养业为重点，坚持多渠道增加扶贫投入，坚持动员和组织社会各界参与扶贫攻坚。1999 年 6 月，中央再次召开扶贫开发工作会议，做出《关于进一步加强扶贫开发工作的决定》，明确扶贫到村到户，确保"八七"扶贫攻坚计划的顺利完成，并明确指出，扶贫开发到村到户的核心，是扶贫资金、干部帮扶和扶贫项目等各项措施真正落实到贫困村、贫困户；同时提出把有助于直接解决群众温饱问题的种植业、养殖业和以当地农副产品为原料的加工业作为扶贫开发的重点，以防止过去区域扶贫开发演变为"贫困地区工业化项目"开发现象的发生。

第二，重新确定国家重点扶持贫困县。1994 年，我国政府重新调整的国家重点扶持贫困县的标准是：以县为单位，凡是 1992 年农民人均纯收入低于 400 元的县全部纳入国家重点扶持贫困县的范围；凡是 1992 年人均纯收入高于 700 元的原国家重点扶持贫困县，一律退出。依据这一标准，列入《国家八七扶贫攻坚计划》的国家重点扶持的贫困县共有 592 个，涵盖了全国 72% 以上的农村贫困人口。中央政府随后采取的一系列扶贫政策、措施都主要围绕这 592 个国家重点扶持贫困县贫困群众的温饱问题而制定。中央政府的各项扶贫资金也都集中投入到这些贫困县，希望由此带动全国农村贫困问题的解决。

第三，加大扶贫投入。中央政府同时还出台了一系列政策、措施，以动员各方面的社会力量，加大扶贫投入，如在集中连片的重点贫困地区安排大型开发项目。20 世纪 90 年代后，我国贫困形势最显著的变化就是东部和西部经济发展的差距在不断扩大，贫困人口越来越多地集中于中西部地区。截至 1994 年，生活在中西部地区的贫困人口数占全国人口总数的比例达 80.3%。为此，中央积极组织沿海发达省市对口帮扶西部贫困省区。同时，为保证国家各项扶贫政策的落实，如期实现八七扶贫攻坚计划，中央强调建立以省为主的扶贫工作责任制，要求扶贫资金、权利、任务和责任"四个到省"。到 2000 年，农村尚未解决温饱问题的贫困人口只有 3 000 万人左右。

第四阶段是从 2001 年开始的，是新世纪继续扶贫阶段。2001 年 5 月，中央召开第三次扶贫开发工作会议，对 21 世纪前十年的农村扶贫开发工作进行了全面部署。会议之后国务院颁布了《中国农村扶贫开发纲要（2001—2010 年）》，提出了今后十年农村扶贫开发的目标任务、指导思想和方针政策。这个"纲要"是继"八七"扶贫攻坚计划之后的又一个指导农村扶贫开发工作的纲领性文件。新阶段扶贫开发工作的重点是：以实施村级扶贫规划为切入点实现整村推进，改善贫困地区的生产条件和贫困农户的生活条件；以劳动力转移培训为切入点，提高贫困农民的综合素质和非农就业的能力；以发展龙头企业为切入点，促进贫困地区提升产业结构，增加贫困农户的经济收入。

进入 21 世纪后，农村贫困人口的分布更为分散了，扶贫工作的重心必须下沉到村组，这就是国家把整村推进作为新世纪扶贫开发工作的中心的主要原因。整村推进工作设计的程序是：首先，采用利益相关者广泛参与的方式，以村为单位进行贫困识别，把贫困比较集中的村筛选出来（全国共确定了14.8万个贫困村，覆盖了80%左右的贫困人口）。其次，在被确定的贫困村内，采用参与式方法编制村级扶贫规划，规划内容主要包括改善社区基础设施、发展社区公益事业和培育增收产业三个方面。为了实现村民参与和公开透明，在整村推进中设计和推行了参与制度和公示制度。推行参与制度是因为以往的农村扶贫的实践证明，政府主导选择的扶贫项目，往往与农民的实际需要有一定的偏差，这是影响扶贫绩效的重要原因。而长期生活在当地的农民对社区特色的判断，对社区发展目标的确立和发展举措的选择，是不大可能脱离实际的。所以，贫困村发展规划的制定强调以农民为主体。推行公示制度主要针对以往扶贫项目和扶贫资金的管理存在着配置不公平和擅自改变项目内容和资金投向等问题。政策设计中希望通过公示制度，实现对扶贫项目和扶贫资金的有效监督，有效防止扶贫项目虚报及财政资金被挪用现象的发生。

纲要同时指出：应积极稳妥地扩大贫困地区的劳务输出，加强贫困地区劳动力的职业技能培训，组织和引导劳动力健康有序地流动；沿海发达地区和大中城市要按照同等优先的原则，积极吸纳贫困地区的劳动力在本地区就业；贫困地区和发达地区可以就劳务输出结成对子，开展劳务协作；输入地和输出地双方政府都有责任保障输出劳动力的合法权益，关心他们的工作、生活，帮助解决实际困难和问题。

尽管在以往的扶贫政策中也对劳动力的培训做了相关规定，但在劳务收入在农民收入中所处地位越来越重要的背景下，政府提倡要引导劳动力的合理流动，并把保护进城务工人员的合法权益放在一个突出的地位，体现了扶贫政策的体系性和实效性。

纲要强调要继续坚持开发式扶贫方针，提高贫困农户自我积累、自我发展的能力。按照纲要的规划，政府将坚持把贫困地区尚未解决温饱问题的贫困人口作为扶贫开发的首要对象，同时，继续帮助初步解决温饱问题的贫困人口增加收入，进一步改善其生产生活条件，实现稳定脱贫，并将残疾人扶贫纳入扶持范围，统一组织，同步实施。纲要还按照集中连片的原则，把贫困人口集中的中西部少数民族地区、革命老区、边疆地区和特困地区作为这一阶段扶贫开发的重点，并在以上四类地区确定扶贫开发工作重点县，东部以及中西部其他地区的贫困乡、村，主要由地方政府负责扶持。

第五个阶段是2011年以后的发展阶段。为进一步加快贫困地区发展，促进共同富裕，实现到2020年全面建成小康社会奋斗目标，制定了《中国农村扶贫开发纲要（2011—2020年）》，提出提高扶贫标准，加大投入力度，把连片特困地区作为主战场，把稳定解决扶贫对象温饱、尽快实现脱贫致富作为首要任务，坚持政府主导，坚持统筹发展，更加注重转变经济发展方式，更加注重增强扶贫对象自我发展能力，更加注重基本公共服务均等化，更加注重解决制约发展的突出问题，努力推动贫困地区经济社会更好更快发展。总体目标是，到2020年，稳定实现扶贫对象不愁吃、不愁穿，保障其义务教育、基本医疗和住房。贫困地区农民人均纯收入增长幅度高于全国平均水平，基本公共服务主要领域指标接近全国平均水平，扭转发展差距扩大趋势。

11.3.2 农村扶贫开发的成就

改革开放以来，我国政府开始有计划、有组织开展大规模扶贫开发，向贫困发起一轮又一轮的"攻坚战"。持续30多年的扶贫开发，农村贫困人口大规模减少，截至2017年末，全国农村贫困人口从2012年末的9 899万人减少至3 046万人，累计减少6 853万人；

贫困发生率从 2012 年末的 10.2% 下降至 3.1%，累计下降 7.1 个百分点。参照国际扶贫标准测算共减少 6.6 亿，贫困人口越来越少。这在国际贫富分化仍在加剧、世界贫困人口有所增加的背景下，可以说是举世瞩目的成就。扶贫开发有力地促进了贫困地区经济的发展，改善了贫困群众的生产生活条件，走出了一条中国特色的扶贫开发道路，为人类的减贫事业做出了巨大的贡献。

农村扶贫开发直接促进了贫困地区的经济发展和社会进步，主要体现在：贫困地区经济发展速度明显加快、基础设施和生产生活条件明显改善、社会事业发展较快、一些集中连片的贫困地区整体解决了温饱问题。

党的十九大明确把精准脱贫作为决胜全面建成小康社会必须打好的三大攻坚战之一，做出了新的部署。到 2020 年，确保现行标准下农村贫困人口实现脱贫，消除绝对贫困；确保贫困县全部摘帽，解决区域性整体贫困。

从国家整体角度看，农村扶贫开发促进了我国经济发展、民族团结和边疆巩固，维护了整个社会的良性运行和协调发展，保障了所有社会成员共享发展成果。

11.3.3　脱贫攻坚战三年行动

2018 年 6 月，中共中央、国务院发布了关于打赢脱贫攻坚战三年行动的指导意见。意见指出，党的十九大明确把精准脱贫作为决胜全面建成小康社会必须打好的三大攻坚战之一，作出了新的部署。从脱贫攻坚任务看，未来 3 年，还有 3 000 万左右农村贫困人口需要脱贫，其中因病、因残致贫比例居高不下，在剩余 3 年时间内完成脱贫目标，任务十分艰巨。必须清醒地把握打赢脱贫攻坚战的困难和挑战，切实增强责任感和紧迫感，集中力量攻克贫困的难中之难、坚中之坚，确保坚决打赢脱贫这场对如期全面建成小康社会、实现第一个百年奋斗目标具有决定性意义的攻坚战。

全面把握打赢脱贫攻坚战三年行动的总体要求，

（1）指导思想。确保到 2020 年贫困地区和贫困群众同全国一道进入全面小康社会，为实施乡村振兴战略打好基础。

（2）任务目标。到 2020 年，巩固脱贫成果，通过发展生产脱贫一批，易地搬迁脱贫一批，生态补偿脱贫一批，发展教育脱贫一批，社会保障兜底一批，因地制宜综合施策，确保现行标准下农村贫困人口实现脱贫，消除绝对贫困；确保贫困县全部摘帽，解决区域性整体贫困。实现贫困地区农民人均可支配收入增长幅度高于全国平均水平。实现贫困地区基本公共服务主要领域指标接近全国平均水平，主要有：贫困地区具备条件的乡镇和建制村通硬化路，贫困村全部实现通动力电，全面解决贫困人口住房和饮水安全问题，贫困村达到人居环境干净整洁的基本要求，切实解决义务教育学生因贫失学辍学问题，基本养老保险和基本医疗保险、大病保险实现贫困人口全覆盖，最低生活保障实现应保尽保。集中连片特困地区和革命老区、民族地区、边疆地区发展环境明显改善，深度贫困地区如期完成全面脱贫任务。

（3）工作要求。坚持严格执行现行扶贫标准。严格按照"两不愁、三保障"要求，确保贫困人口不愁吃、不愁穿；保障贫困家庭孩子接受九年义务教育，确保有学上、上得起学；保障贫困人口基本医疗需求，确保大病和慢性病得到有效救治和保障；保障贫困人口基本居住条件，确保住上安全住房。要量力而行，既不能降低标准，也不能擅自拔高标准、提不切实际的目标，避免陷入"福利陷阱"，防止产生贫困村和非贫困村、贫困户和非贫困户待遇的"悬崖效应"，留下后遗症。坚持精准扶贫精准脱贫基本方略。做到扶持对象精准、项目安排精准、资金使用精准、措施到户精准、因村派人（第一书记）精准、脱贫成效精准，因地制宜、从实际出发，解决好扶持谁、谁来扶、怎么扶、如何退问题，做到扶真贫、真扶贫，脱真贫、真脱贫。

本章小结

农村社会救助制度是政府为农村因贫困或自然灾害等原因造成生活困难的弱势群体提供最基本生活保障的一种制度，主要包括三种形式：一是五保供养制度；二是最低生活保障制度；三是对农村的扶贫开发。

《农村五保供养工作条例》将农村最困难的群众纳入了公共财政的保障范围。农村五保供养标准不得低于当地村民的平均生活水平，并根据当地村民平均生活水平的提高适时调整。为解决五保供养设施滞后的问题，民政部在"十一五"期间利用福利彩票公益金开展了"霞光计划"。

20世纪90年代以来，农村最低生活保障工作在一些地区开展起来。《中共中央国务院关于积极发展现代农业扎实推进社会主义新农村建设的若干意见》指出，2007年要在全国范围内建立农村最低生活保障制度。农村低保制度实行属地管理，低保标准由县以上各级地方政府自行制定。

改革开放以来的农村扶贫开发大致可以划分为四个阶段。《中国农村扶贫开发纲要（2001—2010年）》提出新阶段扶贫开发工作的重点是：以实施村级扶贫规划为切入点，实现整村推进，改善贫困地区的生产条件和贫困农户的生活条件；以劳动力转移培训为切入点，提高贫困农民的综合素质和非农就业的能力；以发展龙头企业为切入点，促进贫困地区提升产业结构，增加贫困农户的经济收入。

2018年6月，中共中央、国务院发布了关于打赢脱贫攻坚战三年行动的指导意见，到2020年，确保现行标准下农村贫困人口实现脱贫，消除绝对贫困；确保贫困县全部摘帽，解决区域性整体贫困。

综合训练

11.1 单项选择题

1.五保供养制度最早源于（　　　）。

A.土改时期　　　　　　　B.农业合作化运动时期　　　C.人民公社时期

2.旧的《农村五保供养工作条例》发布的时间是（　　　）。

A.1992年　　　　　　　　B.1994年　　　　　　　　C.1996年

3.目前实施的《农村五保供养工作条例》发布的时间是（　　　）。

A.2002年　　　　　　　　B.2004年　　　　　　　　C.2006年

4.农村五保供养标准是（　　　）。

A.稍低于当地村民的平均生活水平

B.不低于当地村民的平均生活水平

C.略高于当地村民的平均生活水平

5.农村五保供养资金由（　　　）。

A.地方人民政府财政预算安排　　　　　　B.省级人民政府财政预算安排

C.中央人民政府财政预算安排　　　　　　D.地方政府财政预算安排，中央财政补贴

11.2　多项选择题

1.农村社会救助制度的形式主要包括（　　　）。

A.五保供养制度　　　　　　　　　　　　B.最低生活保障制度

C.农村社会保险制度　　　　　　　　　　D.农村扶贫开发

2.在"霞光计划"中，农村五保供养服务机构的资助额度为（　　　）。

A.东中部地区原则上每所不超过20万元

B.东中部地区原则上每所不超过25万元

C.西部地区原则上每所不超过25万元

D.西部地区原则上每所不超过30万元

3.确定最低生活保障标准的原则包括（　　　）。

A.低标准开始的原则　　　　　　　　　　B.保障农民最基本生活的原则

C.公平与效率相结合的原则　　　　　　　D.遵循实际经济情况的原则

4.确定低保标准主要要考虑（　　　）。

A.维持当地居民基本生活所必需的费用　　B.当地经济发展水平

C.当地物价水平　　　　　　　　　　　　D.当地财力状况

5.农村最低生活保障管理程序包括（　　　）。

A.申请、审核和审批　　　　　　　　　　B.民主公示

C.资金发放　　　　　　　　　　　　　　D.民主监督

11.3　复习思考题

1.简述农村五保供养的对象、内容与标准。

2.简述"霞光计划"的内容。

3.试述我国农村最低生活保障制度。

4.试述我国农村扶贫开发的成就及存在的困难。

5.简述中央关于扶贫工作的目标和要求。

第12章

灾害救助

学习指南

【学习目标】通过本章的学习，主要掌握以下要点：

1.灾害救助的特征。

2.灾害救助的主体和内容。

3.我国灾害救助的方针和体制。

【关键概念】自然灾害；人为灾害；《救灾捐赠管理暂行办法》；《自然灾害救助条例》

第12章关键概念

引导案例

自然灾害救助，符合条件最高可获5万元补助！

2018年9月，广东省肇庆市遭遇台风"山竹"。台风过后，肇庆市民政局印发了《关于切实做好台风"山竹"灾害救助及恢复重建工作的通知》，号召全力以赴，做好灾害救助和重建家园工作。

如果遭受台风暴雨这一类型的自然灾害"侵害"，可以申请自然灾害救助。

自然灾害救助包括：应急期生活救助、过渡期生活救助、因灾"全倒户"重建补助、因灾"重损户"修缮补助、因灾遇难（失踪）人员家属抚慰金和受灾人员冬春生活救助。

自然灾害救助对象包括：应急期生活救助对象、过渡期生活救助对象、倒塌、损坏住房恢复重建补助对象（因灾"全倒户"重建补助、因灾"重损户"修缮补助）、遇难（失踪）人员家属抚慰对象、冬春生活救助对象。

自然灾害救助标准为：（1）应急期生活救助标准：每人每天20元、救助期限15天。（2）过渡期生活救助标准：每人每天20元和1斤大米，救助期限3个月。（3）因灾"全倒户"重建补助标准：每户补助40 000元（五保户、孤儿每户补助50 000元）。（4）因灾"重损户"修缮补助标准：每户补助2 000元。（5）因灾遇难（失踪）人员家属抚慰金标准：每个遇难发放抚慰金20 000元给其亲属。（6）受灾人员冬春生活救助标准：人均150元。

申请程序为：

（1）受灾人员向所在的村民委员会或者居民委员会提出申请，或者由村民小组、居民小组向所在的村民委员会、居民委员会提名。

（2）村民委员会、居民委员会进行民主评议，确定拟补助对象，并在村、社区范围内公示，公示期不得少于7日。

（3）经公示无异议或者经村民委员会、居民委员会民主评议异议不成立的，由村民委员会、居民委员会将拟补助对象名单、评议意见和有关材料提交乡镇人民政府、街道办事处审核。

（4）乡镇人民政府、街道办事处应当在10日内将审核意见和村民委员会、居民委员会提交的材料报县级人民政府民政等部门审批。

（5）县级人民政府民政等部门应当在10日内完成审批工作，并将经审批通过的补助对象，通过乡镇人民政府、街道办事处和村民委员会、居民委员会、村民小组、居民小组设置的政务公开栏、村（居）务公开栏、社区公开栏进行公布。公布内容应当包括：补助对象名单、家庭类型、家庭人口、倒塌房屋结构、补助标准、补助金额和公布日期等。

资料来源 "肇庆发布"公众号。

【案例思考】

1.在应对自然灾害时，各级政府与部门应扮演何种角色？应发挥哪些作用？

2.我国自然灾害救助的成就和问题都有哪些？

§12.1 灾害救助概述

12.1.1 灾害救助的含义

1.灾害

灾害是对人类社会造成物质财富损失和人身伤亡的各种现象的总称，可分为自然灾害和人为灾害。自然灾害指自然界发展的不以人的主观意志为转移的自然现象引起的灾害，一般有五类：①气象灾害，如水灾、旱灾、风灾、冷害、酷热等，这是最普遍且损害范围最广、危害最大的灾害类型；②地质灾害，如地震、火山爆发、地陷等；③地貌灾害，如泥石流、滑坡、雪崩等；④水文灾害，如海啸、海侵、风暴、潮水等；⑤生物灾害，如病虫害、草害、鼠疫等。此外，还有森林火灾等。一般意义上的灾害多指自然灾害。

现代社会中，高楼大厦鳞次栉比，航空、海运、道路交通四通八达，各类人为灾害如火灾、车祸、爆炸、毒化物灾害等频繁发生。这些人为灾害具有下列特征：①灾害范围广，遍布陆、海、空；②发生频率高（每日都有可能发生）；③一些人为灾害损失巨大，动辄损失几百万元，甚至几百亿元；④人为灾害的预防与救援需要广泛的技术背景支援（如化学的、环境的、生物的、机械的、电子的等）。特别是"冷战"后，国家间以军事对抗、大规模战争和以武力扩张势力范围等为特点的"传统安全威胁"逐步减少，而由非军事和非政治因素引起的、具有跨国性和全球效应的"非传统安全威胁"日渐上升。传染疾病流行、生态环境恶化、恐怖主义袭击、大规模杀伤性武器扩散、金融危机蔓延、信息通讯网络瘫痪等非传统安全问题，对国家安全、国际安全以及人类安全的影响日益增大，造成的危害也越来越严重。例如，2001年发生在美国的恐怖分子利用民用飞机袭击世界贸易大厦事件（9·11事件），造成数千人死亡，直接经济损失达100多亿美元，成为人类史上的重大灾难；2003年发生在我国的传染性非典型性肺炎疾病，引起全国乃至世界的震惊，是当年我国发生的影响最重大的灾难性事件。

灾害的严重后果，不仅在于造成社会财富的消耗，更在于造成众多灾民的伤亡并直接影响到遭遇灾害的社会成员的生存条件，如果国家和社会缺乏有效的救助灾民的保障措施，灾民很可能难以自救，灾区社会就有可能会失去控制。在我国古代历史上，各代统治者大都实施仓储后备、以工代赈等救灾措施。进入现代社会后，世界各国政府更是积极建立灾害救助制度。

2.灾害救助

灾害救助，是指为了让灾民摆脱生存危机，国家和社会对灾民进行抢救和援助，在衣、食、住、医等基本生活资料方面给予其最低生活水平的保障，同时使灾区的生产、生活各方面尽快恢复正常秩序的一项社会救助制度。一般来说，狭义的灾害救助指的是自然灾害救助，它并不包括针对人为灾害的一些预防和补救措施。本章讨论的灾害救助也将取其狭义上的界定。

灾害救助是社会救助体系中不可缺失的重要组成部分，是整个社会保障体系中的特殊保障制度安排。灾害救助与灾害救援、灾害救济是既有联系又存在差别的三个概念。一般来说，灾害救援主要指在灾害刚刚发生时或发生后不久，紧急抢救、转移和安置灾民，妥善解决灾民临时的吃、穿、住、医等问题，所涉及的是灾害的即时救助。灾害救济主要指政府及其所属职能部门对灾民的实物或现金赈济，具有较强的慈善性、被动性和随意性，而且往往是灾后救助。而灾害救助，比较全面地包括了灾中和灾后及时且持续救助的内容，同时还表明这种制度在切实解决灾民基本生活的前提下，也要帮助、扶持灾区贫困户生产自救、脱贫致富，提高抵御自然灾害的能力。

实施灾害救助，其目的就是通过维护和保障灾民的基本生活需要来努力减少人员伤亡，最大限度地减轻国家和人民群众的财产损失；尽快恢复基础设施，保障灾民基本生活，维护社会稳定，推动社会发展；通过行使各种救助手段使灾区和灾民脱灾，恢复生产、脱贫致富。

12.1.2 灾害救助的地位

在人类社会发展进程中，自然灾害种类繁多，其中威胁人类生存与发展的最大自然灾害是水灾、旱灾、地震等，这些灾害所造成的主要社会后果是人员伤亡、社会财富损毁，是制约社会经济持续发展的重要因素。中华人民共和国成立后，各种自然灾害不仅没有减少，反而因环境破坏、气候变化而更加严重。据统计，一般年份，全国遭受各种自然灾害袭击的人口达 2 亿多人次，每年因自然灾害造成的死亡人数数千人不等，需要转移安置的人口以百万乃至千万计，农作物受灾面积 4 000 万 ~ 4 700 万公顷，大的自然灾害还容易引发传染病，后果十分严重。例如，1976 年的唐山大地震，就造成了 24 万多人死亡、16 万多人重伤、50 多万人轻伤，一座百万人的工业城市变成一片废墟的惨烈后果；1998 年的江淮大水灾，造成近千万人流离失所，各种经济损失达 2 000 多亿元；2008 年初的风雪灾害和"5·12 汶川地震"都造成了极其严重的破坏。其他如虫灾、风灾、雹灾和霜灾等也对人类的生存产生了不同程度的威胁。毫无疑问，灾害救助具有重要的社会意义。

1.维护社会安定

自然灾害不仅直接破坏生产力，影响经济的发展，而且影响社会的安定，甚至引起社会动乱，阻碍社会的进步与发展。因为自然灾害及其引起的灾荒，能激化固有的社会矛盾，增加社会的不安定因素；灾害大量毁坏人类的财富，制造贫困，威胁人类的生存，危害社会的安定；灾荒能给人们的精神和心理上带来深重的创伤和压力，导致人心不稳，冲击社会的稳定机制。纵观中国古代历史，农民起义的导火索都是灾荒，大多数改朝换代都发生在灾荒年间。近三四十年来，非洲持续干旱，千百万人挣扎在死亡线上，导致非洲国家政局不稳，已发生六十多次政变。当然，有灾不一定有荒，有荒不一定就引起社会动乱，这取决于救灾工作开展得有力与否。可见，救灾工作是极其重要的。

2.具有重要的政治意义

我国是一个发展中国家，经济生活对自然因素的依赖性较大，对自然灾害的承受能力较弱，救灾工作的任务相当艰巨，做好救灾工作的重要性更加突出。救灾工作做好了，不仅能促进灾区生产的恢复与发展，保障经济建设顺利进行，维护社会的安定团结，而且能够体现社会主义制度的优越性。总之，无论是从经济上看，还是从政治上看，做好救灾工作都具有重要的意义，是关系到国计民生、社会主义经济建设的大事，必须予以高度重视。

12.1.3 灾害救助的特征

与其他社会保障项目相比，灾害救助因其面对的是各种突发性的灾难，因而在实践中具有自己明显的特征，主要体现在以下几个方面：

1.灾害救助的紧急性

由于各种灾害的发生大都具有突发性（除旱灾外）和严重的危害性，遭遇灾害的社会成员可能迅即陷入生活困境之中，甚至倾家荡产、流离失所、人身伤亡。大面积的自然灾害或其他重大灾难等又往往极易造成疫病流行，如果国家和社会不紧急实施救助，遭遇灾害袭击的社会成员就有可能非正常死亡、外出流浪等，灾区社会也会因此陷入危机并进而影响到其他地区的稳定。因此，实施灾害救助必须将各种救灾实物或服务资源迅速运往灾区，以及时解决灾民的生存危机，并将灾害造成的后果减小到最低程度。为提高救灾工作的应急反应能力，及时、高效地做好救灾工作，一些国家和地区纷纷制定"自然灾害应急措施"，以确保达到更好的救灾效果。

2.灾害救助内容与手段的多样性

由于各种灾害造成的后果是多方面的，包括人身伤亡、财产损失、基础设施损毁以及疫病流行等，灾害救助的内容与手段也必须是多种多样的。灾害救助不仅包括对人的救护，还包括对物的转移和保护；不仅包括衣、食等基本生活用品的救助，还包括医疗服务等特殊救助；不仅包括对灾民个人的救助，还包括对灾区社会的救助；不仅包括对灾民身体和物质财富的保护，还包括缓解灾民的心理压力，帮助他们重建信心。从灾害救助的具体内容上来看，这种广泛性更明显。

救灾手段主要指救灾措施，通过各种手段对灾害救助的对象实施救助，是保证灾害救助目标实现的客观条件和可靠保证。灾害救助的手段是多种多样的，概括起来主要包括物质手段、精神手段和组织手段三种。这些手段直接决定着灾害救助能否成功以及在多大程度上获得成功。在具体方式上，既采用现金救灾、实物救灾、服务救灾等救助方式，在特定条件下也可以采取以工代赈等特殊方式。因此，在整个社会保障体系中，灾害救助的内容与方式是最多样化的，这主要是由灾害及其损害后果的广泛性及特殊性决定的。

3.灾害救助对象的复杂性

灾害救助的对象可以简单分为灾区灾民和灾区社会，但在实际救助工作中，必须考虑到灾民个体的复杂性和灾区社会关系的复杂性。灾民在灾害的冲击下，平时的追求、乐趣、目标、心理、行为等都被破坏，无论是在心态方面，还是在行为方面，都表现出异常复杂的特点。而灾区社会正常的社会关系在灾害中受到冲击和影响，社会集体整合受阻，可能出现社会状态紊乱、社会控制力降低等复杂的社会现象。因此，对灾民和灾区社会的救助是比较复杂和困难的。

4.灾害救助的不确定性

由于灾害无法事先确定，灾害救助也不同于其他社会保障制度的安排，可以事先计划并按照确定的方案开展。灾害救助的不确定性体现在：一是灾害发生的不确定性，即灾害发生的时间、地点是不确定的，灾害救助也无法事先确定救助的时间与地点；二是灾害的损害后果是事先无法确定的，所需要的救助资金也是不确定的，虽然政府每年均有救灾的财政预算，但具体需要多少需政府根据具体的灾情来决定；三是救助的形式具有不确定性，它需要在灾害发生时根据不同灾民的受灾程度及需要进行具体选择。因此，灾害救助在形式上是一种预防性的社会保障制度安排，在实践中需要临灾应变，救助的针对性越强，救灾的效果越好；反之，即使投入大量人力、财力，救灾的效果也可能不好。

灾害救助的上述特征表明，国家既需要将这一项目制度化并有常备不懈的应急机制，也要积累经验和教训，有预案、有临灾应变之策；既要有财政专款作为经济后盾，也要有救灾物资储备做物质基础。

§12.2 灾害救助的主体和内容

12.2.1 灾害救助的主体

救灾主体，与被救助的受灾对象相对，是对受灾对象实施救助的一方。救灾工作是一项复杂的系统工程，需要各方面力量的密切配合，因而实施救助的主体必然要涵盖多方面的因素。在我国的救灾制度中，对救灾主体的基本要求是：广泛发动、分工负责、相互协作。根据在救灾活动中的职责、角色和作用等方面的差异，救灾主体可分为党政组织、非政府组织和其他主体三大类。

1.党政组织

我国自然灾害救助管理的基本领导体制是：党政统一领导，部门分工负责，灾害分级管理。在具体救灾工作中，政府是最权威的决策机构，是方方面面力量的指挥者、协调者、监督者。在全部救灾主体中，政府居于最关键的地位，扮演最重要的角色。

2018年3月，国务院实施机构改革，组建应急管理部，自然灾害救助的协调和组织工作由其负责。政府各部门在救灾中所承担的责任是与其职能定位相关的，不同的职能部门按照各自的职责，在实施救灾的具体工作中，分别承担相应的责任，共同解决灾害带来的各类特定问题。与救灾直接有关的职能部门还有民政、财政、农业、水利、国土资源、卫生、林业、气象、地震和海洋等单位。

同时，国家也非常注重军队（包括中国人民解放军、武警官兵、公安干警和民兵预备役部队等）在灾害救助中的作用。参加抢险救灾是各国军队的一项重要任务，我国《宪法》第二十九条规定："中华人民共和国的武装力量属于人民。它的任务是巩固国防，抵抗侵略，保卫祖国，保卫人民的和平劳动，参加国家建设事业，努力为人民服务。"减轻自然灾害、抢险救灾是保护人民、支援国家建设事业的重要组成部分，因而也是军队应尽的义务和责任。

2.非政府组织

我国的非政府组织主要包括社会团体、基金会和民办非企业单位等。

非政府组织是解决现有社会问题，尤其是涉及公众利益问题的一个全新而有效的角色，活跃在社会生活中的各个领域，发挥着越来越重要的作用。非政府组织存在和发展的主要原因有两点：一是政府和市场都有失灵的一面，需要有一些能够弥补其各自缺陷的中介组织来沟通这两方面的联系；二是社会公众参与社会管理和服务的意识日益提高。

非政府组织的最大优势，是它们能够接近社会基层中易受损害的群体，促使这些社会成员参与同他们切身利益有关的决策和资源分配。同时，非政府组织又能同政府保持密切的关系。它们可以宣传和普及国家的法律和政策，教育和动员民众，使他们认识到自己的权利和义务；又可作为传达民情的渠道，反映民众的愿望和意见，影响政府的政策和计划，以使其更适合民众的需要。

随着经济体制改革和政府机构改革的逐步深入，政府逐步转变职能，各类非政府组织逐渐得到培育，发展很快，政府包揽一切的局面开始改变，非政府组织在我国社会活动中开始发挥重要作用，尤其是在20世纪90年代以来的救灾活动中，非政府组织已经崭露头角，开始发挥它独特的作用。此外，国家还制定了《公益事业捐赠法》、《社会团体登记管理条例》和《救灾捐赠管理暂行办法》等有关法规、政策，鼓励和规范非政府组织参与救灾工作，许多公益性组织得到了良性发展，在救灾中发挥了积极作用，尤其是中国红十字会、中华慈善总会、中国青少年发展基金会等一些大型的非政府组织更是起到了政府不可替代的作用。

3.其他主体

在整个救灾活动中，仅仅依靠党政组织和非政府组织是不够的，还必须依靠其他主体共同参与，如企业、灾民和社会公众等。

随着我国逐步建立和完善社会主义市场经济体制，企业的经济实力越来越强，在社会生活中起到的作用也越来越大。作为社会的一分子，企业有贡献社会、回报社会的义务，在救灾中做出贡献是企业不容推卸的责任。企业在救灾中的作用主要体现在五个方面：一是为救灾工作生产急需的物品；二是为救灾工作提供必要的服务，尤其是铁路、邮电等部门为救灾提供运输和信息服务，对救灾工作全局有重要意义；三是组织员工、设备参与救灾抢险活动；四是捐钱、捐物支援灾区、救济灾民；五是负责已参加保险的受灾对象的损失理赔工作。

作为社会生产能力最强的环节，企业在救灾中能够发挥非常特殊和重要的作用。它在投入资源的同时，一方面，可以减少自身在灾害中可能遭受的损失；另一方面，企业的这种行为也能够塑造自己关心社会、回报社会的企业形象。从长远的角度看，也能够为企业获得更大的发展空间。也就是说，在市场经济时代，企业参加救灾完全可以取得不同层面的效益。

灾民并非单纯的救助对象，同时也应成为救灾活动的主体。"生产自救、互助互济"是我国救灾工作的重要原则。灾民在救灾中不能单纯依靠政府和社会救济，必须充分发挥主观能动性，设法减轻灾害可能造成的损失，灾后努力自力更生，恢复生产。此外，灾民之间还要发扬友爱精神，互相帮助，共渡难关。

灾民的自救可分为两个阶段：灾时抢救阶段和灾后重建阶段，它们的重点各有不同。在第一个阶段，灾民的生命和财产都受到灾害的直接威胁，这一阶段的重点是抢救，既要抢救其他灾民，避免人员伤亡，又要抢救物资，减少经济损失，而其中最主要的任务是对生命的抢救。在第二个阶段，灾害基本已经结束，灾民回到自己的住地，需要通过自己的生产活动，及时创造出新的劳动产品，从而弥补灾害造成的损失。

在救灾活动中，社会公众指灾区或附近地区未受灾的民众、非灾区的民众（包括海外关心、支持救灾事业的民众）。灾区或附近地区未受灾的民众具有接收、转移和安置灾民的便利和优势，可以为灾民解决吃、穿、住、医等基本生活问题。灾区附近的民众，乃至全社会的民众可以通过捐赠支援灾区。随着我国人民生活水平的提高，越来越多的人愿意帮助灾区人民摆脱困境、重建家园，他们是救灾工作的强大后盾。社会公众还是监督救灾活动的基本力量，他们可以监督救灾款物的发放，监督政府和非政府组织在救灾中的行为，促进救灾活动在公开、公正、公平的原则下进行，预防和制止救灾过程中的腐败行为。

社会传媒是公众的眼睛和喉舌，随着传播理念和技术的发展，公众政治意识、参与意识的增强，媒体在现代社会中的作用越来越重要。在救灾活动中，媒体既可以发挥监督作用，也可以传递救灾信息，充当灾民和社会公众之间的纽带和桥梁。

12.2.2 灾害救助的内容

灾害救助主要包括两大部分，即对灾区灾民的救助和对灾区社会的救助。前者是针对居民个体及其家庭的，而后者针对的是受灾区域的经济与社会组织。

对灾民的救助包括以下内容：

1.救助灾民生命、减少财产损失

灾害尤其是突发性重大自然灾害的发生是以造成人员伤亡和财产损失为特征的，因此，尽最大努力最大限度地减少灾害对灾民造成的各种伤亡和损失，就成为灾害救助最直接的目的和基本内容，即在灾害发生后的危急关头，动员和组织一切力量抢救、转移受灾人民的生命财产和国家财产，抢救受灾的农作物等。

2.安置灾民，为灾民提供基本生活保障

灾害的发生往往使灾民的衣、食、住、行等条件丧失殆尽，生存受到威胁。因此，在救助灾民生命的同时，还必须迅速解决好灾民的基本生活问题，包括把灾民安置在安全地点，使他们有吃、有穿、有住、有医。其具体工作包括搭建灾民临时住所，发放救灾物品，让医护人员做好伤病治疗、身体检查、消毒等工作。

3.安抚灾民情绪，实施精神救灾

大灾的发生不仅严重破坏灾民的生存条件，还冲击着灾民的精神和心理，从而产生不利于恢复的消极情绪和心态。实施精神救灾，安抚灾民情绪，重构被灾害破坏了的精神世界，日益成为各国灾害救助的重要内容。

4.控制次生灾害和灾后疫病，制止灾情蔓延和发展

许多自然灾害，特别是等级高、强度大的突发性自然灾害发生以后，常常会诱发一连串的次生灾害。比如，旱灾易引发病虫害，洪水灾害可引起泥石流和滑坡，地震灾害可造成水库垮坝而引起水灾。再者，自然灾害发生之后，破坏了人类生存的和谐条件，还可能引起一系列其他灾害，比如大的水灾以后，饮用水源和环境受到污染，易造成疫病流行，历史上往往"大灾之后必有大疫"。所以，发生重大灾害时，在做好原生灾害的抢险救灾工作的同时，必须对其可能引起的次生灾害加以防治和抑制，把灾害造成的损失减小到最低限度。

5.紧急抢修被破坏的生命线工程设施，恢复灾区交通、通信和水、电、物资供应秩序

交通、通信和水、电、物资的供应等，不仅关系到生产的正常运转和发展，而且关系到千家万户的切身利益。每遇大的灾害，这些生命线工程都首当其冲受到毁坏，而灾害发生后，上级的救灾指示要下达、下级的灾情要报告，大批的救灾人员急需进入灾区现场，大量的救灾物资急需运到灾区，大批危重伤员需要转移到外地治疗，大批灾民要吃饭、要喝水，生命线工程不恢复，救灾工作就无法进行。

6.对灾区的治安、交通、物价、人员流动等实施应急管理，维护灾区的社会秩序

大的灾害发生以后，机关、企业以至灾民家庭由于房屋倒塌，公私财物往往失去正常防范，绝大多数青壮年都投入到紧张的抗灾救灾活动中，给极少数不法分子以可乘之机，他们往往"趁火打劫"，甚至公开抢掠公私财物，哄抢工厂、商店和仓库，侵吞私人贵重物品等，还有的哄抬物价，发"灾难财"，加上灾后投入救灾的车辆增多，公路又遭破坏，如指挥调度不当，必将造成交通堵塞和混乱。所以，灾后迅速、严厉地制止犯罪活动，采取各种应急管制措施，维护正常的社会秩序，是做好救灾工作和保证救灾工作顺利进行的一项重要任务。

7.动员、组织人民群众生产自救，帮助灾民提高自力更生的能力

我国面积大，灾害多，据统计，每年因灾造成的直接经济损失达数百亿元，但每年国家的灾民生活救济款只有几十亿元，地方用于救灾的财力、物力也很有限。因此救灾工作必须依靠群众生产自救，互助互济。灾民自力更生的能力，是指灾民在大规模救灾工作停止后，依靠自己的力量，进行正常的物质和精神生活的能力。当然，这并不意味着政府在灾后不再帮助灾民，许多国家在灾后也会出面帮助重建灾区社会，但主要依靠灾民自己来恢复受创的生活与生产条件。因此，帮助灾民提高自力更生的能力，既是灾害救助的重要内容，也是灾害救助的根本目的。

8.发动国内救灾捐赠，争取和接受国际救灾援助

自然灾害是人类共同的敌人，不论是哪个国家、哪个民族、哪种信仰的人，都有与自然灾害作斗争的义务，都有接受救灾援助和援助灾区的权利与义务。我国在遇到特大自然灾害时，为了把灾害带来的问题解决得更快更好，在自力更生做好救灾工作的同时，也接受国际社会的救灾援助，有时还开展国内救灾捐赠活动，这对于帮助灾区恢复生产、重建家园具有重要的意义。

9.对灾区社会的救助

仅仅对灾民进行救助是不够的，对灾区社会的救助是灾民救助顺利进行的保障和前提。没有对灾区社会的救助就不可能全面实现灾害救助的目标。对灾区社会的救助主要包括社会功能的恢复、社会组织的重构、社会机制的整合、公共设施的恢复、社会控制力量的加强、社会生活的有序化等。没有对灾区社会的这种救助活动，人们生存的社会环境就不能恢复正常，对灾民的救助就会受到限制。因此，灾害救助任务的全面完成，必须将灾民救助与灾区社会救助正确地结合起来。

总之，灾害救助的社会目标首先是使灾区和灾民脱灾，然后最根本的是要通过行使各种救助手段，使灾民恢复到正常的生活状态。

12.2.3 灾害救助的过程

救灾工作的范围极其广泛，包括防灾、备灾、抗灾和救灾四个环节。

1.防灾

防灾是对灾害采取的预防性措施，主要包括四个方面：一是兴建防灾工程，如植树造林、修筑堤坝、提高建筑物的抗震标准、加强灾害预报、预警设施建设等；二是在制定设计规划和工程选址时尽量避开灾害危险区，这项工作必须以灾害区划工作为依据；三是在灾害发生前将人和可动资产撤离灾区，这项工作是以灾害预报和灾情监测为前提；四是在灾害发生时对各种工业流程的重要环节采取自控的或人为的防灾措施，这是减少和避免次生灾害的主要措施。

2.备灾

当前，我国已经初步建立了灾情快速报告制度、重大自然灾害预测会商制度和灾情专家评估制度，灾害信息报送能力明显提高。国务院各部门每年都组织专家召开重大自然灾害趋势研讨会，对全年自然灾害的发生趋势作初步的判断和预测，为做好备灾工作提供重要的依据。灾害一旦发生，民政部备灾处就会与灾区民政、气象、地震、水利等部门沟通确认，会同救灾处确认综合灾害情况，经领导审核后，向国务院办公厅报灾。

3.抗灾

抗灾是指在灾害发生过程中，动员人力、物力，采取各种措施来控制其危害程度，减少灾害带来的损失，包括紧急抢救、转移疏散灾区人口、抢种抢收农作物等。

4.救灾

救灾是指在灾害发生过程中和灾后，政府有关部门迅速组织力量抢救灾民的生命、财产，安排灾民生活，动员各界力量支援灾区，以求在尽可能短的时间内恢复灾民的生活和生产。它包括及时解决灾民的饮水、食品、医疗防疫、临时住所、衣被问题等，帮助灾民修复和重建被损毁的住房、学校及其他公共设施，提供生产资料等一系列活动。灾害对人类和社会造成损失以前的主体工作是防灾或抗灾，灾害造成损失以后的工作是救灾。

12.2.4　灾害救助的物资管理

救灾物资的来源，一方面是国家和地方的财政拨款，另一方面来自于社会各界的捐赠，包括外国政府或国际组织的捐赠，国外企业、民间组织的捐赠，港、澳、台同胞的捐赠，旅居海外的华侨的捐赠，国内机关、企事业单位、军队、学校等组织的捐赠，个人被组织动员或自发的捐赠等。为了加强对救灾捐赠款物的管理，保护捐赠人、救灾捐赠受赠人和灾区受益人的合法权益，民政部在 2000 年颁布了《救灾捐赠管理暂行办法》，对捐赠受赠人、救灾捐赠的性质、救灾捐赠款物的使用范围、救灾捐赠工作的负责人以及接受捐赠的机构必须符合的条件等作了详细的规定。

1.救灾款的使用与发放

（1）救灾款的使用范围。救灾款的使用范围主要包括四个方面：①解决灾民无力克服的衣、食、住、医等生活困难；②紧急抢救、转移和安置灾民；③灾民住房的恢复重建；④加工和储运救灾物资。

（2）救灾款使用的主要原则。

一是专款专用原则。救灾款是拨给灾区的专款，是灾民的"救命钱"，必须按规定的范围使用，不准挪作他用。

二是重点使用原则。有限的救灾款应重点用于灾情严重、连年遭灾的地区。救济的重点对象是因灾无法维持基本生活的五保户、贫困户和重灾户，以及大灾中紧急转移安置的灾民和烈军属等。解决的重点问题是吃、住。

三是以地方为主的原则。特大自然灾害所需的抗灾、救灾资金、物资，主要由省、自治区、直辖市人民政府负责解决。各省、自治区、直辖市要在年度计划中安排一定数额的资金、物资用于抗灾、救灾。在遭受特大自然灾害后，要先安排使用地方的资金、物资，确实不够用时再向中央申请补助。

（3）救灾款的发放办法。救灾款从省（自治区、直辖市）、地（市）到县一级，均由民政部门统一管理。各级民政部门和乡（镇）人民政府、发放救灾款的单位，要建立健全必要的规章制度，设专人负责，建立专用账目，做到有领必报、手续齐全、有据可查。对不符合救灾款使用原则和范围的开支，管理单位和管理人员有权拒绝支付，以堵塞漏洞。此外，各相关部门还要建立检查制度，对救灾款的发放情况进行定期检查；还要实行部门监督，会同财政、审计、农业银行等部门对救灾款的发放和使用情况进行经常检查。

救灾款的具体发放办法有：

①分段安排。根据灾情发生的季节性，每年分春荒、夏荒、新灾和冬令四个阶段安排救灾款。

②民主评议。建立由国家干部、村组干部、村民代表参加的民主评议小组，对所有受灾户进行分类排队，确定救济户及救济金额。

③村委会审查。民主评议的结果拿到村委会或党支部会上进行逐户审查，确定无误后，报乡（镇）人民政府审批。

④乡（镇）人民政府批准。乡（镇）人民政府对各村委会上报的救济名单、救济数额逐户进行审查，无误后再批准发放。救济数额较大的户，应报上级业务主管部门批准或备案。

⑤张榜公布。由村委会将乡（镇）人民政府批准的救济名单、救济数额列表张榜公布，接受人民群众的监督。

2.救灾物资的储备与使用

救灾物资实行定点储存、专项管理、无偿使用的原则，不得挪作他用，不得向灾民收取任何费用。我国采取的是中央级救灾物资储备制度。根据我国灾害的特点和救灾需要，民政部、财政部设置了天津、沈阳、哈尔滨、郑州、合肥、武汉、长沙、南宁、成都、西安等19个中央级救灾储备物资代储点。代储单位对救灾储备物资实行封闭式管理，专库存储，专人负责；救灾储备物资入库、保管、出库等都要有完备的凭证手续；救灾物资储备仓库设施和管理参照国家有关库房标准执行；新购置的储备物资在进库时要进行质量和数量验收，并制作包括品名、产地、生产日期、入库时间等内容的标签，按照有关要求安全地分类存放。没有中央救灾物资储备任务的地方，要逐步建立符合本地需要的救灾物资储备方式，以形成覆盖全国的救灾物资储备网络。

灾害发生后，灾区应先动用本地区救灾储备物资，不足时可申请使用国家救灾储备物资。国家有关部门统筹确定调拨方案，向使用救灾物资的受灾省人民政府、民政部门、代储单位发出调拨通知，并抄送财政部和省级财政部门。代储单位接到调拨通知后，应在48小时内完成储备物资的发运工作。使用储备物资的受灾地区要按照有关部门的调拨通知要求，对代储单位发来的救灾物资进行清点和验收，若发生数量或质量等问题，及时协调处理并将有关情况向有关部门报告。灾区人民政府发放、使用救灾物资时，应做到账目清楚，手续完备，并以适当方式向社会公布。救灾物资使用结束后，可回收重复使用的救灾储备物资由地方救灾主管部门负责回收、清洗、消毒和整理。回收工作完成后，及时将救灾储备物资的使用、回收、损坏、报废情况以及储存地点和受益人数报上级救灾主管部门。

§12.3 我国的灾害救助体制

我国是自然灾害多发的国家，有关灾害的记载不绝于史。历代统治阶级为了巩固其统治地位，也都曾经实施过一些救灾政策。中华人民共和国成立以来，救灾工作成为政府的一项重要职责。它主要是由政府组织和领导，国家和地方政府给予财政支持，并且通过动员社会各界力量参与和灾区群众的生产自救来实现救灾工作的目的。

12.3.1　我国灾害救助工作的方针

中华人民共和国成立以来，随着党和国家的路线、方针、政策在不同历史时期的发展，以及社会情况的不断变化，我国灾害救助工作的方针、政策不断调整，大体形成了三个历史时期。

一是中华人民共和国成立初期。1949年内务部提出的救灾工作方针是"节约防灾，生产自救，群众互助，以工代赈"。1950年2月27日，董必武同志在中央生产救灾委员会的成立大会上，对救灾工作的方针进行了补充，改为"生产自救，节约渡荒，群众互助，以工代赈，并辅之以必要的救济"。同年召开的第一次全国民政工作会议重申了这一方针。1953年，第二次全国民政工作会议又将上述方针修改为"生产自救，节约渡荒，群众互助，辅之以政府必要的救济"。

二是农业合作化时期。这一时期，救灾工作的方针改为"依靠群众，依靠集体，生产自救为主，辅之以国家必要的救济"。这是因为全国农村已经完成了社会主义改造，实现了集体化，集体组织具备了一定的救灾能力，所以救灾工作方针中相应地增添了依靠集体的内容。

三是改革开放时期。党的十一届三中全会后，在1983年，第八次全国民政工作会议确定了新的救灾工作方针："依靠群众，依靠集体，生产自救，互助互济，辅之以国家必要的救济和扶持。"这是根据农村实行家庭联产承包责任制的新情况提出来的，因而增加了互助互济和国家扶持的内容。

60多年来，我国救灾工作方针的提法，虽然各个时期有所不同，但基本精神是一致的。它的核心是搞好生产自救，即通过恢复和发展灾区生产来克服灾害带来的困难。实践证明，这一方针是符合我国国情的，是正确的。纵观中华人民共和国成立以来的救灾工作方针，有四方面的基本内涵：

第一，救济有限，生产无穷。灾后的困难都靠国家的救济来解决是不行的，国家拿不出那么多钱，也容易使灾民产生依赖思想。只有发展生产，增加收入，才能彻底解决因灾害带来的困难。所以，要改变单纯救济生活的做法，正确处理好救济生活与扶持生产的关系，在保障灾民吃饭、穿衣、住房、治病等基本生活的前提下，扶持灾民开展生产自救，从恢复生产、增强灾民自身的经济活力着手，满足其灾后的物质生活需要。

第二，勤俭节约。生产发展了，国家给救济了，但如果不省吃俭用，"一手收，一手溜"，灾后困难仍旧解决不了。即使是丰收年，也要讲究节俭，储粮备荒。

第三，充分发挥集体组织和群众的积极性，自力更生、互助互济。灾害的破坏力大，给群众带来的困难多，单靠个人的力量是不够的，必须依靠集体组织的力量，必须提倡"一方有灾，八方支援"的精神，动员群众互助互济，共渡灾荒。

第四，对于灾区群众和集体无力解决的困难，政府给予必要的帮助。国家救济是必要的，是扶助灾民渡荒的重要力量。没有国家的救济，灾民在同灾害作斗争的过程中就会缺乏必要的物质手段，特别是灾害突然到来，灾民情绪动荡的时候，国家及时拨发救济款，能很快稳定灾民情绪，增强其战胜灾荒的信心，同时，还能密切党和政府与人民群众的关系，使他们体会到生活在社会主义大家庭的温暖。

12.3.2　我国灾害救助体制改革的目标

中华人民共和国成立后，我国建立了新的灾害救助体制。国家救济按时令分为冬令救济、春荒救济、夏荒救济及新灾救济四种，按生活项目可分为口粮、衣被、住房、医疗以及转移、安置灾民等项。灾害救济依靠中央财政统收统支，以农村集体经济保障为基础，实施无偿救济的救灾思路，并遵循层层报灾、级级审批的中央决断型工作程序。这种灾害救助体制与计划经济高度契合，到20世纪80年代时已经很难适应当时的经济与社会体制改革，主要表现在：其一，与财政体制改革不相适应。这种救灾体制建立在中央统收统支的基础上，不仅加重了中央财政的负担，而且也不能适应改革后中央与地方政府在财政上"分灶吃饭"的形势。其二，与农村经济体制改革不相适应。这种救灾体制形成和发挥作用的重要基础是农村集体所有制经济，但改革开放后，家庭联产承包责任制在农村普遍推行，家庭成了单个的劳动单位，集体保障已经丧失，每个农民都有可能成为政府救灾的对象，灾后的社会问题日益增多。其三，与社会保障的改革发展不相适应。这种灾害救助体制的资金来源渠道单一，经费严重不足，且灾民自我保障的意识淡薄，影响了救灾工作社会化的目标。而我国社会保障事业改革要求资金来源多元化，强调受保障者应尽一定的缴费义务，以减轻政府的财政压力，扩充经费来源，提高保障水平，强化自我保障意识。其四，与市场经济的发展不相适应。计划经济条件下的灾害救助体制是一种缺乏自我调节、自我平衡的刚性结构，比如政府实行低水平的有限救济，是通过控制物价等措施来保证救灾计划的执行的。但这种体制显然无法适应市场经济的发展和物价体制改革的需要。

1983年第八次全国民政工作会议，拉开了救灾工作体制改革的序幕。改革的目标主要包括以下六个方面：第一，在切实保障灾民基本生活的前提下，明确各级政府的救灾责任，逐步建立起救灾工作分级负责、分级管理和救灾款分级负担的救灾体制。第二，争取中央财政和地方财政增加救灾经费预算，不断增强救灾实力。第三，探索建立救灾预备金制度，进一步加强救灾扶贫周转金和救灾扶贫经济实体的管理，提高群众抗灾、救灾的能力和生产自救的能力。第四，建立救灾的监测管理体系，科学评定灾害等级，改善救灾装备，提高救灾工作效率。第五，实行积极防灾、减灾和救灾相结合，减轻自然灾害损失。在有条件的地区建立救灾保险制度，积极探索灾害救助新路子。第六，发动群众救灾捐赠，努力争取国际救灾援助，发展民间救灾互助储金会，加强救灾捐赠的管理。

12.3.3　我国灾害救助体制的改革

改革开放以来，我国在救灾救助体制方面主要进行了以下几项改革：

1.建立分级管理机制，实行救灾工作分级负责、救灾款分级负担的体制

1993 年 1 月，在全国救灾救助工作座谈会上，提出了实行中央和地方分级负责的救灾工作管理的新体制。1994 年，在第十次全国民政工作会议上，又进一步提出，要深化救灾体制改革，明确各级政府的救灾责任，逐步建立救灾工作分级负责、救灾款分级负担的救灾体制，逐年增加各级政府救灾款的投入。同时，根据灾害造成损失的大小，划分灾害的等级，将灾害分为特大灾、大灾、中灾、小灾四种，并以此来确定中央、省（自治区）、市、县各级政府的救灾责任；小灾主要由县级负责，发动群众开展互助互济活动以及乡镇之间相互进行援助和调剂；中灾以县级救助为主，省里给予补贴；大灾、特大灾以省级救助为主，中央给予补贴。省掌握重点县（市），地市、州掌握重点乡镇，县掌握重点村，乡镇掌握重点受灾户，既负责生产安排，又负责灾后的生产自救。这种分级负责的体制，其优点就是彻底改变了以往大灾、小灾救助都由中央政府包揽的局面，摆脱了地方对中央的依赖，从而有利于防止夸大灾情或者是对灾情隐匿不报等不良现象的发生。

2.强化管理机构的职责，协调各级机构的职能

长期以来，我国的社会救助工作都是由民政部门主管的。但是，由于自然灾害的救助是一种大范围的救助，形式和内容复杂多样，仅仅依靠民政部门显然是不够的，需要多部门之间的共同协作，需要中央与地方政府的相互结合。因此，灾害救助的管理是以民政部门为主、多部门参与、中央与地方政府相结合的方式来进行的。其要求各部门各司其职、各负其责。

目前，我国民政部门实施灾害救助工作的程序和基本内容可以概括为以下八个方面：

（1）掌握灾情，即及时、准确、全面地掌握灾害发生、发展、变化的情况，各种灾害损失的情况，因灾带来的生产、生活困难问题及解决的措施和效果，为开展救灾工作提供依据和参考。

（2）组织紧急抢救、转移和安置灾民。

（3）受理、发放和使用救灾款物，即利用国家安排的灾害救济预算，帮助灾民解决吃、穿、住、医等方面的基本生活困难。

（4）检查、监督国家生产自救、互助互济、救济扶持、灾后恢复重建等方面方针、政策的贯彻执行情况。

（5）发动、组织和指导有关救灾的社会互助互济活动；协同有关部门接收、分配、使用、管理国外援助和国内捐赠的救助款物。

（6）解决好遗属、遗孤和残疾人员的抚恤安置问题。

（7）组织、指导救灾扶贫工作，扶持灾民生产自救。

（8）总结交流救灾工作经验。

同时，中国红十字总会要负责接收并会同民政部门分配国际救灾捐助；中国慈善总会负责接收并会同民政部门分配国内的民间救灾捐助。

除此之外，各级机关、企事业单位等正式组织，要负责在本单位内部募集款物，并捐赠给单位所在地的民政部门，委托其转交给灾区；或捐赠给灾区民政部门，由其进行分发。

3.计灾、核灾改革

建立救灾工作的分级管理体制，必须首先建立完善的灾情评估系统。科学的计灾和核灾，是建立专业的灾情评价机制的基础。这方面的改革主要体现在以下三点：

首先，利用科学技术（如卫星遥感技术、计算机信息管理技术）以及有关数据和地理信息系统的支持，来测定受灾的范围、人口、面积等，并结合传统的查灾、计灾方法，核定灾害等级。

其次，建立有关部门和各省市的微机联网以及全国的灾情信息管理系统，为救灾工作的分级管理提供依据，实现救灾工作管理的科学化。

最后，将救灾与计灾、核灾等结合起来，以便把救灾款物最快捷、最合理、最恰当、最公平、最公正地送到最需要帮助的灾民手上，保障灾民的生活。

4.组建应急管理部

2018年3月，根据第十三届全国人民代表大会第一次会议审议的国务院机构改革方案的议案，组建中华人民共和国应急管理部，作为国务院组成部门。组建应急管理部的目的主要在于：防范化解重特大安全风险，健全公共安全体系，整合优化应急力量和资源，推动形成统一指挥、专常兼备、反应灵敏、上下联动、平战结合的中国特色应急管理体制。应急管理部整合的职责包括：国家安全生产监督管理总局的职责，国务院办公厅的应急管理职责，公安部的消防管理职责，民政部的救灾职责，国土资源部的地质灾害防治、水利部的水旱灾害防治、农业部的草原防火、国家林业局的森林防火相关职责，中国地震局的震灾应急救援职责以及国家防汛抗旱总指挥部、国家减灾委员会、国务院抗震救灾指挥部、国家森林防火指挥部的职责。

上述一系列改革，为新形势下我国救灾工作的顺利进行提供了体制上的保证。

此外，积极接受国际救灾援助，也是我国改革开放以来的又一个新举措。所谓国际救灾援助，是指国际组织、友好国家、国际友人等向灾区提供的物资、技术和现金等方面的援助。

中华人民共和国成立以来，我国在接受国际救灾援助方面经历了一个由拒绝到有条件接受的曲折历程。中华人民共和国成立后，鉴于当时复杂的国际形势，我国对国际援助一直保持着比较谨慎的态度。1949—1980年，我国一般都不接受国际捐赠与援助，仅仅接受过少数国际友人的捐赠。从1980年开始，我国改变了以往谢绝外援的做法，表示欢迎国际社会向中国灾区提供人道主义性质的援助。与此同时，也确立了在新时期接受国际救灾援助的原则、方针，逐步形成了比较稳定的接受国际救灾援助的政策。

1980年，我国确立了接受国际救灾援助的方针：对联合国救灾署、开发署的援助可以适当争取，可以及时地向其提供灾情（包括组织报道），情况严重的也可以提出援助的要求。但是，1981年，我国又将此方针改为：不主动提出和要求援助，对方主动援助又不附加先决条件的，可以接受；灾情由新华社适当报道，所提供的资料以新华社公开的资料为准。至此，我国接受国际援助的工作又基本上处于停滞状态。

1987年，我国又调整了接受国际救灾援助的方针：有选择地积极争取国际救灾援助。如果遇到重大灾情，可以通过救灾署向国际社会提出救灾援助的要求，但次数不宜过多。对于局部灾情，如果有关国际组织和友好国家主动询问，可以表示接受救灾援助的意向。除了教会组织以外，外国民间组织和国际友人、爱国华侨主动提出援助，一般可以接受。同年，我国发生大兴安岭特大火灾，得到了多个国家、地区和国际组织、国际友人的援助。

1988年第九次全国民政工作会议召开。这次会议提出"应积极推动和争取在社会福利、救灾救助等方面的国际合作和援助"。1991年，民政部发布了《关于安排使用境外捐赠资金有关事宜的通知》，对境外捐赠资金的安排使用做出了规定：①境外捐赠资金主要用于解决灾民吃、住方面的问题。其中，可用30%～40%购买口粮，用60%～70%建筑永久性住房。②用于建房部分的境外捐赠资金，应与国家拨款、国内捐赠资金、农民劳务投入等自筹资金配套安排，其中，港澳捐赠资金一般占总投资的40%，其他捐赠资金则控制在总投资的20%以内，其余为国家拨款、国内捐赠资金和农民的劳动投入。

表12-1统计了近几年因灾死亡（含失踪）人口的情况。

表12-1　　　　　　　2006—2017年因灾死亡（含失踪）人口　　　　　　　　单位：人

年份	2006年	2007年	2008年	2009年	2010年	2011年
因灾死亡（含失踪）人口	3 186	2 325	88 928	1 528	7 844	1 126

年份	2012年	2013年	2014年	2015年	2016年	2017年
因灾死亡（含失踪）人口	1 530	2 284	1 818	967	1 706	979

12.3.4　我国灾害救助体制存在的问题与《自然灾害救助条例》

1.灾害救助体制存在的问题

（1）各级政府的责权利界定不明确。

对于我国地方政府，一方面，受中央政府的领导，但由于它得到了一部分地方权力（尤其是财权），它也有维护地方利益的倾向；另一方面，法律没有界定两者之间的责权利，因此产生了许多问题。在计划经济时代，我国政府实行中央统收统支的财政政策，各级政府、各部门由于没有财权，也就没有独立的经济利益，因此它们几乎不存在利益的冲突。随着改革开放的进行，我国政府部门也开始放权，各级政府逐步获得了各种权力，尤其是获得了自主的财政权，它们可以征收税款。在地方事务上，两级政府更多的是以指导或者合作的方式开展工作，因此地方政府也逐渐确立了自身的利益，而这种利益和中央政府的利益未必完全一致，相同的情况也出现在各个部门之间。反映到救灾工作上，由于相关法律没有明确界定各级政府具体承担救灾义务的比例和责任范围（只说救灾是各级政府的责任），地方政府就必然希望保护自己的利益，即尽量少出救灾款，而由中央政府多支出。由此可以看出，法律这种现代社会里最权威的界定责权利的工具的缺位和滞后对救灾工作的开展造成了不利影响。这就是报灾过程中地方政府夸大灾情、中央政府的救灾款在救灾款总支出中的比例居高不下的原因。

（2）防灾基础设施建设和救灾技术落后。

我国基础设施建设长期滞后，虽然近年来我国采取积极的财政手段，大力投资基础设施建设，但是仍然不能满足目前防灾、救灾的需要。例如，我国还没有建成比较普及的高等级公路网络，灾后的物资运输速度远远慢于发达国家。再如，美国较大河流的主河道堤岸都是按照抵御100年一遇洪水的标准修建的，支流堤岸也按照抵御50年一遇洪水的标准修建；而在我国，除了一些重点河段的重点部位达到了抵御50年一遇洪水的标准外，大部分河道堤岸的标准只有抵御20～30年一遇的洪水。

在救灾实践中，我国长期以来一直忽视科技的作用。从中华人民共和国成立至今，救灾手段一直没有飞跃性的发展，每当灾害发生时，不得不搞"人海战术"，动员成千上万的人投入救灾，耗费相当大。直到现在，一些成熟的科学技术也还没有得到充分利用。加强科技的作用，首先要转变救灾不需要高科技的观念。从生产力的角度而言，救灾的主要目的不是发展生产力，而是保护已有的生产力，使其免受灾难的破坏，这就需要树立一个减负即增效的观念。

（3）缺乏应对巨灾的风险分担机制。

在2008年我国的汶川特大地震中，保险赔款占灾害损失的比例很低，保险行业的理赔尚未过亿（元），财政部的拨款和社会捐助仍是灾区财产损失弥补的主要来源。这主要是因为，首先，当前，社会对于巨灾风险的投保意识十分淡薄，人们习惯于通过政府救助和社会捐助的方式来应对巨灾风险，包括一些企业在内，很少能够主动通过投保商业保险来弥补巨灾风险损失。其次，我国巨灾保险制度还不完善，各保险公司受偿付能力的限制，分别对地震等巨灾风险采取了停保或严格限制规模、有限制承保的政策，以规避经营风险。最后，受技术与服务能力等的限制，保险业还远远不能满足社会巨灾风险处理的需要，无论是与发达国家的保险市场相比，还是与其他救助力量相比，都存在着较大差距。

（4）救灾应急队伍和专业救援队伍的数量和素质亟待提升

从汶川地震救助工作可以看出，我国专业救灾应急队伍和专业救援人员的数量有待增加，素质有待提高。国家和相关地区对于专门的灾害救助培训的缺失，造成现阶段救灾应急队伍和救援队伍的素质与实际需求存在差距。国家应该建立强大的救灾应急队伍和专业救援队伍，在加大这方面研究和投入的同时，还应配备大型的专业救援设备，以更加科学的搜救技术来提高搜救效率。

2.《自然灾害救助条例》

由于我国自然灾害多发、频发，是世界上受自然灾害影响最为严重的国家之一，几乎每年都发生多次重特大自然灾害。这些灾害严重危害人民群众生命财产安全和生产生活秩序。据民政部统计，近20年来，我国因遭受各类自然灾害每年平均死亡约4 300人，倒塌民房约300万间。特别是2008年汶川特大地震，死亡和失踪人数达8.8万余人。党中央、国务院历来高度重视自然灾害救助工作，2005—2010年，中央每年安排自然灾害救助资金50多亿元，专门用于受灾群众紧急转移安置、因灾倒塌民房恢复重建、冬春救助以及临时生活救助，平均每年救助6 000万到8 000万人次。在自然灾害救助工作实践中，也遇到一些亟待解决的问题，主要是：灾害救助准备措施不足，应急响应机制不完善，灾后救助制度缺乏，救助款物监管不严等。这就需要通过制定自然灾害救助方面的法规，规范自然灾害救助工作，保障受灾人员的基本生活。2010年7月，国务院发布了《自然灾害救助条例》，该条例是第一个自然灾害救助的行政法规，这对于全面做好灾害救助工作具有十分重大的意义。

自然灾害救助工作不仅涉及政府部门，而且需要社会各方面的支持和参与，为了进一步明确政府在自然灾害救助工作中的职责，更好地发挥村委会、社区居委会以及红十字会、慈善会和公募基金会等社会组织在自然灾害救助工作中的作用，该条例规定：自然灾害救助工作实行各级人民政府行政领导负责制，国家减灾委员会负责组织、领导全国自然灾害救助工作，协调开展重大自然灾害救助活动，县级以上地方人民政府或者自然灾害救助应急综合协调机构，组织、协调本行政区域的自然灾害救助工作；县级以上人民政府民政部门负责自然灾害救助工作，县级以上人民政府有关部门按照各自职责做好自然灾害救助相关工作；村委会、社区居委会以及红十字会、慈善会和公募基金会等社会组织，依法协助政府开展自然灾害救助工作。

针对一些地方对自然灾害救助准备不足、灾害发生后应对不力的情况，条例对自然灾害救助准备措施作了规范：一是县级以上地方人民政府及其有关部门应当根据自然灾害风险调查情况，制定自然灾害救助应急预案；二是县级以上人民政府应当建立健全自然灾害救助应急指挥技术支撑系统，并为自然灾害救助工作提供交通、通信等装备；三是国家建立自然灾害救助物资储备制度，设区的市级以上人民政府和自然灾害多发、易发地区的县级人民政府应当设立自然灾害救助物资储备库；四是县级以上地方人民政府应当统筹规划设立并公告自然灾害应急避难场所；五是县级以上地方人民政府应当加强自然灾害救助队伍建设和业务培训。

为了更好地应对自然灾害，减少损失，条例确立了自然灾害预警响应机制和应急响应机制：一是县级以上人民政府或者自然灾害救助应急综合协调机构应当根据自然灾害预警预报启动预警响应，及时向社会发布避险警告，开放应急避难场所，组织避险转移，做好基本生活的救助准备；二是灾害发生并达到应急预案启动条件的，县级以上人民政府或者自然灾害救助应急综合协调机构应当及时启动应急响应，紧急转移安置受灾人员，紧急调拨资金和物资，及时向受灾人员提供食品、饮用水、衣被、取暖、临时住所、医疗防疫等应急救助，抚慰受灾人员，处理遇难人员善后事宜，组织开展自救互救，组织救助捐赠。

为了保障受灾人员的基本生活，条例在总结实践经验的基础上，规范了灾后生活救助制度：一是受灾地区人民政府应当在确保安全的前提下，对受灾人员进行过渡性安置；二是受灾地区人民政府及其有关部门应当组织重建或者修缮损毁的居民住房；三是在受灾的当年冬季和次年春季，受灾地区人民政府应当为受灾人员提供基本生活救助。

为了减少乃至杜绝自然灾害救助工作中违法侵占和骗取救助款物的现象，确保救助款物用于自然灾害救助，条例强化了对救助款物的监管措施：一是县级以上人民政府财政部门、民政部门负责救助资金的分配、管理并监督使用情况，民政部门负责调拨、分配、管理救助物资；二是救助款物应当专款（物）专用、无偿使用，专项用于灾民紧急转移安置，灾民基本生活救助，医疗救助，教育、医疗等公共服务设施和住房的恢复重建，遇难人员家属抚慰以及救助物资的采购、储存和运输等项支出；三是受灾地区人民政府民政、财政等部门和有关社会组织以及村委会、社区居委会应当向社会公开所接受的救助款物的来源、数量及其使用情况；四是各级人民政府应当建立健全监督检查制度，及时受理投诉和举报，监察机关、审计机关应当依法加强对救助款物管理使用情况的监督检查。

本章小结

灾害救助适应自然灾害的特点，具有救助急切、内容手段多样、救助对象复杂、救助不确定等特征。它可以维护和保障灾民的基本生活需要，努力减少人员伤亡，维护社会稳定，帮助灾区和灾民脱贫、恢复生产。现代社会灾害救助的主体有党政组织，社会团体、基金会和民办非企业单位等非政府组织以及企业、灾民和社会公众等其他主体。灾害救助一般由防灾、备灾、抗灾和救灾四个环节组成，在救助内容方面包括救助灾民生命，减少财产损失，安置灾民，安抚灾民情绪，控制次生灾害和灾后疫病，恢复灾区交通、通信和水、电、物资的供应秩序，维护灾区的社会秩序，帮助灾民提高自力更生的能力，争取和接受国际救灾援助等。中华人民共和国成立以来，随着社会经济形势的不断变化，我国灾害救助的方针、政策也随之演变，尤其是1993年以来，我国在救灾体制方面实行了三项改革：建立了分级管理机制，实行救灾工作分级负责、救灾款分级负担的体制；强化管理机构的职责，协调各级机构的职能；建立完善的灾情评估系统等。针对社会各界比较敏感的救灾款物的管理和使用，民政部在2000年颁布了《救灾捐赠管理暂行办法》，对救灾捐赠款物的使用范围、救灾捐赠工作的负责人以及接受捐赠的机构必须符合的条件等作了详细的规定。2010年颁布的《自然灾害救助条例》是第一个自然灾害救助的行政法规，这对于全面做好灾害救助工作具有十分重大的意义。

综合训练

12.1　单项选择题

1.一般意义上的灾害多指（　　）。

A.生物灾害　　　　　　　　B.自然灾害　　　　　　　　C.人为灾害

2.属于人为灾害的是（　　）。

A.气象灾害　　　　　　　　B.水文灾害　　　　　　　　C.毒化物灾害

3.我国中央级救灾储备物资代储点有（　　）。

A.15个　　　　　　　　B.19个　　　　　　　　C.25个

4.我国大部分河道堤岸抵御洪水的标准只有（　　）。

A.10～20年一遇的洪水

B.20～30年一遇洪水

C.30～50年一遇的洪水

5.境外捐赠资金主要用于（　　）。

A.解决灾民的吃、住问题

B.解决灾民的生产自救问题

C.解决灾民的基本建设问题

12.2　多项选择题

1.灾害救助的社会意义包括（　　）。

A.维护社会安定　　　　　　　　　　B.保障社会生产

C.保障经济建设顺利进行　　　　　　D.体现社会主义制度的优越性

2.灾害救助的特征包括（　　）。

A.灾害救助的急切性　　　　　　　　B.灾害救助内容与手段的多样性

C.灾害救助对象的复杂性　　　　　　D.灾害救助的不确定性

3.救灾工作的范围包括（　　）。

A.防灾　　　　　　B.备灾　　　　　　C.抗灾　　　　　　D.救灾

4.灾害救济按时令分为（　　）。

A.冬令救济　　　B.秋荒救济　　　C.春荒救济　　　D.新灾救济

5.我国灾害救助体制存在的问题主要有（　　　）。

A.政府间责权利界定不明　　　　　　　B.防灾基础设施建设和救灾技术落后

C.缺乏应对巨灾的风险分担机制　　　　D.救灾数量和素质亟待提升

12.3　复习思考题

1.简述灾害救助的特征。

2.简述灾害救助的主体和过程。

3.简述我国救灾款的发放办法。

4.简述中华人民共和国成立以来我国的救灾工作方针。

5.试述我国的救灾体制改革和存在的问题。

第13章

城市住房救助

学习指南

【学习目标】通过本章的学习，主要掌握以下要点：

1.住房社会救助的形式。

2.廉租住房的救助对象、实施方式及程序。

3.经济适用房的分配对象及实施程序。

4.住房货币补贴的资金来源和补贴形式。

【关键概念】住房社会救助；廉租住房；经济适用住房；住房补贴；单位集资合作建房

第13章关键概念

引导案例

公共租赁住房

一、概况

公共租赁住房是指由国家提供政策支持、限定建设标准和租金水平，面向符合规定条件的城镇中等偏下收入住房困难家庭、新进就业无房职工和在城镇稳定就业的外来务工人员出租的保障性住房。

公共租赁住房不是归个人所有的，而是由政府或公共机构所有，用低于市场价或者承租者承受起的价格，向新就业职工等出租，包括大学新的毕业生、退休老人及残疾人，还包括外来务工人员。

2017年12月，公租房入选2017年民生热词榜。

公共租赁住房的规范依据是《公共租赁住房管理办法》，自2012年7月15日起施行。

截至2018年6月底，北京市已启动公租房分配（含市场租房补贴）1.26万套（户），其中实物房源约1万套，新增市场租房补贴发放2 600户。完成全年政府实事任务分配公租房1.5万套（户）的84%。北京市《关于进一步加强公共租赁住房转租、转借行为监督管理工作的通知》规定，违规转租转借公租房的家庭，5年内不允许再次申请公共租赁住房（含市场租房补贴）及共有产权住房。2018年11月29日，广州市住房保障办完成799套配租。

二、政策特征

公共租赁住房作为有别于廉租住房、经济适用房的一种新型保障性住房，尚无一个内涵统一的明确界定。比较各地方公共租赁住房管理办法中对于公共租赁住房的规定，公共租赁住房的特征可概况为：保障性、政策支持性、租赁性、专业性、供应群体广泛性。其中，租赁性是公共租赁住房的核心特征，也是公共租赁住房与经济适用房的最大区别。经济适用房是为目标群体提供的低于市场价格的产权住房，而公共租赁住房则是向目标群体提供适当的租赁住房来保障其住有所居。

三、问题

由于公共租赁住房制度的建设是一项复杂的系统工程，需要很多相关配套制度的支撑，目前，国的公共租赁住房制度在发展中不可避免地还存在一些问题，主要为：①建设资金不足，单一的融资渠道成为公共租赁住房亟待解决的瓶颈；②房源不足，政府所提供的公共租赁住房与符合公共租赁住房申请条件的"夹心层"、外来务工人员和新就业人员的数量却相去甚远，在现阶段我国公共租赁住房还存在供不应求的局面，各地公共租赁住房轮候期较长；③租金、租期设计不够科学，一是租金水平存在不合理现象、二是当前我国大部分城市公租房租金采取"一刀切"的方法，未采用分级制；④对于租期的规定也比较笼统，有的城市规定的租期过短，既对租赁者的心理有负面影响，也不利于房源的维护。

资料来源　百度百科。

【案例思考】

1.公租房制度的意义是什么？

2.我国的廉租房、经济适用房政策在实施过程中存在哪些问题？

§13.1 住房社会救助概述

住房问题是现代城市面临的主要社会经济问题之一，是城市化和工业化的必然产物。人口向城市高度集中，产生了对城市土地和住房供应的巨大需求，导致了住房价格的上涨、住房供应的绝对短缺和房价超越广大中低收入家庭支付能力的问题，结果是大批低收入居民无房可住。市场经济国家的实践证明，市场机制虽然可以很好地适应复杂的住房需求结构，满足多样化的居民家庭的住房需求，但是无法解决中低收入尤其是最低收入居民家庭支付能力较低的问题，更无法解决他们的住房问题。因此，政府的干预必不可少。解决住房问题，既要充分发挥市场机制的作用，也要积极发挥政府在住房保障上的作用。

13.1.1　住房社会救助的基本内涵

住房社会救助，是指政府向低收入家庭和其他需要保障的特殊家庭提供现金补贴或直接提供住房的一种社会救助项目。其实质和特点就是由政府承担住房市场费用与居民支付能力之间的差额，解决部分居民住房支付能力不足的问题。住房社会救助是针对住房弱势群体的一种社会救助形式。

世界各国政府为低收入者（或中低收入者）提供住房社会救助的形式大致上有以下几种：

1.向居民提供福利保障性的廉租住房

向居民提供福利保障性的廉租住房，即由国家出资建设规格适当、设备齐全的住房，以低廉的、可以被接受的方式向住房弱势群体成员或家庭提供，以保证其住房达到社会最低生活标准。廉租住房是针对最低收入者的一种住房保障政策。这一政策是在第二次世界大战后欧美各国在构建社会住房保障制度中逐步形成的。面对战后欧洲大陆脆弱的经济和社会局面，建立社会保障体系以安定民生是西欧各国政府的基本政策目标之一。在解决住房问题上，利用政府权力大量修建公房来满足社会需求，成为一项被普遍接受的政策选择。例如，在第二次世界大战后，英国平均每年建造14.3万套公房，保证为低收入贫困户提供住房，即使在20世纪80年代的私有化浪潮后，其公房比例仍高达34%。

2.出售低于市场价格的经济适用房

经济适用房是国家为满足中低收入者的住房需求而提供的一种房屋。它介于完全市场化的普通商品住房和保障性的廉租住房之间，适应了中低收入阶层的需求。经济适用房是由政府或委托单位组织建造和供应，政府提供一定的划拨土地和减免税费等优惠政策，主要由购房者来承担住房费用但房价明显低于商品住房的一种住房。它是针对中低收入家庭购买自用而建造的、具有保障性质的住房。

3.发放住房现金补贴

住房现金补贴是指政府向低收入家庭直接发放现金，帮助其买或租住房屋。这不是住房社会救助的最主要形式，但是作为直接对消费者进行的补贴，即"补贴人头"的一种形式，在住房社会救助中也起到了不可忽视的作用。例如，1945—1976年间，联邦德国向低收入家庭提供补贴，将所建公房以成本租金出租给低收入困难户；而瑞典、荷兰、法国还依靠非营利公司或住房合作社来建房，对于低收入家庭，政府提供免税或现金补贴待遇。

13.1.2 住房社会救助的作用和意义

住房问题是绝大多数国家在经济发展、城市化进程中不可回避的一个现实问题。对于一个不断走向富裕、不断走向公正的社会而言，人人享有住房是全民性的社会生存权利。住房社会救助不但具有现实的政治意义，而且具有很强的社会意义和经济意义。

1.维护人们基本生活的客观需要

住房是人类生存、生活的基本需要，任何人、任何家庭都应该有房可住。住房是人们劳动后必需的休息场所，是家庭生活和劳动力再生产的载体。因此，人们的居住权利必须得到保障。1987年为国际住房年，时任联合国秘书长德奎利亚尔发表文告指出：住房是人类的基本权利和需要，要求各国政府重视解决贫困居民的住房问题。1996年，联合国《伊斯坦布尔人居宣言》承诺：保证人人享有适当住房和使人类居住区更安全、更健康、更舒适、更公平、更持久，也更具效率；要全面、逐步地实现国际法律文件中提出的人人享有适当住房的权利。

2.追求社会公平的必然要求

对住房基本需求的满足，反映了社会的公平和对低收入群体的保护。低收入群体住房的保障，始终是衡量社会均衡发展和社会公平的重要标准。在经济社会发展的过程中，收入的不均衡是客观存在的，住房条件的不均衡也是客观存在的。低收入群体生活困难，往往同时表现为住房困难，这是一种普遍现象。在市场化取向的经济体制改革中，住房的市场化程度越来越高，满足低收入群体基本住房需求的矛盾也会越来越突出。随着经济的发展，尽管人均收入水平有很大提高，总体的住房水平也有很大提高，但不可能是绝对平均的，收入的差距、住房的差距仍然会存在，这就需要政府十分关注低收入群体的住房问题，满足其基本住房需求，以维护社会公平。

3.维护社会稳定的重要因素

住房与人们就业和社会稳定密切相关。住房虽然不是稳定就业的充分条件，但它是一个必要条件，没有固定的住房就难以实现稳定的就业。"家"与"业"始终是关联的概念，大多数雇主不会长期雇用居无定所的人员，除非是难得的人才，雇主才会乐意提供住房。而中低收入阶层同样是经济发展的重要劳动力资源，每一个社会成员对社会总体利益的扩大都有贡献，他们与所谓的强势群体之间的关系都应该是一种"共生发展"的关系。实行住房保障不仅是为了保护社会低收入阶层的利益，也是为了其他人的福利最大化。

古人云："安居乐业。"社会的许多不稳定因素，都是与缺乏稳定的居所密切相关的。犯罪心理学研究表明，有固定职业和固定居住地点的人群，比无固定职业、无固定居住地点的人群的犯罪率要低得多。处于随时漂泊状态、行无定踪的人，社会道德的自我约束能力相对薄弱，对社会的认同程度相对较低。故而，许多国家把住房问题归结于社会问题。

§13.2 廉租住房制度

在计划经济年代，我国曾长期实行"福利分房"，住宅由国家统一建设、统一分配。改革开放以后，经过20多年的住房制度改革，我国初步实现了由国家和单位以实物形式向城镇居民无偿分配住房的政策向商品化、货币化分配住房政策的转变。1998年，国务院颁布了《关于深化城镇住房制度改革，加快住房建设的通知》，第一次明确提出了构建新的住房供应体系，其中包括为最低收入家庭提供廉租住房。同时，廉租住房开始取代过去名目繁多的各种保障性住房，并逐步加大了对最低收入家庭的住房救济政策。

13.2.1 廉租住房的政策进程

改革开放以来，城镇居民的收入水平大幅提高，但社会成员内部的贫富分化却日益明显，城镇当中存在弱势群体已经是不容否认的事实。城镇弱势群体主要包括孤老残幼、失业人员、外来流动人口和少数遭受灾害的人群等。其中，部分家庭在住房制度改革后，或者接受了原公房实物分配下无房、少房、危房的现实，或者成为被新增住房市场价格歧视的对象，变为城市中的弱势群体。

1998年，国务院发布《关于深化城镇住房制度改革，加快住房建设的通知》（国发〔1998〕23号），第一次明确提出为最低收入家庭提供廉租住房，廉租住房也开始取代过去名目繁多的各种保障性住房，被纳入城市多层次住房供应体系。1999年4月22日，建设部在总结上海、成都等试点城市经验的基础上颁发了《城镇廉租住房管理办法》（建设部〔1999〕第70号令），指导全国廉租房制度建设。随后政府也对廉租住房做出正式解释：廉租住房是指政府和单位在住房领域实施社会保障职能，向具有城镇常住居民户口的最低收入家庭提供的租金相对低廉的普通住房。廉租住房从实物配租开始，并从东部向中西部发展。在廉租住房的发展过程中，一些城市在实践中不断总结经验，相继探索出租金补贴、租金核减以及房屋置换等多种形式。

2003年，建设部会同有关部门共同签发了《城镇最低收入家庭廉租住房管理办法》（建设部第120号令），自2004年3月1日起正式实施。之后，建设部在总结经验的基础上，修订了管理办法。修订后的办法与原来的办法相比，最大的进步主要体现在两个方面：一是分配方式由过去的以实物配租为主，转向以租金补贴为主，以实物配租、租金核减为辅，有利于建立准入和退出机制；二是在资金来源上，首次明确了以财政预算安排为主、多种渠道筹措的原则。

2005年，《国务院办公厅转发建设部等部门关于做好稳定住房价格工作意见的通知》（国办发〔2005〕26号）对做好城镇廉租住房制度建设工作进一步提出了要求，规定"城镇廉租住房制度建设情况要纳入省级人民政府对市（区）、县人民政府工作的目标责任制管理"。根据2006年3月29日建设部发布的《城镇廉租住房制度建设和实施情况通报》，截至2005年底，已有北京、天津、上海、河北、浙江、山东、广东、辽宁、山西、黑龙江、江西、湖北、云南、福建、湖南、重庆、四川、新疆等18个省（自治区、直辖市）通过签订目标责任书等方式，将廉租住房制度建设纳入对市（区）、县政府工作的目标责任制管理中，明确了最低收入家庭住房保障目标及具体考核办法。同时，291个地级以上城市中，已有221个城市实施了廉租住房制度，占地级以上城市总数的75.9%，全国已有32.9万户最低收入家庭被纳入廉租住房保障范围。

但是，不少城市还停留在搞"形象工程"的层次上，或者以地方财力有限、资金来源少、房源不易筹集等理由，拖延廉租住房制度的落实，无法满足广大弱势群体的住房需要。2007年11月8日，建设部、发改委、监察部、民政部、财政部、国土资源部、中国人民银行、税务总局和国家统计局等九部门联合发布了《廉租住房保障办法》，自2007年

12月1日起施行。

《廉租住房保障办法》规定，市、县人民政府应当在解决城市低收入家庭住房困难的发展规划及年度计划中，明确廉租住房保障工作的目标、措施，并将其纳入本级国民经济与社会发展规划和住房建设规划中；廉租住房保障方式实行货币补贴和实物配租相结合。廉租住房紧缺的城市，应当通过新建和收购等方式，增加廉租住房实物配租的房源；廉租住房建设用地，应当在土地供应计划中优先安排，并在申报年度用地指标时单独列出，采取划拨方式，保证供应；对廉租住房建设免征行政事业性收费和政府性基金，以降低其建设成本；新建廉租住房的规划布局应当考虑城市低收入住房困难家庭居住和就业的便利，采取配套建设与相对集中建设相结合的方式，主要在经济适用住房、普通商品住房项目中配套建设；廉租住房单套的建筑面积，控制在50平方米以内。

《廉租住房保障办法》发布后，2008年全国安排廉租住房保障资金超过了以前各年廉租住房保障资金的总和。但要将廉租住房覆盖面进一步扩大，每年的资金需求量还很大。为解决廉租住房保障资金不足的问题，《廉租住房保障办法》提出了五条资金来源渠道：一是年度财政预算安排的廉租住房保障资金；二是提取贷款风险准备金和管理费用后的住房公积金增值收益余额；三是土地出让净收益中安排的廉租住房保障资金；四是政府的廉租住房租金收入；五是社会捐赠及其他方式筹集的资金。另外规定，提取贷款风险准备金和管理费用后的住房公积金增值收益余额，应当全部用于廉租住房建设；土地出让净收益用于廉租住房保障资金的比例，不得低于10%；政府的廉租住房租金收入应当按照国家财政预算支出和财务制度的有关规定，实行收支两条线管理，专项用于廉租住房的维护和管理。

13.2.2 廉租住房的救助对象

由建设部和民政部颁发、于2005年10月1日起开始实施的《城镇最低收入家庭廉租住房申请、审核及退出管理办法》规定，同时具备下列条件的家庭可以申请廉租住房：①申请家庭人均收入符合当地廉租住房政策确定的收入标准；②申请家庭人均现住房面积符合当地廉租住房政策确定的面积标准；③申请家庭成员中至少有1人为当地非农业常住户口；④申请家庭成员之间有法定的赡养、扶养或者抚养关系；⑤符合当地廉租住房政策规定的其他标准。申请人应是申请家庭的户主。如果户主不具有完全民事行为能力，申请家庭可推举具有完全民事行为能力的其他家庭成员来担任申请人。

我国的廉租住房制度尚处于起步阶段，主要由国家进行宏观上的指导和制定规范框架，而将制定具体办法的任务和权力交给地方政府，从而使得廉租住房制度可以因地制宜地发展，并使各地能够相互借鉴经验。

13.2.3 廉租住房制度的实施方式

目前，各地的廉租住房制度主要采取以下四种方式实施：

（1）实物配租，即政府为低收入户和住房困难户直接提供低租金的普通住房。低租金住房的来源既包括新建住房，也包括收购的旧的存量住房。实物配租的廉租房租金实行政府定价，租金标准原则上由房屋的维修费和管理费两项构成，并与城镇最低收入家庭的经济承受能力相适应。

（2）租金补贴，即政府按规定的标准向住房困难户和低收入户发放租金补贴，由受补贴者自己到市场上去租房。租金补贴标准，按照市场平均租金与廉租住房租金标准的差额计算。

但是，租金补贴具体如何计算，中央各部门并无明确规定。实践中有的城市以每人计，有的以每户计。以每人计发补贴，追求的是一种数量平等，是"绝对的平均"，比较适合用在食物、衣服、教育、医疗等直接由个人消费的福利分配上，对住房则不适用。因为住房是可以由多个家庭成员共享的生活资料，是要求"比例平等"的一种社会福利。也就是说，在满足了单个人住房基本需要的福利水平上，随着家庭成员数量的增多，补贴标准按照一定比例递减的方法是比较合理而经济的。当然，如果能进一步考虑家庭结构的不同，廉租住房的补贴标准就更加公平、更能体现以人为本的思想了。

（3）租金减免，即对租住在现有公房内的"双困"家庭（低收入户和住房困难户），通过审核确认其符合廉租住房条件的，可以认定现住公房为廉租住房，并按廉租住房租金标准收取房租，低租金与现有公房租金的差额，由政府用筹集到的廉租住房租金补贴给产权单位。

（4）房屋置换，即廉租住房管理部门用新建的廉租住房与符合条件的"双困户"住的旧公房进行置换，将新建的廉租住房配租给"双困户"，以改善他们的住房条件。

13.2.4 廉租住房制度的实施程序

1.申请

申请人应当向户口所在地的街道办事处或乡镇人民政府提出书面申请，受理机关应当及时签署意见并将全部申请资料移交房地产行政主管部门。除了书面申请，申请人还需提供三种材料：①民政部门出具的最低生活保障证明、救助证明或政府认定的有关部门或单位出具的收入证明；②申请家庭成员所在单位或居住地街道办事处出具的现住房证明；③申请家庭成员身份证和户口簿。此外，申请人还需提交地方政府或房地产行政主管部门规定需要提交的其他证明材料。如果申请人为非户主，还应出具其他具有完全民事行为能力的家庭成员共同签名的书面委托书。

2.审核

街道办事处或乡镇人民政府收到廉租住房申请材料后，应及时做出是否受理的决定，并向申请人出具书面凭证。申请材料不齐全或者不符合法定形式的，受理机关应当在5日内书面告知申请人需要补齐的全部内容；逾期不告知的，自收到申请材料之日起即为受理。房地产行政主管部门在接到受理机关移交的申请材料后，应当会同民政部门等组成审核小组予以审核。在通过查档取证、入户调查、邻里访问以及信函索证等方式进行调查后，房地产行政主管部门应当在15日（自收到申请材料之日起）内向申请人出具审核决定。如果经过审核申请家庭符合条件，房地产行政主管部门应当在申请人的户口所在地、居住地或工作单位将审核决定予以公示，公示期限为15日。通过公示后，房地产行政主管部门就应将申请登记。已登记的家庭，无论是申请租金补贴还是申请实物配租，都要按照规定排除轮候。

3.取消

《城镇最低收入家庭廉租住房申请、审核及退出管理办法》规定，在下列情况下取消当事人享受廉租住房的资格：①未如实申报家庭收入，家庭人数及住房状况的；②家庭人均收入连续一年以上超出当地廉租住房政策规定的收入标准的；③因家庭人数减少或住房面积增加，人均住房面积超出当地廉租住房政策规定的住房标准的；④擅自改变房屋用途的；⑤将承租的廉租住房转借、转租的；⑥连续6个月以上未在廉租住房居住的。

§13.3 经济适用住房制度

13.3.1　经济适用住房的政策进程

在对经济适用住房进行规范的法律法规体系中，除了与经济适用住房的一般性质有关的法律法规，如《中华人民共和国城市房地产管理法》等以外，专门针对经济适用住房特有性质而设立的法规主要由中央各部委和地方政府颁布。中央部委颁布的法规主要从宏观的层面进行规定，地方法规主要是根据中央颁布的法规制定具体细则，以便可以更好地适应各地方的实际情况，做到因地制宜。

1998年，国务院发布《关于深化城镇住房制度改革，加快住房建设的通知》，第一次明确提出了为中低收入家庭提供经济适用住房。从此以后，经济适用住房成为一个专有名词，代替了安居房、解困房等，成为中低收入家庭住房供应的主要方式。

同年，建设部、国土资源部等部委颁布了《经济适用住房管理办法》《经济适用住房价格管理办法》《关于已购公有住房和经济适用住房上市出售中有关土地问题的通知》等多项政策性文件，其中，《经济适用住房管理办法》最为全面。

为规范经济适用住房价格管理，促进经济适用住房健康发展，根据《中华人民共和国价格法》和国务院关于经济适用住房建设的规定，2002年11月17日，国家计委和建设部公布了《经济适用住房价格管理办法》，该办法适用于城市规划区内经济适用住房的价格管理。

从1998年开始，全国经济适用住房发展迅速，按照政策要求，房价收入比在6倍以上的城市均应建设经济适用住房。1999—2001年，全国经济适用住房建设投资额占商品住宅投资额的比重分别达到17%、16%和14%，处于历史最高峰期间。有些城市的经济适用住房占到总体建设规模的一半以上，为解决低收入家庭的住房困难发挥了重大作用。

但是经济适用住房存在着重建设、轻管理，对购买对象审查不严，对建设标准缺乏有效控制，户型面积偏大，优惠政策不落实，推向市场进程放缓等问题，特别在2003年以后，地方政府在经营城市理念、土地成为第二财政的驱动下，逐渐减少了经济适用住房的供应量，到2005年，全国经济适用住房投资额占商品住宅投资额的比例下降到不足5%。这直接导致了适应中低收入家庭住房支付能力的低价商品房供应不足，房价上涨迅速，引发了新的社会矛盾。

在此背景下，2007年11月30日，建设部、发改委、财政部、国土资源部等七部门联合发布了新的《经济适用住房管理办法》，对广大老百姓所关心的经济适用住房的功能定位、开发建设、销售管理等进行了细致规范。综合起来，主要体现出以下几个新的特点：

第一，淡化商品性，突出保障性，住房供应对象为城市低收入家庭。根据《经济适用住房管理办法》的定义，经济适用住房是指"政府提供政策优惠，限定建设标准、供应对象和销售价格，具有保障性质的政策性商品住房"。经济适用住房制度实施10年来，一直是面向城市中低收入家庭销售的"政策性商品房"。此次新的《经济适用住房管理办法》规定,"经济适用住房,是指政府提供政策优惠,限定套型面积和销售价格,按照合理标准建设,面向城市低收入住房困难家庭供应,具有保障性质的政策性住房"。经济适用住房成为面向城市低收入住房困难家庭、具有保障性质的政策性住房,一方面极力淡化经济适用住房的"商品性"而突出强调"保障";另一方面缩小供应对象为城市低收入家庭,经济适用住房的保障性职能已经非常明确。

同时,《经济适用住房管理办法》明确提出,经济适用住房制度是解决城市低收入家庭住房困难的政策体系的组成部分,供应对象要与廉租住房保障对象相衔接。此举意味着曾经既没有资格住上廉租住房,家庭收入又很低的"夹心层"将被纳入住房保障体系。

第二,保证价格优惠,实行行政优先划拨供应土地、免除各种行政事业收费。目前,地价不断攀升导致建设成本不断上升和房价过快上涨。为了更好地履行政府公共服务的重要职责,《经济适用住房管理办法》规定,经济适用住房建设用地以行政划拨方式供应,纳入当地年度土地供应计划,在申报年度用地指标时单独列出,确保优先供应。这样,经济适用住房建设的土地成本近乎为零,可以大大降低建设成本。

在此基础上,各地政府对经济适用房项目免收城市基础设施配套费等各种行政事业性收费和政府性基金,项目外的基础设施建设费用,也由政府负担,而且在建的经济适用住房项目可作抵押向商业银行申请住房开发贷款,以利于缩短项目开发周期,增加供应量。

第三,规划更加合理,区位布局靠近学校、医院,单套建筑面积控制在60平方米左右。相比中高收入家庭,购买经济适用房的低收入家庭对公共交通、医院、学校等公共服务的依赖性更强,需要离这些基础设施更近一些。《经济适用住房管理办法》充分考虑了这一点,提出经济适用住房在进行区位布局时要充分考虑低收入家庭对城市基础设施的要求,尽量靠近公共基础设施,并且鼓励在商品住房小区中配套建设经济适用住房。

另外,为充分体现保障性质,同时尽可能扩大保障范围,经济适用住房单套的建筑面积控制在60平方米左右,并要求采取竞标方式优选规划设计方案,做到在较小的套型内实现功能"适用","小而舒适"。

第四,实行保本微利,利润率不高于3%,而且明码标价,杜绝变相收费。经济适用住房本应价格低廉,但有些经济适用住房价格偏高,已不再"经济"。《经济适用住房管理办法》规定经济适用住房的价格将以保本微利为原则,开发企业的利润率不得高于3%,而地方政府直接组织建设的项目只能按成本价销售,不得有利润。

在销售中,经济适用住房将实行明码标价,价格不得高于基准价格及上浮幅度,不得在标价之外收取任何未予标明的费用。另外,为避免不必要的成本,《经济适用住房管理办法》要求经济适用住房实行收费卡制度,各有关部门收取费用时,必须填写价格主管部门核发的交费登记卡。任何单位不得以押金、保证金等名义,变相向经济适用住房建设单位收取费用。

第五,管理方面更加合理,销售权重新收归政府,实行有限产权,遏制牟利。以前,准入和退出机制存在的漏洞曾使经济适用住房大量流向非保障对象,出现了"开宝马车住经济适用房"的现象。由开发企业掌握销售权,是导致此前经济适用住房制度出现种种问题的重要原因。对此,《经济适用住房管理办法》对经济适用住房的准入、退出机制做出了严格而细致的规定。销售权收归政府,由市、县人民政府按限定的价格,统一组织向符合购房条件的低收入家庭出售，继续实行申请、审核、公示和轮候制度。为了遏制和杜绝利用经济适用住房牟利的行为，《经济适用住房管理办法》规定经济适用住房购买人拥有"有限产权"，不再是此前的完全产权。

13.3.2　经济适用住房的管理部门

1.地方政府

发展经济适用住房应当在国家统一政策指导下，各地区因地制宜，政府主导、社会参与。市、县人民政府要根据当地经济社会发展水平、居民住房状况和收入水平等因素，合理确定经济适用住房的政策目标、建设标准、供应范围和供应对象等，并组织实施。省、自治区、直辖市人民政府对本行政区域经济适用住房工作负总责，对所辖市、县人民政府实行目标责任制管理。

市、县人民政府应当在解决城市低收入家庭住房困难发展规划和年度计划中，明确经济适用住房的建设规模、项目布局和用地安排等内容，并将其纳入本级国民经济与社会发展规划和住房建设规划，及时向社会公布。

2.相关部门

国务院建设行政主管部门负责对全国经济适用住房工作进行指导和实施监督。县级以上地方人民政府建设或房地产行政主管部门负责本行政区域内经济适用住房的管理工作。

县级以上人民政府发展改革（价格）、监察、财政、国土资源、税务及金融管理等部门根据职责分工，负责经济适用住房的相关工作。

3.监管部门

市、县人民政府要加强对已购经济适用住房的后续管理，经济适用住房主管部门要切实履行职责，对已购经济适用住房家庭的居住人员、房屋的使用等情况进行定期检查，发现违规行为要及时纠正。

13.3.3　经济适用住房的供应对象

根据新的《经济适用住房管理办法》，城市低收入家庭申请购买经济适用住房应同时符合下列条件：①具有当地城镇户口；②家庭收入符合市、县人民政府划定的低收入家庭收入标准；③无房或现住房面积低于市、县人民政府规定的住房困难标准。

经济适用住房供应对象的家庭收入标准和住房困难标准，由市、县人民政府根据当地商品住房价格、居民家庭可支配收入、居住水平和家庭人口结构等因素确定，实行动态管理，每年向社会公布一次。

符合条件的家庭，可以持核准通知购买一套与核准面积相对应的经济适用住房。购买面积原则上不得超过核准面积。购买面积在核准面积以内的，按核准的价格购买；超过核准面积的部分，不得享受政府优惠，由购房人按照同地段同类普通商品住房的价格补交差价。另外，已参加福利分房的家庭在退回所分房屋前不得购买经济适用住房，已购买经济适用住房的家庭不得再购买经济适用住房。

13.3.4　经济适用住房制度的实施程序

1.审核

经济适用住房资格申请采取街道办事处（镇人民政府）、市（区）、县人民政府逐级审核并公示的方式认定。审核单位应当通过入户调查、邻里访问以及信函索证等方式对申请人的家庭收入和住房状况等情况进行核实。申请人及有关单位、组织或者个人应当予以配合，如实提供有关情况。

2.轮候

经济适用住房供应实行申请、审核、公示和轮候制度。市（区）、县人民政府应当制定经济适用住房申请、审核、公示和轮候的具体办法，并向社会公布。经审核公示通过的家庭，由市（区）、县人民政府经济适用住房主管部门发放准予购买经济适用住房的核准通知，注明可以购买的面积标准，然后按照收入水平、住房困难程度和申请顺序等因素进行轮候。

3.登记

居民个人购买经济适用住房后，应当按照规定办理权属登记。房屋、土地登记部门在办理权属登记时，应当分别注明经济适用住房、划拨土地。

4.退出管理

（1）上市交易。经济适用住房购房人拥有有限产权。购买经济适用住房不满5年，不得直接上市交易，购房人因特殊原因确需转让经济适用住房的，由政府按照原价格并考虑折旧和物价水平等因素进行回购。购买经济适用住房满5年，购房人上市转让经济适用住房的，应按照届时同地段普通商品住房与经济适用住房差价的一定比例向政府交纳土地收益等相关价款，具体交纳比例由市（区）、县人民政府确定，政府可优先回购；购房人也可以按照政府所定的标准向其交纳土地收益等相关价款后，取得完全产权。上述规定应在经济适用住房购买合同中予以载明，并明确相关违约责任。

（2）出租经营。个人购买的经济适用住房在取得完全产权以前不得用于出租经营。

（3）退出。已经购买经济适用住房的家庭又购买其他住房的，原经济适用住房由政府按规定及合同约定回购。政府回购的经济适用住房，仍应用于解决低收入家庭的住房困难。

13.3.5　经济适用住房的优惠政策

1.价格

经济适用住房建设项目免收城市基础设施配套费等各种行政事业性收费和政府性基金。经济适用住房建设项目外的基础设施建设费用，由政府负担。确定经济适用住房的价格应当以保本微利为原则。其销售基准价格及浮动幅度，由有定价权的价格主管部门会同经济适用住房主管部门，依据经济适用住房价格管理的有关规定，在综合考虑建设、管理成本和利润的基础上确定并向社会公布。房地产开发企业兴建的经济适用住房，利润率按不高于3%核定；市（区）、县人民政府直接组织建设的经济适用住房只能按成本价销售，不得有利润。

经济适用住房销售应当实行明码标价，销售价格不得高于基准价格及上浮幅度，不得在标价之外收取任何未予标明的费用。经济适用住房的价格确定后应当向社会公布。

2.贷款

购买经济适用住房可提取个人住房公积金和优先办理住房公积金贷款。购买经济适用住房的个人向商业银行申请贷款时，除要符合《个人住房贷款管理办法》的规定外，还应当出具市（区）、县人民政府经济适用住房主管部门准予购房的核准通知。

3.配套设施

经济适用住房要统筹规划、合理布局、配套建设，充分考虑城市低收入住房困难家庭对交通等基础设施条件的要求，合理安排区位布局。

13.3.6 单位集资合作建房

1.参加对象

距离城区较远的独立工矿企业和住房困难户较多的企业，在符合土地利用总体规划、城市规划、住房建设规划的前提下，经市（区）、县人民政府批准，可以利用单位自用土地进行集资合作建房。参加单位集资合作建房的对象，必须限于本单位符合市（区）、县人民政府规定的低收入住房困难家庭。

2.房屋性质

单位集资合作建房是经济适用住房的组成部分，其建设标准、优惠政策、供应对象、产权关系等均应按照经济适用住房的有关规定严格执行。单位集资合作建房应被纳入当地经济适用住房建设计划和用地计划管理中。

3.专款专用，接受监督

向职工收取的单位集资合作建房款项应实行专款管理、专项使用，并接受当地财政部门和经济适用住房主管部门的监督。单位集资合作建房原则上不收取管理费用，不得有利润。

4.剩余房源

单位集资合作建房在满足本单位低收入住房困难家庭的购买需求后，房源仍有少量剩余的，由市（区）、县人民政府统一组织向符合经济适用住房购买条件的家庭出售，或由市（区）、县人民政府以成本价收购后用作廉租住房。

§13.4 住房货币补贴

13.4.1 住房货币补贴的政策进程

为了稳步推进住房商品化、社会化，国务院《关于进一步深化城镇住房制度改革，加快住房建设的通知》（国发〔1998〕23号）规定，从1998年下半年开始停止住房实物分配，逐步实行住房分配货币化。职工购房资金来源主要有：职工工资、住房公积金、个人住房贷款，以及个别地方由财政、单位原有住房建设资金转化的住房补贴等。停止住房实物分配后，房价收入比（即本地区一套建筑面积为60平方米的经济适用住房的平均价格与双职工家庭平均工资之比）在4倍以上，且财政、单位原有住房建设资金可转化为住房补贴的地区，可以对无房和住房面积未达到规定标准的职工实行住房补贴。从1998年4月1日起至2000年底，全国各省、市相继取消无偿分房制度，全面推行住房分配货币化制度。

我国住房分配货币化改革，就是停止现行的住房实物分配，改为发放货币形态的住房补贴。住房补贴是国家为解决职工住房问题而给予的补贴资助，即将单位原有用于建房、购房的资金转化为住房补贴，分次（如按月）或一次性地发给职工，再由职工到住房市场上通过购买或租赁等方式解决自己的住房问题。此后，职工解决住房不再找单位而是找市场，从而实现住房的社会化和商品化。

之后，全国绝大多数市（区）、县都已按照通知精神出台了住房分配货币化方案，并建立了住房货币化分配体制。但少数地区由于原有住房建设资金转化为住房补贴的政策还未落实等原因，住房分配货币化改革依然难以真正启动。2001年，财政部、建设部联合发布《关于抓紧落实机关事业单位住房补贴资金有关问题的通知》（财综〔2001〕18号），要求各地财政和建设（房改）部门要采取积极措施，做好机关事业单位住房补贴资金的落实工作，使住房分配货币化真正落到实处，确保住房制度改革工作顺利进行。通知指出，建立稳定的住房补贴资金来源渠道是实施住房分配货币化改革的前提和根本保证。住房补贴资金主要立足于财政、单位原有住房建设资金的转化。各地区、各单位出售直管公房、自管公房的收入，在规定留足住宅共用部位和共用设施设备维修基金以及房管机构改制资金后，要全部用于发放住房补贴。各地区、各单位不得以任何理由挪用、截留公有住房出售收入；要抓紧制定和完善住房分配货币化配套政策，尽快制定机关事业单位住房补贴资金筹集、拨付、管理办法，推进住房补贴发放管理的规范化、科学化。

2003年，国务院发布《关于促进房地产市场持续健康发展的通知》（国发〔2003〕18号），要求加大住房补贴资金筹集力度，切实推动住房补贴发放工作；进一步完善住房补贴制度，对直管公房和财政负担单位公房出售的净收入，要按照收支两条线管理的有关规定，统筹用于发放住房补贴。

13.4.2　资金来源和补贴形式

目前，行政机关和事业单位已经实施住房补贴，企业可根据自身的条件参照执行。已按房改优惠政策购买了规定面积标准住房的职工不享受住房补贴，承租公有住房的职工在自愿退出所租住的住房后，可以享受住房补贴。职工住房面积未达到规定标准的，住房补贴办法和职工住房面积标准按地方政府规定执行。向职工发放的住房补贴额等于每平方米建筑面积补贴额与该职工的住房补贴面积的乘积。无房职工的补贴面积，按规定的住房补贴面积标准计算。每个职工的住房补贴由各职工单位自行负担，发放住房补贴应考虑建立住房公积金制度前的职工工龄。住房补贴的资金来源主要有三大块：一是国家下拨的建房资金；二是单位售房资金；三是单位多种渠道筹集的资金。

发放住房补贴的基本形式有：①一次性补贴方式，主要针对无房的老职工，在职工购房时一次性发放。②基本补贴加一次性补贴方式，按一般职工住房面积标准，逐步发放基本补贴，各级干部与一般职工因住房补贴面积标准之差形成的差额，在购房时一次性发放。③按月补贴方式，主要针对新职工，在住房补贴发放年限内，按月计发。

13.4.3　住房货币补贴的实际操作

下面我们以北京为例，就有关住房补贴的实际操作作以介绍：

1.无房和住房未达标职工的界定

无房职工是指夫妇双方均未以含有国家或单位补贴的租金、售价承租或购建住房及未通过各种补偿购买住房（个人全额出资购买的经济适用住房除外）的职工。

住房未达标职工是指夫妇双方以含有国家或单位补贴的租金和售价承租或购建的住房及通过各种补偿购买的住房（个人全额出资购买的经济适用住房除外）经核定后面积未达到规定标准的职工。

2.住房补贴标准

行政机关公务员住房补贴建筑面积标准为：科级以下60平方米；正副科级、25年以上（含25年）工龄的科员、办事员70平方米；副处级、25年以上（含25年）工龄的正、副科级80平方米；正处级90平方米；副局级105平方米；正局级120平方米。

行政机关工勤人员住房补贴建筑面积标准为：技术工人中的初、中级工和25年以下工龄的普通工人60平方米；技术工人中的高级工、技师和25年以上（含25年）工龄的初中级工、普通工人70平方米；技术工人中的高级技师80平方米。

下列三种职工住房不核定住房面积：①职工及其配偶全额出资以市场价或经济适用住房价格购买、建造的住房和以市场租金承租的住房；②以继承、受赠等方式取得的私有住房；③职工及其配偶退还承租的标准租私房。

3.无房职工住房补贴的计发

（1）1998年12月31日及以前已参加工作的无房职工（以下简称无房老职工），其住房补贴采取分段方式计发，其中1998年底以前工作年限内的住房补贴按一次性方式发放，计算公式为：

$$职工一次性住房补贴=\left(无房老职工1998年月均基本工资 \times 年度月住房补贴系数 \times 职工1998年底前的工作月之和\right)+\left(年度工龄补贴额 \times 建立住房公积金制度前的职工工龄 \times 职工住房补贴建筑面积标准\right)$$

无房老职工1998年12月31日后工作年限内的住房补贴采取按月方式发放，1999年1月1日后至机关事业单位开始发放补贴期间的月住房补贴一并补发，按月补贴退休后停发。其具体发放的计算公式为：

$$职工按月住房补贴=职工当月基本工资 \times 年度月住房补贴系数$$

无房老职工一次性住房补贴计算公式中的职工1998年底前工作月之和超过32年的，按实际工作月之和计算；建立住房公积金制度前的职工工龄按实际年数计算；建立住房公积金制度前离退休的，按国家规定的离退休年龄计算。其中，年度月住房补贴系数为0.66，年度工龄补贴额为每平方米建筑面积13元。

（2）1998年12月31日后参加工作的无房职工（以下简称无房新职工）住房补贴采取按月方式发放，发放的计算公式和发放时间跨度与无房老职工的月住房补贴发放相同。

（3）职工住房不达标的，按差额面积一次性计发差额补贴，计算公式为：

$$差额补贴=（年度基准补贴额+年度工龄补贴额 \times 建立住房公积金制度前的职工工龄） \times 差额面积$$

$$差额面积=职工住房面积标准 - 职工现住房核定面积；年度基准补贴额为每建筑平方米1\,265元$$

（4）住房已达标老职工因职务晋升、技术等级晋升等原因成为未达标职工的，其级差补贴一次性发放，计算公式为：

$$级差补贴=（届时年度基准补贴额+届时年度工龄补贴额 \times 建立住房公积金制度前的职工工龄） \times 级差面积$$

其中，级差面积=职工晋升后住房面积标准 - 职工晋升前住房面积标准

按月计发补贴的无房老职工和新职工，因职务、技术职称晋升时，不再发放级差补贴。

（5）职工已按房改价购买现住房且未达标的，不再办理退房手续，可申领差额补贴；职工承租公有住房且未达标的，可继续承租现住房，申领差额补贴；职工承租平房、简易楼、筒子楼、危险房、违章建筑、近期需要拆除的住房、具有历史意义的住房、不可售军房以及党政机关、科研机构及大专院校内与机关办公不可分割的住房，且无其他住房的，

经所在单位同意，腾退其现住房后，计发一次性住房补贴，具体计算公式为：

$$\text{住房补贴额} = \left(\text{年度基准补贴额} + \text{年度工龄补贴额} \times \text{建立住房公积金制度前的职工工龄}\right) \times \text{职工住房补贴面积标准}$$

（6）按照城市房屋拆迁、危改政策，对被拆除的按房改政策购买的公有住房的所有人、公有住房的使用人或标准租私房的承租人，已实现货币补偿的，结合职工其他住房情况核定面积后，按差额住房补贴与拆迁补偿款（不包括提前搬家奖励费、搬家补助费等）1/2 的差额计发住房补贴，具体计算公式为：

$$\text{住房补贴额} = \left(\text{年度基准补贴额} + \text{年度工龄补贴额} \times \text{建立住房公积金制度前的职工工龄}\right) \times \text{差额面积} - \text{拆迁补偿款} \times 1/2$$

差额面积=职工住房面积标准 - 职工现住房核定面积

目前，全国各地都出台了住房分配货币化改革方案，但是，从总体上说，住房分配货币化还存在着很多亟须解决的问题。其主要是部分已出台方案的城市还处于试点和制度配套的政策阶段，大多数省份对企事业单位住房分配制度改革的分类指导工作才刚刚起步，原有住房建设资金转化为住房补贴的政策还未落实，方案启动中关于新职工按月补贴资金的到位存在一定的困难。不少地方经济不景气，地方财政不堪重负，使得原本应该从财政列支的新职工的住房补贴无法列支。而对企业来说，情况更严重，由于不少企业经济滑坡，能维持生产已是举步维艰，不少企业职工的住房公积金制度还没有建立，这给住房补贴发放带来了很大困难。

为了增强政府立法工作的透明度，提高立法质量，国务院法制办 2014 年 8 月拟订了《城镇住房保障条例（征求意见稿）》，并将意见稿及其说明全文公布，征求社会各界意见。

其立法原则一是保障基本，与经济社会发展水平相适应，保障住房困难群众的基本住房需求；二是公平公正，坚持分配公平、程序公正、公开透明；三是全程管理，重点围绕申请、轮候、分配等关键环节，建立准入、退出、纠错机制，同时对规划、选址、建设、标识、运营等进行规范，并建立全面而严格的责任制度；四是因地制宜，只规定基本制度，明确政策杠杆，具体办法和标准由地方政府根据当地实际制定。

条例强调"本条例所称城镇住房保障，是指通过配租、配售保障性住房或者发放租赁补贴等方式，为住房困难且收入、财产等符合规定条件的城镇家庭和在城镇稳定就业的外来务工人员提供支持和帮助，满足其基本住房需求。"

"城镇住房保障是县级以上人民政府的重要责任。国家对城镇住房保障工作实行地方人民政府目标责任制和考核评价制度。县级以上人民政府应当将城镇住房保障资金纳入财政预算，在土地出让收益中提取一定比例的资金用于城镇住房保障。省级以上人民政府应当安排城镇住房保障补助资金，对城镇住房保障工作提供支持。"

"社会力量投资建设和运营保障性住房的，按照国家有关规定享受投资补助、财政贴息等支持政策；国家鼓励银行业金融机构对其发放保障性住房中长期贷款，允许符合条件的企业通过发行债券进行融资。出租、捐赠符合条件的自有住房作为保障性住房的，按照国家有关规定享受税收优惠政策"。

"各级人民政府和有关部门对积极参与城镇住房保障、做出显著成绩的单位和个人，按照国家有关规定给予表彰"。

2019 年 5 月，国务院办公厅发布《关于印发国务院 2019 年立法工作计划的通知》，同时公布了《国务院 2019 年立法工作计划》明确的立法项目及负责起草的单位。根据计划，住房和城乡建设部负责起草"城镇住房保障条例"、"住房租赁条例"和"建设工程抗震管理条例"三部行政法规。

本章小结

住房社会救助，是指政府向低收入家庭和其他需要保障的特殊家庭提供住房现金补贴或直接提供住房的一种社会救助项目。人人享有住房是全民性的社会生存权利，对住房基本需求的满足，反映了社会的公平和对低收入群体的保护。

1998 年，国务院发布《关于深化城镇住房制度改革，加快住房建设的通知》，第一次明确提出为最低收入家庭提供廉租住房。廉租住房制度有严格的申请条件和实施程序，各地的廉租住房制度主要采取四种方式实施：实物配租、租金补贴、租金减免、房屋置换。

经济适用住房是指政府提供政策优惠，限定建设标准、供应对象和销售价格，具有保障性质的政策性商品住房。经济适用住房制度自 1998 年实施以来，为解决中低收入家庭的住房困难发挥了重大作用，但也存在着严重的不足。2007 年建设部、国家发改委等七部委发布了新的《经济适用住房管理办法》，对经济适用住房的功能定位、开发建设、销售管理等进行了细致规范。

1998 年下半年我国各大中城市开始停止住房实物分配，逐步实行住房分配货币化。停止住房实物分配后，房价收入比（即本地区一套建筑面积为 60 平方米的经济适用住房的平均价格与双职工家庭平均工资之比）在 4 倍以上，且财政、单位原有住房建设资金可转化为住房补贴的地区，可以对无房和住房面积未达到规定标准的职工实行住房补贴。为了增强政府立法工作的透明度，提高立法质量，国务院法制办 2014 年拟订了《城镇住房保障条例（征求意见稿）》，并将意见稿及其说明全文公布，征求社会各界意见。

综合训练

13.1 单项选择题

1.城市住房救助的实质是（　　　）。

A.由政府承担住房市场费用

B.由政府承担住房市场与居民支付能力之间的差额费用

C.由政府提供经济适用房

2.联合国《伊斯坦布尔人居宣言》发布的时间是（　　　）。

A.1996 年 　　　　　　　　B.1998 年 　　　　　　　　C.2006 年

3.《廉租住房保障办法》实施的时间是（　　　）。

A.2006 年 12 月 　　　　　B.2007 年 12 月 　　　　　C.2008 年 12 月

4.《廉租住房保障办法》规定廉租住房单套的建筑面积应控制在（　　　）。

A.50 平方米以内 　　　　　B.60 平方米以内 　　　　　C.80 平方米以内

5.2004 年建设部《经济适用住房管理办法》规定经济适用住房购房人拥有（　　　）。

A.完全产权   B.有限产权   C.半产权

13.2 多项选择题

1.政府为低收入者（或中低收入者）提供住房社会救助的形式包括（   ）。

A.向居民提供福利保障性的廉租住房

B.出售低于市场价格的经济适用房

C.发放住房现金补贴

D.由政府提供商品房

2.城市低收入家庭申请购买经济适用住房应符合的条件有（   ）。

A.具有当地城镇户口

B.家庭收入符合低收入家庭收入标准

C.无房或现住房面积低于住房困难标准

D.现住房面积低于家庭人均20平方米

3.住房补贴的资金来源主要有（   ）。

A.国家下拨的建房资金   B.地方政府补贴的资金

C.单位售房资金   D.单位多种渠道筹集的资金

4.行政机关公务员住房补贴建筑面积标准为（   ）。

A.科级以下60平方米   B.正处级100平方米

C.副局级105平方米   D.正局级120平方米

5.发放住房补贴的基本形式有（   ）。

A.一次性补贴   B.基本补贴加一次性补贴

C.按月补贴   D.按年补贴

13.3 复习思考题

1.简述住房社会救助的原因。

2.简述廉租住房的救助对象和实施方式。

3.简述经济适用住房的供应对象及制度实施程序。

4.简述住房货币补贴的政策进程。

第 14 章

法律援助

学习指南

【学习目标】通过本章的学习，主要掌握以下要点：

1.法律援助的特征。

2.法律援助机构。

3.法律援助的对象和程序。

4.我国的法律援助工作。

【关键概念】法律援助；《中华人民共和国法律援助条例》；《关于完善法律援助制度的意见》

第14章关键概念

引导案例

专家点评《关于完善法律援助制度的意见》五大亮点

2018年6月29日，中办、国办公布《关于完善法律援助制度的意见》，提出扩大法律援助范围、明确重点援助对象、建立多项机制、拓展法律援助咨询手段，切实保障经济困难公民和特殊案件当事人的合法权益，其中五大亮点引人关注。

亮点一：多项民生事项纳入法律援助事项范围

[规定] 扩大民事、行政法律援助覆盖面。逐步将涉及劳动保障、婚姻家庭、食品药品、教育医疗等民生紧密相关的事项纳入法律援助补充事项范围，帮助困难群众运用法律手段解决基本生产生活方面的问题。

[解读] 针对具体哪些情况可以纳入到法律援助范围，陈光中讲到，据了解，有些省份已就意见中提出的事项已先行进行探索，如交通事故、医疗事故引发的侵权赔偿，未成年人教育权保护，食品药品中假药和劣质食品引起侵权诉讼，婚姻家庭中离婚、虐待、不履行赡养抚养义务等，受援人可以就这些事项提出申请得到援助。

亮点二：建立值班律师制度，法援参与刑事和解、死刑复核

[规定] 建立法律援助值班律师制度，法律援助机构在法院、看守所派驻法律援助值班律师。建立法律援助参与刑事和解、死刑复核案件办理工作机制，依法为更多的刑事诉讼当事人提供法律援助。

[解读] "建立值班律师制度是学者一直呼吁和提倡的。""死刑复核是死刑案件的最后一道关口，关乎人的生命。"

亮点三：建立法律援助参与申诉案件代理

[规定] 探索建立法律援助参与申诉案件代理制度，开展试点，逐步将不服司法机关生效民事和行政裁判、决定，聘不起律师的申诉人纳入法律援助范围。

[解读] 申诉和上访已属于社会问题，各方面特别关注。申诉有没有道理，不同的人会有不同的看法。在申诉人员中，相当一部分经济比较困难，意见将这一群体的申诉列入法律援助范围，对维持社会秩序的稳定具有积极意义。

亮点四：法律援助咨询服务全覆盖

[规定] 建立健全法律援助便民服务窗口，安排专业人员免费为来访群众提供法律咨询。拓展基层服务网络，推进法律援助工作点向城乡社区延伸。加强"12348"法律服务热线建设。创新咨询服务方式，运用网络平台和新兴传播工具，提高法律援助咨询服务的可及性。

[解读] 过去法律援助在偏远的基层地区和一些农村贫困地方很难覆盖到。此次意见提出法律咨询服务全覆盖，依托多种手段，特别是依托互联网、新媒体等形式，使法律援助面更宽，咨询方式更快捷，效果更好，切实保障"法律面前人人平等"。

亮点五：市、县级财政将法援经费全部纳入同级财政预算

[规定] 完善法律援助经费保障体制，明确经费使用范围和保障标准，确保经费保障水平适应办案工作需要。市、县级财政要将法律援助经费全部纳入同级财政预算，根据地方财力和办案量合理安排经费。

[解读] 没有充足的经费保障，对法律援助案件的办理质量产生了一定制约，可喜的是意见有了突破。

资料来源 徐砒. 专家点评关于完善法律援助制度的意见五大亮点 [EB/OL]. [2015-06-30]. http: //www.gov.cn/zhengce/2015-06/30/content_2886720.htm.

【案例思考】

1.为何中办和国办要联合发布这一意见？

2.应如何提高法律援助服务的质量？

§14.1 法律援助概述

14.1.1 法律援助的含义与特征

法律援助是世界各国都普遍采用的一种司法救济制度，也称"法律扶助""法律救援""法律帮助"等。然而，由于自身法律制度和历史发展进程的差异，世界各国对法律援助制度的认识和理解有所不同。1994年1月3日，时任司法部长肖扬在一份律师工作材料上第一次正式提出了建立有中国特色的法律援助制度的设想。从此开始，我国法律援助制度从无到有，逐步发展和完善起来，有关法律援助的地方性法规和规章开始大量出台。

2003年7月，国务院颁布了《中华人民共和国法律援助条例》（以下简称《法律援助条例》），把法律援助制度界定为国家为了保证法律赋予公民各项权利的实现，对需要法律救济但因经济困难无力支付法律服务费用的当事人以及某些特殊案件的当事人，提供免费法律服务，以保障其合法权益，完善国家司法公正机制的一项法律制度。

从我国法律援助制度的概念中，我们可以把握它的几个重要特征：

1.国家性

法律援助是法律化、制度化的政府责任，是法律援助机构代表政府对公民应尽的义务和责任。国家是法律援助的责任主体，国家或者政府通过设立法律援助机构、提供法律援助经费、制定法律援助相关法律，来履行国家对公民的法律援助义务或责任。因此，我国的《法律援助条例》明确规定："法律援助是政府的责任，县级以上人民政府应当采取积极措施推动法律援助工作，为法律援助提供财政支持，保障法律援助事业与经济、社会协调发展。"同时，"国家支持和鼓励社会团体、事业单位等社会组织利用自身资源为经济困难的公民提供法律援助"。

2.司法救济性

法律援助制度在实现法治和保障人权方面具有十分重要的意义。目前，国际上公认的作为法律援助制度基础的理念，正是法治、公正和平等这三项基本价值。法律援助的宗旨是实现司法公正。它通过对贫弱公民提供法律帮助使其平等地进入诉讼程序，平等地行使诉讼权利，保障他们法定权利的实现，以维护司法公正。司法救济性是法律援助区别于以经济帮助为目的的社会救济、社会保障制度的重要因素。

3.救助的专业性

法律援助是指律师等法律专业人员运用他们娴熟的法律知识、丰富的办案经验和技能为贫弱公民提供法律咨询、诉讼代理、非诉讼代理和刑事辩护、撰写法律文书等法律服务。这些服务是其他非专业人员无法提供的，体现了较强的法律专业性。在我国，法律援助的具体实施者既包括律师（专职法律援助律师和社会执业律师）、法律援助机构的工作人员、公证员、基层法律服务工作者，亦包括社会团体（如工会、妇联、共青团组织）和事业单位（如法律院校、法学研究机构）等利用自身资源提供辅助性法律援助的志愿者。

14.1.2　法律援助制度建立与实施的意义

学者乐章指出，法律援助在促进经济与社会发展、建立和谐社会等方面具有重要的意义。

1.建立和实施法律援助制度是经济与社会协调发展和良性运行的客观需要

经济的发展，需要社会和谐环境的协调和配合，同时，社会的发展亦需要经济增长的财富积累提供物质保障。法律援助是适应现阶段社会发展的需要应运而生的，作为调整各种社会关系的一项重要法律制度，必须与经济的发展相适应。只有这样，才能避免因社会与经济发展的失衡而产生社会动荡和冲突。法律援助制度的建立和实施，必将对经济的健康、稳定发展起到重要的促进和保障作用。

2.建立和实施法律援助制度是实现"法律面前人人平等"原则的重要机制

"法律面前人人平等"是现代法律制度确定的社会主义法制的基本原则。不能从完善机制上解决一部分相对贫困者难以支付保障自身合法权益所需的法律服务费用问题，法律赋予公民的平等权利就可能由于公民经济收入的差别而不能实现。建立和实施法律援助制度，开辟了我国法律建设的一个新领域，鲜明地体现了国家立法对于健全公正司法制度的重视，是对司法人权保障制度的重大完善，是实现"法律面前人人平等"原则的重要机制。

3.建立和实施法律援助制度是健全社会保障法律体系的必然要求

能否建立和完善社会保障的法律体系，能否切实实现社会保障的特殊群体的合法利益，关系到能否提高市场机制的运行效率和解决市场经济运行的后顾之忧，关系到能否保持社会稳定。法律援助作为社会保障法律体系中不可或缺的程序制度，是维护社会保障的特殊群体的实体利益、解决社会保障对象权益纷争的必要的法律程序机制。随着社会保障法律体系的不断健全和法律援助制度的广泛实施，社会保障的广泛性、公平性和真实性必将得到更充分的体现，法律援助制度对于建立和完善社会保障法律体系必将起到更加重要的作用。

4.建立和实施法律援助制度是加强精神文明建设的实际步骤

精神文明建设的内容非常丰富，范围极其广泛，与法制的关系十分密切。精神文明需要依靠各项体现社会文明进步要求的法律制度来切实构建，法制的施行需要有素质良好的公民和良好的社会环境来保障。建立和实施法律援助制度，是司法行政机关推动社会文明进步、以制度文明促进和保障精神文明的重要举措。法律援助救济社会贫弱，促进司法公正，实现司法人权的社会功能，将有力地推动精神文明建设的进程。

14.1.3　法律援助的对象与范围

法律援助对象和范围的确定，是具体实施法律援助的基本前提，也是决定法律援助程序能否运行的关键。

1.法律援助的对象

法律援助对象是指法律援助制度中规定的有权或者有资格申请，并可以获得减免费用服务的当事人。根据我国《法律援助条例》的规定，我国的法律援助对象原则上必须具备两个条件：一是申请人必须是中华人民共和国公民，法人和外国人不属于法律援助对象；二是确需律师帮助但又因经济困难无力支付律师费用的人。某些特殊案件可不受经济困难条件的限制。

2.法律援助的范围

综合我国现行有关法律对法律援助范围的规定，法律援助具体可分为刑事法律援助和民事行政法律援助。《法律援助条例》相关规定如下：

"第十条 公民对下列需要代理的事项，因经济困难没有委托代理人的，可以向法律援助机构申请法律援助：

（一）依法请求国家赔偿的；

（二）请求给予社会保险待遇或者最低生活保障待遇的；

（三）请求发给抚恤金、救济金的；

（四）请求给付赡养费、抚养费、扶养费的；

（五）请求支付劳动报酬的；

（六）主张因见义勇为行为产生的民事权益的。

省、自治区、直辖市人民政府可以对前款规定以外的法律援助事项做出补充规定。

第十一条 刑事诉讼中有下列情形之一的，公民可以向法律援助机构申请法律援助：

（一）犯罪嫌疑人在被侦查机关第一次讯问后或者采取强制措施之日起，因经济困难没有聘请律师的；

（二）公诉案件中的被害人及其法定代理人或者近亲属，自案件移送审查起诉之日起，因经济困难没有委托诉讼代理人的；

（三）自诉案件的自诉人及其法定代理人，自案件被人民法院受理之日起，因经济困难没有委托诉讼代理人的。

第十二条 公诉人出庭公诉的案件，被告人因经济困难或者其他原因没有委托辩护人，人民法院为被告人指定辩护时，法律援助机构应当提供法律援助。

被告人是盲、聋、哑人或者未成年人而没有委托辩护人的，或者被告人可能被判处死刑而没有委托辩护人的，人民法院为被告人指定辩护时，法律援助机构应当提供法律援助，无须对被告人进行经济状况的审查。

第十三条 本条例所称公民经济困难的标准，由省、自治区、直辖市人民政府根据本行政区域经济发展状况和法律援助事业的需要规定。

申请人住所地的经济困难标准与受理申请的法律援助机构所在地的经济困难标准不一致的，按照受理申请的法律援助机构所在地的经济困难标准执行。"

14.1.4 法律援助机构

法律援助机构的概念有广义和狭义之分。广义的法律援助机构，是指国家有关部门根据国家有关法律或计划设立的组织管理实施法律援助工作的具体机构，或者是各社会团体、民间组织或个人基于相关法律规定、社团的职责或社会责任感而自发形成的实施法律援助的特定的组织形式。狭义的法律援助机构，仅指政府法律援助机构，即依照《法律援助条例》及相关法律法规、规范性文件的规定由人民政府司法行政部门确定设立的，代表政府负责受理、审查法律援助申请，指派或者安排援助人员为符合法律援助条件的公民提供法律援助的组织。为了能够更加全面地论述法律援助机构，这里采用广义的法律援助机构的概念。

我国现行的法律援助机构主要有：①政府性质的法律援助机构。在政府司法行政管理部门设立专门的法律援助机构，并在机构中配有执业律师来承办法律援助案件。广州即采用这种模式。②律师事务所。在律师事务所执业的律师按照律师协会的要求，每年完成一定的法律援助任务。武汉的做法即属此类。③社会团体成立的法律援助中心，如上海妇联的妇女法律援助中心。④各大学法学院的学生组织成立的法律援助中心。学生们利用自己在学校里所学的专业知识向社会弱势群体提供法律援助，如武汉大学社会弱者权利保护中心、海南大学法律援助社等。

14.1.5　法律援助的程序

法律援助程序是法律援助在实践中具体操作的中心环节，是保障受援人接受法律援助权利的实现方式。它一般包括申请、审查和实施等环节。

1.申请

申请指公民向法律援助机构请求给予法律援助许可的意思表示。公民申请代理、刑事辩护的法律援助应当提交下列证件、证明：

（1）身份证或者其他有效的身份证明，代理申请人还应当提交有代理权的证明。

（2）经济困难的证明。

（3）与所申请法律援助事项有关的案件材料。

申请应当采用书面形式，填写申请表；以书面形式提出申请确有困难的，可以口头申请，由法律援助机构的工作人员或者代为转交申请的有关机构工作人员作书面记录。

2.审查

法律援助机构收到法律援助申请后，应当进行审查；认为申请人提交的证件、证明材料不齐全，可以要求申请人做出必要的补充或者说明，申请人未按要求做出补充或者说明的，视为撤销申请；认为申请人提交的证件、证明材料需要查证的，由法律援助机构向有关机关、单位查证。对符合法律援助条件的，法律援助机构应当及时提供法律援助；对不符合法律援助条件的，应当书面告知申请人理由。

3.实施

如果法律援助申请人的申请经审查得到批准后，法律援助机构应指派法律援助人员承办具体的法律援助案件。法律援助案件办理完毕后，法律援助人员还应向法律援助机构提交书面结案报告和相关的材料，以便将完整的案件卷宗交法律援助机构存放。

14.1.6　法律援助经费的来源

从目前来看，我国法律援助的经费来源主要有：

第一，政府投入。政府投入是我国法律援助经费来源的主渠道。当前，我国政府投入的方式主要有直接拨款和间接拨款两种。政府除了每年从政府预算中特别拨付一部分款项扶持法律援助事业之外，还通过每年对公安机关、检察院、法院和其他司法机关的经费拨款和行政事业收费中预留出一定的金额来间接地对法律援助提供资金支持。

第二，社会捐赠。单靠政府一方面的力量，对法律援助的壮大发展来说，仍是杯水车薪，这就需要全社会的组织和个人都伸出援助之手，支持法律援助这项公益性事业的发展。

第三，其他渠道。除了上述两种主要的来源途径之外，通过法律服务机构的资助、投保、吸收国外资金赞助和发行福利彩票等也是拓展法律援助资金来源渠道的有效方式。

此外，要加强法律援助经费的管理，设立专门的银行账户，专款专用，严禁挪用。同时，还应充分发挥舆论和群众监督的力量，真正做到严谨、全面、有效地实施对法律援助经费的监督。

§14.2 我国法律援助的实施

14.2.1 我国法律援助制度的建立

中华人民共和国成立初期，我国虽然没有建立完整的法律援助制度，但有关法律援助的一些基本内容在当时的法律、法规中已有体现。例如，1954年第一部《人民法院组织法》在规定被告人的辩护权时，就规定了人民法院认为有必要时，可以指定辩护人为被告人辩护；1979年之后陆续颁布的《刑事诉讼法》《民事诉讼法》《律师工作暂行条例》等法律、法规，也都规定了有关法律援助的一些内容。这些法规的颁布与实施，在当时特定的历史条件下对依法保障当事人的合法权益起到了积极作用。

在改革开放的新形势下，为保障社会贫弱者能够享有与其他公民同等的法律救济，全面实施"法律面前人人平等"的基本法律原则，1994年，司法部正式提出探索建立中国法律援助制度，并首先在一些大中城市开展了法律援助工作的试点。1995年11月19日，广州市法律援助中心正式挂牌成立，成为全国最早成立的法律援助机构。其后，深圳、上海、北京、武汉、南京、郑州、青岛等一些大中城市也陆续开展了法律援助的试点工作，为法律援助工作在全国更大范围内的开展打下了基础。

1996年修改的《刑事诉讼法》和通过的《中华人民共和国律师法》（以下简称《律师法》），确立了法律援助制度在中国法律体系中的地位。《刑事诉讼法》第三十四条规定："公诉人出庭公诉的案件，被告人因经济困难或者其他原因没有委托辩护人的，人民法院可以指定承担法律援助义务的律师为其提供辩护。被告人是盲、聋、哑或者未成年人而没有委托辩护人的，人民法院应当指定承担法律援助义务的律师为其提供辩护。被告人可能被判处死刑而没有委托辩护人的，人民法院应当指定承担法律援助义务的律师为其提供辩护。"这是我国立法史上第一次将"法律援助"明确写入法律，是我国法律援助制度发展史上一个重要的里程碑。1996年的《律师法》则对法律援助的内容作了专门规定。其第六章规定："公民在赡养、工伤、刑事诉讼、请求国家赔偿和请求依法发给抚恤金等方面需要获得律师帮助，但是无力支付律师费用的，可以按照国家规定获得法律援助。律师必须按照国家规定承担法律援助义务，尽职尽责，为受援人提供法律服务。法律援助的具体办法，由国务院司法行政部门制定，报国务院批准。"这些规定明确了公民获得法律援助的范围和律师的法律援助义务，并对司法部制定法律援助的专门性法律进行了授权。

1997年5月26日，中国法律援助基金会成立暨司法部法律援助中心揭牌大会在人民大会堂举行，这两家机构的设立对法律援助在中国的顺利开展发挥了重要作用。与此同时，全国各地也纷纷出台有关法律援助方面的地方性法规，组建各级法律援助机构，培训专职法律援助人员，开展法律援助工作，从而使全国法律援助工作逐步走上了法制化、规范化的轨道。

2003年9月开始实施的《法律援助条例》确立了我国法律援助制度的基本框架，明确规定法律援助是政府的责任，县级以上人民政府应当采取积极措施推动法律援助工作，为法律援助提供财政支持，保障法律援助事业与经济、社会协调发展。《法律援助条例》是我国第一部关于法律援助的行政法规。它的颁布和实施，标志着我国法律援助制度的正式建立，是我国法制史上的一件大事，对于维护人民群众的根本利益和合法权益、贯彻依法治国的基本方略、加强社会主义法制建设以及进一步推动我国法律援助事业的发展，都具有重要的意义。

为规范法律援助投诉处理工作，加强对法律援助活动的监督，维护投诉人和被投诉人合法权益，2013年11月19日，司法部以司发通〔2013〕161号印发《法律援助投诉处理办法》。该办法共21条，自2014年1月1日起施行。办法界定了法律援助投诉的概念；明确了投诉人、被投诉人资格及其权利义务，投诉处理工作应当遵循的原则，投诉应具备的条件和投诉事项范围；规范了投诉行为和司法行政机关办理程序、被投诉人违法违规行为应当承担的责任形式，以及对处理不服的救济途径等。

首先要求畅通投诉渠道，明确司法行政机关应当向社会公示法律援助投诉地址、电话、传真、电子邮箱及投诉事项范围、投诉处理程序等信息。其次，规定了投诉事项的登记、投诉事项的受理、投诉事项的办理、答复等程序。例如，对口头提出投诉的，应当当场记录投诉人的基本情况、投诉请求、主要事实、理由和时间；收到投诉后，应当填写法律援助投诉登记表，并在5个工作日内做出是否受理的书面答复；受理投诉后，应当及时调查核实，一般应当在45日内办结；自做出处理决定之日起5个工作日内，向投诉人发送投诉处理答复书等。司法行政机关的义务即是投诉人的权利，这不仅体现了对投诉人的尊重，也体现了引导投诉人知法、守法，依法按规定有序进行投诉活动。按照权利与义务相统一原则，办法也规定了投诉人应承担的义务，如提出投诉应当采取书信、传真或者电子邮件等书面形式；应当如实投诉，对其所提供材料真实性负责；委托他人投诉的，应当向司法行政机关提交授权委托书，并载明委托权限等。

法律援助是维护困难群众合法权益的一项重要工作。党的十八届三中全会通过的决定明确提出要完善法律援助制度，其中就包括规范法律援助投诉处理工作。该办法的主要目的：一是落实党的群众路线教育实践活动相关措施。认真办理投诉事项的过程也是听取群众呼声、引导帮助群众解决问题、密切联系群众的过程，有利于增强司法行政机关服务群众意识，提高服务群众工作能力和水平。二是充分保障当事人合法权益。明确当事人权利义务，畅通投诉渠道，规范投诉行为，实质是尊重、保护和实现当事人依法提出投诉事项的权利，有利于更好地维护当事人的合法权益。三是加强法律援助监督管理工作。开展投诉处理工作是司法行政机关监督管理法律援助活动的重要渠道，有利于规范法律援助服务行为，提高法律援助办案质量，确保法律援助机构和人员依法履行职责，促进法律的正确实施，让人民群众在每一个法律援助案件中都感受到公平正义。

14.2.2 我国法律援助工作的开展

依据上述有关法律、法规，我国政府积极建立从中央到地方的各级法律援助机构。目前，已形成了中央、省（自治区、直辖市）、地（市）、县（区）四级架构的法律援助机构体系。各级地方法律援助机构均配备有专职人员，由他们负责向社会提供一定数量的法律援助服务。除此之外，律师、公证员、基层法律服务工作者以及一些社会团体、法学院校的法律援助志愿者，在各级法律援助机构的组织和指导下也参与具体的法律援助工作。

我国法律援助有两个基本的资金来源：政府出资和社会捐赠。法律援助首先是政府的责任，因此必须在国家财政预算中对此做出专门的规划，但由于我国目前整体经济水平不高，所以仅靠政府出资还远远不能满足实际需求。在这种情况下，社会捐赠就显得非常必要。为了规范法律援助的社会捐赠工作，司法部设立了中国法律援助基金会，基金会是具有独立法人资格的非政府组织，其任务是募集、管理和使用法律援助资金，接受国（境）内外社会各界的捐赠，为法律援助提供资金支持。

我国法律援助制度自1994年摸索创建以来，获得了快速发展，为大量贫、弱、残人士提供了法律服务。我国法律援助事业所取得的成绩，一定程度上维护了司法公正和社会稳定，提升了中国的国际形象，特别是2003年7月16日《法律援助条例》的通过，为在全国范围内建立健全法律援助制度提供了重要的法律依据，也大大加快了有中国特色的法律援助制度建立和实施的进程。

我国法律援助工作进一步发展，截至2017年底，除西藏外，全国各省、自治区、直辖市均已实现看守所法律援助工作站全覆盖。

2017年3月1日，国务院印发了《"十三五"推进基本公共服务均等化规划》。基本公共服务均等化是指全体公民都能公平可及地获得大致均等的基本公共服务，其核心是促进机会均等，重点是保障人民群众得到基本公共服务的机会，而不是简单的平均化。其中，根据规划第八章的规定，"法律援助"乃13项国家"基本社会服务制度"之一，旨在"重点保障特定人群和困难群体的基本生存权与平等参与社会发展的权利"。而且，规划明确规定，"降低法律援助门槛，扩大法律援助范围"是国家建立完善基本社会服务制度的一项重点任务。根据《"十三五"国家基本公共服务清单》第51项的规定，该项任务的具体要求是，为经济困难公民和特殊案件当事人"提供必要的法律咨询、代理、刑事辩护等无偿法律服务"。为此，规划在保障措施部分要求做好"公共法律服务体系建设"。加强法律援助综合服务平台和便民窗口、法律服务中心（站、工作室）、"12348"法律服务热线等基础设施建设，改善服务条件。加强基层普法阵地、人民调解组织、司法鉴定机构建设，健全网络服务。

2017年底，知名法学家樊崇义教授在《中国法律评论》第六期发表了一篇题为《中国法律援助制度的建构与展望》的文章，全面系统地梳理了我国法律援助制度的发展脉络和辉煌成就；同时深刻剖析了我国法律援助制度当前面临的问题，如供给乏力、结构失衡、质量欠佳等。在此基础上，樊教授从宏观定位和具体建构等层面对法律援助制度的未来做出了展望。该文立意高远、视野宏大，对我国法律援助制度的成就与发展趋势进行了全景式检视，对当前法律援助制度的发展与完善意义非凡。限于篇幅及版权，感兴趣的读者请搜索阅读。

14.2.3　我国法律援助工作的问题

目前，我国法律援助工作还面临着不少的困难和问题：法律援助经费不足，尤其是西部及一些经济欠发达地区的基层，法律援助经费仍然严重短缺；县区法律援助人力资源

（主要是律师资源）不足，法律援助机构基础建设薄弱；法律援助工作与相关部门的协作配合机制尚未建立，影响法律援助案件的办理；不少省份还没有采取措施落实《法律援助条例》规定的"法律援助范围"、"公民经济困难的标准"和"法律援助办案补贴的标准"等3个授权事项，导致《法律援助条例》的有关规定不能落到实处；对于涉及法律援助工作的一些规律问题，如对法律援助提供模式、法律援助机构职能等的认识，仍然需要在实践中继续探索。

具体说来，当前困扰我国法律援助事业持续发展的三个突出性问题是：

（1）法律援助资金严重不足并且分配不平衡。目前，由于受经济状况所限，各级政府还拿不出足够的资金来满足每一个申请法律援助的公民的需要，法律援助经费短缺的问题依然没有得到有效解决。因为资金短缺，不少地方的律师办理法律援助案件不仅得不到应有的补贴，而且还要垫付相关费用，其积极性受到很大挫伤。另外，地区经济发展的不平衡，导致法律援助资金与资源的分布也呈现出不均衡的状态，西部和农村地区的法律援助资金供给远远要少于东部和城市地区，而这可能导致贫困农民等社会弱者在司法救济方面更进一步被边缘化。

（2）法律援助机构和队伍建设存在问题，服务水平和办案质量有待提高。少数地方法律援助机构有名无实、无人办事；一些基层的法律援助机构由于经费紧张等原因至今不对外挂牌开展工作，还有一些地方的法律援助机构与其他科室合署办公，实际上无人办事；基层法律援助机构工作人员中具有律师资格的人员相对较少，缺少系统化培训，人员整体业务素质有待提高，不能完全适应法律援助工作的要求。

（3）《法律援助条例》作为我国第一部全国性的法律援助专门法规，在确立我国法律援助制度的基本框架、促进和规范我国法律援助工作方面起到了十分积极的作用。但是，随着法律援助工作的深入开展，《法律援助条例》的不足之处已经日益显现：它无法调整法律援助机构与法院、检察院之间的相关工作衔接；只规定了司法行政部门一家的责任，而对相关部门如何支持、配合法律援助工作及其法律责任没有做出明确规定；缺乏对法律援助机构的性质、法律援助专职律师的地位、法律援助各方参与人的权利、义务等主要问题的明确界定；法律援助事项范围过于狭窄、公民申请法律援助的经济困难标准过低、异地办案协作制度规定缺失、工作程序不完善、不科学；由于立法效力层次低，难以全方位地调整国家与公民之间、政府与法律援助机构之间、法律援助机构与受援人之间、法律援助机构与承办律师之间等多方面的法律援助关系等。《法律援助条例》的这些问题都需要我们顺应法律援助加快发展的需要，尽快通过全国人大立法的形式加以完善和明确。

与此相联系，法律援助服务水平和办案质量存在不少问题，许多方面还不能令人满意。针对上述存在的问题，未来中国法律援助事业的进一步发展需要从以下几个方面采取积极措施：

第一，通过多种渠道、多种措施加大对法律援助的资金投入。有关部门需要进一步提高对法律援助工作的重要性和必要性的认识，应该在国民经济持续增长的同时，从中央和地方两个层面上加大对法律援助的财政投入，积极承担起相应的政府责任；与此同时，要进一步发挥中国法律援助基金会的特殊作用，通过各种方式积极筹措社会资金，让更多的富人为司法公平做出贡献。另外，对于境外资金对民间法律援助组织的资助要采取鼓励的态度，加强管理，有效引导，积极利用其有利的方面。

　　第二，加强法律援助机构的队伍建设。法律援助机构的队伍建设关系到法律援助事业的长远发展，应当引起政府有关部门的高度重视，要组织执业律师定期定量为社会提供法律援助，承担起法律职业的社会责任；加强法律援助人员刑事和民事案件的办案技巧培训，扩大基层法律援助人员接受培训的范围；要继续通过开展项目培训和东西部交流等方式，加大对西部地区法律援助队伍的智力支持，促进全国法律援助工作平衡协调发展。另外，由国家出面组织开展诸如"中国优秀学子法律援助爱心行动"等专项活动，也是缓解西部贫困农村地区法律援助人才短缺的有效思路。

　　第三，促进和规范社会组织开展法律援助工作。与政府提供的官方法律援助不同，社会上的民间机构开展法律援助具有灵活性大、针对性强等特点，是政府法律援助工作的有效补充。目前，我国的民间法律援助机构出现了良好的发展势头，工会、妇联、高校、商会以及其他维权性组织在提供法律援助方面发挥着越来越重要的作用。司法部应当充分认识到民间法律援助的重要作用，及时出台相应的政策和法规，继续鼓励各地工会、妇联、残联以及高等法律院校、法学研究机构等社会组织发挥积极性，利用自身资源，发挥自身特长和优势，为其所在地域的社会群体或某些特殊群体提供法律援助。

　　建设社会主义法治国家，需要我们高度重视法律在解决纠纷、化解矛盾中的作用，而建设社会主义和谐社会，则需要我们特别关注社会弱势群体能否在现代司法体制中享受到公平的司法待遇，需要通过各种措施加强和改进法律援助工作。

14.2.4　《关于完善法律援助制度的意见》

　　随着经济社会发展和全面依法治国深入推进，广大群众特别是困难群众的法律需求日益增多，对法律援助工作提出新的更高要求。在新的时期，为进一步加强法律援助工作，完善法律援助制度，中央全面深化改革领导小组第十二次会议审议通过了《关于完善法律援助制度的意见》，2015年6月29日，中央办公厅、国务院办公厅印发了这个意见。意见紧紧围绕经济社会发展和人民群众实际需要，提出了当前和今后一个时期法律援助工作发展的指导思想、基本原则、政策措施和要求，为当前和今后一个时期法律援助事业发展指明了方向，是指导我国法律援助事业发展的纲领性文件，必将推动我国法律援助工作进入一个全新的发展阶段。

1.指导思想和基本原则

　　（1）指导思想：以党的有关指引和精神，按照党中央、国务院的决策部署，健全体制机制，坚持和完善党委政府领导、司法行政机关具体负责、有关部门协作配合、社会力量广泛参与的中国特色社会主义法律援助制度，紧紧围绕经济社会发展和人民群众实际需要，落实政府责任，不断扩大法律援助范围，提高援助质量，保证人民群众在遇到法律问题或者权利受到侵害时获得及时有效法律帮助。坚持以人为本。把维护人民群众合法权益作为出发点和落脚点，积极回应民生诉求，完善便民利民措施，推进公共法律服务体系建设，加强民生领域法律服务，努力为困难群众提供及时便利、优质高效的法律援助服务，将涉及困难群体的矛盾纠纷纳入法治化轨道解决，有效化解社会矛盾，维护社会和谐稳定。

　　（2）基本原则：一是坚持以人为本。把维护人民群众合法权益作为出发点和落脚点，积极回应民生诉求，完善便民利民措施，推进公共法律服务体系建设，加强民生领域法律服务，努力为困难群众提供及时便利、优质高效的法律援助服务，将涉及困难群体的矛盾纠纷纳入法治化轨道解决，有效化解社会矛盾，维护社会和谐稳定。二是促进公平正义。把保障公平正义作为法律援助工作的首要价值追求，依法履行法律援助职责，扩大法律援助范围，使符合条件的公民都能获得法律援助，平等享受法律保护，努力让人民群众在每一个案件中都感受到公平正义。三是推进改革创新。立足基本国情，积极探索法律援助工作发展规律，创新工作理念、工作机制和方式方法，实现法律援助申请快捷化、审查简便化、服务零距离，不断提高法律援助工作规范化、制度化、法治化水平。

2.扩大法律援助范围

（1）扩大民事、行政法律援助覆盖面。要在《法律援助条例》规定的经济困难公民请求国家赔偿，给予社会保险待遇或者最低生活保障待遇，发给抚恤金、救济金，给付赡养费、抚养费、扶养费，支付劳动报酬等法律援助范围的基础上，逐步将涉及劳动保障、婚姻家庭、食品药品、教育医疗等与民生紧密相关的事项纳入法律援助补充事项范围，帮助困难群众运用法律手段解决基本生产生活方面的问题。探索建立法律援助参与申诉案件代理制度，开展试点，逐步将不服司法机关生效民事和行政裁判、决定，聘不起律师的申诉人纳入法律援助范围。综合法律援助资源状况、公民法律援助需求等因素，进一步放宽经济困难标准，降低法律援助门槛，使法律援助覆盖人群逐步拓展至低收入群体，惠及更多困难群众。认真组织办理困难群众就业、就学、就医、社会保障等领域涉及法律援助的案件，积极提供诉讼和非诉讼代理服务，重点做好农民工、失业人员、妇女、未成年人、老年人、残疾人和军人军属等群体法律援助工作，切实维护其合法权益。

（2）加强刑事法律援助工作。注重发挥法律援助在人权司法保障中的作用，保障当事人合法权益。落实刑事诉讼法及相关配套法规制度关于法律援助范围的规定，畅通刑事法律援助申请渠道，加强司法行政机关与法院、检察院、公安机关等办案机关的工作衔接，完善被羁押犯罪嫌疑人、被告人经济困难证明制度，建立健全办案机关通知辩护工作机制，确保告知、转交申请、通知辩护（代理）等工作协调顺畅，切实履行侦查、审查起诉和审判阶段法律援助工作职责。开展试点，逐步开展为不服司法机关生效刑事裁判、决定的经济困难申诉人提供法律援助的工作。建立法律援助值班律师制度，法律援助机构在法院、看守所派驻法律援助值班律师。健全法律援助参与刑事案件速裁程序试点工作机制。建立法律援助参与刑事和解、死刑复核案件办理工作机制，依法为更多的刑事诉讼当事人提供法律援助。

（3）实现法律援助咨询服务全覆盖。建立健全法律援助便民服务窗口，安排专业人员免费为来访群众提供法律咨询。对咨询事项属于法律援助范围的，应当告知当事人申请程序，对疑难咨询事项实行预约解答。拓展基层服务网络，推进法律援助工作站点向城乡社区延伸，方便群众及时就近获得法律咨询。加强"12348"法律服务热线建设，有条件的地方开设针对农民工、妇女、未成年人、老年人等群体的维权专线，充分发挥解答法律咨询、宣传法律知识、指导群众依法维权的作用。创新咨询服务方式，运用网络平台和新兴传播工具，提高法律援助咨询服务的可及性。广泛开展公共法律教育，积极提供法律信息和帮助，引导群众依法表达合理诉求。

3.提高法律援助质量

（1）推进法律援助标准化建设。建立健全法律援助组织实施各环节业务规范。完善申请和受理审查工作制度，推进援务公开，规范法律援助机构审查职责范围和工作程序。改进案件指派工作制度，综合案件类型、法律援助人员专业特长、受援人意愿等因素，合理指派承办机构和人员。严格设定死刑、未成年人等案件承办人员资质条件，确保案件办理质量。探索办理跨行政区划法院、检察院受理、审理案件的指派机制。完善法律援助承办环节工作制度，规范法律咨询、非诉讼事项、诉讼事项办理流程，制定刑事、民事、行政法律援助案件质量标准。

（2）加强法律援助质量管理。认真履行法律援助组织实施职责，规范接待、受理、审查、指派等行为，严格执行法律援助事项范围和经济困难标准，使符合条件的公民都能及时获得法律援助。教育引导法律援助人员严格遵守法定程序和执业规范，提供符合标准的法律援助服务。根据案件不同类别组建法律援助专业服务团队，探索创新法律援助案件指派方式，对重大疑难案件实行集体讨论、全程跟踪、重点督办，提高案件办理专业化水平。完善服务质量监管机制，综合运用质量评估、庭审旁听、案卷检查、征询司法机关意见和受援人回访等措施强化案件质量管理。加大信息技术在法律援助流程管理、质量评估、业绩考核等方面的应用。逐步推行办案质量与办案补贴挂钩的差别案件补贴制度，根据案件办理质量确定不同级别发放标准，促进提高办案质量。完善法律援助投诉处理制度，进一步规范投诉事项范围、程序和处理反馈工作，提高投诉处理工作水平。

（3）完善法律援助便民服务机制。建立健全便民利民措施，加强长效机制建设，简化程序、手续，丰富服务内容。加强便民窗口规范化服务，优化服务环境、改进服务态度，推行服务承诺制、首问负责制、限时办结制、援务公开制，规范履行服务指引、法律咨询、申请受理、查询答疑等职责。拓宽申请渠道，发挥法律援助工作站、联络点贴近基层的优势，方便困难群众及时就近提出申请，在偏远地区和困难群众集中的地区设立流动工作站巡回受案。对有特殊困难的受援对象推行电话申请、上门受理等服务方式，逐步实行网上受理申请。简化审查程序，对城乡低保对象、特困供养人员等正在接受社会救助的对象和无固定生活来源的残疾人、老年人等特定群体，以及申请支付劳动报酬、工伤赔偿的农民工，免除经济困难审查；逐步建立法律援助对象动态数据库，提高审查效率；对情况紧急的案件可以先行受理，事后补办材料、手续；开辟法律援助"快速通道"，有条件的地方对未成年人、老年人、残疾人符合条件的申请实行当日受理、审查，并快速办理。加强军地法律援助服务网络建设，健全军人军属法律援助工作机制。建立完善法律援助异地协作机制，加强法律援助机构在转交申请、核实情况、调查取证、送达法律文书等环节的协助配合，方便受援人异地维护自身合法权益。延伸服务领域，注重对受援人进行人文关怀和心理疏导，完善法律援助与司法救助、社会救助工作衔接机制，提升服务效果。

4.提高法律援助保障能力

（1）完善经费保障体制。按照明确责任、分类负担、收支脱钩、全额保障的原则，完善法律援助经费保障体制，明确经费使用范围和保障标准，确保经费保障水平适应办案工作需要。中央财政要引导地方特别是中西部地区加大对法律援助经费的投入力度。省级财政要为法律援助提供经费支持，加大对经济欠发达地区的转移支付力度，提高经济欠发达地区的财政保障能力。市、县级财政要将法律援助经费全部纳入同级财政预算，根据地方财力和办案量合理安排经费。适当提高办案补贴标准并及时足额支付。建立动态调整机制，根据律师承办案件成本、基本劳务费用等因素及时调整补贴标准。鼓励社会对法律援助活动提供捐助，充分发挥法律援助基金会的资金募集作用。财政、审计等部门要加强对法律援助经费的绩效考核和监督，确保专款专用，提高经费使用效益。

（2）加强基础设施建设。加大法律援助基础设施建设投入力度，建设与服务困难群众工作需要相适应的服务设施，提高办公办案设施配备水平。鼓励地方加强临街一层便民服务窗口建设，合理划分功能区域，完善无障碍配套服务设施，满足接待群众需要。各地要支持法律援助工作站（点）建设，配备必要的工作和服务设施，方便困难群众就近获得法律援助。加强信息化建设，加大投入力度，改善基层信息基础设施，提升法律援助信息管理水平，实现集援务公开、咨询服务、网上审查、监督管理于一体的网上管理服务，实现与相关单位的信息共享和工作协同。

（3）加强机构队伍建设。依托现有资源加强法律援助机构建设，配齐配强人员。把思想政治建设摆在突出位置，切实提高法律援助队伍思想政治素质和职业道德水平。探索法律援助队伍专业化、职业化发展模式，加强法律援助人才库建设，培养一批擅长办理法律援助案件的专业人员。加强教育培训工作，加大培训教材、师资、经费等投入，完善培训体系和工作机制，提高法律援助人员专业素质和服务能力。完善律师、基层法律服务工作者参与法律援助工作相关权益保障、政策扶持措施，调动律师、基层法律服务工作者等人员的积极性。加大政府购买法律援助服务力度，吸纳社会工作者参与法律援助，鼓励和支持人民团体、社会组织开展法律援助工作。多渠道解决律师资源短缺地区法律援助工作力量不足问题，充实县区法律援助机构办案人员，在农村注重发挥基层法律服务工作者的作用，加大力度调配优秀律师、大学生志愿者等服务力量支持律师资源短缺地区法律援助工作。深入开展法律援助志愿服务行动。

5.切实加强组织领导

（1）加强组织领导。地方各级党委和政府要高度重视法律援助工作，将其纳入党的群众工作范围，纳入地方经济和社会发展总体规划、基本公共服务体系、为民办实事和民生工程，帮助解决工作中遇到的困难和问题。建立法律援助补充事项范围和经济困难标准动态调整机制，各省（自治区、直辖市）要根据本行政区域经济发展状况和法律援助工作需要，及时审查、调整援助事项范围和经济困难标准，促进法律援助事业与经济社会协调发展。建立法律援助责任履行情况考评机制、报告制度和督导检查制度，确保落实到位。发挥政府主导作用，鼓励和支持社会力量通过多种方式依法有序参与法律援助工作。推进法律援助立法工作，提高法治化水平。

（2）强化监督管理和实施。各级司法行政机关是法律援助工作的监督管理部门，要健全管理体制，加强对法律援助机构执行法律法规和政策情况的监督，完善责任追究制度，确保法律援助机构和人员依法履行职责。加强《法律援助条例》配套规章制度建设，构建层次清晰、体系完备的制度体系。法律援助机构要切实履行组织实施职责，认真做好受理、审查、指派、支付办案补贴等工作，组织引导律师、基层法律服务工作者积极履行法律援助义务，律师每年应承办一定数量法律援助案件，建立健全律师事务所等法律服务机构和人员开展法律援助的考核评价机制。完善公证处、司法鉴定机构依法减免相关费用制度，并加强工作衔接。加强对人民团体、社会组织和志愿者从事法律援助服务的指导和规范，维护法律援助秩序。积极利用传统媒体和新兴媒体，扩大法律援助宣传的覆盖面，增强宣传效果。

（3）加强部门协调配合。各有关部门和单位要根据中央有关精神，研究提出落实措施。法院、检察院、公安机关要为法律援助办案工作提供必要支持，进一步完善民事诉讼和行政诉讼法律援助与诉讼费用减免缓制度的衔接机制，健全国家赔偿法律援助工作机制，完善刑事诉讼法律援助中法院、检察院、公安机关、司法行政机关的配合工作机制。发展改革、民政、财政、人力资源社会保障、国土资源、住房城乡建设、卫生计生、工商、档案等部门要按照职能分工，支持法律援助基层基础设施建设，落实经费保障，提供办案便利。各人民团体要充分利用自身优势参与做好法律援助工作。各有关部门和单位要形成工作合力，推动完善法律援助制度，更好地保障和改善民生。

本章小结

　　法律援助是世界各国都普遍采用的一种司法救济制度。我国的法律援助制度是指国家为了保证法律赋予公民各项权利的实现，对需要法律救济但因经济困难无力支付法律服务费用的当事人以及某些特殊案件的当事人，提供免费法律服务，以保障其合法权益，完善国家司法公正机制的一项法律制度。

　　我国法律援助制度从1994年开始逐步发展和完善起来。2003年7月，国务院颁布了《法律援助条例》，对法律援助对象、法律援助范围、法律援助机构和相关程序等都做了明确规定。当前，困扰我国法律援助事业持续发展的三个突出性问题是：①法律援助资金严重不足并且分配不平衡。②法律援助机构的队伍建设存在问题，服务水平和办案质量有待提高。③《法律援助条例》存在一定的不足之处，如它无法调整法律援助机构与法院、检察院之间的相关工作衔接关系；对相关部门如何支持、配合法律援助工作及其法律责任没有做出明确规定；缺乏对法律援助机构的性质、法律援助专职律师的地位、法律援助各方参与人的权利、义务等主要问题的明确界定；法律援助事项范围过于狭窄、公民申请法律援助的经济困难标准过低、异地办案协作制度规定缺失、工作程序不完善、不科学等。2015年6月29日，中央办公厅、国务院办公厅印发《关于完善法律援助制度的意见》。意见紧紧围绕经济社会发展和人民群众实际需要，提出了当前和今后一个时期法律援助工作发展的指导思想、基本原则、政策措施和要求，为当前和今后一个时期法律援助事业发展指明了方向，是指导我国法律援助事业发展的纲领性文件，必将推动我国法律援助工作进入一个全新的发展阶段。

综合训练

14.1　单项选择题

1.正式提出建立有中国特色的法律援助制度设想的人是（　　　　）。

A.蔡诚　　　　　　　　　　B.肖扬　　　　　　　　　　C.高昌礼

2.《中华人民共和国法律援助条例》颁布的时间是（　　　　）。

A.2003 年　　　　　　　　B.2005 年　　　　　　　　C.2007 年

3.中华人民共和国立法史上第一次将"法律援助"明确写入法律的是（　　　　）。

A.1996 年的《刑事诉讼法》　　　　　B.2003 年的《法律援助条例》

C.1996年的《刑事诉讼法》和《律师法》

4.狭义的法律援助机构是指（　　　）。

A.政府法律援助机构　　　　　B.律师事务所　　　　　　　C.法律援助中心

5.标志着我国法律援助制度正式建立的是（　　　）。

A.1996年《律师法》颁布

B.2003年《法律援助条例》出台

C.1997年5月中国法律援助基金会成立

14.2　多项选择题

1.我国法律援助制度的特征有（　　　）。

A.国家性　　　　　　　　　　　B.司法救济性

C.救助的职业性　　　　　　　　D.救助的专业性

2.我国的法律援助对象原则上必须具备的条件包括（　　　）。

A.申请人必须是中华人民共和国的公民

B.申请人必须是中华人民共和国的公民和法人

C.确需律师帮助但又因经济困难无力支付律师费用的人

3.公民申请代理、刑事辩护的法律援助应当提交的材料有（　　　）。

A.身份证或者其他有效的身份证明　　B.经济困难的证明

C.与所申请法律援助事项有关的案件材料　D.给予法律援助许可的证明

4.中国法律援助事业的进一步发展需要采取的措施有（　　　）。

A.加大对法律援助的资金投入　　　　B.加强法律援助机构和队伍建设

C.加强和完善法律援助的立法　　　　D.规范社会组织开展法律援助工作

5.法律援助的经费来源主要有（　　　）。

A.政府投入　　　　　　　　　　B.社会捐赠

C.发行福利彩票等　　　　　　　　D.被援助者个人缴纳

14.3　复习思考题

1.简述法律援助的特征。

2.简述法律援助的对象和范围。

3.试述我国法律援助制度的开展。

4.规范法律援助投诉处理工作的意义是什么？

5.简述完善法律援助制度援助的范围。

第15章

慈善公益事业

学习指南

【**学习目标**】通过本章的学习，主要掌握以下要点：

1.现代慈善事业的特征和功能。

2.基金会的运作。

3.我国基金会发展面临的问题。

4.我国志愿者服务的发展。

【**关键概念**】慈善；慈善事业；第三次分配；基金会；志愿者

第15章关键概念

引导案例

民政部新设慈善事业促进和社会工作司

民政部副部长高晓兵近日在北京透露，在党和国家机构改革中职责调整的民政部的新的"三定"规定已出炉。根据新的"三定"规定，民政部新设慈善事业促进和社会工作司，慈善事业有关职能得到进一步明确和加强。

据民政部主管的《慈善公益报》报道，民政部党组成员、副部长高晓兵2019年1月14日在北京出席2018中国慈善年会时表示，改革开放40年来，"我国慈善事业紧抓战略机遇，砥砺奋进，创新发展，走出了一条改善民生福祉、促进社会和谐的中国特色慈善事业发展之路。以慈善组织为中坚的各类慈善力量迅速发展壮大，慈善法治建设逐步完善，全社会慈善意识明显增强，各类慈善活动积极踊跃。2017年，全国慈善捐赠总额超过1 499亿元。截至2019年1月11日，全国登记注册的社会组织达81万多家，认定登记的慈善组织有5 355个，登记的境外非政府组织超过400家"。

澎湃新闻记者注意到，在这次年会上，高晓兵透露了民政部机构改革的部分信息。

"民政部作为国务院慈善事业的主管部门，最近，正按照党中央国务院决策部署稳步推进机构改革。"高晓兵表示，根据民政部新的"三定"规定，民政部慈善事业有关职能得到进一步明确和加强，设立了慈善事业促进和社会工作司。

高晓兵表示，今后，民政部将进一步贯彻落实慈善法，完善慈善组织、慈善信托管理等制度，加强互联网募捐信息平台的服务监管工作，协调推动相关优惠政策尽快落实。

在2018年的党和国家机构改革中，民政部的相关职责出现调整。譬如，民政部的退役军人优抚安置职责整合并入新组建的退役军人事务部，民政部的救灾职责整合并入新组建的应急管理部，民政部的医疗救助职责整合并入新组建的国家医疗保障局。

资料来源　佚名. 民政部新的"三定"规定出炉：新设慈善事业促进和社会工作司［EB/OL］.［2019-01-18］. http://www.sohu.com/a/289860839_260616.

【案例思考】

1.我国的慈善事业一直与经济发展水平不相称，为什么？

2.民政部在公益慈善事业中应发挥怎样的作用？

随着社会的发展、人们思想观念的更新，现代意义上的社会救助，已经不仅仅是一种完全由政府承担的责任和义务，也是一种新的社会价值观。在大力发展社会主义市场经济、弘扬社会主义道德的今天，慈善事业已经超越了施舍、恩赐的传统含义，具有了建立在人格平等基础上的团结友爱、互帮互助、共同进步的深刻内涵。

§15.1 慈善救助

15.1.1　慈善与慈善事业

慈善，是指本着人道主义精神，在民间开展的扶贫济困、帮助社会上不幸的个人和团体的社会救助活动。慈善的核心是爱，人类之爱，爱天下之人。慈善事业是指通过合法的社会中介组织，以社会捐赠的方式，按特定的需要，把可汇聚的财富集中起来，再通过合法渠道来帮助无力摆脱危难的受助者。慈善事业以社会成员的慈爱之心为道德基础，以人道主义为思想基础，以社会捐助为经济基础，以民间公益团体为组织基础，以社会成员的广泛参与为发展基础。

从发达国家慈善事业的实践来看，现代意义上的慈善事业具有以下一些特点：

1.组织性

现代慈善事业是一种有组织的社会活动，而不是个别人的自发活动。慈善事业由各种慈善组织承担具体的救助工作。现代慈善组织的主要形式是基金会，这是慈善事业之所以成为一项公益事业而非单个的救助行为的组织基础，也是与官办社会救助的重要区别所在。

2.自愿性

现代慈善事业完全以捐献者的意愿为基础，具有自愿性。首先，慈善事业的经费主要来源于社会成员的自愿捐献，任何人不能强迫他人捐款。其次，慈善组织在实施慈善项目时，必须以捐献者的意愿为实施基础。只要捐献者的意愿不违背现行的法规及社会公德，捐献者有权指定慈善组织将资金用于其指定的慈善项目甚至具体的救助对象，按其意愿使用。

3.民办性

现代慈善事业在本质上属于民间的事业，民办性是其本质属性。虽然社会中存在官办的慈善事业，但是民办性是其本质要求。如果将其变为官办事业或政府职能部门的附属物，就会损害民间的积极性与主动性，并在无形中加重政府职能部门的工作负担与财政压力。因此，要坚持慈善事业的民办本色，让慈善事业由单纯的富人事业变为全体社会成员的共同事业。

4.规范性

民办性并不排斥现代慈善事业的规范运作，慈善事业虽然在具体运作中排斥政府权力的干预，但可以接受政府的财政帮助并接受其监督，按照相应的制度规范来运行，而且，慈善事业的发展在很大程度上取决于其规范性的程度，没有健全的规范，慈善事业就不会有发展。

现代意义上的慈善事业，其运作过程主要包括以下环节：组织社会捐助、资金管理、实施救助和接受监督等。

组织社会捐助是整个慈善事业的财政基础。慈善组织通过开展慈善宣传教育工作，培养人们的互助美德，有组织地进行募捐，动员和调动具有助人能力的单位和个人向慈善组织捐献。

对捐献资金的管理构成了慈善机构运行中的重点与关键。在资金管理方面，慈善组织的任务是保证每一笔慈善捐助资金的安全，使之真正用于捐献者指定的救助项目。慈善组织对于慈善资金只享有管理权和看护权，而不具有对慈善捐助资金的所有权。

通过实施救助来促进社会的和谐发展是现代慈善事业的最终目的。在实施救助方面，慈善组织必须充分发挥自身的优势，明确界定救助对象，做好社会调查工作，在尊重捐助者意愿的前提下，保证将救助资金用在最适当的地方。

接受捐献者和社会各界的监督则是慈善机构乃至整个慈善事业正常运行和健康发展的保证。在接受监督方面，慈善组织需要建立财务账册，严格财务管理制度，自觉接受捐献者、政府有关职能部门以及社会各界的检查与监督。

15.1.2　慈善事业的功能

学者施昌奎对慈善事业的功能，做了研究如下：

1.“第三次分配”的功能

慈善事业是对财富和资源进行的第三次分配，是社会救助体系的必要补充。第三次分配理论既是慈善事业赖以立足的基础，也是慈善事业自身所具有的重要功能之一。社会财富主要有三种分配方式：以竞争为动力的分配，根据能力大小决定收入；以公平为原则的分配，通过社会保障、社会福利等进行再分配；以道德为动力的分配，有钱人自愿把钱分给穷人，这就是慈善事业。综观世界各国，慈善事业的地位不断得到加强，日益成为社会分配和社会资源重组的一种重要途径。

第三次分配可以起到弥补“市场失灵”和“政府失灵”的作用。因为市场经济本质是一种优胜劣汰的社会达尔文主义，财富的集中不仅是获取规模效益的需要，也是市场竞争的必然结果。这一机制正是保证经济效率的前提，但同时又容易造成贫富不均和社会分化。所谓政府失灵，指的是在现实生活中，由于政府不具备完全理想化的条件，在进行宏观调控的过程中可能出现失效，导致资源配置的非优化结果。慈善事业作为不同于市场和国家的第三股力量，或者说作为第三部门，承担了许多国家剥离给社会的职能。其维护了社会的稳定，从而有助于解决在某些方面“市场失灵”和“政府失灵”所带来的社会问题。

2.“帕累托改进”的功能

“帕累托改进”是一个经济学范畴的概念，简单地说，就是在一些人没有失去利益的情况下，至少有一部分人获得了好处。慈善救助的作用是在社会总财富一定的情况下，能够增进社会整体福利水平。福利经济学指出，同一般商品一样，人们从一单位财富中所获得的满足感随着财富的增加而不断减少，在这里，边际效用递减规律同样适用于财富。例如，1 万元对一个亿万富翁和一个普通职工的意义是完全不同的。所以，富裕阶层把一部分财富转移给低收入阶层，对整个社会来说，所增加的效用要大于减少的效用，从而增进社会的总福利。

3.“补充社会福利”的功能

当前，在建立社会保障新体制的过程当中，每一个社会成员都有可能因不幸事件而变为不幸者，而政府的社会保障体制不可能满足全体社会成员的各种社会保障需求，社会上需要救助的灾民、贫民、残疾人以及其他不幸者大量存在，从而决定了民间慈善以及互助行为的必要性。如果慈善事业得到了发展，社会成员的捐助就能在一定程度上弥补政府社会救助的不足，使政府的压力得以减轻，同时又使需要社会救助的人得到更充分的救助。

4.“构建和谐社会”的功能

慈善事业有利于促进社会和谐发展，现已成为社会的稳定器。这源于慈善事业的再分配功能：①慈善事业有利于促进城乡之间、地区之间、民族之间的和谐发展。②慈善事业有利于促进各阶层之间的相互理解、交流和互助。

新时代社会建设的基本任务之一，就是要缩小贫富差距，最终消灭贫困。中华民族有着悠久的慈善文化，慈善事业在中国很早就成为促进社会发展、维持社会物质文明再生产的必要手段。在政府治理之外，慈善事业亦是民间社会关系构建的基本形式之一。慈善事业本来就是在扶困济贫的基础上发展起来的，已经形成了一种特殊的社会凝聚力，搭起了富裕阶层回报社会的平台，在关爱社会的弱势群体、体恤贫困人群方面具有独到和特殊的功能。发展慈善事业，应鼓励一部分先富起来的有觉悟的社会成员，带动和帮助后富人群，缩小贫富差距，实现社会公平。通过慈善机构组织募捐或倡导社会志愿者活动，将民间的人力、物力、财力等资源聚集起来，重新组合分配到最需要的地方，用来扶贫济困、安老助孤、赈灾救贫，这与构建和谐社会的目的是一致的。

5.“精神文明建设”的功能

慈善事业是市场经济条件下的一项新的道德事业。慈善组织对人的道德教化，从内心深处激发对人、对人类社会的关怀和责任，使人们更加富有爱心，从而有助于提升社会的道德水准。市场经济的特殊机制使追逐个人的利益和价值成为社会成员新的道德准则，而政府又不能强迫社会成员牺牲个人利益，如果没有一种新的互助友爱机制，社会成员之间关系淡漠、个人利益至上就有可能走向极端。慈善行为本身就是社会成员之间奉献爱心的表现，如果人们能够参与到慈善活动中去，社会的文明道德就会得到发扬光大。因此，慈善事业的产生和发展必将有利于修正市场经济条件下的个人利益观念，使中华民族的传统美德得到发扬光大。社会主义精神文明建设的重要内容之一，就是要努力确立诚挚、友爱、和谐的人际关系，大力培育扶贫济困、急人所急的爱人之心。慈善事业倡导人们爱人、爱生命、爱社会，因此可以说，培养人们的慈善意识，是引导人们提高道德水平、建设社会主义精神文明的一种有效的实践形式。

15.1.3 我国慈善事业的发展

中华人民共和国成立以来，我国（不包括港澳台）的慈善事业伴随着我国社会的巨大变化，大致经历了三个阶段。

1.调整和改造阶段（1949—1954）

中华人民共和国成立后，党和政府在恢复经济、发展文化、教育、卫生事业等方面做了巨大努力。直到1950年，政府对慈善工作给予了相应的重视，并制定了新的慈善工作方针：一方面是接收、改造旧社会留存下来的各种慈善机构；另一方面是新建一批社会福利机构和设施。

当时，全国旧有的慈善机构大致可以分为三类：一类是原国民党政府在各省、县兴办的省城救济院、县救济院和其他慈善堂；一类是地方乡绅兴办的各类善会善堂、城市上层人士兴办的近代慈善机构；还有一类是接受外国津贴的慈善机构，主要是教会医院、学校和育婴堂等。对上述各类慈善机构，中央政府从1950年4月起开始进行接收、改造和初步调整。首先，对于原国民党政府所办的各类救济院，基本上采取取缔、解散和关闭的态度；其次，对于民间各界人士兴办的慈善团体，进行了改组和接收。最后，对于外国传教士在华建立的为帝国主义侵略服务的少数慈善机构，一律坚决取缔。但是，对于多数外国教会在华兴办的学校、医院和慈善机构，则进行接收、调整和整顿。由于时局的变化，1951年政府对于接受美国津贴的慈善救济团体全部进行接收，财产一律充公。至此，外国在华的慈善团体所剩无几。据资料显示，到1953年底，全国各地已改造的慈善机构达419处，调整旧的救济福利团体1 600个。经过上述接收与改造，1954年前后，我国已经不再有完全意义上的民间慈善组织。

中华人民共和国成立后，政府用福利的形式取代民间的慈善，即过去民间所办的慈善内容都由政府一一包办起来。1949—1954年，全国新建或改建了666个残、老、儿童福利机构，加上其他福利机构，共收养了20多万孤儿、弃婴、残疾和流浪儿童。除此之外，政府还在北京、上海和广州等城市尝试把城市贫民和有劳动能力的残疾人组织起来，建立福利工厂，开展福利生产。这是中华人民共和国成立初期我国慈善事业发展的一种特殊形式。

2.停滞阶段（1954—1984）

经过20世纪50年代初期的停办、接收和改造，原有的慈善机构或是不复存在，或是转变为政府的附属机构，成为带有官方色彩的福利保障体系的一部分。此后30年里，由于政治、经济和思想意识等方面的因素，全国没有出现一个从事慈善工作的社会团体或民间组织，慈善事业基本处于停滞状态。不仅如此，原有的一些福利救济机构也因受政治运动的冲击而遭受破坏。例如，中国红十字会在"文化大革命"时被冠以"封资修"的帽子而被批判，其工作被迫停滞达十年之久。

3.复兴与发展阶段（1984年后）

党的十一届三中全会后，全国在"解放思想、实事求是"的路线、方针指导下，开始进行各个地区、各个领域的拨乱反正。人们逐步意识到，就我国目前的财力状况，单靠政府部门来进行社会救济，往往会捉襟见肘。因此，人们试图在救济工作中引入民间力量，开始主张发展民间慈善事业。

我国慈善事业的复兴大致可以中国儿童少年基金会的成立为起始。1981年7月，中国儿童少年基金会在北京成立，这是中华人民共和国成立以后第一个以募集资金的形式为儿童少年教育福利事业服务的全国性社会团体，是非营利性的社会公益组织。1984年，中国残疾人福利基金会成立，它与之后的中国残疾人联合会共同推动了中国助残慈善事业的发展。之后，宋庆龄基金会于1985年5月成立。中国红十字会也于1978年恢复工作，到1989年，在全国30个省、自治区和直辖市恢复了建会，基层组织达8.7万个。另外，成立于1985年的南京爱德基金会也在失学儿童教育、医疗卫生和灾区救助等方面很好地发挥了慈善组织的作用。这一时期出现的慈善组织和机构，是我国慈善事业恢复的重要标志，也为慈善事业的进一步发展奠定了初步的组织基础。

进入90年代，民间慈善组织开始诞生。1993年1月，吉林省慈善总会在长春成立，这是我国最早以"慈善"命名的社会团体。1994年4月，中华人民共和国成立以来第一个全国性的民间慈善组织——中华慈善总会在北京成立，标志着我国的慈善事业进入了一个新的发展时期。至2000年，全国已有26个省、自治区和直辖市成立了200多家地方慈善组织，并作为团体会员加入中华慈善总会。目前，中华慈善总会在全国拥有273个会员单位。此外，这一阶段还有一些特殊的慈善机构被创建，如厦门南普陀寺成立的慈善基金会、泉州市成立的正觉易慈善基金会、上海慈善教育培训中心、江西萍乡市成立的安源经济开发区扶贫济困基金会和上海成立的慈善捐赠救助物资服务中心，这表明我国的慈善组织已呈多元化发展趋势。

各地的慈善机构成立后，发动和依靠社会各界力量开展了形式多样的慈善救助活动。这期间，中华慈善总会特别注意发挥其本身所特有的涵盖面较为宽泛的特点，开展了救灾、扶贫、安老、助孤、支教、助学、扶残、助医等八大方面几十个慈善项目，逐步形成了遍布全国、规模巨大的慈善援助体系。中华慈善总会直接募集慈善款物折合人民币达百亿元，数以千万计的困难群众得到了不同形式的救助。地区性慈善活动则由地方慈善组织在本区域进行募捐，组织救助。2017年，全国慈善捐赠总额超过 1 499 亿元。截至 2019 年 1 月 11 日，全国登记注册的社会组织达 81 万多家，认定登记的慈善组织有 5 355 个，登记的境外非政府组织超过 400 家。

当前，我国的慈善活动正进一步向制度化方向发展。2004 年，党的十六届四中全会提出"要健全社会保险、社会救助、社会福利和慈善事业相衔接的社会保障体系"。2005 年 11 月，民政部召开了"中华慈善大会"，发布了《中国慈善工作发展指导纲要（2006—2010 年）》，这是我国政府部门发布的第一个关于慈善工作发展的纲领性文件，明确提出了我国开展慈善工作的总体要求、发展目标、主要任务和政策措施，标志着我国慈善事业正向制度化方向发展。

根据党的十八大、十八届三中、四中全会精神和国务院决策部署，为进一步加强和改进慈善工作，统筹慈善和社会救助两方面资源，更好地保障和改善困难群众民生，2014 年 11 月 24 日，国务院下发了《关于促进慈善事业健康发展的指导意见》（国发〔2014〕61 号）。

意见提出的发展目标是：到 2020 年，慈善监管体系健全有效，扶持政策基本完善，体制机制协调顺畅，慈善行为规范有序，慈善活动公开透明，社会捐赠积极踊跃，志愿服务广泛开展，全社会支持慈善、参与慈善的氛围更加浓厚，慈善事业对社会救助体系形成有力补充，成为全面建成小康社会的重要力量。

意见指出：要鼓励和支持以扶贫济困为重点开展慈善活动，鼓励社会各界以各类社会救助对象为重点，广泛开展扶贫济困、赈灾救孤、扶老助残、助学助医等慈善活动。鼓励和支持社会公众通过捐款捐物、慈善消费和慈善义演、义拍、义卖、义展、义诊、义赛等方式为困难群众奉献爱心。要建立民政部门与其他社会救助管理部门之间的信息共享机制，同时建立和完善民政部门与慈善组织、社会服务机构之间的衔接机制，形成社会救助和慈善资源的信息有效对接。落实企业和个人公益性捐赠所得税税前扣除政策，企业发生的公益性捐赠支出，在年度利润总额 12% 以内的部分，准予在计算应纳税所得额时扣除；个人公益性捐赠额未超过纳税义务人申报的应纳税所得额 30% 的部分，可以从其应纳税所得额中扣除。鼓励企事业单位为慈善活动提供场所和便利条件、按规定给予优惠。倡导金融机构根据慈善事业的特点和需求创新金融产品和服务方式，积极探索金融资本支持慈善事业发展的政策渠道。支持慈善组织为慈善对象购买保险产品，鼓励商业保险公司捐助慈善事业。

要鼓励兴办慈善组织，切实加强慈善组织自我管理，依法依规开展募捐活动，严格规范使用捐赠款物，强化慈善组织信息公开责任。同时，加强政府有关部门的监督管理，公开监督管理信息，强化慈善行业自律，加强社会监督，建立健全责任追究制度。要加强对慈善工作的组织领导，建立健全组织协调机制，完善慈善表彰奖励制度，完善慈善人才培养政策，加大对慈善工作的宣传力度。

2019 年 3 月，在国务院的机构改革中，民政部新设慈善事业促进和社会工作司，慈善事业有关职能得到进一步明确和加强。

§15.2 基金会

在我国现有框架内，根据慈善组织的形式，可以把我国的慈善组织分为三类：一种是基金会，基金会又分为公募和非公募性质；第二种是会员制社会团体，如中国红十字会等；第三种是民办非企业单位。从当今世界范围看，社会慈善事业的承载者主要有两类：一类是各种慈善基金会，一类是社会志愿组织。从实际效果看，基金会在我国慈善事业发展中所起的作用是举足轻重的，所以本节主要讨论我国基金会的有关情况。

15.2.1 基金会的定义

《世界基金会指南》一书指出："基金会是一个非政府、非营利的组织。它有自己的资金，由其受托人或董事会管理，旨在资助教育、慈善、宗教等社会公益事业。"美国"基金会中心"的权威定义："基金会是一种实体，它是一个非营利组织或慈善信托基金，其主要目的是向独立的组织、公共机构或个人进行科学、教育、文化、宗教或其他慈善性捐赠"。

我国的《基金会管理条例》指出："基金会是指利用自然人、法人或者其他组织捐赠的财产，以从事公益事业为目的，按照本条例规定成立的非营利性法人。"

现代基金会是20世纪初主要在美国兴起的一种公益组织，被称为公益事业的"引擎"。基金会主要以接受捐赠等方式形成公益资产，通过运作公益资产使其保值增值，并以各种公益项目的形式投入社会，增大受益面和提高受益程度，从而不断增进社会福利。现代教育事业、文化事业、卫生事业、生态与环境保护、扶贫济困等各种公益事业的发展都与基金会的作用密不可分。基金会在我国从诞生到现在时间不长，据民政部统计，截至2012年6月底，在全国各省、自治区和直辖市民政部门以及民政部登记的基金会已达2 140余家。

15.2.2 基金会的分类

1.根据创办主体的不同，基金会可分为政府性基金会和民间性基金会，其中民间性基金会又可分为民间团体性基金会和个人基金会

政府性基金会是由政府发起的，由政府管理，资金来源主要是财政，日常事务必须通过政府的审核才能开展，如中国青少年发展基金会。我国的国情决定了我国大部分基金会都是由政府发起和支持的。民间团体性基金会主要由企业内部成立，资金主要来源于本企业的捐赠，相对独立，一般以企业的名字命名；个人基金会是由个人以法律规定的原始基金为基础发起的私人基金会，资金来源于个人和社会捐赠等，一般以发起人的名字命名。

2.根据能否向公众募捐，基金会可分为公募基金会和非公募基金会

我国《基金会管理条例》将基金会分为公募基金会与非公募基金会两类，实行分类管理。二者的区别在于基金的来源：公募基金会可以向公众募集资金；非公募基金会的基金来源于特定个人或组织的捐赠，不得向公众募集资金。

公募基金会按照募捐的地域范围，又可分为全国性公募基金会和地方性公募基金会。非公募基金会"不得面向社会募集资金"，即不能向社会公众募集资金，如开展义赛、义卖，在公开媒体上发布募集广告或募集信息等。但并不排除非公募基金会进行私人性质的募捐活动，在亲友、同学等熟人圈子内进行募捐是允许的，特别指出的是，非公募基金会可以接受来自社会的不特定群体的捐赠。

各种基金会都对原始基金有一定的限制，全国性公募基金会的原始基金不得低于800万元人民币，地方性公募基金会的原始基金不得低于400万元人民币，非公募基金会的原始基金不得低于200万元人民币，且原始基金必须为到账的货币资金。

我国现有的基金会主要是公募基金会，就是面向社会、面向老百姓广泛募捐的基金会。而在国外基金会发展的历史中，涌现出了大批个人和企业捐资、以自己名义设立的基金会。这种基金会即非公募基金会，是基金会中的重要类型，由于其资金来源充裕、稳定，运作情况又关系到捐赠人的声誉，因此这类基金会往往运转良好，对公益事业贡献很大。我国《基金会管理条例》对基金会实行分类管理，明确允许设立非公募基金会。这可以达到两个目的：一方面，严格管理面向公众开展的募捐活动，维护募捐秩序，控制募捐市场上的竞争，减轻公众负担，维护社会稳定；另一方面，放开政策，允许富裕的个人、企业等设立非公募基金会，使他们能更自主地实现捐赠意愿，在为社会公益事业做贡献的同时，也可以为自身带来良好的社会效益。总之，我们鼓励资助公益事业更多依靠富裕的个人或企业。

15.2.3　基金会的运作

第一，任何一种基金会在申请成立时都必须提交《基金会管理条例》规定的手续证明，由相应层级的管理机关审核通过。

第二，基金会正式运营的任务分为两项，一项是"聚财"，即利用各种办法以及各种社会关系，使拥有较多财产的人把自己的财产捐献出来；另一项就是"散财"，即把社会各界捐赠的资金捐献到自己基金会所服务的领域。

利用社会捐赠的财产从事社会公益活动是基金会的义务。对于没有具体约定使用方式的捐赠，许多国家都对基金会每年用于公益支出的资金比例作了明确规定，以防止基金会不履行或不完全履行义务。公益支出比例太低，则有以借基金会名义逃税的嫌疑；公益支出太高，又不利于基金积累增值。我国《基金会管理条例》规定了公益支出最低比例：公募基金会每年用于从事章程规定的公益事业支出，不得低于上一年总收入的70%；非公募基金会每年用于从事章程规定的公益事业支出，不得低于上一年基金余额的8%。规定基金会每年公益支出的比例，是为了促使基金会实现发展公益事业的目标，确保对公益事业进行投入，杜绝基金会出现偏离公益轨道，或是停滞不活动的情况。

公益支出是指基金会从事公益事业的所有支出，包括公益资助项目的费用、执行项目的成本和基金会组织募捐的费用，不包括基金会专职工作人员的工资福利、基金会日常办公的行政开支。实际运作中的一些开支，如人力资源费用、差旅费用等难以确定，需国家财政部门制定统一的基金会财务会计标准加以具体规定。例如，基金会工作人员的工资福利和行政办公支出不得超过当年总支出的10%，此规定意在促使基金会精简机构和人员，提高办事效率。

第三，基金会是运作财产的组织，这对基金会的财产管理和使用提出了很高的要求。《基金会管理条例》从八个方面对基金会财产运作进行了约束。

（1）财产来源要合法。（第八条第二款）

（2）基金的保值、增值应当坚持合法、安全、有效的原则。（第二十八条）

（3）重大募集资金、投资活动，需经理事会以特殊程序通过（第二十一条）；基金会设监事，监督财务运作等活动。（第二十二条）

（4）基金会的决策不得与基金会的理事、监事的利益相关。（第二十三条第二款）

（5）监事和不在基金会担任专职工作的理事不得从基金会获取报酬（第二十三条第三款）；在基金会领取报酬的理事不得超过理事总数的1/3。（第二十条）

（6）基金会每年的公益支出必须达到相当大的比例。（第二十九条）

（7）基金会无力从事公益活动就必须注销。（第十六条第二款）

（8）基金会注销后的剩余财产必须仍用于公益目的。（第三十三条）

这些条款相互配合，构筑了一个比较严密的框架，促使基金会将财产用于特定的公益目的，避免基金会被用于营利目的，避免基金会财产的流失、浪费，避免基金会成为养人机构，避免基金会成为关联交易的手段。

基金会可以为了基金保值、增值而开展经营活动，也可以为了募集资金而开展义演、义卖等活动。这些活动的收益都要用在公益事业上，不能在内部分配；当基金会终止的时候，基金会的财产也不能归还捐赠人，要转让给其他公益组织。也就是说，基金会的这些经营行为仍然要以公益事业为目的，不能影响基金会的非营利性。

第四，按照《基金会管理条例》和《基金会信息公布办法》的要求，基金会在通过登记管理机关的年度检查后，应当于30日内按照统一的格式要求，在登记管理机关指定的媒体上公布年度工作报告的全文和摘要，接受社会公众的查询、监督。在民政部登记的基金会年检信息披露指定媒体有两家，分别是《公益时报》和《中国社会报·民间组织周刊》。

基金会应当向社会公布的信息包括：

（1）基金会、境外基金会代表机构的年度工作报告。

（2）公募基金会组织募捐活动的信息。

（3）基金会开展公益资助项目的信息。

同时，公募基金会组织募捐活动，应当公布募得资金后拟开展的公益活动和资金的详细使用计划。在募捐活动持续期间内，应当及时公布募捐活动所取得的收入和用于开展公益活动的成本支出情况。募捐活动结束后，应当公布募捐活动取得的总收入及其使用情况。

基金会开展公益资助项目，应当公布项目种类以及申请、评审程序。评审结束后，应当公布评审结果并通知申请人。公益资助项目完成后，应当公布有关的资金使用情况。事后对项目进行评估的，应当同时公布评估结果。

除年度工作报告外，信息公布义务人在公布信息时，可以选择报刊、广播、电视或者互联网等媒体。信息公布所使用的媒体应当能够覆盖信息公布义务人的活动地域。公布的信息内容中应当注明信息公布义务人的基本情况和联系、咨询方式。

第五，项目管理对于公募基金会与非公募基金会同样重要，但侧重点不同。前者更侧重于自己策划项目的能力，如何让该组织的宗旨、公众关注点、社会需求点有机地结合在一起，成功筹款进而实施项目；而非公募基金会因为不可能公开筹款，所以需要关注的是如何将自己手中的钱合理有效地花出去。如果说公募基金会的项目包括了"聚财"和"散财"两个环节的话，非公募基金会则更关注"散财之道"。非公募基金会在项目申请阶段要公开透明，让所有有兴趣的人都公平地参与竞争；在审查阶段要对申请人的资质严格把关，确认对方的管理能力；在后续追踪阶段，要根据合同进行考察，确保对方有效使用资助款。对于那些运作型的项目，在寻找合作伙伴的过程中同样要注意这些问题。

15.2.4 我国基金会的发展历程

据学者丁波的研究，当代中国的基金会发展可分为四个阶段：

第一阶段：中华人民共和国成立到20世纪70年代末——中国基金会的蛰伏期。在中华人民共和国成立初期，民间的慈善活动基本停止，人们的生产和生活都由国家和集体统一安排，人们在一种财富相对平均的条件下生活，收入没有大的差别。

第二阶段：20世纪80年代——中国基金会的恢复期。党的十一届三中全会以后，随着社会主义经济体制改革的进行，以及扩大对外开放政策的实施，特别是党的十四大提出建立社会主义市场经济体制，推动了我国现代历史上第一批公益性基金会的产生。1981年7月26日，中国诞生了第一个公益基金会——中国儿童少年基金会，它是由全国妇联、总工会、共青团中央和中国科协等17个全国性社团和单位发起设立的。1982年宋庆龄基金会成立；1984年中国残疾人福利基金会成立；1989年3月经中共中央同意，共青团中央等发起创办了中国青少年发展基金会。这些基金会在教育、文化、科学、卫生、社区建设、扶贫济困等社会公益事业中发挥了重要作用。国务院1988年发布了《基金会管理办法》，明确了基金会在登记监管、组织治理、制度规范、运作管理等方面的一系列基本原则和法律框架。

第三阶段：20世纪90年代——中国基金会的改革探索期。进入20世纪90年代后，中国社会结构发生了重大变化。1993年中共十四届三中全会提出，要建立多层次的社会保障体系，包括社会保险、社会救济、社会福利、优抚安置和社会互助，把原来由企业和政府承担的社会责任转移给社会，使越来越多的非营利性组织应运而生。1993年中华环保基金会成立；1994年中国第一家综合性的慈善组织中华慈善总会成立；1995年中国人口福利基金会成立；1998年国家民政部设立民间组织管理局。全国人大于1999年6月颁布了《中华人民共和国公益事业捐赠法》，提出了鼓励公众公益捐赠、规范捐赠资产管理运作、支持公益组织及其项目发展的政策措施和法律框架。

第四阶段：21世纪初至今——中国基金会的转型发展期。21世纪初，中国基金会历历了三件大事：一是2001年中国加入WTO，给包括基金会在内的非营利组织的发展带来了机遇；二是2004年新的《基金会管理条例》出台，规定可以成立私募基金，而且依照条例，外国人可以在华捐资设立基金会，境外基金会也可以在中国大陆设立代表机构。这标志着中国基金会及其管理制度开始转型；三是《中华人民共和国企业所得税法》中，明确了激励企业公益捐赠的税前扣除制度，并首次提出了非营利组织收入免税的优惠政策。这些陆续出台的法律、法规和政策，构成了支持和推动基金会等公益组织发展的新的制度环境，成为近年来我国基金会等公益组织迅速发展的重要条件。

据统计，截至2014年12月31日，中国基金会数量已超过4 200家，捐赠收入约380亿元人民币，公益支出约310亿元。一些大型企业，包括大型国企和民营企业，纷纷拿出巨额资金慷慨捐赠，通过举办非公募基金会积极参与社会公益事业。一个以基金会为重要推动力的中国公益事业发展的新高潮正在迅速兴起。

15.2.5　我国基金会面临的问题

目前，我国基金会的发展还只处于起步阶段。国外的基金会绝大多数是有了钱（基金）再去做公益事业，我国的基金会基本上是有事需要钱，建立基金会去筹资。这是我国基金会区别于发达国家基金会的重要特点。可以说，我国正面临公益资金严重匮乏的问题，迫切需要基金会有一个大发展，但是，我们的经济基础还不足以对基金会的大发展起支撑、保证作用。因此，我国基金会的发展要从国情出发，不能发展过快，更不能只追求数量不注重质量。中国现有基金会大都是靠向社会募捐的筹资机构，因此，对此类基金会特别是对地、县一级基金会的组织发展要防止一哄而上，防止其通过行政手段搞摊派筹资，重点应规范其筹资行为。对不向社会募捐的私人基金会和企业基金会应允许和鼓励其发展。

基金会在我国三十几年的发展中，取得了巨大成就。但是，由于基金会在我国还是比较新的事物，在管理体制上、运行上以及财务上都难免存在诸多问题，主要表现在以下几个方面：

1.税收优惠政策有待完善

从国内外基金会和公益事业发展的实践来看，税收优惠政策是推动基金会和整个公益事业发展至关重要的一种制度安排，是做大做强基金会的关键所在。针对基金会的税收优惠政策主要包括两个方面：一是鼓励公益捐赠的税前扣除政策，主要通过对捐赠人实行税收优惠政策来激励其捐赠行为，从而增加基金会的资金来源；二是激励基金会发展的税收减免政策，主要通过减免对基金会财产增值部分的课税鼓励其发展壮大，从而增大基金会的财产规模。这两类政策的作用都在于税收调控，目的都是通过增加基金会的财产来加大对公益事业的支持力度。

经过多年努力，目前我国已经形成包含这两个方面的针对基金会等公益组织的税收优惠政策的基本框架。现有税收优惠政策主要有：

（1）基金会的存款利息免缴企业所得税。

（2）企业用于公益、救济性的捐赠，在年度应纳税所得额3%以内的部分，免缴企业所得税。

（3）外资企业用于中国境内公益、救济性质以外的捐赠，全部免缴企业所得税。

（4）个人捐赠额未超过应纳税所得额30%的部分，免缴个人收入所得税。

（5）对用于公益事业的捐赠物资，可以减征或者免征关税。

（6）基金会承受土地、房屋用于办公、教学、医疗、科研和军事设施的，免缴契税。

根据目前国家税务总局的规定，企业和个人只有捐款给特定的基金会，捐款才可以获得全额免税待遇。目前，享受优惠政策允许全额扣除的基金会有中华慈善总会、中华法律援助基金会、中华见义勇为基金会、宋庆龄基金会、中国福利会、中国残疾人福利基金会等几十家。

当前的主要问题是：新近成立的一些非公募基金会在努力发掘和扩展公益项目领域及范围的同时，也在探索通过各种可能的资金运作方式实现公益资产的保值增值。但是对于基金会公益资产增值部分是否应当给以必要的税收减免和优惠，相关法规的表述和政策的规定不够明确、具体和配套，这使基金会在发展实践中面临一定的困难。

2.专业人才缺乏

我国基金会由于大部分具有"官办"色彩，很多是由行政机构的退休人员参与工作的，人员结构单一，基金会发展缓慢。基金会难以吸引到高层次的专门人才是基金会发展过程中面临的普遍现象，这不仅是由于其在工资、福利上与其他市场主体存在差距，更重要的是基金会的人事制度有欠灵活，其核心因素在于编制问题无法落实。尽管民政部在1991年就颁布了《关于全国性社会团体编制及其有关问题的暂行规定》，但由于国家在职称、工资、户口、福利、档案管理、社会保障等方面的规定尚未实现与社团全面接轨，致使社团（含基金会）工作人员长期处于体外循环的尴尬境地。为突破制约基金会发展的人力资源瓶颈，构建新型的人事管理制度应属当务之急。

新成立的非公募基金会通常不会遇到类似安排分流人员、退休职工这样的行政干预，完全可以借鉴企业的用人标准，招募具有一定项目管理能力、策划能力、资金运作能力的人才，真正提高办事效率和质量。但是，《基金会管理条例》规定各类基金会工作人员的工资、福利和行政办公支出不得超过当年总支出的10%，未针对各类基金会的不同情况予以类型化处理，显得缺乏必要的弹性。

3.实行双重管理体制

《基金会管理条例》规定了登记管理机关和业务主管单位双重管理的体制。所谓双重管理体制，是指国家在对基金会进行管理的过程中，施行登记管理机关与业务主管机关分工负责、共存并行的行政管理制度。这种管理模式在基金会管理实践中主要表现为：在登记环节上，登记管理机关负责基金会、基金会分支机构、基金会代表机构、境外基金会代表机构的最终审批登记；业务主管单位负责基金会及其分支机构、代表机构、境外基金会代表机构的初审。在管理环节上，登记管理机关负责对基金会、境外基金会代表机构实施年度检查；对基金会、境外基金会代表机构依照条例及其章程开展活动的情况进行日常监督管理；对基金会、境外基金会代表机构违反条例的行为依法进行处罚。业务主管单位负责指导、监督基金会、境外基金会代表机构依据法律和章程开展公益活动；负责基金会、境外基金会年度检查的初审；配合登记管理机关、其他执法部门查处基金会、境外基金会代表机构的违法行为。

双重管理体制是我国在对各类民间组织进行管理时长期采用的一项基本行政制度。事实上，双重管理体制至少有以下两点弊端：

首先，多个机关、多重管理既易造成职能交叉又易出现责任推诿，徒增行政成本。在双重管理体制下，如何确定登记管理机关和业务主管机关的职能是立法必须要解决的矛盾之一。由于两个机关均可以既介入登记环节，又介入日常管理环节，其结果必然使它们在职能上出现交叉，在业务活动上相互掣肘。这种体制长期存续下去会直接造成行政机关的职能转变进程不断推延、争权逐利的私弊日益弥漫、推脱责任的陋习无意悔改、谋求寻租的动机日渐累积；而对基金会的影响则是准入资格的获得愈发困难、自律发展的空间愈发限缩、行政附庸的色彩愈显浓厚、民间组织的身份愈难彰显。

其次，《基金会管理条例》为保障此种体制而设的运行机制有欠周严。将业务主管机关的前置审批作为基金会设立的必要条件需要具备一个基本前提，即任何合法基金会均可以在现行行政体制的架构中寻获作为其前置审批机关的业务主管单位。但事实上这一基本前提并不是任何时候都可以得到满足的。随着我国社会经济的不断发展，在我国政府职能和机构设置保持相对稳定的情况下，基金会的捐助主体和资金来源已日益呈现出多元化的发展趋势。这就造成了许多新兴的社会领域虽没有专门机关予以管理却出现设立基金会诉求的现象。按照现行条例的规定，此时便会出现谋求设立的基金会因为缺少业务主管机关的前置审批而无缘设立的不正常情况。实行一元化的基金会管理体制（即由各级基金会登记管理机关统一作为基金会的监督管理机关行使登记审批和业务指导的双重职能）将会有效克服原有模式因职能交叉和权缘模糊而带来的管理缺位、越位和不到位等，并在补足制度外延缺陷的同时，显著降低早已透支的行政成本，从而在基金会的运行实践中展现出充足的活力。

4.基金会"透明度"需要进一步加强

基金会的透明度直接影响着慈善组织的公信力，特别是在中国红十字会郭美美事件后，各种慈善组织的公信力受到了严峻的挑战，目前虽然有所好转，但要把慈善事业做成人人信任的"透明口袋"，还需进一步强化行业自律和社会监督，增强慈善组织公信力。据基金会中心网2015年发布的信息，按照满分100分计算，基金会行业整体透明度得分为49.35分，公募基金会和非公募基金会透明度分别为49.86分和48.97分，基本持平。

§15.3 志愿者服务

15.3.1 志愿者

志愿者是指在不计物质报酬的情况下，基于道义、信念、良知、同情心和责任，自愿贡献个人时间和精力，为推动人类发展、社会进步和社会福利事业而提供服务的人员。在不同的地区对志愿者有不同的称呼：在我国大陆一般称为志愿者；在我国香港地区称为义工，即提供义务工作的人；而在我国台湾地区一般称为志工，即提供志愿性工作的人。志愿服务（volunteer service）是指任何自愿贡献时间和精力的人，在不计物质报酬的前提下为推动人类发展、社会进步和社会福利事业而提供的服务。志愿者服务起源于19世纪初西方国家宗教性的慈善服务，至今已有100多年的历史。

我国注册志愿者具有自己的标识（图15-1），其标识整体构图为心的造型（通称"心手标"），又是英文"volunteer"的第一个字母"V"，为红色；图案中央是手的造型，也是鸽子的造型，为白色。标志寓意为中国志愿者向社会上所有需要帮助的人们奉献一片爱心，伸出友爱之手，表达"爱心献社会，真情暖人心"和"团结互助、共创和谐"的主题。注册志愿者使用全国统一的标识。开展志愿服务活动时，注册志愿者应佩带以全国统一标识为主体图案的标志。志愿者旗帜和服装以红、蓝、白为基本色调。志愿者可在重大活动时或定期进行宣誓，誓词为："我愿意成为一名光荣的志愿者。我承诺：尽己所能，不计报酬，帮助他人，服务社会，践行志愿精神，传播先进文化，为社会进步贡献力量！"

图15-1　志愿者标识

我国志愿者还推行星级认证制度，星级认证由省级团委、志愿者协会组织实施。注册机构负责具体认证工作。根据志愿者注册后参加志愿服务的时间累计，认定其为一至五星志愿者。星级志愿者认定后，可由相关注册机构在其注册证上进行标注，并佩戴相应标志。

（1）志愿者注册后，参加志愿服务时间累计达到100小时的，认定为"一星志愿者"；

（2）志愿者注册后，参加志愿服务时间累计达到300小时的，认定为"二星志愿者"；

（3）志愿者注册后，参加志愿服务时间累计达到600小时的，认定为"三星志愿者"；

（4）志愿者注册后，参加志愿服务时间累计达到1 000小时的，认定为"四星志愿者"；

（5）志愿者注册后，参加志愿服务时间累计达到1 500小时的，认定为"五星志愿者"。

对社会而言，志愿者服务具有以下积极意义：一是传递爱心，传播文明。志愿者在把关怀带给社会的同时，也传递了爱心，传播了文明。二是有助于建立和谐社会。志愿工作，提供了社交和互相帮助的机会，加强了人与人之间的交往及关怀，减轻了彼此间的疏远感，促进了社会和谐。三是促进社会进步。社会的进步需要全社会的共同参与和努力。志愿工作正是鼓励越来越多的人参与到服务社会的行列中来，对促进社会进步有一定的积极作用。

就服务对象而言，志愿者服务具有以下积极意义：一是接受个人化服务。志愿者服务，在提供大量的人力资源的同时，更能发挥服务的人性化、个人化及全面化的功能，从而令服务对象受益。二是帮助服务对象融入社会，增强其归属感。志愿者服务能有效地帮助服务对象扩大社交圈子，增强他们对人、对社会的信心。同时，志愿者以亲切的关怀和鼓励，帮助服务对象减轻接受服务时的自卑感和疏远感，从而使其建立自尊心和自信心。

15.3.2　我国志愿者服务的发展

1.志愿者队伍的发展

志愿者服务作为一种高尚的社会行为和一项重要的社会公益事业，在弥补政府资源不足、维护社会安定、服务经济建设与社会道德构建等方面发挥了积极作用，对于中国特色社会主义新时代的社会建设具有重要意义。在我国，志愿者服务是伴随改革开放产生的新事物。20世纪80年代后期我国开始推动志愿者和青年志愿者建设，90年代开始发起"中国志愿者行动"，1994 年 12 月中国青年志愿者协会正式成立，目前已成为我国最大的志愿组织。

中国青年志愿者协会成立于 1994 年 12 月 5 日，是由志愿从事社会公益事业与社会保障事业的各界青年组成的全国性社会团体，是中国共产主义青年团中央委员会指导下的，由依法成立的省、自治区、直辖市青年志愿者组织和全国性的专业、行业青年志愿者组织和个人自愿结合成的全国性的非营利性社会组织，是全国青联团体会员、联合国国际志愿服务协调委员会（CCIVS）联席会员组织。协会奉行"奉献、友爱、互助、进步"的准则，通过组织和指导全国青年志愿者服务活动，为社会提供志愿服务，推动社会主义精神文明建设，提高青年的整体素质，为经济社会的协调发展和全面进步做出贡献。

中国青年志愿者协会由团体会员和个人会员组成，现有团体会员 340 个，个人会员 717 个。协会的基本任务是改善社会风气和人际关系，为发展社会主义市场经济创造良好的社会环境；适应社会主义市场经济发展的需要，推动青年志愿者服务体系和多层次社会保障体系的建立和完善；培养青年的公民意识、奉献精神和服务能力，促进青年健康成长；为城乡发展、社区建设、扶贫开发、抢险救灾以及大型社会活动等提供志愿服务；为有特殊困难以及需要帮助的社会成员提供服务；规划、组织青年志愿者服务活动，协调、指导全国各地、各类青年志愿者组织开展工作；培训青年志愿者；开展与海内外志愿者组织和团体的交流。

开展志愿者服务是慈善事业的重要组成部分，是慈善事业发展成熟的重要标志。我国有关部门也十分重视志愿者队伍的建设，2005 年民政部等十部门联合下发了《关于做好新形势下社区志愿服务工作的意见》（民发〔2005〕159 号）；2006 年民政部会同中组部、中宣部等部门发布了《关于在农村基层广泛推行志愿服务活动的意见》（民发〔2006〕31 号）。2006 年，共青团中央颁行了《中国注册志愿者管理办法》。2016 年 7 月，中宣部、中央文明办、民政部等 8 部门联合印发了《关于支持和发展志愿服务组织的意见》指明了我国志愿服务组织的发展方向，为志愿服务健康持续深入发展奠定了政策基础。

目前，我国慈善志愿者服务的基本内容是安老、扶幼、助学、济困等。志愿者队伍包括各地民政部门组织的社区志愿者队伍、各级团组织组织的青少年志愿者队伍和各级妇联组织的巾帼志愿者队伍。

2.青年志愿者服务的开展

近几年来，我国青年志愿者服务的领域不断扩大，在农村扶贫开发、城市社区建设、环境保护、大型活动、抢险救灾、社会公益等方面做出了突出贡献：

（1）通过推进青年志愿者"一助一"长期结对服务计划，使青年志愿者服务走向最基层、走向人民群众最需要的各个领域。"一助一"长期结对服务是指青年志愿者与服务对象结成服务关系，通过建档立卡、量化服务时间、发放使用"一助一志愿服务卡"等措施开展志愿者服务活动，切实做到对象明确、人员稳定、项目具体、任务量化、责任到人。

（2）在大型活动和抢险救灾中，发挥青年志愿者的积极作用。近年来，在北京奥运会等大型活动中，青年志愿者们向世界和全国人民展现了当代中国青年积极进取、文明礼貌、乐于奉献的精神风貌。在不少地方发生严重自然灾害后，广大青年志愿者在困难和危险面前奋勇当先，不怕流血流汗，在抢险救灾和帮助群众恢复生产、重建家园工作中发挥了突击队作用。青年志愿者已经成为抢险救灾的一支重要力量。

（3）青年志愿者积极参与农村扶贫工作，为实施科教兴国战略和扶贫攻坚计划做贡献。声势浩大的大中专学生志愿者暑期文化、科技、卫生"三下乡"活动为广大青年志愿者参与农村扶贫开发创造了条件。截至2019年5月，大学生志愿服务西部计划总体实施规模达到1.83万人，累计已有超过29万名高校毕业生到中西部基层开展志愿服务，其中，期满扎根西部基层的青年志愿者超过2万名。"暖冬行动"、"七彩假期"活动、海外服务计划、"助残阳光行动"等项目广泛开展，志愿精神在各行各业青年中方兴未艾。

（4）参与城市公益服务，扩大社会服务的覆盖面。全国大中城市普遍开展了百城青少年"讲文明、树新风"活动，组织数百万青年志愿者参与文明道路、文明场所、文明小区共建活动，推动青年志愿者活动在城市公益服务方面朝广泛、纵深、规范的方向发展。近年来，各级青年志愿者组织围绕党政关注、社会急需、青年能为的热点、难点问题，广泛开展了社区服务、社会治安、植绿护绿、治理"脏乱差"等公益性志愿服务活动。同时还在博物馆、敬老院、车站等服务需求相对集中的场所建立了一大批面向公众的青年志愿服务基地和成人预备期志愿服务基地。广大青年志愿者还结合自身特点，创造性地开展了一些富有特色的志愿服务活动，如"敬老工程""周日志愿行动"等。这些活动极大地拓宽了青年志愿者参与城市公益服务的领域。

15.3.3 我国志愿者服务存在问题

1.志愿者组织的业务主管部门不明确，相关法律滞后

志愿者服务事业是一项极为复杂的系统工程，其运作是否有序及其工作是否能落到实处，与管理有密切关系。当前，我国有的地区的志愿者组织由民政部门主管，有的地区由团市委主管，有的地区则由市委宣传部下属的精神文明建设委员会办公室领导。为了加强志愿者组织的管理工作，全国应确定指导、推进志愿者服务事业的业务主管部门，统一规定志愿者组织的注册、监管和评估。

现阶段，我国还没有制定国家级的包括志愿者在内的法规或条例。在现行的政策法规中，主要是2006年共青团中央办公厅发布的《中国青年志愿者注册管理办法（试行）》及2013年修改后的办法和一些地方性法规。它们除了规定志愿者组织的服务宗旨、财力支持、志愿者的条件和行为以外，还包括对志愿者的激励条款。但是，上述法规还存在一些明显的不足之处，志愿者权益得不到应有的保障。例如，大部分地区对志愿者的表彰奖励还未制度化、规范化，志愿者服务过程中应给予的交通补贴、提供工作午（晚）餐及购买意外伤亡保险等权益保障远未落实。志愿者的服务虽以志愿性、无偿性为原则，但是按照国际通行的做法，他们在进行公益性服务的过程中，志愿者组织应给予其必要的交通和通信费用，提供工作午（晚）餐。这是志愿者的正当权益，应该给予保障。

2.亟需把志愿服务组织纳入依法管理的范畴

据不完全统计，截至2015年底，全国依法在民政部门登记的志愿服务组织仅有2.5万个，也就是说，我国多数志愿服务组织尚未在民政部门进行登记。对于志愿服务组织来说，没有法律身份的确认，不利于建立自身公信力、吸引壮大志愿者队伍，也不利于培养责任意识和风险管控能力，更无法获得政府采购和公益创投资格和很多优惠政策。大量的志愿服务组织未登记，也不利于党政部门准确掌握志愿服务组织相关情况、有效指导志愿服务组织发展。从保护志愿者的切身权益、推动志愿服务组织规范化发展的角度出发，应该引导志愿服务组织去民政部门登记。依法登记是能够实现志愿者、志愿服务组织和政府"三赢"局面的制度安排。

3.志愿服务组织面临经费难题

志愿服务是无偿的，但组织志愿服务活动是有成本的。实践中，一些志愿服务组织开展活动的经费是自筹的，很难将志愿服务持续下去。

15.3.4 推进志愿服务法制进程

目前志愿者服务，重点是要积极普及志愿理念，加大政府对志愿服务的支持力度，完善志愿服务的协调机制，推进全国性志愿服务法制进程。志愿服务法制建设应这种以下几个方面的内容：

第一，明确志愿服务的工作内容及工作对象，避免志愿者满腔热情，但是服务工作内容不明，工作对象不清。

第二，对志愿者的条件要有明确要求。尽管志愿服务是自愿无偿的，但有关组织还是需要考虑志愿者的身体及其他条件是否适合参加志愿服务。在志愿者活动中，有一些老人，他们的精神固然值得敬佩，但身体也很重要，应保证在志愿服务期间不出现意外情况。应该根据志愿服务的情况，在服务期间适当增加体检的项目内容，以减少出现意外的几率。

第三，规范志愿服务的组织管理。通过规范组织管理，使志愿者获得强有力的后盾支持。目前已经有志愿者协会等各种形式的志愿者组织，但总的来说比较松散，志愿者无论在工作和生活上都欠缺组织的管理和关怀，使得志愿者没有归属感，缺乏凝聚力，特别是对于长期从事志愿服务的志愿者来说，没有统一管理，对他们的生活和工作都是不利的。当他们结束了志愿服务之后往往面临诸多困难很难马上适应新的环境，这无疑是一种缺憾，不利于志愿服务的长期发展。

第四，明确地方政府及有关部门应该对志愿服务及志愿者提供帮助与支持。志愿服务应得到社会的认可，得到各级政府及其司法行政机关的支持，这对于最终落实志愿项目和取得成效非常重要。

第五，明确志愿服务培训制度，包括专业知识、实用技能、技巧以及语言等方面，以保证志愿服务的质量。

第六，加强志愿服务者个人权益保护，包括志愿者家属权益的保护，为志愿者解除后顾之忧，专注于志愿服务。此外，还有诸如志愿者个人信息保护、志愿者服务必要条件和保障、安全、卫生、医疗等保险以及志愿服务成本分担、志愿者责任免除，等等。志愿者是一个可爱的群体，但难免也会有一些不和谐的声音，对于故意破坏志愿活动规则，使志愿活动受到不必要的质疑或者发生民事纠纷甚至刑事案件的，应当依照法律给予公平公正的处理。

本章小结

慈善事业指以社会成员的慈爱之心为道德基础，以人道主义为思想基础，以社会捐助为经济基础，通过合法的社会中介组织，按特定的需要，把可汇聚的财富集中起来，再通过合法的信息系统，用于无力摆脱危难的受助者。现代意义上的慈善事业具有的特征是：

组织性、自愿性、民办性和规范性。

我国的慈善组织分为三类：基金会、社会团体、民办非企业单位。基金会是指利用自然人、法人或者其他组织捐赠的财产，以从事公益事业为目的的非营利性法人。我国基金会在20多年的发展中，取得了巨大成就，但是在管理体制、运行以及财务上还存在诸多问题。

志愿者是指在不计物质报酬的情况下，基于道义、同情心和责任，自愿贡献个人时间和精力，为推动人类发展、社会进步和社会福利事业而提供服务的人员。我国在20世纪80年代后期开始推动志愿者和青年志愿者建设，90年代开始发起"中国志愿者行动"，1994年12月中国青年志愿者协会正式成立。当前，我国的志愿者服务还存在诸多问题，表现在志愿者组织的业务主管部门不明确、法制化工作欠缺、志愿服务组织面临经费难题等。

综合训练

15.1 单项选择题

1.慈善的核心是（   ）。

A.慈   B.爱   C.善

2.慈善事业是对财富和资源进行的（   ）。

A.第一次分配   B.第二次分配   C.第三次分配

3.《基金会管理条例》颁布的时间是（   ）。

A.2004年   B.2006年   C.2008年

4.全国性的公募基金会原始基金不得低于（   ）。

A.400万元人民币   B.600万元人民币   C.800万元人民币

5.企业用于公益救济性的捐赠，其免缴企业所得税应是年度应纳税所得额的（   ）。

A.10%以内的部分   B.12%以内的部分   C.14%以内的部分

15.2 多项选择题

1.慈善事业的特点有（   ）。

A.组织性   B.社会性   C.自愿性   D.民办性

2.慈善事业具有（   ）。

A."帕累托改进"功能   B."补充社会福利"功能

C."精神文明建设"功能   D."社会改进"功能

3.志愿者在不同国家和地区又称为（   ）。

A.义工   B.帮工   C.志工   D.助工

4.对服务对象而言，志愿者服务的积极意义包括（   ）。

A.接受个人化服务   B.帮助个人融入社会

C.增强服务对象归属感   D.传递爱心，传播文明

5.中国青年志愿者协会奉行的准则有（   ）。

A.奉献   B.友爱   C.互助   D.文明

15.3 复习思考题

1.简述现代慈善事业的特点。

2.简述现代慈善事业的功能。

3.简述基金会的分类。

4.简述基金会的运作过程。

5.试述我国志愿者服务的发展及存在的问题。

参考文献

[1] 陈元钢. 社会保障学 [M]. 大连：东北财经大学出版社，2019.

[2] 刘娟. 社会保障政策与实务 [M]. 北京：中国农业出版社，2019.

[3] 倪星，付景涛. 公共管理学 [M]. 2版. 大连：东北财经大学出版社，2018.

[4] 许琳，翟绍果，唐丽娜. 社会保障学 [M]. 3版. 北京：清华大学出版社，2018.

[5] 郑功成. 中国社会保障发展报告2017 [M]. 北京：中国劳动社会保障出版社，2018.

[6] 安仲文，高丹. 社会保障学 [M]. 大连：东北财经大学出版社，2016.

[7] 秦立建. 社会保障学：理论·制度·实践 [M]. 3版. 北京：高等教育出版社，2016.

[8] 林义. 社会保险基金管理 [M]. 3版. 北京：中国劳动社会保障出版社，2015.

[9] 潘锦棠. 社会保障学 [M]. 2版. 大连：东北财经大学出版社，2015.

[10] 吕学静. 社会保障基金的管理 [M]. 北京：首都经济贸易大学出版社，2014.

[11] 李珍. 社会保障理论 [M]. 3版. 北京：中国劳动社会保障出版社，2013.

[12] 蒲春平，唐正彬. 劳动法与社会保障法 [M]. 北京：航空工业出版社，2013.

[13] 孙光德，董克用. 社会保障概论 [M]. 北京：中国人民大学出版社，2013.

[14] 陈银娥. 社会福利 [M]. 北京：中国人民大学出版社，2011.

[15] 胡务. 社会救助概论 [M]. 北京：北京大学出版社，2010.

[16] 钟仁耀. 社会救助与社会福利 [M]. 上海：上海财经大学出版社，2009.

[17] 廖益光. 社会救助概论 [M]. 北京：北京大学出版社，2009.

[18] 陈良瑾. 社会救助与社会福利 [M]. 北京：中国劳动社会保障出版社，2009.

［19］施昌奎. 北京慈善事业运营管理模式［M］. 北京：中国经济出版社，2008.

［20］孟令君. 中国慈善工作概论［M］. 北京：北京大学出版社，2008.

［21］丁建定，魏科科. 社会福利思想［M］. 武汉：华中科技大学出版社，2008.

［22］乐章. 社会救助学［M］. 北京：北京大学出版社，2008.

［23］周良才. 中国社会福利［M］. 北京：北京大学出版社，2008.

［24］文林峰. 城镇住房保障［M］. 北京：中国发展出版社，2007.

［25］郑功成. 社会保障概论［M］. 上海：复旦大学出版社，2007.

［26］曹立前. 社会救助与社会福利［M］. 青岛：中国海洋大学出版社，2006.

［27］窦玉沛. 中国社会福利的改革与发展［J］. 社会福利，2006（10）.

［28］徐麟. 中国慈善事业发展研究［M］. 北京：中国社会出版社，2005.

［29］巴里. 福利［M］. 储建国，译. 长春：吉林人民出版社，2005.

［30］洪大用. 转型时期中国社会救助［M］. 沈阳：辽宁教育出版社，2004.

［31］李建波. 中国法律援助制度［M］. 北京：中国检察出版社，2004.

［32］孙绍骋. 中国救灾制度研究［M］. 北京：商务印书馆，2004.

［33］张雪纯，葛琳. 法律援助条例释义［M］. 北京：中国法制出版社，2003.

［34］时政新. 中国社会救助体系研究［M］. 北京：中国社会科学出版社，2002.

［35］郑秉文，和春雷. 社会保障分析导论［M］. 北京：法律出版社，2001.

［36］周震欧. 儿童福利［M］. 台北：巨流图书公司，2001.

［37］赵映诚. 社会保障论：政府的责任与弱者的权利［M］. 武汉：中国地质大学出版社，1999.

［38］霍布豪斯. 自由主义［M］. 朱曾汶，译. 北京：商务印书馆，1996.

［39］边沁. 政府片论［M］. 沈叔平，等，译. 北京：商务印书馆，1995.

［40］厉以宁. 西方福利经济学述评［M］. 北京：商务印书馆，1984.

［41］洛克. 政府论［M］. 叶启芳，瞿菊农，译. 北京：商务印书馆，1982.

［42］莫尔. 乌托邦［M］. 戴镏龄，译. 北京：商务印书馆，1982.

［43］康帕内拉. 太阳城［M］. 陈大维，黎思复，黎廷弼，译. 北京：商务印书馆，1980.

［44］马布利. 马布利选集［M］. 何清新，译. 北京：商务印书馆，1960.

［45］柏拉图. 理想国［M］. 郭斌和，张竹明，译. 北京：商务印书馆，1957.

附 录

中华人民共和国慈善法

（2016年3月16日第十二届全国人民代表大会第四次会议通过）

《慈善法》共12章112条，涉及慈善组织的申请登记、监督检查和个人发布求助等问题。其中明确了慈善组织、捐赠人、受益人三类慈善活动主要参与主体，享受税收优惠的权利；明确了对开展扶贫济困的慈善活动要实行更特殊的优惠；允许企业捐赠结转以后三年扣除。

《慈善法》是我国慈善领域的基础性、综合性法律，明确了慈善活动的范围与定义，规范了慈善组织的资格与行为，回应了社会普遍关注的慈善募捐和慈善捐赠的重大问题，进一步明确了慈善信托制度，提出了政府促进慈善事业的措施，确立了政府监管、社会监督和行业自律三位一体的综合监管体系。

中华民族乐善好施、守望相助的优良传统将在法律的规范与保障下发扬光大。

目录

限于篇幅，慈善法正文请见二维码。

慈善法